utb 8526

Eine Arbeitsgemeinschaft der Verlage

Brill | Schöningh – Fink · Paderborn –
Vandenhoeck & Ruprecht · Göttingen – Böhlau · Wien · Köln
Verlag Barbara Budrich · Opladen · Toronto
facultas · Wien
Walter de Gruyter · Berlin · Boston
Haupt Verlag · Bern
Verlag Julius Klinkhardt · Bad Heilbrunn
Mohr Siebeck · Tübingen
Narr Francke Attempto Verlag – expert verlag · Tübingen
Psychiatrie Verlag · Köln
Psychosozial-Verlag · Gießen
Ernst Reinhardt Verlag · München
transcript Verlag · Bielefeld
Verlag Eugen Ulmer · Stuttgart
UVK Verlag · München
Waxmann · Münster · New York
wbv Publikation · Bielefeld
Wochenschau Verlag · Frankfurt am Main

Prof. Dr. Hans A. Frambach lehrt Volkswirtschaftslehre an der Bergischen Universität Wuppertal.

Hans A. Frambach

Basiswissen Mikroökonomie

mit eLearning-Kurs

6., überarbeitete und erweiterte Auflage

UVK

Umschlagabbildung: © Franswillemblok · iStockphoto
Autorenbild: © privat

Bibliografische Information der Deutschen Nationalbibliothek
Die Deutsche Nationalbibliothek verzeichnet diese Publikation in der Deutschen Nationalbibliografie; detaillierte bibliografische Daten sind im Internet über http://dnb.dnb.de abrufbar.

6. überarbeitete und erweiterte Auflage 2026
5., überarbeitete Auflage 2019
4., überarbeitete Auflage 2018
3., überarbeitete und erweiterte Auflage 2013
2., durchgesehene Auflage 2009 (als Crash-Kurs Mikroökonomie)
1. Auflage 2008 (als Crash-Kurs Mikroökonomie)

DOI: https://doi.org/10.36198/9783838588537

– Ein Unternehmen der Narr Francke Attempto Verlag GmbH + Co. KG
Dischingerweg 5 · D-72070 Tübingen

Internet: www.narr.de
eMail: info@narr.de

Einbandgestaltung: siegel konzeption | gestaltung
Druck: Elanders Waiblingen GmbH

utb-Nr. 8526
ISBN 978-3-8252-8853-2 (Print)
ISBN 978-3-8385-8853-7 (ePDF)
ISBN 978-3-8463-8853-2 (ePub)

Inhalt

Vorwort zur sechsten Auflage 9

Vorwort zur fünften Auflage 9

Vorwort zur vierten Auflage 10

Vorwort zur dritten Auflage 10

Vorwort 11

1 Einführung 13
Zusammenfassung 21
Kontrollfragen und Aufgaben 21

2 Theorie des Haushalts 23
2.1 Einführung, Annahmen, Begriffe 25
2.2 Präferenzen und Präferenzordnung 29
2.2.1 Konsumpläne und Präferenzordnung 30
2.2.2 Konzept der Indifferenzkurve 33
2.2.3 Grenzrate der Substitution 38
2.2.4 Nutzen und Nutzenfunktion 40
2.3 Haushaltsoptimum 44
2.3.1 Geometrische Bestimmung des Haushaltsoptimums (2-Güter-Fall) . . 44
2.3.2 Analytische Bestimmung des Haushaltsoptimums 45
2.3.3 Bestimmung des Haushaltsoptimums als Problem der Ausgabenminimierung 48
2.4 Güternachfrage 49
2.4.1 Nachfragereaktion bei Veränderung des Einkommens (Engelkurve) . 49
2.4.2 Nachfragereaktion bei Veränderung des Güterpreises (Güternachfragekurve) 51
2.4.3 Substitutions- und Einkommenseffekte 53
2.4.4 Eigenschaften des Nachfrageverhaltens: Elastizitäten der Nachfrage . . 55
2.5 Faktorangebot 59
2.5.1 Bestimmung des optimalen Faktorangebotes 59
2.5.2 Faktorangebot bei Veränderung des Faktorpreises (Arbeitsangebotskurve) 63
2.6 Intertemporale Entscheidungen 65
Zusammenfassung 69
Kontrollfragen und Aufgaben 70
Literatur 71

3 Theorie der Unternehmung 73
3.1 Einführung, Annahmen, Begriffe 75
3.2 Technologie 76

3.2.1 Substitutionale Produktionsfunktionen ... 78
3.2.1.1 Cobb-Douglas-Produktionsfunktionen ... 78
3.2.1.2 Exkurs: Homogene (Produktions-) Funktionen ... 85
3.2.1.3 CES-Produktionsfunktionen ... 87
3.2.1.4 Ertragsgesetz ... 87
3.2.1.5 Vollkommen substitutionale Produktionsfunktionen ... 88
3.2.2 Linear-limitationale Produktionsfunktionen ... 89
3.2.3 Mehrgüterproduktion ... 93
3.3 Kosten der Produktion ... 95
3.3.1 Kostenverläufe bei substitutionalen Produktionsfunktionen – langfristig ... 97
3.3.2 Kostenverläufe bei substitutionalen Produktionsfunktionen – kurzfristig ... 101
3.3.3 Kostenfunktion bei linear-limitationaler Technologie ... 105
3.4 Güterangebot ... 106
3.4.1 Bestimmung der gewinnmaximalen Ausbringungsmenge ... 106
3.4.2 Güterangebot bei Veränderung des Güterpreises (Güterangebotskurve) 109
3.5 Faktornachfrage ... 112
3.5.1 Bestimmung der gewinnmaximalen Faktoreinsatzmenge ... 112
3.5.2 Faktornachfrage bei Veränderung des Faktorpreises (Faktornachfragekurve) ... 115
Zusammenfassung ... 116
Kontrollfragen und Aufgaben ... 117
Literatur ... 118

4 Märkte und Gleichgewichte ... 119
4.1 Einleitung ... 121
4.2 Gleichgewichte auf Partialmärkten ... 122
4.3 Allgemeine Marktgleichgewichte ... 131
4.3.1 Marktgleichgewichte im reinen Tauschfall ... 132
4.3.2 Effizienz und allgemeine Marktgleichgewichte ... 139
4.3.3 Marktgleichgewichte mit Produktion ... 143
4.3.3.1 Effiziente Aufteilung der Ressourcen ... 143
4.3.3.2 Verbindung von Konsum- und Produktionssphäre: Wie viel soll von welchem Gut produziert werden? ... 145
4.4 Bewertung und Auswahl allgemeiner Marktgleichgewichte ... 149
4.4.1 Nutzenmöglichkeitenkurve und Wohlfahrtsfunktion ... 149
4.4.2 Idee der Kompensationskriterien ... 152
4.4.3 Gerechtigkeitsvorstellungen ... 153
4.4.4 Wohlfahrt als Rentenkonzept ... 153
4.4.4.1 Konsumentenrente ... 154
4.4.4.2 Produzentenrente ... 159
4.4.4.3 Wohlfahrt als Summe von Konsumenten- und Produzentenrenten ... 160
Zusammenfassung ... 162
Kontrollfragen und Aufgaben ... 163
Literatur ... 165

5 Marktversagen . . . 167
5.1 Was ist Marktversagen? . . . 170
5.2 Marktmacht . . . 171
5.2.1 Übersicht der Marktformen . . . 171
5.2.2 Angebotsmonopol und natürliches Monopol . . . 172
5.2.2.1 Ursachen eines Angebotsmonopols . . . 172
5.2.2.2 Preis-Absatz-Funktion und Bestimmung des Gewinnmaximums eines Monopolisten . . . 172
5.2.2.3 Monopol und Wohlfahrt . . . 176
5.2.2.4 Monopol und Preisdifferenzierung . . . 178
5.2.2.5 Natürliche und dauerhafte Monopole . . . 182
5.2.3 Oligopole . . . 188
5.2.3.1 Cournot-Nash-Oligopol . . . 189
5.2.3.2 Stackelberg-Oligopol . . . 194
5.2.3.3 Bertrand-Oligopol . . . 196
5.2.3.4 Kollusives Oligopol . . . 198
5.2.3.5 Wirkungsvergleich einiger Oligopole . . . 199
5.2.3.6 Geknickte Nachfragekurve . . . 201
5.2.3.7 Oligopole unter Kapazitätsbeschränkungen . . . 202
5.3 Externe Effekte . . . 204
5.3.1 Was sind externe Effekte? . . . 204
5.3.2 Modelltheoretische Analyse . . . 205
5.3.3 Pigou-Steuer . . . 207
5.3.4 Verhandlungslösung von Coase . . . 208
5.4 Öffentliche Güter . . . 212
5.4.1 Was sind öffentliche Güter? . . . 212
5.4.2 Bereitstellung eines öffentlichen Gutes . . . 213
5.4.3 Trittbrettfahrerverhalten oder von den Problemen der Bereitstellung eines (reinen) öffentlichen Gutes . . . 216
5.5 Asymmetrische Informationen . . . 221
5.5.1 Begriffe und Zusammenhänge . . . 221
5.5.2 Risiko und Unsicherheit . . . 223
5.5.3 Ein Modell zur adversen Selektion – „Der Markt für Zitronen" . . . 230
5.5.4 Ein Modell zum moralischen Risiko . . . 232
Zusammenfassung . . . 235
Kontrollfragen und Aufgaben . . . 236
Literatur . . . 238

Übungsklausuren . . . 239

Lösungen der mit einem Stern gekennzeichneten Aufgaben . . . 243

Lösungen zu den Übungsklausuren . . . 255

Glossar . . . 267

Abbildungen und Tabellen . . . 277

Abkürzungen 281

Symbole 283

Das griechische Alphabet 284

Literatur 285

Index 287

Vorwort zur sechsten Auflage

Seit Erscheinen der fünften Auflage im Jahr 2019 hat sich in der Welt der ökonomischen Literatur viel verändert. Die Digitalisierung hat, nicht zuletzt auch durch das Lese- und Lernverhalten während der Corona-Pandemie, eine große Verschiebung von den Print- zu elektronischen Formaten ausgelöst bzw. begünstigt. Die Bedeutung von Lehrbüchern für das Studium ist jedoch unabhängig der Formate nach wie vor hoch, wenngleich verschiedene neue Formen der Möglichkeit von Wissenserwerb insbesondere durch das Fortschreiten der künstlichen Intelligenz hinzugekommen sind. Umso mehr freut es mich, dass die Nachfrage nach meinem „Standardbuch" zur Mikroökonomie ungebrochen und eine neue Auflage entstanden ist. Wieder waren es vor allem die Studierenden mit ihren Hinweisen auf Verbesserungsoptionen und entdeckten Fehlern, die den entscheidenden Impuls für die vorliegende Auflage gaben. Zugleich wurden Veränderungen, Ergänzungen, Aktualisierungen vorgenommen und insbesondere die Online-Materialien zum Buch um einen **eLearning-Kurs mit 200 Fragen** erweitert.

Mein Dank gilt daher den Studierenden für ihr wohlwollendes Interesse und, wie bei allen Auflagen zuvor, Herrn Diplom-Ökonom Rainer Berger für die immerwährende Unterstützung.

Wuppertal, im Januar 2026 — Hans Frambach

Vorwort zur fünften Auflage

Es ist schon eine Freude und Bestätigung der Arbeit, wenn nach Ablauf nicht einmal eines Jahres, nachdem die 4. Auflage erschienen ist, die fünfte Auflage in Angriff genommen werden darf. Wieder haben mir insbesondere meine Studierenden Hinweise gegeben, wie der ein und andere Zusammenhang verständlicher ausgedrückt werden kann. So lag das Bemühen bei dieser 5. Auflage vor allem in einer stärkeren vereinheitlichenden Darstellung und Vermittlung mancher Zusammenhänge. Und auch bei dieser Auflage konnten wiederum einige Korrekturen vorgenommen werden. Mein Dank gilt den Studierenden für ihre aufmerksame Lektüre und die hilfreichen Feedbacks sowie Herrn Diplom-Ökonom Rainer Berger vom UVK Verlag für die fortwährende Unterstützung des Projekts.

Wuppertal, im April 2019 — Hans Frambach

Vorwort zur vierten Auflage

Nachdem nunmehr die 3. Auflage des Buches vergriffen ist, konnte die 4. Auflage genutzt werden, um Anregungen aufzunehmen und einige Korrekturen durchzuführen. Diesbezüglich möchte ich mich insbesondere bei meinen Studierenden für wertvolle Hinweise sehr herzlich bedanken. Ebenso gilt mein Dank Herrn Diplom-Ökonom Rainer Berger von UVK/Lucius für die ebenso zuverlässige wie prompte Unterstützung bei der Drucklegung dieser neuesten Auflage.

Wuppertal, im Januar 2018 Hans Frambach

Vorwort zur dritten Auflage

Im Vorwort zur ersten Auflage dieses Buches, die im April 2008 erschienen ist, schrieb ich über meinen Versuch, den verschiedenen Herausforderungen für das Fach Mikroökonomik, die sich im Zuge des Bologna-Prozesses an die Auswahl und Vermittlung des Stoffes stellten, gerecht zu werden und dem Anspruch zu entsprechen, die Standardinhalte der Mikroökonomik in möglichst kompakter, verständlicher und dennoch inhaltlich anspruchsvoller Weise, d. h. dem universitären methodischen Anspruch genügend, zu vermitteln, ohne zu viel Stoff zu vernachlässigen. Dank vieler Hinweise vor allem aufmerksamer Studierender konnten bereits in der zweiten Auflage von 2009 Korrekturen und Verbesserungen vorgenommen werden.

Mannigfaltige Veränderungen in den wirtschaftswissenschaftlichen Studiengängen erforderten jedoch inhaltliche Anpassungen und Schwerpunktverlagerungen, die mich zu einer grundlegenden Überarbeitung einzelner Abschnitte, einer Neukonzeptionierung des fünften Kapitels „Marktversagen“ und einer Erweiterung der Übungsaufgaben und Übungsklausuren veranlassten. Die Grundaufteilung der Kapitel, Einleitung, Theorie des Haushalts, Theorie der Unternehmung, Markt und Gleichgewichte, Marktversagen, wurde beibehalten.

Zur Überprüfung des Wissens sind jedem Kapitel Kontrollfragen und Übungsaufgaben angefügt. Fragen, die sich nicht unmittelbar aus den Kapiteln beantworten lassen, sind mit einem Stern versehen. Antworten dazu sind im Gliederungspunkt „Lösungen“ bereitgestellt. Zwei Übungsklausuren mit Lösungen sollen den Studierenden eine Vorstellung davon geben, was sie in der schriftlichen Prüfung erwartet.

Auch das Erscheinen der dritten Auflage wäre nicht ohne Unterstützung Dritter möglich gewesen. Wieder gilt mein allergrößter Dank Frau Diplom-Ökonomin Monika Anna Bajon, M.A. Ohne ihre Unterstützung und kritischen Hinweise wäre die technische Erstellung des Manuskriptes kaum vorstellbar gewesen. Mein Dank gilt außerdem Herrn Diplom-Ökonom Rainer Berger von UVK/Lucius für seine Hinweise zur Aufnahme fachlicher Inhalte und einer großen

Zahl kreativer Ideen zur Buchgestaltung. Nicht zuletzt sei den vielen Studentinnen und Studenten besonders herzlich gedankt, die mit ihren wertvollen Anregungen den Prozess steter Verbesserung ermöglichen. Die verbliebenen Fehler gehen alleinig zu meinen Lasten.

Wuppertal, im Januar 2013 Hans Frambach

Vorwort

Die Hochschullandschaft ist einer Vielzahl von Veränderungen ausgesetzt, die nicht nur Ergebnis der immer knapper werdenden öffentlichen Mittel sind. Der permanent anwachsende Wissensbestand und die im Bologna-Prozess entwickelten und eingeforderten Kriterien zur Einführung eines europäischen Hochschulraums, insbesondere die Einführung der Bachelor/Master-Studienstruktur, die Verbesserung und Anerkennung von Abschlüssen sowie die Einführung eines Leistungspunktsystems, erzwingen eine Anpassung der Studienorganisation und der Studieninhalte. Zumindest war dies am Fachbereich Wirtschaftswissenschaft der Bergischen Universität Wuppertal der Fall, der im Rahmen des Akkreditierungsprozesses, welcher im Sommer 2007 erfolgreich abgeschlossen werden konnte, den wohl von seiner Seite ambitioniertesten Versuch unternahm, den Anforderungen des Bologna-Prozesses gerecht zu werden.

Mein spezieller Beitrag, den verschiedenen Herausforderungen für das Fach Mikroökonomik positiv zu begegnen, stellt das vorliegende Buch dar. Es ist ein Versuch, Standardinhalte möglichst kompakt, verständlich und dennoch inhaltlich anspruchsvoll, d. h. dem universitären methodischen Anspruch genügend, zu vermitteln, ohne zuviel Stoff außen vor zulassen. Die reinen Inhalte auf etwa 200 Seiten darzustellen, stellte dabei die größte Herausforderung dar, schien aber zwingend notwendig, um anhand ausgewählter Themen den Studierenden den Pflichtteil des Bachelor-Studiums in der Regelstudienzeit von drei Semestern zu ermöglichen. Gleichzeitig wurde Wert darauf gelegt, manche Themengebiete, wie allgemeine Marktgleichgewichte und Marktversagen, möglichst einfach und doch einigermaßen umfassend zu erläutern, um auch jenen Studierenden, die im Wahlpflichtbereich nicht die mikroökonomische Theorie als Vertiefung auswählen, die Möglichkeit eines soliden Überblicks über das Fach zu bieten. So gehen etwa manche Teile der Kapitel vier und fünf über das im Pflichtteil zu absolvierende Lehrpensum hinaus.

Das Buch ist in fünf Teile gegliedert: Einleitung, Theorie des Haushalts, Theorie der Unternehmung, Markt und Gleichgewichte, Marktversagen. Beispiele sollen helfen, die teilweise doch recht komplizierten und abstrakten Inhalte verständlicher machen. Zur Überprüfung des Wissens sind jedem Kapitel Kontrollfragen und Übungsaufgaben angefügt. Fragen, die sich nicht unmittelbar aus den Kapiteln beantworten lassen, sind mit einem Stern versehen. Antworten dazu sind im Gliederungspunkt „Lösungen“ bereitgestellt. Zwei Übungsklausuren mit Lösungen sollen den Studierenden eine Vorstellung davon geben, was sie in der schriftlichen Prüfung erwartet.

Das Buch wurde in einem relativ kurzen Zeitraum unter der Maßgabe geschrieben, es den Studierenden bereits zum Sommersemester 2008 zur Verfügung stellen zu können.

Die Einhaltung des Zeitplans wäre nicht ohne Unterstützung möglich gewesen. So gilt mein Dank Frau Diplom Ökonomin Monika Anna Bajon, M.A., die mir wie selbstverständlich ihre Freizeit geopfert hat, um in der ihr eigenen Freundlichkeit und bewährt präzisen Arbeitsweise eine kaum erfassbare Zahl von Korrekturen am gesamten Skript vorzunehmen. Frau Patricia Knauf und Frau Nina Rütten danke ich für das digitale Aufbereiten von Texten, Formeln und Abbildungen und Herrn Sascha Rother für die Durchsicht des Manuskriptes. Schließlich gilt mein Dank der stets konstruktiv-kritischen Arbeit der Lektorin Diplom-Kauffrau Andrea Vogel (Zürich), während des gesamten Entstehungsprozesses des Buches. Die verbliebenen Fehler gehen alleinig zu Lasten des Verfassers.

Wuppertal, im April 2008 Hans Frambach

1 Einführung

Zu diesem Kapitel wird ein **eLearning-Kurs** angeboten.
Link oder QR-Code führen Sie zu den Fragen:

Einführung
▸https://narr.kwaest.io/s/1398

Menschen handeln innerhalb ihrer Umwelt und innerhalb einer Gesellschaft, d. h. im Zusammenhang mit anderen Menschen. Das Handeln selbst ist von mehreren Faktoren abhängig, z. B. vom Gefühl, nicht untätig zu sein, von der Notwendigkeit, seinen Lebensunterhalt bestreiten zu müssen, vom Lebensstandard, den man anstrebt, von Traditionen, vom Einkommen und Vermögen, von Ausgabegewohnheiten. Neben den eher sachlich orientierten Motiven des Handelns, gibt es offensichtlich auch eine kommunikative und emotionale Ebene, in die Menschen eingebettet sind, wenn sie ökonomisch handeln; schließlich kennt wohl jeder Gefühle wie Sympathie, Stimmungslagen etc., wenn er Geld verdienen will, konsumiert, einkauft oder verkauft.

Die mikroökonomische Theorie oder **MIKROÖKONOMIK** → GLOSSAR will das ökonomisch relevante Handeln der einzelnen **WIRTSCHAFTSSUBJEKTE** → GLOSSAR, genauer gesagt: typischer einzelner Wirtschaftssubjekte, erklären, und ist nicht, wie die **MAKROÖKONOMIK** → GLOSSAR, auf die Erklärung gesamter volkswirtschaftlicher Zusammenhänge wie die Bewegung von Geld- und Warenströmen, die Expansion oder Restriktion der Geldmenge oder den strukturellen Wandel ausgerichtet. In der Mikroökonomik geht es um Fragen, warum und wie ein typischer Haushalt oder ein typisches Unternehmen handelt, welche Wirkungen von ihrem Handeln auf andere ausgehen, wie Preise zustande kommen, wie Märkte funktionieren, wie sich staatliches Handeln auf die Wirtschaft auswirkt usw. Dabei gehen die Mikro- und die Makroökonomik oftmals Hand in Hand. Bspw. wird eine makroökonomische Analyse über die Arbeitslosigkeit auf mikroökonomisch fundierten Aussagen oder Hypothesen über das Verhalten der Beteiligten, also Arbeitgebern, Arbeitslosen, Gewerkschaften usw., beruhen.

In der Mikroökonomik, wie generell in den Wirtschaftswissenschaften, beschäftigt man sich nahezu ausschließlich mit der sachlichen Dimension des Wirtschaftens, d. h. mit solchen Größen, die unser ökonomisches Handeln in möglichst entscheidender, aber einfach nachvollziehbarer Weise beeinflussen und am besten quantifizierbar und rechenbar sind. Solche Größen sind in aller Regel Güter- und Faktormengen, Preise, Einkommen etc. Beim Versuch, diese Größen im Hinblick auf das Erreichen unserer Ziele einzusetzen, versuchen wir wohl alle in der Weise zu handeln, dass möglichst viel für uns dabei herauskommt. Dies ist das **ÖKONOMISCHE PRINZIP** → GLOSSAR, welches in das Maximum- und das Minimumprinzip unterschieden wird.

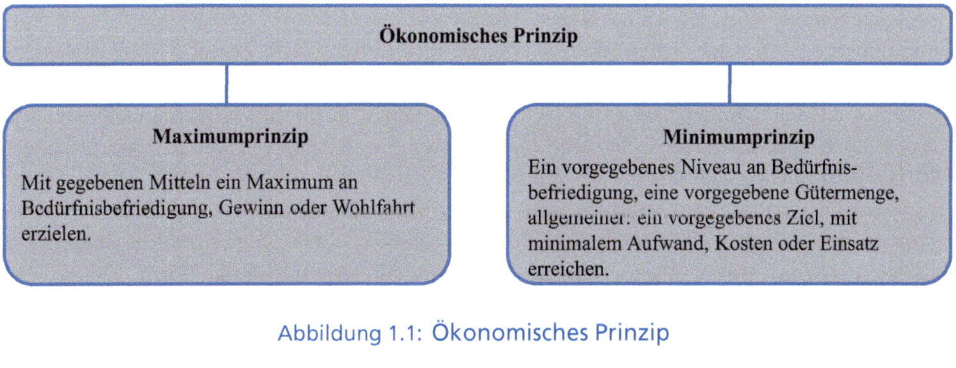

Abbildung 1.1: Ökonomisches Prinzip

Das **MAXIMUMPRINZIP** → GLOSSAR stellt den Versuch dar, mit gegebenen Mitteln ein Maximum an Bedürfnisbefriedigung, Gewinn oder Wohlfahrt herauszuholen. Beim **MINIMUMPRINZIP** → GLOSSAR wird versucht, ein vorgegebenes Niveau an Bedürfnisbefriedigung, eine vorgegebene Gütermenge, allgemeiner: ein vorgegebenes Ziel, mit minimalem Aufwand, Kosten oder Einsatz zu erreichen. Unser gesamtes ökonomisches Handeln kann im Lichte des ökonomischen Prinzips gesehen werden, und manche Ökonomen, an erster Stelle der Nobelpreisträger der Wirtschaftswissenschaften von 1992, GARY S. BECKER (1930–2014), gehen sogar soweit, das gesamte menschliche Handeln als Ausdruck ökonomischen Kalküls zu interpretieren. Diese interessante Diskussion soll hier nicht weiter verfolgt werden. Es sollte lediglich klar geworden sein, dass ökonomisches Handeln auf jeden Fall ein bedeutender Bestandteil des gesamten menschlichen Handelns und – vor dem Hintergrund des ökonomischen Prinzips – ein optimierendes Verhalten ist, bei dem es darum geht, Ziele und Mittel in optimaler Weise miteinander in Einklang zu bringen. Ziele und Mittel zu kombinieren, wäre an sich kein Problem, wenn nämlich die Mittel, die wir zum Erreichen unserer Ziele benötigen, in unbegrenzter Menge vorhanden wären. Dies aber ist nicht der Fall, denn Mittel sind in aller Regel beschränkt, knapp. Die Knappheitsproblematik kommt auch in LIONEL ROBBINS (1898–1984) berühmter Definition von „ökonomischer Theorie" zum Ausdruck [ROBBINS 1952, S. 16, FN 1]:

Definition
„Economics is the science which studies human behavior as a relationship between ends and scarce means which have alternative uses."

Das Knappheitsproblem liegt nicht nur der Definition zugrunde, was Ökonomik eigentlich ist, es ist auch für die Definition von ökonomischen Gütern entscheidend.

Definition
Ist der Bedarf (konkretisierte Bedürfnisse) größer als die zur Verfügung stehenden Mittel, so nennt man diese Mittel **ÖKONOMISCHE GÜTER** → GLOSSAR.

Dieser Sachverhalt wurde bereits von dem großen Ökonomen und Mitbegründer der so genannten **NEOKLASSISCHEN ÖKONOMISCHEN THEORIE** → GLOSSAR, CARL MENGER (1840–1921), vor über 150 Jahren deutlich formuliert [MENGER 1968, S. 53]. Ökonomische Güter sind somit Güter, die knapp sind, d. h. nicht in jeder beliebigen Menge zur Verfügung stehen. Die Eigenschaft der Knappheit trifft so ziemlich auf fast alle materiellen Güter und Dienstleistungen zu. Natürlich kann eingewendet werden, dass man doch alles zur Genüge bekommen kann, z. B. mehr Versicherungen als einem lieb ist. Jedoch hat alles seinen Preis. Angesichts mehr oder minder beschränkter Einkommen der wirtschaftlichen Akteure können auch Güter, die in großer Menge vorhanden sind, für den einzelnen durchaus knapp sein. Wer sich keinen Restaurantbesuch leisten kann, für den ist das Gut „Restaurantbesuch" ein knappes Gut. Natürlich, wer genug Geld hat, dem werden nur wenige materielle Güter und Dienstleistungen als knapp anmuten. Somit erkennen wir, dass Knappheit, zumindest aus der mikroökonomischen Perspektive, also der Perspektive der einzelnen Wirtschaftsakteure, eine durchaus subjektive Natur aufweist.

Neben den knappen, den ökonomischen Gütern, gibt es auch Güter, die nicht knapp sind, z. B. die Luft zum Atmen, Meerwasser am Strand und Wüstensand in der Wüste. Diese Güter heißen **FREIE GÜTER** → GLOSSAR. Der einem Menschen aus der Nutzung dieser Güter entstehende Gebrauchswert kann, wie im Falle der Luft, immens oder aber sehr niedrig sein, wie das Beispiel des Wüstensandes zeigt. Gemeinsam ist beiden Beispielen jedoch, dass sie keinen Tauschwert aufweisen, d. h. niemand ist bereit einem anderen etwas dafür zu geben, dass man Luft einatmet, da man ohnehin nicht daran gehindert werden kann. Auch wird sich in der Wüste kaum jemand finden, der bereit ist einem anderen etwas für ein Kilogramm Wüstensand einzutauschen. Der Tauschwert freier Güter beträgt somit Null. Da der Tauschwert, den Menschen einem Gut beimessen, Preis genannt wird, kann festgestellt werden, dass für freie Güter kein Preis existiert.

Definition

Ökonomische Güter sind knappe Güter, die durch ihre Knappheit einen Preis von größer als Null aufweisen ($p > 0$). **Freie Güter** sind in beliebiger Menge vorhanden, ihr Preis beträgt Null ($p = 0$).

Zu den knappen Gütern zählt auch die Zeit, weil sie mit maximal 24 Stunden täglich nur bedingt zur Verfügung steht. Der Preis des Gutes Zeit kann in Geld oder Freizeitnutzen bewertet werden. Auch die Gesundheit ist ein knappes Gut und deshalb von ökonomischer Bedeutung (Gesundheit kann z. B. in Form einer ärztlichen Leistung eingekauft werden). Auch die „saubere Umwelt", etwa in Form von sauberer Luft, kann als zunehmend knapper werdendes Gut aufgefasst werden, für das (noch) kein Preis existiert, weil dieser nicht ohne weiteres bestimmt werden kann, aber vor allem, weil saubere Luft noch nicht so knapp ist, dass sie gezielt bereitgestellt werden muss. Auch wäre es schwierig, Menschen vom Atmen sauberer Luft auszuschließen, denn der Ausschluss von einem Gut ist Voraussetzung für das Einfordern eines Preises.

Bei Stichworten wie saubere Umwelt, saubere Luft oder sauberes Wasser, die mit zunehmender Verschmutzung immer knapper werden, ist ein weiteres Merkmal von Gütern angesprochen, ihr öffentlicher Charakter. Der **öffentliche Charakter** von Gütern ergibt sich daraus, dass mehrere Personen gleichzeitig ein Gut mehr oder weniger uneingeschränkt nutzen können, ohne dafür einen entsprechendes Nutzungsentgelt in Form eines angemessenen Preises entrichten zu müssen. Auch können etwa bei der Herstellung oder Verwendung von Gütern andere Personen, so genannte „Dritte", in ihrem Wohlbefinden negativ oder positiv beeinflusst werden, ohne für die dabei eintretenden Belastungen in irgendeiner Form eine Entschädigung zu erhalten bzw. für wahrgenommene „Wohltaten" zahlen zu müssen. In der Wirtschaftstheorie wird diese Problematik unter der Hauptüberschrift MARKTVERSAGEN → GLOSSAR unter den Stichworten **externe Effekte** und **öffentliche Güter** (s. Abschnitte 5.3 und 5.4) behandelt. Je nach Art und Ausprägung des öffentlichen Charakters von Gütern begegnen einem häufig die folgenden begrifflichen Unterscheidungen.

Ein typisches oder auch klassisches ÖFFENTLICHES Gut → GLOSSAR zeichnet sich durch die Eigenschaften der **Nicht-Rivalität im Konsum** und der **Nicht-Ausschließbarkeit** anderer aus. Demnach können mehrere Personen ein Gut gleichzeitig nutzen und niemand ohne weiteres vom Konsum ausgeschlossen werden – dies im Gegensatz zu einem privaten Gut. Typische Beispiele für **öffentliche Güter** sind die Landesverteidigung, städtische Parkanlagen, Bürgersteige, Straßenbeleuchtung, Biodiversität, frei zugängliche Online-Enzyklopädien. Eine gewisse Ähnlichkeit öffentlicher Güter besteht zu MERITORISCHEN Gütern → GLOSSAR. Wenngleich Beispiele wie öffentliche Bildung, Gesundheitsversorgung, Massenimpfungen bei Pandemien etc. den öffentlichen Charakter und somit die Nähe zu den öffentlichen Gütern nahelegen, so werden – anders als bei öffentlichen Gütern – **meritorische Güter** in aller Regel vom Staat bereitgestellt oder ihre Produktion staatlicherseits zumindest initiiert und gefördert. Ganz generell liegt **Meritorisierung** vor, wenn von der Gesellschaft als notwendig erachtete Güterangebote nicht im ausreichenden Umfang von Privaten im Zuge der freien Marktprozesse zur Verfügung gestellt werden könen.

Bei **Allmende-Gütern** → Glossar besteht Rivalität im Konsum und Ausschließbarkeit ist nicht umfassend vorhanden. Die starke Inanspruchnahme des Gemeinschaftsgutes durch einige oder viele Nutzer verringert seine Verfügbarkeit für andere. Zu den Standardbeispielen zählt die Übernutzung von Fischbeständen in internationalen Gewässern. Dort kann niemand effektiv am Fischfang gehindert werden (zumindest nicht ohne internationale Vereinbarungen), und je mehr gefischt wird, desto weniger bleibt für andere (Rivalität). Weitere Beispiele von **Allmende-Gütern** sind öffentliches Weideland und Parkplätze im öffentlichen Raum. Bei **Klubgütern** → Glossar schließlich ist die Ausschließbarkeit gewährleistet, während mehrere Personen das Gut gleichzeitig nutzen können (Nicht-Rivalität). Meist erfolgt der Zugang zu **Klubgütern** über eine zahlungspflichtige Mitgliedschaft. Beispiele hier: die Mitgliedschaft in einem Fitnessstudio, Schwimmbad mit Eintritt, Pay-TV oder die Inanspruchnahme von Streaming-Diensten wie Netflix, Disney+ und Amazon Prime Video. Von den Gütern mit öffentlichem Charakter weisen die **Klubgüter** gewiss die größte Nähe zu Privatgütern auf.

Im Folgenden wird der Fokus ausschließlich so genannte **private Güter** → Glossar gerichtet, d. h. Güter, die sich im Eigentum der Wirtschaftssubjekte befinden, welche sämtliche **Nutzungsrechte** → Glossar an den Gütern besitzen. Mit dem Begriff der Nutzungsrechte ist gemeint, dass all das, was wir zur Erfüllung unserer Ziele aufwenden, benutzen, ausgeben oder einsetzen, auch wirklich aufwenden, benutzen, ausgeben oder einsetzen **dürfen**; uns muss das Recht dafür gegeben sein. Dieses Recht wird vom Staat erteilt, einer weiteren Institution, die in der Standardmikroökonomik neben solchen wie dem Eigentum, dem Geld und dem Markt als voll funktionierend einfach unterstellt und nicht näher thematisiert wird. **Institutionen** → Glossar, in den Wirtschaftswissenschaften verstanden als Regeln und Regelsysteme, auf die sich Gesellschaften geeinigt haben, um ihr Handeln zu erleichtern, werden in der Mikroökonomik somit in idealisierter Form als gegeben angenommen. Veränderungen dieser Institutionen, die in der Realität bedeutsam sind, werden nicht berücksichtigt. Deshalb wurde der Mikroökonomik auch lange Zeit vorgeworfen, sich in einem „institutionellem Vakuum" zu befinden. Mittlerweile ist innerhalb der **Neuen Institutionenökonomik** → Glossar der weit angelegte Versuch unternommen worden, Institutionen in die Analyse ökonomischer Phänomene zu integrieren und somit auch den Einfluss von Institutionen im mikroökonomischen Gedankengebäude zu berücksichtigen. Für das weitere Vorgehen sind diese institutionellen Aspekte vernachlässigbar, da lediglich mikroökonomische Kernaussagen herausgearbeitet werden sollen.

Kommen wir zurück zu unserem Problem des ökonomischen Handelns, der Relation von Zielen und knappen Mitteln. In der Mikroökonomik werden Wirtschaftsakteure in **Konsumenten oder Haushalte**, **Unternehmen** und **Staat** unterschieden. Jeder dieser Akteure verfolgt Ziele, zu deren Erfüllung ihm nur eine beschränkte Menge von Mitteln zur Verfügung steht. Das Ziel eines **Haushalts** wird in der Maximierung des Nutzens bei gegebenem Einkommen gesehen. Das Ziel des **Unternehmens** ist die Gewinnmaximierung unter der Beschränkung bestimmter vorhandener **Technologien** → Glossar und Kosten, die nicht überschritten werden können. Das Ziel des **Staates** ist es, die so genannte gesamtwirtschaftliche **Wohlfahrt** → Glossar zu maximieren, wobei ihm die Hände in erster Linie durch ein **Haushaltsbudget** → Glossar gebunden sind. Alle Akteure handeln (ökonomisch), nachdem sie für sich eine **Entscheidung** getroffen haben, welcher Mitteleinsatz ihr Ziel bestmöglich erfüllt. Aus diesem Grund ist die Mikroökonomie eine **Entscheidungstheorie**, im Gegensatz z. B. zu soziologischen Handlungstheorien oder psychologischen Verhaltenstheorien.

Genau mit dem Entscheidungsverhalten der Wirtschaftsakteure, das sich auf den Umgang mit knappen Ressourcen, also das Wirtschaften schlechthin bezieht, werden wir uns im weiteren Verlauf des Buches ausschließlich beschäftigen. Wir werden erfahren, dass die Lösungen des **rationalen Entscheidungsverhaltens** der Haushalte in **GÜTERNACHFRAGEN** → GLOSSAR und **FAKTORANGEBOTEN** → GLOSSAR → vgl. Kapitel 2, S. 23 und die der Unternehmen in **GÜTERANGEBOTEN** → GLOSSAR und **FAKTORNACHFRAGEN** → GLOSSAR → vgl. Kapitel 3, S. 73 ihren Ausdruck finden. Um das Entscheidungsverhalten der Wirtschaftssubjekte in seinen Kausalzusammenhängen darstellen zu können, ist es notwendig, die komplexe Realität zu vereinfachen und Ausschnitte zu betrachten. Wir werden somit im Rahmen von Modellen argumentieren. Modelle sollen helfen, die Realität besser zu verstehen und das ökonomische Geschehen besser zu erklären.

Der Begriff „Modell“ dürfte den meisten Menschen aus der Modellwelt der Spielzeuge bekannt sein: Das Modell des VW-Käfers oder der Honda CB 750 bspw., welches das Original im Maßstab 1 : 27 nachbildet. Das Modell gibt das Bild des Vorbilds nur verkleinert wieder und zeichnet nur den Ausschnitt des Vorbildes (der realen Welt) nach, den genau der Modellbauer sehen will. Beim Spielzeug sind die Dinge, die man sehen kann, die äußeren Merkmale.

In den **ökonomischen** Modellen wird versucht, Ausschnitte der ökonomischen Realität sichtbar zu machen. Dies zu betonen ist deshalb nicht unwichtig, weil wir – im Gegensatz zur Welt der Modellautos – die ökonomische Realität nicht vollständig kennen bzw. sie von verschiedenen Menschen (einschließlich der Fachleute) durchaus unterschiedlich wahrgenommen und eingeschätzt wird. Real-ökonomische Sachverhalte sind oftmals derart komplex und kompliziert, dass sich selbst das Herausfinden der wichtigsten Ursache-Wirkungs-Zusammenhänge als schwierig erweist. So können z. B. scheinbar so trivial anmutende Aussagen wie die, dass die Nachfrage nach einem Gut mit steigendem Preis zurückgeht, nicht ohne weiteres verallgemeinert werden bzw. können „logisch sauber“, selbst unter stark vereinfachenden Bedingungen, nur unter einem nicht unerheblichen „mikroökonomisch-technischem Aufwand“ abgeleitet werden. Und wenn wir den logischen Nachweis der Richtigkeit dieser Aussage tatsächlich im Sinne von explizit gemachten Annahmen erhalten haben (mathematische Definition eines Beweises), so ist überhaupt nichts darüber gesagt, ob sich das Nachfrageverhalten in der realen Welt auch tatsächlich so verhält – dazu wäre eine empirische Untersuchung notwendig. M.a.W.: Was logisch schlüssig ist, muss mit der Realität nicht zwangsläufig etwas zu tun haben.

Ein Modell ist ein System erdachter Zusammenhänge über einen realen Gegenstand, von denen der Modellbauer annimmt, dass sie in der Wirklichkeit von Bedeutung sind. Modellen liegen immer Annahmen über die Wirklichkeit zu Grunde, was aber nichts darüber aussagt, ob etwas auch tatsächlich so ist.

Ist ein Modell aufgestellt, so kann mittels zweier grundsätzlich verschiedener Methoden analysiert werden: der **TOTAL-** und der **PARTIALANALYSE** → GLOSSAR. Entsprechend ist von total- und partialanalytischen Modellen die Rede. Eine **totalanalytische Betrachtungsweise** liegt vor, wenn prinzipiell alle (zumindest alle im Modell berücksichtigten) Zusammenhänge gleichzeitig in ihrer Wirkung analysiert werden. Es werden die Wirkungen der Veränderungen aller unabhängigen Modellvariablen auf die abhängige(n) Variable(n) gleichzeitig betrachtet. Würde bspw. die Nachfrage nach Kaffee (abhängige Variable) ausschließlich von den Preisen für Kaffee und Tee (unabhängige Variablen) abhängen, so würde im Totalmodell tatsächlich analysiert, inwieweit die Veränderungen beider Größen (Kaffee- und Teepreis) die Kaffeenachfrage beeinflussen. Wird bei einer größeren Anzahl von Variablen eine Auswahl getroffen, z. B. weil bei einigen der unabhängigen Variablen eine große Wirkung vermutet wird, spricht man von der **MUTATIS MUTANDIS-BEDINGUNG** → GLOSSAR (mit den nötigen Abänderungen), abgekürzt m. m.

Werden hingegen nur kleine Ausschnitte der Modellwelt in Form der Wirkung einer bestimmten unabhängigen Variable auf die in Betracht stehende abhängige Variable untersucht, und dabei alle anderen gerade nicht betrachteten Faktoren konstant gesetzt, so sprechen wir vom **Partialmodell**. Im obigen Beispiel wäre die Untersuchung der Nachfrage nach Kaffee in ausschließlicher Abhängigkeit zum Kaffeepreis und unter Konstanz des Teepreises eine solche partialanalytische Betrachtungsweise. Da bei der Partialanalyse nur die Wirkung einer Größe auf eine andere untersucht wird und der Einfluss aller anderen Größen unberücksichtigt bleibt (die restlichen unabhängigen Variablen sind konstant gesetzt), wird von **CETERIS PARIBUS-BEDINGUNG** → GLOSSAR („unter sonst gleichen Umständen"), abgekürzt c. p., gesprochen. Zugegebenerweise mag sich bei dem Beispiel mit insgesamt drei Variablen der Sinn der Partialanalyse nicht unmittelbar erschließen, doch macht man sich klar, dass Modelle meist viele Variablen, manchmal sogar einige hundert, enthalten, von denen oft nur ihre bloße Existenz bekannt ist, aber keinerlei genauere Angaben vorhanden sind, so stellt sich die Partialanalyse als äußerst bedeutsame Methode heraus. Dies gilt natürlich auch dann, wenn die Wirkung einer konkreten Einflussgröße, einer Variable, in einem Gesamtzusammenhang ermittelt bzw. isoliert werden soll.

Mit welchen Modellen haben wir es in der Mikroökonomik zu tun? Im Zentrum steht zweifellos das **MODELL DES VOLLKOMMENEN MARKTES** → GLOSSAR, das diesem Buch weitestgehend zugrunde liegt. Dieses Modell weist eine Vielzahl vereinfachender Annahmen auf, die dazu dienen, die Komplexität der Wirklichkeit auf einige wenige Faktoren und ihr Zusammenspiel zu reduzieren:

- Produktion und Tausch finden an einem fiktiven Ort statt, so dass z. B. die Kommunikations- und Transportkosten (**TRANSAKTIONSKOSTEN** → GLOSSAR) unberücksichtigt bleiben können (**räumliche Konstanz**).
- Das betrachtete wirtschaftliche Geschehen findet nur in einem Zeitpunkt statt, so dass auch von einem statischen Modell gesprochen wird. Phänomene wie Sparen, Verleihen, Investieren können so außen vor gelassen werden (**zeitliche Konstanz**).
- Vollständig informierte Wirtschaftssubjekte, die über sämtliche Informationen aller Güter und Dienstleistungen verfügen und natürlich sämtliche Preisinformationen kennen (**vollkommene Information**).
- Die Wirtschaftssubjekte sind in der Lage, ihre Informationen unendlich schnell aufzunehmen, zu verarbeiten und Entscheidungen zu treffen. Hierbei stoßen sie weder an physische noch psychische Grenzen (**unendlich schnelle Informationsverarbeitungszeit und unbegrenzte Informationsverarbeitungskapazitäten**).
- Die von verschiedenen Unternehmen hergestellten (gleichen) Güter unterscheiden sich nicht, sie sind hinsichtlich Größe, Qualität, Funktionalität etc. identisch (**Homogenität der Güter**).
- **Vollständige Konkurrenz:**
  - Viele Unternehmer treten als konkurrierende Anbieter auf.
  - Viele Konsumenten treten als konkurrierende Nachfrager auf.
  - Die einzelnen Anbieter und Nachfrager produzieren bzw. konsumieren immer nur derart kleine Mengen, so dass durch die Handlung des einzelnen Wirtschaftssubjektes kein Einfluss auf den Preis ausgeübt werden kann, d. h. für den einzelnen ist der **Preis ein Datum**, er stellt sich als gegeben, als fix dar. Angesichts eines solchen fixierten Preises kann der Anbieter bzw. Nachfrager nur mit der Menge seines Angebots bzw. Nachfrage auf die Gegebenheiten reagieren und sich anpassen. Man spricht vom **MENGENANPASSER** → GLOSSAR oder **PREISNEHMER** → GLOSSAR.

– Es gibt keinerlei Beschränkungen. Wer ein Gut zum bestehenden Marktpreis anbieten bzw. nachfragen will, kann die Menge auch tatsächlich absetzen bzw. einkaufen.

Natürlich können die verschiedenen Annahmen des vollkommenen Marktes auch aufgehoben oder verändert werden. Dies ist in fortgeschritteneren Modellen als den meisten der hier behandelten der Fall. Einige Fälle solchen Abweichens vom „vollkommenen Modell“, das auch vielfach als **MARKTVERSAGEN** → GLOSSAR bezeichnet wird, lernen wir in Kapitel 5 kennen → vgl. S. 169.

Zusammenfassung

Die mikroökonomische Theorie hat die Erklärung des ökonomisch relevanten Handelns typischer Haushalte, typischer Unternehmen und des Staates zum Gegenstand. Das Handeln der Wirtschaftssubjekte wird auf rationales Entscheidungsverhalten reduziert und als optimierendes betrachtet, in dem die Akteure es anstreben, ihre Ziel-Mittel-Problematik in für sich bestmöglicher (optimaler) Weise zu lösen. Zur Darstellung der essentiellen Zusammenhänge des Entscheidungsverhaltens ist es notwendig, die komplexe Wirtschaftswelt in Ausschnitten zu betrachten, was mittels die Wirklichkeit vereinfachender Modelle geschieht. Im Mittelpunkt der mikroökonomischen Theorie steht das Modell bzw. Prämissenbündel des vollkommenen Marktes.

Kontrollfragen und Aufgaben

1. Worin besteht der Unterschied zwischen der mikroökonomischen und makroökonomischen Theorie?
2. Was besagt das ökonomische Prinzip und welche Ausprägungen gibt es?
3. Was versteht man unter dem Knappheitsproblem?
4. Worin unterscheiden sich knappe, private und freie Güter?
5. Worin unterscheiden sich die Ziele von Haushalten und Unternehmen?
6. Was versteht man unter einem Modell und was wird versucht durch Modelle zu erreichen?
7. Was ist der Unterschied zwischen einer Partial- und einer Totalanalyse?
8. Welche Annahmen umfasst das Modell des vollkommenen Marktes?
9. Wie ist der Ausdruck der vollständigen Konkurrenz definiert bzw. welche Annahmen gelten für ihn?
10. Was bedeutet Marktversagen?

2 Theorie des Haushalts

Zu diesem Kapitel wird ein **eLearning-Kurs** angeboten.
Link oder QR-Code führen Sie zu den Fragen:

Theorie des Haushalts
▸https://narr.kwaest.io/s/1399

Übersicht

Der Gegenstand der Theorie des Haushalts ist die Erklärung des Verhaltens der Haushalte bzw. der in ihnen lebenden Konsumenten, und zwar als Lösung ihrer Nutzenmaximierungskalküle. Nach der Diskussion einiger wichtiger Begriffe → vgl. Abschnitt 2.1 werden die Restriktionen, unter denen die Haushalte agieren, und die Konzepte der Präferenzen und Nutzen vorgestellt → vgl. Abschnitt 2.2, S. 29. Daran schließt sich die Analyse der **GÜTERNACHFRAGE** → GLOSSAR und **FAKTORANGEBOTE** → GLOSSAR an → vgl. Abschnitte 2.3 bis 2.5, S. 44 ff. Das Nachfrageverhalten im Sinne von Substitutions- und Einkommenseffekten wird in Abschnitt 2.4.3 vorgestellt → vgl. S. 53. Darüber hinaus wird die Güternachfrage herangezogen, um Elastizitäten → vgl. Abschnitt 2.4.4, S. 55 – als weit verbreitetes Instrument der Wirtschaftswissenschaft – einzuführen. In Abschnitt 2.6 → vgl. S. 65 wird die Zeit in die Analyse aufgenommen. Es wird untersucht, wie Haushalte ihre Konsumausgaben in nutzenmaximierender Weise auf mehrere Perioden aufteilen. → vgl. Literaturhinweise am Kapitelende, S. 71.

2.1 Einführung, Annahmen, Begriffe

Die Haushalte bilden, neben den Unternehmen und dem Staat, eine große Gruppe der in der Mikroökonomik betrachteten Wirtschaftsakteure. Haushalte bestehen im umgangssprachlichen Sinn aus mehreren Personen; eine Familie etwa ist ein aus mehreren Konsumenten bestehender Haushalt. Die Haushalte bzw. die Konsumenten haben Bedürfnisse, die sie befriedigen möchten. Mikroökonomisch sind solche Bedürfnisse von Interesse, die durch den Konsum von Gütern und Dienstleistungen befriedigt werden können. Um die entsprechenden Güter erwerben und Dienstleistungen in Anspruch nehmen zu können, benötigen die Konsumenten Geld, das auf verschiedene Art und Weise beschafft werden kann.

Waren in antiken Staaten das Betteln und der Raub noch „normale" Formen des Einkommenserwerbs, so werden heutzutage im Groben drei Formen des Einkommenserwerbs unterschieden:

- Man arbeitet, d. h. man verkauft seine Arbeitskraft, genauer gesagt: den im Eigentum befindlichen **Produktionsfaktor Arbeit**, gegen Geld und erhält dafür ein Arbeitseinkommen. Besteht diese Arbeitskraft aus einer Unternehmerleistung, erhält man ein Unternehmereinkommen. Aus dem Verkauf des Produktionsfaktors Arbeit entsteht somit **Arbeitseinkommen**.
- Der Konsument verleiht oder vermietet ein in seinem Eigentum befindliches Kapitalvermögen gegen Entgelt. Bspw. werden in Form von Spareinlagen Kredite an Banken vergeben und dafür Zinsen eingenommen oder Dividenden durch das Ausleihen von Kapital an Unternehmen erzielt. Aus der Nutzung des **Produktionsfaktors Kapital** entstehen somit Kapitaleinkünfte oder **Zinsen**.

- Aus der Vermietung oder Verpachtung von Grundstücken bzw. Bodenflächen erwachsen Einkünfte, die als Grundrenten bezeichnet werden. Aus der Nutzung des **Produktionsfaktors Boden** entsteht somit die **Grundrente**.

Merksatz
Es gibt drei „klassische" Produktionsfaktoren, Arbeit, Boden und Kapital, aus deren Nutzung Faktoreinkommen, nämlich Löhne, Zinsen und Grundrenten, entstehen.

Ihre Einnahmen können die Haushalte für Konsum ausgeben oder aber für die Vermögenshaltung verwenden und Ersparnisse bilden, um zu einem späteren Zeitpunkt zu konsumieren. Wie auch immer die Entscheidung der Haushalte ausfällt, ihr generelles Problem besteht darin, dass sie ihr Geld nicht für alles gleichzeitig ausgeben können: Je mehr sie für den direkten Konsum ausgeben, desto weniger bleibt für die Ersparnisse et vice versa. Natürlich sind bei diesen Entscheidungen auch Faktoren wie die Höhe der Zinssätze und der Grad des **RISIKOS** → GLOSSAR, den ein Konsument einzugehen bereit ist, relevant. Sind beispielsweise die Zinssätze sehr hoch, so werden die Konsumenten verstärkt bereit sein, ihr Geld zu sparen und es in der Zukunft für Konsumzwecke auszugeben. Schließlich ist auch wichtig, wie viel ein Konsument überhaupt arbeiten möchte und wie viel Geld (Arbeitseinkommen) er dafür erhält. Was nutzen 300.000 Euro Jahreseinkommen, wenn keine Zeit vorhanden ist, das Geld auszugeben bzw. keine Freizeit mehr übrig bleibt?

Solche und andere Überlegungen, einschließlich der Vorstellungen bezüglich unserer persönlichen Präferenzen, wollen getroffen sein und gegeneinander abgewogen werden, bevor eine Entscheidung darüber fällt, was der einzelne Haushalt für sich als optimal erachtet. Mit den grundlegenden Gedankengängen und Zwängen, mit denen sich ein Konsument auf der Suche nach einer optimalen Entscheidung beschäftigen muss, setzt sich die **Theorie des Haushalts** auseinander. Als Ergebnis der optimalen Entscheidung soll die Menge an verschiedenen Gütern und Dienstleistungen, die der Haushalt konsumieren möchte, aber auch die Menge an Produktionsfaktoren, die er zur Realisation des Konsums anbieten will, stehen, und zwar in der Weise, dass kein anderes Ergebnis ihm ein höheres Maß an Bedürfnisbefriedigung ermöglichen kann.

Für die weitere Analyse gehen wir vereinfachend davon aus, dass die Konsumenten ausschließlich über Arbeitseinkünfte verfügen und sich weder Ersparnisse noch Konsumgüterbestände in ihrem Besitz befinden, so dass sie 1. zum Kauf von Gütern und Dienstleistungen und 2. zum Einkommenserwerb durch Arbeit gezwungen sind. Zunächst werden wir die Frage des Einkommenserwerbs durch Arbeit außen vor lassen und schlicht und einfach davon ausgehen, dass jedem Haushalt ein bestimmtes Einkommen oder Budget (Y) für Konsumzwecke zur Verfügung steht. Ausgehend von diesen ihm ausschließlich zur Verfügung stehenden Mitteln werden wir uns auf die Suche nach der Güterallokation machen, welche die Befriedigung seiner Bedürfnisse maximal werden lässt.

Der Haushalt wird nun verschiedene Konsumpläne aufstellen, die jeweils unterschiedliche Mengen der von ihm gewünschten Güter enthalten. Somit ist ein **Konsumplan** ein nach Art und Menge genau spezifiziertes Sortiment an Gütern, ein **Güterbündel**. Davon ausgehend, dass insgesamt n verschiedene Güter für Konsumzwecke zur Verfügung stehen, kann ein Konsumplan durch einen Vektor $x = \{x_1, x_2, \ldots, x_n\}$ beschrieben werden. Hierbei stellt jedes x_i eine bestimmte Gütermenge des Gutes i dar. Natürlich können die Gütermengen niemals negative Werte annehmen: $x_i \geq 0$, $i = 1, \ldots n$. Kann der Haushalt einen Konsumplan angesichts seines gegebenen Budgets und der am **MARKT** → GLOSSAR herrschenden Güterpreise auch tatsächlich realisieren, spricht man vom **möglichen Konsumplan**.

Gehen wir beispielhaft von vier Gütern, etwa Wasser (Gut 1), Brot (Gut 2), Wein (Gut 3) und Eiern (Gut 4) aus, so dass sich ein beliebiger Konsumplan als $x = \{x_1, x_2, x_3, x_4\}$ aufschreiben lässt (falls der Haushalt irgendeines der Güter nicht konsumieren möchte, wird dafür einfach die Menge Null eingetragen). Nehmen wir weiterhin an, dass unser Haushalt sich fünf alternative Konsumpläne ausdenkt, zwischen denen er angesichts seines Budgets und der Güterpreise entscheiden wird. Die fünf Konsumpläne lassen sich in einer Matrix zusammenfassen, die als **Menge aller möglichen Konsumpläne** oder **Konsummenge** eines Haushalts bezeichnet wird. Jede Zeile der Konsummengenmatrix enthält einen Konsumplan.

Tabelle 2.1: Verschiedene Konsumpläne

Konsumplan 1	4 l Wasser	2 Brötchen	0,5 l Wein	1 Ei
Konsumplan 2	2 l Wasser	4 Brötchen	1 l Wein	3 Eier
Konsumplan 3	3 l Wasser	3 Brötchen	1 l Wein	2 Eier
Konsumplan 4	6 l Wasser	1 Brötchen	3 l Wein	2 Eier
Konsumplan 5	5 l Wasser	2 Brötchen	4 l Wein	0 Eier

$$X = \begin{pmatrix} x^1 \\ x^2 \\ x^3 \\ x^4 \\ x^5 \end{pmatrix} = \begin{pmatrix} x_1^1 & x_2^1 & x_3^1 & x_4^1 \\ x_1^2 & x_2^2 & x_3^2 & x_4^2 \\ x_1^3 & x_2^3 & x_3^3 & x_4^3 \\ x_1^4 & x_2^4 & x_3^4 & x_4^4 \\ x_1^5 & x_2^5 & x_3^5 & x_4^5 \end{pmatrix} = \begin{pmatrix} 4 & 2 & 1/2 & 1 \\ 2 & 4 & 1 & 3 \\ 3 & 3 & 1 & 2 \\ 6 & 1 & 3 & 2 \\ 5 & 2 & 4 & 0 \end{pmatrix}$$

Ob überhaupt einer der Konsumpläne realisierbar ist, nach unten angepasst werden muss oder vielleicht sogar erhöht werden kann, hängt vom zur Verfügung stehenden Einkommen (Y) ab. Letztlich entscheidet die Einkommenshöhe über die Möglichkeiten des Haushalts, Güter zu kaufen bzw. zu konsumieren. M.a.W.: Das Budget gibt Auskunft darüber, in welcher Höhe der Haushalt Ausgaben tätigen kann. Was aber sind die Ausgaben? Die Ausgaben des Haushalts sind die Summe, die er für die einzelnen Güter ausgibt, also die Summe der mathematischen Produkte von Güterpreisen und Gütermengen:

$$p \cdot x = \sum_{i=1}^{n} p_i \cdot x_i = p_1 \cdot x_1 + p_2 \cdot x_2 + \ldots + p_n \cdot x_n,$$

mit $p_i > 0$ und $x_i \geq 0$, $i = 1, \ldots, n$

Werden die Ausgaben den Einnahmen gegenübergestellt, spricht man von der Budget(un)gleichung.

$$\begin{aligned} p \cdot x &< Y \quad \text{Budgetungleichung} \\ p \cdot x &= Y \quad \text{Budgetgleichung} \end{aligned}$$

Da es unter den getroffenen Annahmen des vollständigen Marktes (nur eine Periode, keine Ersparnisbildung, keine Kredite usf.) keinerlei Sinn machen würde, das Budget nicht vollständig auszuschöpfen, ist für die weitere Analyse faktisch nur die **Budgetgleichung** von Bedeutung (was später auch den Einsatz eines „bequemen" Optimierungsverfahrens rechtfertigen wird). Für den weiteren Fortgang unserer Analyse des Haushalts ist es ausreichend (und bequem), die Anzahl der betrachteten Güter auf zwei zu beschränken. Die Budgetgleichung lässt sich nun formulieren als:

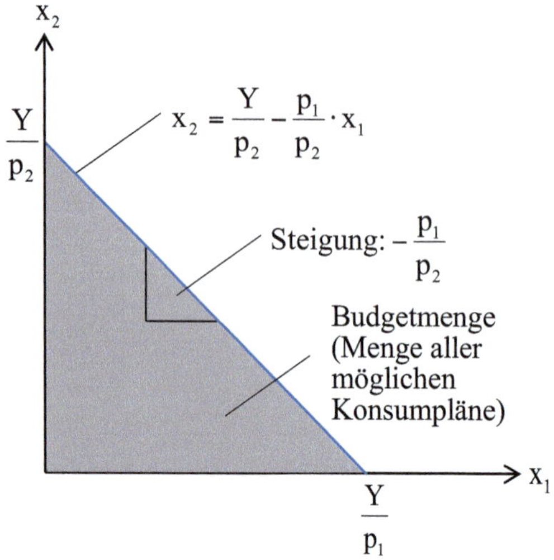

Abbildung 2.1: Budgetmenge und Budgetgerade

$p_1 \cdot x_1 + p_2 \cdot x_2 = Y$. Wird die Budgetgleichung z. B. nach der Menge des Gutes 2 aufgelöst, so entsteht die **Budgetgerade**, die sich in einem reinen Gütermengendiagramm veranschaulichen lässt.

In Abbildung 2.1 → vgl. S. 28 zeigt die **Budgetmenge** sämtliche Güterkombinationen (Konsumpläne) an, die mit dem Budget in Höhe von Y realisiert (gekauft) werden können. Unterstellen wir, dass die beiden Güter in ihren Mengen unendlich klein aufgeteilt werden können, so geht die Menge aller möglichen Konsumpläne gegen unendlich. Die Budgetmenge wird grafisch durch die Achsen und die Budgetgerade beschränkt. Es ist offensichtlich, dass eine wie auch immer geartete Rechtsverlagerung der Budgetgerade zu einer Vergrößerung der gemusterten Fläche und damit zu einer Erhöhung der Konsummöglichkeiten führt, was einer gestiegenen Budgetmenge entspricht. Betrachten wir dies näher:

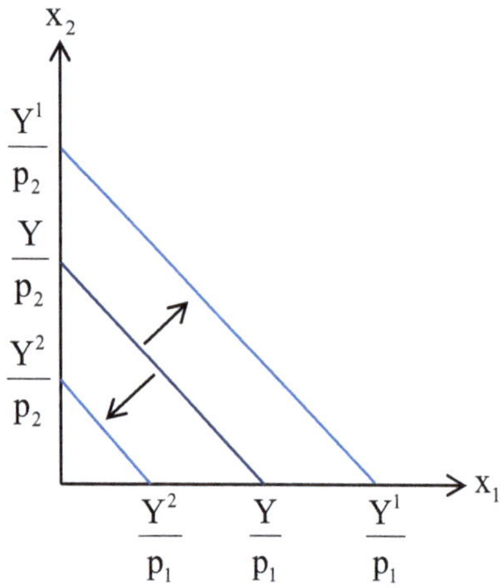

Abbildung 2.2: Parallelverschiebung der Budgetgerade

Wie aus Abbildung 2.2 ersichtlich, führt eine Erhöhung des Budgets von Y^0 auf Y^1 zu einer Parallelverschiebung der Budgetgerade nach rechts. Eine Senkung von Y^0 auf Y^2 führt zu einer Verschiebung nach links (eine Parallelverschiebung liegt ebenfalls vor, wenn die Preise beider Güter im gleichen Verhältnis sinken oder steigen).

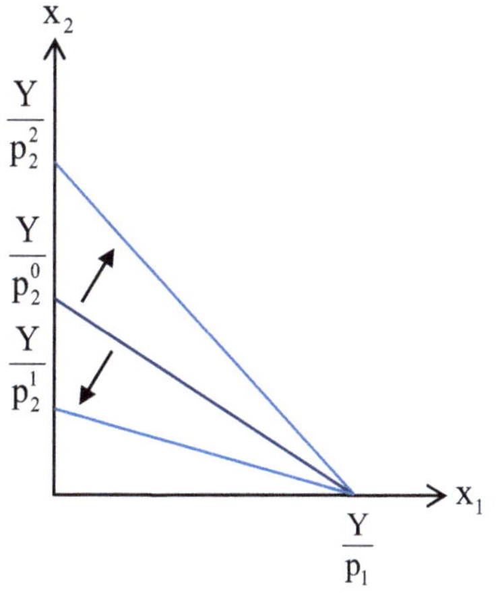

Abbildung 2.3: **Drehung der Budgetgerade**

Zu einer Drehung der Budgetgerade → vgl. Abbildung 2.3, S. 29 kommt es, wenn sich einer der beiden Güterpreise verändert und der andere Preis und das Einkommen konstant bleiben. Steigt beispielsweise der Preis von Gut 2 von p_2^0 auf p_2^1, c. p., so sinkt die Menge der Konsummöglichkeiten; die Budgetgerade dreht sich im Schnittpunkt mit der Abszisse. Sinkt p_2^0 auf p_2^2, so steigt die Menge der Konsummöglichkeiten – dem Haushalt steht faktisch mehr Geld zur Verfügung, wenn ein Gut billiger geworden ist (und die anderen Größen sich nicht verändert haben). Eine Drehung durch den Schnittpunkt der Budgetgerade mit der Ordinate liegt bei einer Preisänderung des Gutes 1 vor.

2.2 Präferenzen und Präferenzordnung

Nachdem das Problem des beschränkten Einkommens und die Konsummöglichkeiten, die sich aus diesem Einkommen ergeben, diskutiert wurden, geht es nunmehr darum, die Wünsche des Haushalts handhabbar zu machen. Es wird unterstellt, dass die Haushalte manche Güter lieber als andere mögen und manche Gütermengenkombinationen anderen gegenüber vorziehen. Kurz, die Haushalte sind in der Lage, Präferenzen über verschiedene Konsumpläne zu äußern, die sie dann in eine Reihenfolge, die **PRÄFERENZORDNUNG** → GLOSSAR, bringen können → vgl. Abschnitt 2.2.1. Für die weitere Analyse ist es erforderlich, die Präferenzordnung mit einigen Annahmen auszustatten, die ihre logische Konsistenz sichern → vgl. Abschnitt 2.2.1. Aus den Annahmen gehen die Konzepte der **INDIFFERENZKURVE** → GLOSSAR und deren Steigung, die Grenzrate der Substitution, hervor → vgl. Abschnitt 2.2.2–2.2.4, S. 33 ff.

2.2.1 Konsumpläne und Präferenzordnung

Angenommen sei, dass jeder Konsument alle möglichen Konsumpläne für sich in eine Reihenfolge, eine **PRÄFERENZORDNUNG** → GLOSSAR, setzen kann. An erster Stelle steht jenes Güterbündel, das sich der Haushalt am meisten wünscht, an letzter Stelle steht das Güterbündel, das am wenigsten erwünscht ist. Sodann werden die Konsumpläne der Präferenzordnung auf die Möglichkeit ihrer Realisierung untersucht, indem gefragt wird, welcher Konsumplan angesichts des gegebenen Budgets tatsächlich umgesetzt werden kann.

Merksatz
Unter einem **optimalen Konsumplan** versteht man einen Konsumplan, der angesichts des gegebenen Budgets den höchsten Platz in der Präferenzordnung einnimmt.

Beispiel

Herr Vogel befindet sich während einer längeren Geschäftsreise nachts in einer Autobahnraststätte und ist sehr hungrig. Bedauerlicherweise besteht das Angebot nur noch aus einer Frikadelle und einer Bratwurst. Herr Vogel möchte sein Bedürfnis (seinen Hunger) in möglichst maximaler Weise befriedigen und stellt zu diesem Zweck eine Präferenzordnung auf, die sich aus sämtlichen erdenklichen Konsummöglichkeiten (Konsumplänen) ergibt:

Konsumplan 1: Weder Frikadelle noch Bratwurst, $x^1 = \{0; 0\}$
Konsumplan 2: Ausschließlicher Konsum der Bratwurst, $x^2 = \{0; 1\}$
Konsumplan 3: Ausschließlicher Konsum der Frikadelle, $x^3 = \{1; 0\}$
Konsumplan 4: Konsum von Bratwurst und Frikadelle, $x^4 = \{1; 1\}$

Am liebsten würde Herr Vogel die Bratwurst und die Frikadelle essen, weil es ihm das höchste Wohlbefinden einbrächte. Deshalb steht Konsumplan vier auf Rang eins, also an erster Stelle aller Konsumpläne. Auf dem zweitem Rang steht der Konsum der Bratwurst, was offensichtlich voraussetzt, dass er den Verzehr der Bratwurst höher bewertet als den der Frikadelle. Es wäre aber ebenso denkbar, dass im Falle der Indifferenz zwischen Bratwurst und Frikadelle (also es ihm egal ist, ob er die Bratwurst oder die Frikadelle isst), Konsumplan zwei und drei gleichrangig auf dem zweiten Rang stünden. Selbstverständlich gehört auch der Konsumplan vier, der Nullvektor, mit zur Menge der möglichen Konsumpläne, da auch „kein Konsum" möglich ist.

Tabelle 2.2: Rang und Konsumplan

Rang	Konsumplan
1	x^4
2	x^2
3	x^3
4	x^1

Nachdem die Präferenzordnung aufgestellt ist, also die möglichen Konsumpläne in eine Rangfolge gebracht sind, kommt das Budget ins Spiel. Verfügt der Konsument über ein ausreichendes Budget, um sich beide Güter leisten zu können, so wird er mit Sicherheit Konsumplan Nummer vier wählen. Hat Herr Vogel vielleicht nur vier Euro im Portemonnaie (und die Kreditkarten zu Hause gelassen) und kostet die Bratwurst drei Euro und die Frikadelle zwei Euro, so wird er das Gut mit dem höheren Befriedigungsgrad, also die Bratwurst, kaufen; beide Güter kann er sich nicht leisten. Verfügt er nur über zwei Euro, käme als Maximum der Befriedigung nur Konsumplan drei, die Frikadelle, in Frage. Mit einem Budget von weniger als zwei Euro läge das Maximum der Bedürfnisbefriedigung in der Realisation des Nicht-Konsums (Konsumplan vier).

Der vorstehend genannte beispielhafte Sachverhalt soll nun verallgemeinert und argumentativ „wasserdicht" gemacht werden. Hierzu werden einige Annahmen getroffen, welche die logische Konsistenz der Präferenzordnung sicherstellen sollen [v. BÖVENTER/ILLING ET AL., 1997, S. 56–85]. Es wird so vorgegangen, dass alle vom Konsumenten aufgestellten Konsumpläne paarweise verglichen werden, d. h., jeweils zwei beliebige Konsumbündel werden in der Weise in Beziehung zueinander gestellt, dass eine Aussage darüber möglich ist, ob dem Konsumenten ein Güterbündel x^i lieber ist als ein Güterbündel x^j $(i \neq j)$, ob es ihm nicht lieber ist, oder ob zwischen beiden Indifferenz vorliegt. Die Ausdrücke „ist mir lieber", „ist mir weniger lieb" und „ist mir genauso lieb" werden über folgende Symbole ausgedrückt:

" $\succ$ "	„ist mir lieber als"
" $\prec$ "	„ist mir weniger lieb als"
" $\sim$ "	„ist mir genauso lieb wie"

Annahmen an die Präferenzordnung

- **Annahme 1 – Vollständigkeit:**
  für zwei beliebige Konsumbündel x^1, x^2, die beide Elemente der Konsummenge sind, gilt:

  $$x^1 \succeq x^2 \vee x^2 \succeq x^1 \vee (x^1 \succeq x^2 \wedge x^2 \succeq x^1) \quad \Leftrightarrow \quad x^1 \succ x^2 \vee x^2 \succ x^1 \vee x^1 \sim x^2$$

  Nehmen wir vereinfachend an, dass beide Güterbündel jeweils nur aus einem Gut bestehen. Für die Aussage, dass beispielsweise Tee mir lieber ist als Kaffee, sagt die Annahme der Vollständigkeit, dass nicht gleichzeitig das Gegenteil (Kaffee ist mir lieber als Tee) gelten darf. $x^i \succeq x^i$ wird oftmals gesondert als Reflexivitätsannahme herausgestellt (jedes Güterbündel ist mir mindestens so lieb wie es selbst).

- **Annahme 2 – Transitivität:**
  Für drei beliebige Konsumbündel, die alle Elemente der Konsummenge sind, gilt:

  $$x^1 \succeq x^2 \wedge x^2 \succeq x^3 \quad \Rightarrow \quad x^1 \succeq x^3$$

  Ausführlich:

  $$\begin{array}{lllll} x^1 \succ x^2 & \wedge & x^2 \succ x^3 & \Rightarrow & x^1 \succ x^3 \\ x^1 \sim x^2 & \wedge & x^2 \sim x^3 & \Rightarrow & x^1 \sim x^3 \\ x^1 \succ x^2 & \wedge & x^2 \sim x^3 & \Rightarrow & x^1 \succ x^3 \\ x^1 \sim x^2 & \wedge & x^2 \succ x^3 & \Rightarrow & x^1 \succ x^3 \end{array}$$

Ist mir Tee lieber als Kaffee und Kaffee mir lieber als Wasser, so muss gelten, dass ich Tee auch gegenüber Wasser präferiere. So logisch zwingend die Transitivitätsannahme auch erscheint, sie schließt einige realistische Sachverhalte aus. Wenn ein Haushalt aus mehreren Personen besteht, die gegenteilige Wünsche haben (der eine mag lieber Kaffee und der andere lieber Tee), kann die Transitivitätsannahme die aggregierte Präferenz des Haushalts nicht widerspiegeln. Es können alternative Konsumpläne in Widerspruch zueinander geraten und folgende paradoxe Situation entstehen, die als **Arrow-Paradoxon** bekannt ist. Ein Haushalt bestehe aus drei Personen, I, II, III, deren Präferenzordnungen lauten:

$$\begin{array}{llllll} \text{Person I:} & x^1 \succ x^2 & \wedge & x^2 \succ x^3 & \Rightarrow & x^1 \succ x^3 \\ \text{Person II:} & x^2 \succ x^3 & \wedge & x^3 \succ x^1 & \Rightarrow & x^2 \succ x^1 \\ \text{Person III:} & x^3 \succ x^1 & \wedge & x^1 \succ x^2 & \Rightarrow & x^3 \succ x^2 \end{array}$$

Soll im Haushalt eine Gesamtentscheidung in Form einer Mehrheitsentscheidung getroffen werden, so hängt das Ergebnis von der Reihenfolge ab, in der abgestimmt wird. Wird zunächst darüber abgestimmt, wer Güterbündel eins lieber als Güterbündel zwei haben möchte, so wird Person II von den Personen I und III überstimmt, es gilt $x^1 \succ x^2$. Wird im zweiten Schritt gefragt, wer das Güterbündel zwei gegenüber dem Güterbündel drei präferiert, so stimmen Person I und Person II dafür, Person III jedoch dagegen, so dass die Mehrheitsentscheidung $x^2 \succ x^3$ lautet. Gemäß der Transitivitätsannahme kann aus diesen beiden Ergebnissen ermittelt werden, dass Güterbündel eins vor dem Güterbündel drei gekauft wird, denn:

$$x^1 \succ x^2 \quad \wedge \quad x^2 \succ x^3 \quad \Rightarrow \quad x^1 \succ x^3$$

Wird jedoch tatsächlich darüber abgestimmt, ob Güterbündel eins der Vorzug gegenüber Güterbündel drei eingeräumt werden soll, so erkennt man, dass dafür überhaupt keine Mehrheit besteht, da nur Person I dafür, die Personen II und III aber dagegen stimmen. Es liegt somit ein Widerspruch der Gestalt $x^1 \succ x^2 \succ x^3 \succ x^1$ vor, so dass ein eindeutiges Abstimmungsergebnis im Haushalt nicht möglich ist.

- **Annahme 3 – Rationale Wahl**:
  Wird ein beliebiger Konsumplan x^1 aus der Budgetmenge ausgewählt, so gilt, dass dieser Konsumplan allen anderen Konsumplänen x^2 gegenüber vorgezogen wurde (sonst wäre er nicht gewählt worden): $x^1 \succ x^2$. Das heißt nichts anderes, als dass der Haushalt immer den Konsumplan bzw. das Güterbündel auswählt, welches gemäß der vorliegenden Präferenzordnung den vergleichsweise höchsten Rang einnimmt bzw. als die beste Alternative erachtet wird.

Zusätzliche Annahmen an die Präferenzordnung

Die Annahmen 1 bis 3 stellen Minimalerfordernisse an die Präferenzordnung dar. Darüber hinaus gibt es einige zusätzliche Annahmen, die getroffen werden, um die Analyse zu erleichtern. Da sich einige dieser zusätzlichen Annahmen direkt auf das Konzept der Indifferenzkurve → vgl. Abschnitt 2.2.2 beziehen, werden sie, diesen Abschnitt 2.2.1 übergreifend, einfach durchnummeriert.

- **Annahme 4 – Nichtsättigung**:
  Für zwei beliebige Konsumbündel x^1, x^2, die beide Elemente der Konsummenge sind, gilt: wenn $x^1 \geq x^2$, dann $x^1 \succeq x^2$. Wenn in dem Konsumplan x^1 von mindestens einem Gut eine größere und von keinem anderen Gut eine kleinere Menge als in x^2 enthalten ist, dann wird der Konsumplan x^1 dem Konsumplan x^2 vorgezogen. Somit wird immer das Güterbündel

gegenüber einem anderen vorgezogen, das bei gleicher Zusammensetzung der Güter in mindestens einem Gut eine größere Menge aufweist. Anders ausgedrückt: „Mehr ist mir lieber als weniger“.

2.2.2 Konzept der Indifferenzkurve

Bei der Indifferenzkurve handelt es sich um die grafische Darstellung der Präferenzordnung. Die Indifferenzkurve geht aus der Annahme der **Stetigkeit** hervor, die an eine Präferenzordnung gestellt ist.

- **Annahme 5 – Stetigkeit:**
  Gehen wir vereinfachend von der Existenz nur zweier Güter aus, deren Mengen auf den Achsen der Abbildung 2.4 abgetragen sind. Wird nun eine Gerade aus dem Ursprung eingezeichnet, so gibt jeder Punkt dieser Gerade eine Mengenkombination (Konsumbündel) an, wobei jeder weiter vom Ursprung entfernte Punkt auf der Gerade ein stärker präferiertes Güterbündel

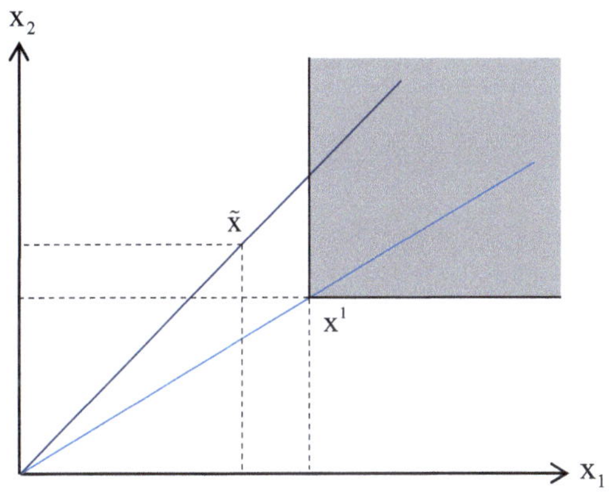

Abbildung 2.4: Vergleich indifferenter Konsumbündel

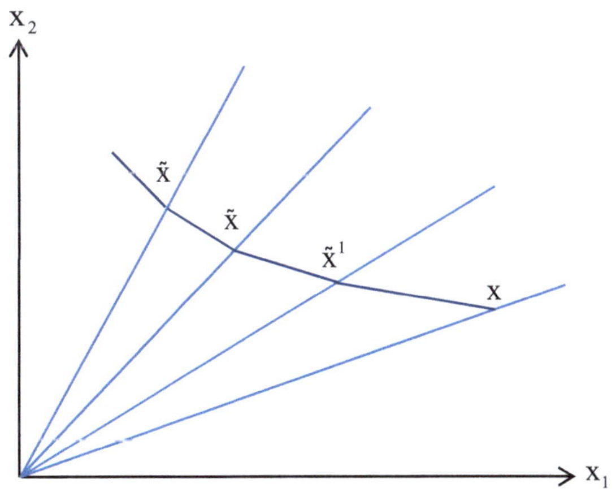

Abbildung 2.5: Entstehung einer Indifferenzkurve

darstellt. Denn schließlich ist von jedem Gut eine höhere Menge in jedem vom Nullpunkt weiter entfernten Punkt enthalten → vgl. Abschnitt 2.2.1, „Annahme 4 – Nichtsättigung", S. 32.

Wird eine zweite Gerade eingezeichnet, gilt die gleiche Überlegung. Werden jedoch beide Geraden verglichen, so ist leicht zu erkennen, dass es eine Vielzahl von Punkten auf der einen Gerade gibt, bei denen von Gut 1 mehr und von Gut 2 weniger enthalten ist bzw. mehr von Gut 2 und weniger von Gut 1 auf der anderen Gerade. Wie nun können die Punkte von den verschiedenen Geraden, oder allgemeiner: beliebige Punkte des Konsumraums, im Hinblick auf die Präferierung seitens des Konsumenten verglichen werden?

Zur Beantwortung dieser Frage wird das Güterbündel x^1 → vgl. Abbildung 2.4 ausgewählt. Es ist unschwer zu erkennen, dass alle Konsumbündel, die sich im grau schraffierten Bereich befinden (nicht nur die auf den Geraden) jeweils höhere Mengen des Gutes 1 und 2 beinhalten, als es beim Konsumbündel x^1 der Fall ist. Da Substituierbarkeit der Güter unterstellt ist, kann weniger des eines Gutes durch mehr des anderen Gutes ersetzt werden. $\tilde{x}$ sei solch ein Punkt, in dem das Weniger an Gut 1 durch ein Mehr an Gut 2 kompensiert wird, und zwar genau so, dass der Konsument zwischen beiden Konsumbündeln indifferent ist.

Lässt man die Anzahl der Geraden gegen unendlich gehen, so können die Konsumbündel, die der Konsument im gleichen Maße präferiert, in Form einer Verbindungslinie dargestellt werden, der so genannten Indifferenzkurve (ihr Verlauf ist ununterbrochen, d. h. stetig, und fallend).

Merksatz

Die **Indifferenzkurve** ist der geometrische Ort derjenigen Konsumbündel, denen der Konsument die gleiche Präferenz entgegenbringt.

Anders ausgedrückt: Bezeichne I(x) die Menge aller Konsumpläne, denen der Konsument die gleiche Präferenz wie dem Konsumplan x^1 beimisst, dann lautet die Stetigkeitsannahme: für beliebige Konsumbündel $\tilde{x}$, die Elemente der Konsummenge sind, gilt: gehört ein Konsumplan $\tilde{x}$ zu I(x), so gilt: $\tilde{x} \sim x^1$.

Der Beweisansatz für die Punkte $\tilde{x}$ ergibt sich aus der Überlegung, dass es auf einer jeden Gerade oberhalb von $\tilde{x}$ nur Punkte gibt, die einen höheren Rang haben als es bei x^1 der Fall ist. Unterhalb von $\tilde{x}$ kann es nur Punkte geben, denen eine niedrigere Präferenz als beim Konsumbündel x^1 entgegengebracht wird. Folglich kann nur $\tilde{x}$ ein Punkt auf der Indifferenzkurve sein. Aufgrund der Nichtsättigungseigenschaft (Monotonie) muss die Indifferenzkurve immer fallend sein, denn ein steigender Verlauf würde Indifferenz von Konsumplänen erfordern, die höhere Gütermengeneinheiten aufweisen als andere – dies wäre ein Widerspruch zur Definition der Nichtsättigung. Bei Konsumplänen gleichen Ranges darf es also niemals auch nur einen einzigen geben, der bei Gleichheit aller anderen in ihm enthaltenen Gütermengen ein Gut mit einer höheren Menge aufweist. Beispielsweise werden zwei Bananen und ein Apfel gegenüber 1,9 Bananen und einem Apfel eindeutig präferiert. Selbst ein paralleler Verlauf einer Indifferenzkurve zu den Achsen ist somit ausgeschlossen.

Aufgrund der bisher getroffenen Annahmen an die Präferenzordnung ist ausgeschlossen, dass sich Indifferenzkurven schneiden können. Hierzu sei folgende Überlegung angestellt:

Unterstellt ist der Verlauf zweier sich schneidender Indifferenzkurven → vgl. Abbildung 2.6. Mit dem Konsumbündel x^1, dem Schnittpunkt, weisen beide Kurven einen gemeinsamen Punkt auf. Ferner gebe es den Punkt $\tilde{x}$ auf der ersten Indifferenzkurve (dieser Punkt muss natürlich auch indifferent zu x^1 sein) und $\hat{x}$ auf der zweiten Indifferenzkurve (dieser Punkt

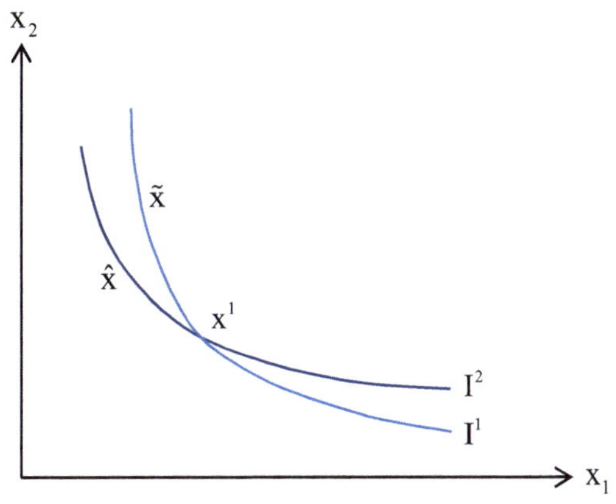

Abbildung 2.6: Indifferenzkurven dürfen sich nicht schneiden

muss natürlich auch indifferent zu x^1 sein). Der Widerspruch ist offensichtlich:

$$\begin{array}{rcl} \text{für } I^1 \text{ gilt: } x^1 \sim \tilde{x}; \text{ für } I^2 \text{ gilt: } x^1 \sim \hat{x} & & \text{(Stetigkeit)} \\ \text{wegen } \tilde{x} > \hat{x} \quad \Rightarrow \quad \tilde{x} \succ \hat{x} & & \text{(Nichtsättigung)} \end{array}$$

aus Transitivität folgt: $\tilde{x} \sim x^1 \succ x^1 \sim \hat{x}$; Widerspruch zur Vollständigkeit.
Aus der Stetigkeit der Präferenzen folgt die Indifferenzkurve, die man „in einem durchzeichnen kann“, ohne den Stift absetzen zu müssen. Die zugrunde liegenden Annahmen:

- „Mehr ist besser als weniger“ (Nichtsättigung),
- unendliche Substituierbarkeit (Teilbarkeit) der Güter,
- die Individuen müssen in der Lage sein, Rangskalen über beliebig kleine Einheiten von Gütern im Gütervergleich bilden zu können.

Klar ist auch: Je weiter eine Indifferenzkurve vom Ursprung entfernt ist, desto höher ist der Gütereinsatz und entsprechend das Ausmaß an Bedürfnisbefriedigung (der Rang). Je stärker sich die Indifferenzkurve dem Ursprung nähert, desto niedriger ist die Präferenz.

Zur Vereinfachung der weiteren Untersuchung ist es sinnvoll, weitere Annahmen an die Präferenzordnung bzw. an den Verlauf der Indifferenzkurve zu stellen.

- **Annahme 6 – Konvexität:**
Für beliebige Konsumbündel $\tilde{x}$, $\hat{x}$, die als gleich gut bewertet werden ($\tilde{x} \sim \hat{x}$), gilt: jede konvexe Kombination (Gerade) zwischen $\tilde{x}$ und $\hat{x}$ wird als **strikt besser** betrachtet. Aus dieser Annahme folgt, dass der Verlauf der Indifferenzkurven im 2-Güter-Fall streng konvex gekrümmt ist, also lineare und konkave Bereiche ausgeschlossen sind. Konvexität bedeutet grafisch, dass alle konvexen Kombinationen (eine Gerade) zwischen zwei beliebigen Punkten einer Indifferenzkurve einen höheren Rang aufweisen als die Punkte der Indifferenzkurve selbst (die Gerade verläuft oberhalb der Indifferenzkurve; im Falle der Konkavität unterhalb).

– Konvexität:

$$\lambda \cdot \tilde{x}_2 + (1 - \lambda) \cdot \hat{x}_2 \quad \geq \quad x_2 [\lambda \cdot \tilde{x}_1 + (1 - \lambda) \cdot \hat{x}_1]$$

– Strenge Konvexität:

$$\lambda \cdot \tilde{x}_2 + (1 - \lambda) \cdot \hat{x}_2 \quad > \quad x_2 [\lambda \cdot \tilde{x}_1 + (1 - \lambda) \cdot \hat{x}_1]$$

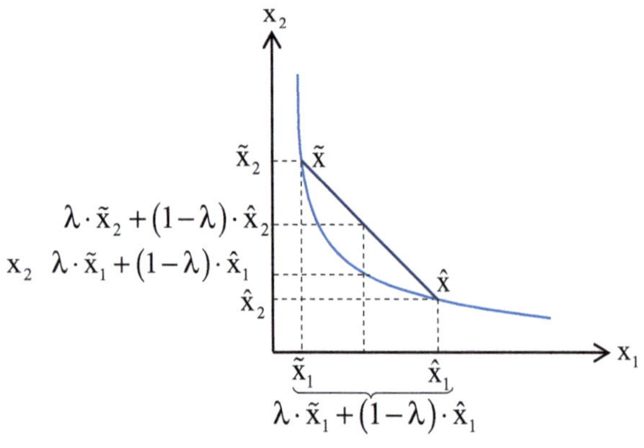

Abbildung 2.7:
Konvexer Verlauf einer Indifferenzkurve

– Bei (strenger) Konkavität gilt:

(„ < “) „ ≤ “

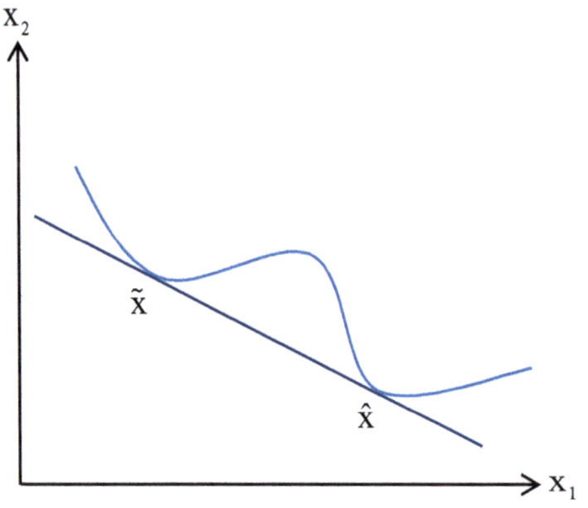

Abbildung 2.8:
Konkaver Verlauf zwischen den beiden Punkten

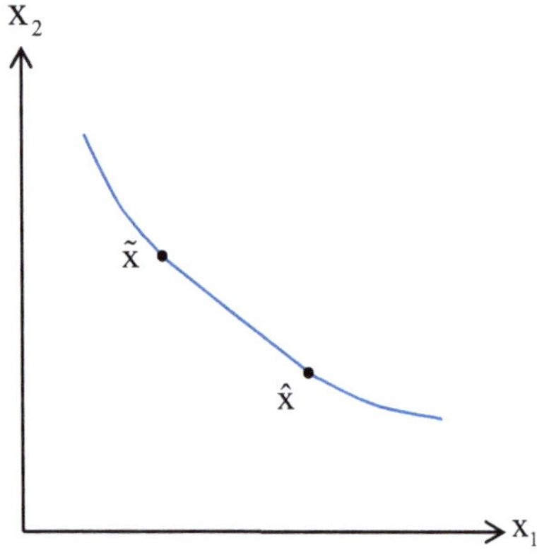

Abbildung 2.9: Konvexer Verlauf

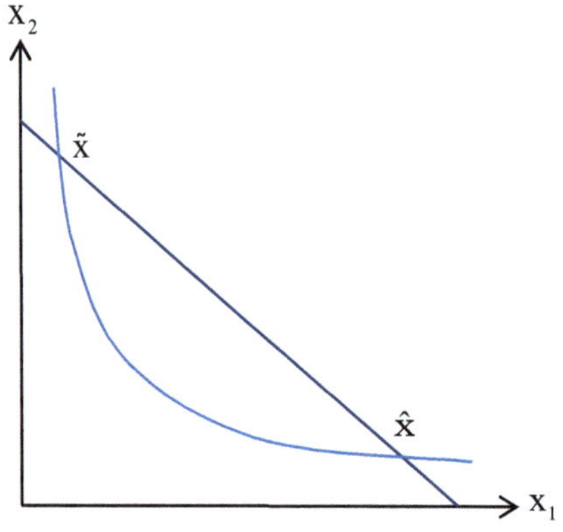

Abbildung 2.10: Streng konvexer Verlauf

Konvexe Mengen: Jede konvexe Verbindung zwischen zwei Punkten der Menge muss Element der Menge sein.

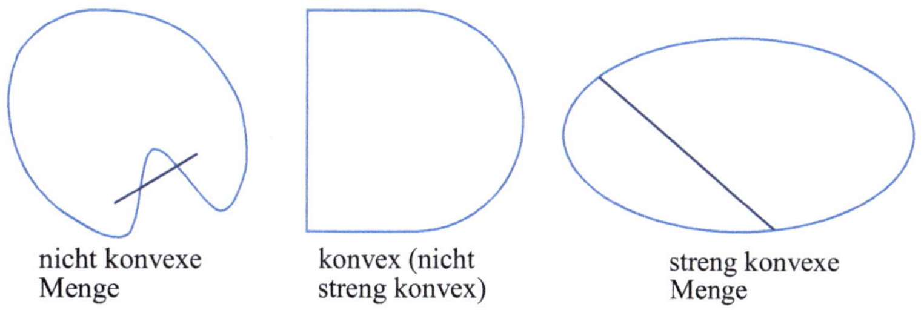

Abbildung 2.11: Konvexe Mengen

- **Annahme 7 – Beschränkte Substituierbarkeit:**
  Beschränkte Substituierbarkeit liegt vor, wenn die in Betracht stehenden Güter niemals vollständig durch ein anderes ersetzt werden können. Diese Annahme stellt sicher, dass die Indifferenzkurve nicht die Achsen berührt, sondern sich ihnen asymptotisch nähert. Es gilt somit:

$$\left|\frac{dx_j}{dx_i}\right| = \infty, \quad \text{falls} \quad x_i \rightarrow 0$$

Im Fall der unbeschränkten Substituierbarkeit, also der gegenseitigen Austauschbarkeit zweier Güter, berührt die Indifferenzkurve die Achsen. Die Annahme der beschränkten Substituierbarkeit ist in erster Linie eine technische Annahme, mit der ausgesagt wird, dass Haushalte niemals bereit sind, auf den Kauf eines Gutes zu Gunsten eines anderen vollständig zu verzichten. Jedes Gut, für das ein Bedarf vorhanden ist, wird nachgefragt, auch wenn die Mengeneinheit verschwindend gering wird.

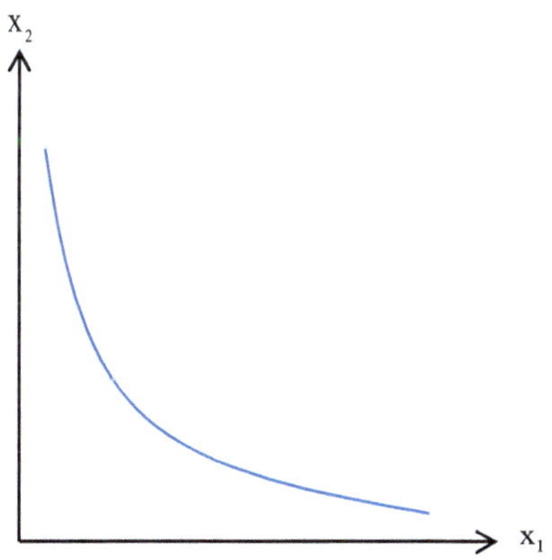

Abbildung 2.12: Beschränkte Substituierbarkeit

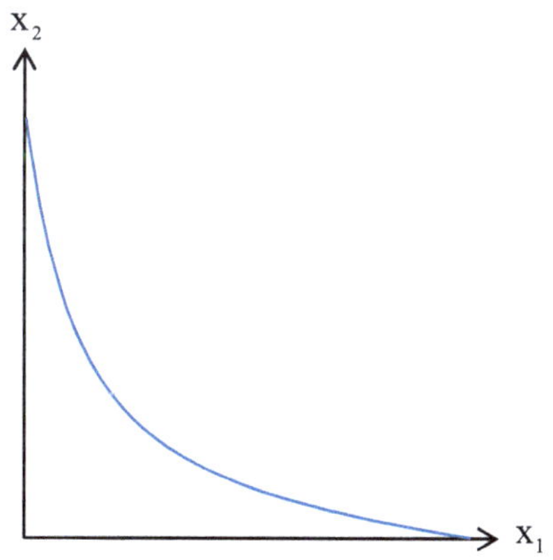

Abbildung 2.13: Unbeschränkte Substituierbarkeit

- **Annahme 8 – Differenzierbarkeit der Indifferenzkurven:**
  Indifferenzkurven sind in jedem Punkt stetig differenzierbar, d. h. die erste Ableitung einer Indifferenzkurve ist eine stetige Funktion. Es handelt sich um eine technische Annahme, die

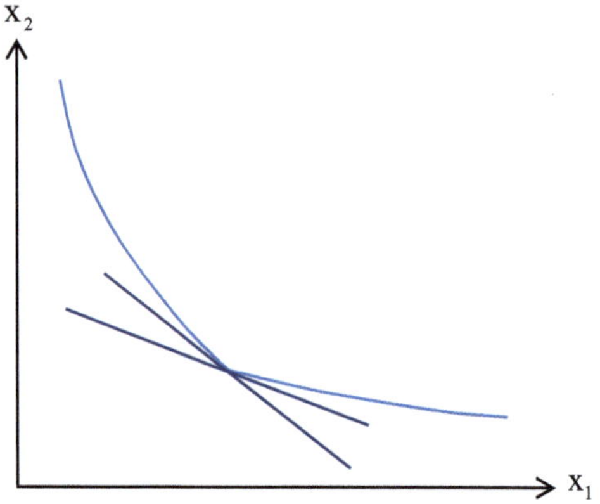

Abbildung 2.14: Keine Differenzierbarkeit

den Einsatz der Differential- und Integralrechnung erheblich erleichtert. Ausgeschlossen wird, dass die Indifferenzkurven einen Knick, also mehrere mögliche Tangenten in einem Punkt aufweisen → vgl. Abbildung 2.14.

2.2.3 Grenzrate der Substitution

Die **Steigung einer Indifferenzkurve** trägt die Bezeichnung „**Grenzrate der Substitution**". Sie kann als **Differenzen-** oder als **Differentialquotient** bestimmt werden. Im Folgenden wollen wir der Einfachheit wegen eine Indifferenzkurve unterstellen, die stetig verläuft und zweimal differenzierbar ist.

Als Differenzenquotient lässt sich die Steigung der Indifferenzkurve zwischen zwei Punkten x^1, x^2 darstellen, indem die Veränderung der einen Variable durch die Veränderung der anderen Variable dividiert wird: $\Delta x^2 / \Delta x^1$. Die Steigung sagt aus, wie viele Einheiten von Gut 2 aufgegeben werden müssen, wenn von Gut 1 eine Einheit mehr konsumiert werden soll, und zwar so, dass das Niveau der Bedürfnisbefriedigung unverändert bleibt (die Indifferenzkurve also nicht verlassen wird). Da die zusätzliche Menge des einen Gutes durch einen Rückgang der Menge des anderen Gutes „erkauft" wird, wird manchmal auch von Grenzzahlungsbereitschaft gesprochen.

$$x^1 \rightarrow x^2 : \frac{\Delta x_2}{\Delta x_1} = \frac{|3{,}5 - 3|}{|4 - 5|} = |0{,}5|$$

$\Delta x_2 / \Delta x_1$ heißt **Durchschnittsrate der Substitution** von Gut 2 durch Gut 1. Exakt wird die **GRENZRATE DER SUBSTITUTION** → GLOSSAR als Differentialquotient bestimmt (Steigung des Graphen in einem Punkt). Dies geschieht, indem die Menge z. B. des Gutes 1 nicht mehr als eine ganze ($\Delta x_1 = 1$), sondern als unendlich kleine Einheit betrachtet wird ($\Delta x_1 \rightarrow 0$).

Merksatz

$\frac{dx_2}{dx_1}$ oder allgemein: $\frac{dx_j}{dx_i}$, $i \neq j$, $i, j = 1, \ldots, n$, heißt **Grenzrate der Substitution** von Gut 2 durch Gut 1 bzw. von Gut j durch Gut i.

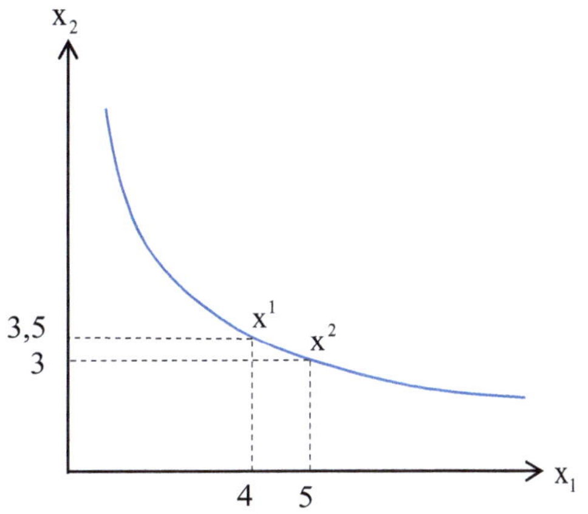

Abbildung 2.15: **Bestimmung der Grenzrate der Substitution**

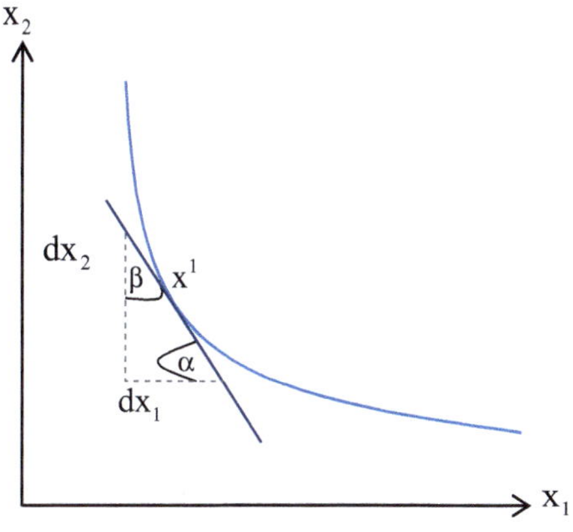

Abbildung 2.16: **Grenzrate der Substitution**

Die Grenzrate der Substitution im Punkt x^1 wird durch die Steigung der Tangente in diesem Punkt gemessen. Die Grenzrate der Substitution von Gut 2 durch Gut 1 wird somit durch den Tangens des Winkels α (Gegenkathete geteilt durch Ankathete) bestimmt; ihr Kehrwert gibt die Grenzrate der Substitution von Gut 1 durch Gut 2 an (Tangens des Winkels β).

$$\frac{dx_2}{dx_1} = \tan\alpha \quad \text{Grenzrate der Substitution von Gut 2 durch Gut 1}$$

$$\frac{dx_1}{dx_2} = \tan\beta \quad \text{Grenzrate der Substitution von Gut 1 durch Gut 2}$$

$$\frac{dx_2}{dx_1} = \tan\alpha = \frac{1}{\tan\beta}$$

Da die Indifferenzkurve eine fallende Funktion ist bzw. sein muss, wird auch vom „**Gesetz der fallenden Grenzrate der Substitution**“ → vgl. Abbildung 2.17, S. 40 gesprochen: Je mehr ein Haushalt von einem bestimmten Gut bereits besitzt, desto mehr wird er von diesem Gut abzugeben bereit sein, um eine zusätzliche Einheit eines anderen Gutes dafür zu bekommen und umso weniger ist er bereit, von anderen Gütern abzugeben, um eine Einheit dieses Gutes zusätzlich zu erhalten.

In Punkt x^1 → vgl. Abbildung 2.17 (hier besitzt der Konsument relativ viele Einheiten des Gutes 2 und wenige von Gut 1), wird er für eine weitere Einheit von Gut 1 (von dem er wenig besitzt) sicherlich Einiges von Gut 2 aufzugeben bereit sein (dx_2/dx_1 ist hoch) bzw. sehr viel von Gut 2 noch hinzukommen müssen, um auf eine Einheit von Gut 1 zu verzichten (dx_1/dx_2 ist niedrig). Je weiter man sich auf der Kurve abwärts bewegt, desto stärker nimmt die Grenzrate der Substitution Gut 2 durch Gut 1 ab, denn man verfügt über immer mehr Einheiten des Gutes 1 und weniger des Gutes 2. Um also noch eine weitere Einheit von Gut 1 zu erhalten, wird der Konsument immer weniger Einheiten von Gut 2 aufzugeben bereit sein (dx_2/dx_1 sinkt). Im Punkt x^2 schließlich wird der Konsument, um eine weitere Einheit des Gutes 1 zu erhalten, nur äußerst wenig von Gut 2 aufzugeben bereit sein; und umgekehrt, wird er für eine vergleichsweise geringe Menge von Gut 2, eine Einheit von Gut 1 sehr leicht aufgeben.

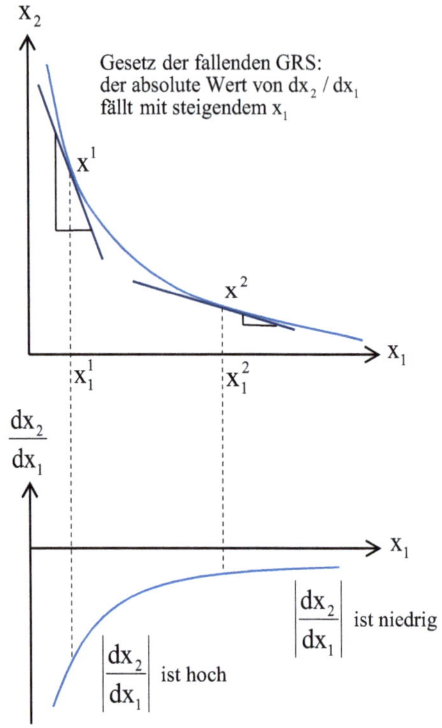

Abbildung 2.17: Gesetz der fallenden Grenzrate der Substitution

Merksatz

Gesetz der fallenden Grenzrate der Substitution: der absolute Wert von $\frac{dx_2}{dx_1}$ fällt mit steigendem x_1.

2.2.4 Nutzen und Nutzenfunktion

In den Anfängen der Nutzentheorie (etwa bei Léon Walras, 1834 – 1910, William St. Jevons, 1835 – 1882, Carl Menger, 1840 – 1921, und Alfred Marshall, 1842 – 1924) wurde einfach so getan, als ob Menschen in der Lage seien, ihre Nutzen und seine Veränderungen anhand genauer Zahlenwerte anzugeben, d. h. Nutzen kardinal und intrasubjektiv bestimmen zu können. Faktisch würde kardinale Messbarkeit Informationen der Art voraussetzen, dass der Konsum eines Individuums von z. B. einem halben Apfel ihm einen Nutzenwert von bspw. 1,38 einbringt. Da ein Haushalt kaum in der Lage ist, eine solche Messung durchzuführen, wurde das ordinale Nutzenkonzept, das eng mit den Namen Vilfredo Pareto (1848 – 1923) und Francis Y. Edgeworth (1845 – 1926) verbunden ist, eingeführt. Im ordinalen Nutzenkonzept werden die Nutzenwerte lediglich im Sinne von „größer" und „kleiner" gedeutet, d. h. bei den Nutzenwerten von zwei und sechs ist lediglich entscheidend, dass zwei kleiner als sechs ist. Die Aussage, dass der Nutzen von sechs den in Höhe von zwei um das Dreifache übersteigen würde, ist im

Rahmen des ordinalen Nutzenkonzepts nicht möglich. Ordinale Nutzen sind leicht auf Basis der bisher abgeleiteten Präferenzordnung und ihrer Eigenschaften aufzubauen; sie werden auch in der folgenden Untersuchung unterstellt. Wieder wird angenommen, dass der Haushalt über eine endliche Anzahl von Konsumplänen verfüge, die er in eine Rangfolge bringen kann. Genauer gesagt, er vergleicht wieder seine Konsumpläne paarweise miteinander und bringt sie in eine Rangfolge.

Beispiel

Für beliebige vier Konsumpläne x^1, x^2, x^3, x^4 kann dies bedeuten:

Tabelle 2.3: Nutzenwerte

Rang	Konsumplan	Nutzenwert (u)
1	x^4	20
2	x^2	13
3	x^3	6
4	x^1	3

Jedem Konsumplan wird einfach eine reelle Zahl zugeordnet. Der Konsumplan mit dem höchsten Rang, x^4, erhält die höchste Zahl, z. B. 20, der Konsumplan des niedrigsten Ranges, x^1, den niedrigsten Wert (etwa 3).

Es ist möglich, die Nutzenwerte zu transformieren, indem zu jedem Wert eine Zahl z. B. addiert oder sie mit einer Zahl multipliziert wird. Entscheidend: Die Rangfolge bleibt immer unberührt, sie ändert sich nicht. Die Zuordnung von Zahlen kann in Form einer Funktion $u = f(x)$ ausgedrückt werden, mittels der nunmehr die Darstellung der Präferenzordnung eines Haushalts erfolgen soll.

Für zwei beliebige Güterpaare x^1 und x^2 gilt nun:

- wenn $x^1 \sim x^2$, dann und nur dann $f(x^1) = f(x^2)$
- wenn $x^1 \succ x^2$, dann und nur dann $f(x^1) > f(x^2)$
- wenn $x^1 \prec x^2$, dann und nur dann $f(x^1) < f(x^2)$

Die Funktion $u = f(x)$ heißt **ORDINALE NUTZENFUNKTION** → GLOSSAR; die abhängige Variable (u) heißt einfach **Nutzen** oder **Nutzenindex**. Darüber, wie Nutzen zustande kommen, ist überhaupt nichts ausgesagt, denn es heißt nicht, dass x^1 gegenüber x^2 vorgezogen wird, weil $f(x^1)$ größer ist als $f(x^2)$, sondern umgekehrt: Weil der Haushalt x^1 gegenüber x^2 vorzieht, ordnen wir x^1 eine höhere Zahl zu als x^2.

Im nächsten Schritt werden die acht der Präferenzordnung zugrunde liegenden Annahmen auf die Nutzenfunktion übertragen und rationales Verhalten als Maximierung einer stetigen und differenzierbaren Nutzenfunktion beschrieben.

- **Annahme 1 – Vollständigkeit:**

$$f(x^1) > f(x^2) \vee f(x^1) < f(x^2) \vee f(x^1) = f(x^2)$$

- **Annahme 2 – Transitivität:**

$$f(x^1) \geq f(x^2) \wedge f(x^2) \geq f(x^3) \Rightarrow f(x^1) \geq f(x^3)$$

- **Annahme 3 – Rationale Wahl** (**NUTZENMAXIMIERUNG** → GLOSSAR):
  Wählt ein Haushalt das Güterbündel x^1 aus der Budgetmenge Y, so muss für alle anderen Konsumpläne $x^2 \in Y$ gelten: $f(x^1) \geq f(x^2)$.

- **Annahme 4 – Nichtsättigung** (**Monotonie**):
  für alle x, die Elemente der Konsummenge sind, gilt:

$$\frac{\partial u}{\partial x_i} > 0, \quad i = 1, 2, \ldots, n$$

Definition

$\frac{\partial u}{\partial x_i}$ heißt **GRENZNUTZEN** → GLOSSAR des Gutes i und ist die partielle Ableitung der Nutzenfunktion $u = f(x)$.

Der Grenznutzen der Nutzenfunktion gibt an, um wie viel der Nutzen sich verändert, wenn die Gütermenge x um eine marginale Einheit verändert wurde. Häufig werden Nutzenfunktionen unterstellt, deren Grenznutzen mit zunehmendem Einsatz der Gütermenge abnimmt, deren zweite Ableitung also negativ ist. Hier wird, in Anlehnung an HERMANN HEINRICH GOSSEN (1810–1858), vom **ersten Gossenschen Gesetz** gesprochen.

- **Annahme 5 – Stetigkeit** (**stetiger Verlauf der Nutzenfunktion**):
  Die Funktion u(x) ist stetig in der Menge der rationalen Zahlen, wenn sie in jedem Punkt dieser Menge stetig ist. Die Funktion u(x) ist stetig im Punkt a, wenn
  1. $\lim_{x \to a} f(x)$ existiert
  2. f(a) existiert
  3. $f(a) = \lim_{x \to a} f(x)$

Beispiel

$f(x) = 1 + 1/x$, für $x \to \infty$ beträgt der Grenzwert 1. Die drei Bedingungen sind erfüllt. f(x) ist stetig im Punkt $x = a$. Stetigkeit bedeutet, „dass man die Kurve zeichnen kann, ohne den Bleistift abzusetzen“.

- **Annahme 6 – Konvexität:**
  Der Haushalt wird einen Konsumplan $\bar{x}$, der das gewogene Mittel zweier beliebiger indifferenter Konsumpläne x^1, x^2 darstellt, jedem dieser Konsumpläne und allen anderen auf der Indifferenzkurve befindlichen Konsumplänen gegenüber vorziehen.
  Anders ausgedrückt: Gilt für zwei Konsumpläne x^1, x^2: $f(x^1) = f(x^2)$, dann muss für jeden Konsumplan

$$\bar{x} = \lambda \cdot x^1 + (1 - \lambda) \cdot x^2, \quad 0 < \lambda < 1,$$

gelten: $f(\bar{x}) > f(x^1)$ → vgl. Abbildung 2.18, S. 43.

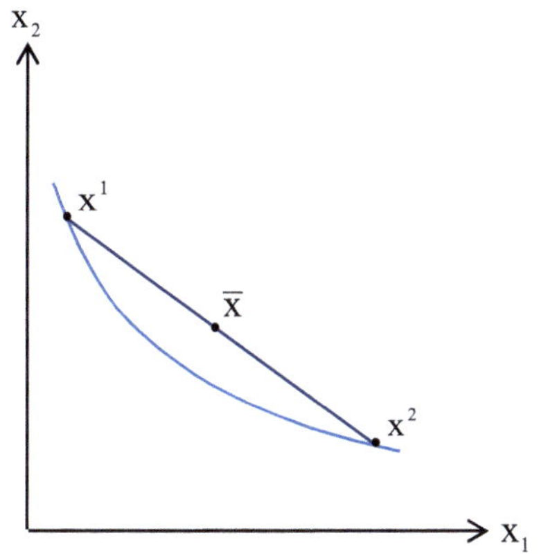

Abbildung 2.18: Konvexität

- **Annahme 7 – Beschränkte Substituierbarkeit:**
  Ein Gut kann niemals vollständig durch ein anderes ersetzt werden (die Indifferenzkurven berühren nicht die Achsen). Es gilt somit:

$$\left|\frac{dx_j}{dx_i}\right| = \infty, \quad \text{falls} \quad x_i \to 0$$

  Bei unbeschränkter Substituierbarkeit, also der vollständigen gegenseitigen Austauschbarkeit zweier Güter, berührt die Indifferenzkurve die Achsen.

- **Annahme 8 – Differenzierbarkeit der Indifferenzkurven** (**technische Annahme**)**:**
  Eine Funktion $u(x)$ ist zweimal stetig differenzierbar.

Die Steigung der Indifferenzkurve heißt auch im Falle einer Nutzenfunktion Grenzrate der Substitution und gibt an, wie viel Einheiten von einem Gut aufgegeben werden müssen, um eine Einheit von einem anderen Gut mehr zu erhalten, so dass ein und dasselbe Nutzenniveau erhalten bleibt. Grafisch entspricht die Grenzrate der Substitution einer Nutzenfunktion der Grenzrate, wie sie in den Abbildungen 2.15–2.17 → vgl. S. 39–40 für die Präferenzordnung hergeleitet wurde.

Die Präferenzordnung eines Haushalts kann bei kardinalem Nutzen genau durch eine Nutzenfunktion $u = f(x)$ ausgedrückt werden. Jeder Punkt der Nutzenfunktion ist exakt bestimmt. Im Falle ORDINALER NUTZEN → GLOSSAR kann die Präferenzordnung des Haushalts hingegen durch beliebig viele Nutzenfunktionen dargestellt werden, die mittels monotoner Transformation ineinander überführbar sind. Wird die Präferenzstruktur des Haushalts durch die Nutzenfunktion $u = f(x)$ beschrieben, so kann dies auch mittels jeder anderen Funktion $U = g[f(x)]$, $\partial U/\partial u > 0$, geschehen. Gilt beispielsweise $u_1 > u_2$, so folgt auch immer $U(u_1) > U(u_2)$. Jede monotone Transformation einer Nutzenfunktion, die eine bestimmte Präferenzordnung darstellt, beschreibt diese Präferenzordnung ebenfalls richtig. Aussagen über das Verhältnis von Grenznutzen und die Grenzrate der Substitution bleiben bei einer monotonen Transformation unberührt, die Indifferenzkurven und ihre Steigungen verändern sich nicht.

2.3 Haushaltsoptimum

Nach der Beschreibung der den Haushalten bei Wahlentscheidungen zugrunde liegenden Kriterien, werden nunmehr Verfahren betrachtet, wie aus den verschiedenen möglichen Konsumplänen der optimale ausgewählt wird. Damit wird letztlich auch bestimmt, welche Güter in welcher Menge nachgefragt werden. Methodisch lassen sich zwei Verfahren zur Bestimmung des Haushaltsoptimums unterscheiden: Das geometrische Verfahren → vgl. Abschnitt 2.3.1 und das analytische → vgl. Abschnitt 2.3.2, S. 45 Verfahren.

2.3.1 Geometrische Bestimmung des Haushaltsoptimums (2-Güter-Fall)

Die Budgetgerade wird durch das gegebene Budget (Y) und die Güterpreise (p_1, p_2) festgelegt. Das nutzenmaximale Ergebnis befindet sich im Tangentialpunkt von Indifferenzkurve (I^0) und Budgetgerade. Jede links von I^0 liegende Indifferenzkurve (schneidet die Budgetgerade) weist eine niedrigere und jede rechts liegende eine höhere Wertschätzung (Nutzenniveau) auf, jedoch sind die rechts von I^0 befindlichen Indifferenzkurven nicht mehr realisierbar, da sie außerhalb der Budgetmenge liegen. Der Tangentialpunkt von Indifferenzkurve und Budgetgerade weist die Eigenschaft übereinstimmender Steigungen auf, d. h. die Steigung der Budgetgerade $-p_1/p_2$ und der Indifferenzkurve dx_2/dx_1 (Grenzrate der Substitution) entsprechen sich im nutzenmaximalen Punkt.

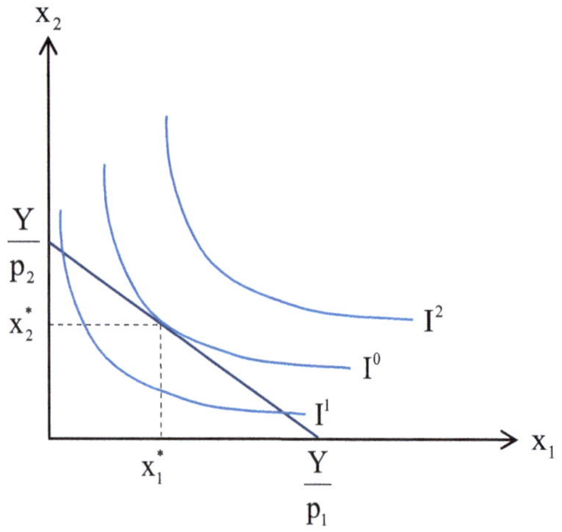

Abbildung 2.19: Optimaler Konsumplan

Es kann also gesagt werden, dass der optimale Konsumplan dann erreicht ist, wenn für jedes beliebige Paar von Gütern die **Grenzrate der Substitution** dem umgekehrten Verhältnis der Preise der beiden Güter entspricht:

$$GRS = \frac{dx_j}{dx_i} = -\frac{p_i}{p_j}, \quad i, j = 1, \ldots, n, \quad i \neq j \tag{2.1}$$

Da sich aufgrund der getroffenen Annahmen nur ein streng konvexer Verlauf der Indifferenzkurven ergeben kann, welche die Achsen nie berühren und es sich bei der Budgetrestriktion um eine Gerade handelt, kann sich nur ein Tangentialpunkt, also nur eine (eindeutige) Lösung als Ergebnis einstellen. Randlösungen und mehrdeutige Lösungen sind somit ausgeschlossen.

Da der nutzenmaximale Punkt nun nichts anderes als die Mengen der Güter angibt, die der Haushalt nachzufragen gedenkt, wird x^* auch einfach als **Güternachfrage** bezeichnet.

2.3.2 Analytische Bestimmung des Haushaltsoptimums

Unsere Präferenzordnung wird nunmehr in Form einer Nutzenfunktion $u = f(x)$ dargestellt, die es angesichts gegebener Preise und eines gegebenen Einkommens Y zu maximieren gilt. **Formal**:

$$\max \rightarrow u = f(x) \quad \text{u. d. N.} \quad \sum_{i=1}^{n} p \cdot x \leq Y$$

bzw.

$$\max \rightarrow u = f(x) \quad \text{u. d. N.} \quad \sum_{i=1}^{n} p \cdot x = Y$$

Das gesamte Budget wird annahmegemäß ausgeschöpft. Die optimale Allokation ist durch die der Nutzenfunktion zugrunde liegenden Annahmen eindeutig (Indifferenzkurven sind streng konvex, das Budget wird vollständig verausgabt). Da alle betrachteten Güter aufgrund der Annahme der beschränkten Substituierbarkeit in positiven Mengen konsumiert werden, $x_i > 0$, $\forall\ i = 1, \ldots, n$, kann der **Lagrange-Ansatz** angewendet werden. Das Lagrange-Verfahren ist eine klassische Multiplikatorenmethode zur Bestimmung von Extremstellen unter Nebenbedingungen für den Fall, dass es sich bei den Nebenbedingungen um Gleichungen handelt. Im Falle von Ungleichungen kann etwa das Theorem von **Kuhn** und **Tucker** eingesetzt werden. Der Lagrange-Ansatz ist eines der wichtigsten Optimierungsverfahren in der Mikroökonomik und wird an dieser Stelle erstmals eingesetzt. Das Lagrange-Verfahren wird in vier Schritten durchgeführt:

1. Schritt: Implizite Schreibweise der Nebenbedingung(en). Dies bedeutet nichts anderes, als dass sämtliche Nebenbedingungen jeweils implizit formuliert, alle Terme also auf eine Seite der Gleichung gebracht werden müssen. In unseren Überlegungen zum Haushalt haben wir es nur mit einer Nebenbedingung, der Budgetbeschränkung, zu tun. Die implizite Schreibweise der Budgetrestriktion lautet: $Y - p_1 \cdot x_1 - \ldots - p_n \cdot x_n = 0$.

2. Schritt: Aufstellung der Lagrange-Funktion: Dies geschieht, indem von der Zielfunktion alle mit einem so genannten Lagrange-Multiplikator multiplizierten Nebenbedingungen (in ihren impliziten Formulierungen) subtrahiert werden. Zu beachten ist, dass jede Nebenbedingung ihren eigenen Lagrange-Multiplikator erhält. Der Lagrange-Multiplikator gibt an, um wie viel sich der Wert der Lagrange-Funktion ändert, wenn die Nebenbedingung um eine Einheit verändert wird. Unsere Lagrange-Funktion mit nur einer Nebenbedingung (und deshalb nur dem einen Lagrange-Multiplikator, λ) lautet: $L_{(x_1,\ldots,x_n,\lambda)} = f(x_1, \ldots, x_n) - \lambda \cdot (Y - p_1 \cdot x_1 - \ldots - p_n \cdot x_n)$.

3. Schritt: Die Lagrange-Funktion wird nach jeder unabhängigen Variablen $(x_1, \ldots, x_n; \lambda)$ partiell abgeleitet und die partiellen Ableitungen gleich Null gesetzt (Bestimmung der

Extrema):

$$1. \quad \frac{\partial L}{\partial x_1} = \frac{\partial u}{\partial x_1} + \lambda \cdot p_1 = 0$$

$$\vdots$$

$$n. \quad \frac{\partial L}{\partial x_n} = \frac{\partial u}{\partial x_n} + \lambda \cdot p_n = 0$$

$$n+1. \quad \frac{\partial L}{\partial \lambda} = Y - p_1 \cdot x_1 - \ldots - p_n \cdot x_n = 0$$

4. Schritt: Auflösung des Gleichungssystems: Für die ersten n-Gleichungen lässt sich für jedes beliebige Güterpaar i, j $(i, j = 1, \ldots, n;\ i \neq j)$ folgende generelle Beziehung aufstellen:

$$-\lambda \cdot p_i = \frac{\partial u}{\partial x_i}; \quad -\lambda \cdot p_j = \frac{\partial u}{\partial x_j}; \quad \Rightarrow \quad \frac{\frac{\partial u}{\partial x_i}}{p_i} = \frac{\frac{\partial u}{\partial x_j}}{p_j}$$

$$\frac{\frac{\partial u}{\partial x_i}}{\frac{\partial u}{\partial x_j}} = \frac{p_i}{p_j} \tag{2.2}$$

Dies zeigt, dass im Optimum $\left(x_i^*, x_j^*\right)$ das Verhältnis der Grenznutzen dem Verhältnis der Preise entsprechen muss.

Zusammenfassend kann gesagt werden, dass die Lösung des Nutzenmaximierungsproblems unter den gegebenen Nebenbedingungen (hier: der Ausschöpfung des Budgets) dann erreicht ist, wenn das Verhältnis der Grenznutzen zweier beliebiger Güter dem Verhältnis der Preise dieser Güter entspricht. Der zugehörige (optimale) Konsumplan entspricht somit den Gütermengen, zu denen der Nutzen maximal ist. Es handelt sich um die Menge, die der Haushalt nachfragen wird.

Beispiel

Pauls Nutzenfunktion zwischen zwei von ihm geschätzten Gütern betrage $u(x_1, x_2) = 10 \cdot x_1^{0,6} \cdot x_2^{0,4}$, $x_i \geq 0$, für $i = 1,2$. Ihm steht ein Einkommen von 3.000 Euro zur Verfügung. Die Güterpreise liegen bei $p_1 = 5$ und $p_2 = 2$.

Das Optimierungsproblem:

$$\max_{x,\lambda} \rightarrow u(x_1, x_2) = 10 \cdot x_1^{0,6} \cdot x_2^{0,4} \quad \text{u. d. N.} \quad 5 \cdot x_1 + 2 \cdot x_2 = 3.000$$

Die Lagrange-Funktion lautet:

$$L(x_1, x_2, \lambda) = 10 \cdot x_1^{0,6} \cdot x_2^{0,4} - \lambda \cdot (3.000 - 5 \cdot x_1 - 2 \cdot x_2)$$

Bildung der partiellen Ableitungen nach den unabhängigen Variablen x_1, x_2 und λ:

$$1. \quad \frac{\partial L}{\partial x_1} = 6 \cdot \frac{x_2^{0,4}}{x_1^{0,4}} + 5 \cdot \lambda = 0 \quad \Leftrightarrow \quad -\lambda = \frac{6}{5} \cdot \frac{x_2^{0,4}}{x_1^{0,4}}$$

$$2. \quad \frac{\partial L}{\partial x_2} = 4 \cdot \frac{x_1^{0,6}}{x_2^{0,6}} + 2 \cdot \lambda = 0 \quad \Leftrightarrow \quad -\lambda = 2 \cdot \frac{x_1^{0,6}}{x_2^{0,6}}$$

$$3. \quad \frac{\partial L}{\partial \lambda} = 3.000 - 5 \cdot x_1 - 2 \cdot x_2 = 0$$

Auflösung des Gleichungssystems:

$$\frac{6}{5} \cdot \frac{x_2^{0,4}}{x_1^{0,4}} = 2 \cdot \frac{x_1^{0,6}}{x_2^{0,6}}$$

(beachte Entsprechung zu Formel 2.2 → vgl. Abschnitt 2.3.2, S. 46).

$$3 \cdot x_2 = 5 \cdot x_1 \quad \Leftrightarrow \quad x_1 = \tfrac{3}{5} \cdot x_2$$

$$\text{in 3.:} \quad 3.000 - 3 \cdot x_2 - 2 \cdot x_2 = 0 \quad \Leftrightarrow \quad x_2 = 600$$

$$3.000 - 5 \cdot x_1 - 1.200 = 0$$

$$\Rightarrow x_1^* = 360, \; x_2^* = 600$$

Die tatsächlichen Gütermengen, die der Konsument bei gegebenem Einkommen und gegebenen Preisen nachfragen wird, und zwar als Lösung seines Optimierungskalküls, betragen somit 360 Einheiten von Gut 1 und 600 Einheiten von Gut 2. Die Nachfrage des Haushalts lautet: $x_1^* = 360, \; x_2^* = 600$.

Die Argumentation wäre vollständig, wenn gezeigt werden könnte, dass das Ergebnis der grafischen Lösung dem Ergebnis der analytischen Vorgehensweise tatsächlich gleicht, dass also im Nutzenmaximum die Grenzrate der Substitution zwischen zwei Gütern nicht nur dem umgekehrten Preisverhältnis dieser Güter, sondern auch dem umgekehrten Verhältnis ihrer Grenznutzen entspricht.

Zum Nachweis dieser Beziehung erinnern wir uns, dass die Nutzenwerte auf einer Indifferenzkurve immer gleich sind, eine Substitution von Gütermengen entlang einer Indifferenzkurve demnach keinerlei Veränderung des Nutzens bewirkt. Mit Hilfe des totalen Differentials kann folgende Beziehung zwischen der Grenzrate der Substitution zweier Güter und ihren Grenznutzen gezeigt werden: Das totale Differential einer Funktion – hier der Nutzenfunktion $u = f(x_1, \ldots, x_n)$ – ergibt sich aus der Addition der partiellen Differentiale

$$du_{x_i} = \frac{\partial u}{\partial x_i} \cdot dx_i$$

Grafisch gesehen beschreibt das totale Differential den approximativen Zuwachs des Funktionswertes (Erhöhung des Nutzens), der sich bei gleichzeitiger Änderung der unabhängigen Variablen (der Gütermengen) um $dx_1, dx_2, \ldots, dx_n$ ergibt. **Totales Differential**:

$$du = \frac{\partial u}{\partial x_1} \cdot dx_1 + \ldots + \frac{\partial u}{\partial x_n} \cdot dx_n \tag{2.3}$$

Werden lediglich zwei beliebige Güter i und j, etwa bei Betrachtung einer Indifferenzkurve, zugrunde gelegt, oder gar eine Nutzenfunktion in Abhängigkeit von nur zwei Gütern angenommen, so reduziert sich das totale Differential auf die Form:

$$du = \frac{\partial u}{\partial x_i} \cdot dx_i + \frac{\partial u}{\partial x_j} \cdot dx_j \tag{2.4}$$

Da eine Indifferenzkurve in allen Punkten das gleiche Nutzenniveau, also eine Nutzenänderung von $du = 0$, aufweist, ergibt sich:

$$\frac{\partial u}{\partial x_i} \cdot dx_i + \frac{\partial u}{\partial x_j} \cdot dx_j = 0 \quad \Leftrightarrow \quad \frac{dx_j}{dx_i} = -\frac{\frac{\partial u}{\partial x_i}}{\frac{\partial u}{\partial x_j}} \tag{2.5}$$

Es ist also bewiesen: Die Grenzrate der Substitution zwischen zwei Gütern entspricht dem umgekehrten Verhältnis der Grenznutzen der beiden Güter.

Merksatz

Ein **Nutzenmaximum** liegt vor, wenn die Grenzrate der Substitution zwischen zwei Gütern i und j dem umgekehrten Verhältnis der Grenznutzen der beiden Güter entspricht, das wiederum dem Preisverhältnis der Güter gleicht.

$$\textbf{GRS} \quad \left|\frac{dx_j}{dx_i}\right| = \frac{p_i}{p_j} = \frac{\frac{\partial u}{\partial x_i}}{\frac{\partial u}{\partial x_j}} \tag{2.6}$$

2.3.3 Bestimmung des Haushaltsoptimums als Problem der Ausgabenminimierung

Eine weitere grundsätzliche Methode zur Bestimmung der Nachfrage des Haushalts, auf die allerdings nur kurz eingegangen wird, ist die Darstellung als ein **Ausgabenminimierungsproblem**. Dies gilt für den Fall, dass ein konkretes Nutzenniveau u^0 einzuhalten bzw. vorgegeben ist. Danach wählt ein Haushalt dasjenige Güterbündel x^* aus, durch dessen Kauf er mindestens das Nutzenniveau u^0 mit minimalen Ausgaben erreichen kann. Führt man sich noch einmal die Abbildung 2.19 → vgl. S. 44 vor Augen, so kann man sich den Prozess der Ausgabenminimierung folgendermaßen vorstellen, dass z. B. für die vorgegebene Indifferenzkurve I^0 (sie entspreche dem Nutzenniveau u^0) die Budgetgerade mit der durch die gegebenen Preise festgelegten Steigung von rechts an die Indifferenzkurve herangeführt wird. Jede rechts von x^* liegende Budgetgerade kann in den Punkten, in denen sie die Indifferenzkurve I^0 schneidet, zwar das Nutzenniveau u^0 erzeugen, jedoch nur zu höheren Ausgaben, als es in x^* der Fall ist. Die Allokation x^* stellt somit für ein vorgegebenes Nutzenniveau u^0 das Ausgabenminimum dar.

Analytisch lässt sich das Problem auf diese Weise lösen: Minimiere die Zielfunktion

$$\min_x \; p_1 \cdot x_1 + \ldots + p_n \cdot x_n \quad \text{u.d.N.: } u(x_1, \ldots, x_n) \geq u^0$$

Die Lagrange-Funktion lautet:

$$L_{(x_1,\dots x_n,\lambda)} = p_1 \cdot x_1 + \ldots + p_n \cdot x_n + \lambda \cdot \left[u^0 - u(x_1, \ldots, x_n)\right]$$

Werden die partiellen Ableitungen der Lagrange-Funktion für zwei beliebige Güter i und j gebildet, so erhält man:

$$\begin{aligned} \frac{\partial L}{\partial x_i} &= p_i - \lambda \cdot \frac{\partial u}{\partial x_i} = 0 \\ \frac{\partial L}{\partial x_j} &= p_j - \lambda \cdot \frac{\partial u}{\partial x_j} = 0 \end{aligned} \quad \Rightarrow \quad \frac{p_i}{p_j} = \frac{\frac{\partial u}{\partial x_i}}{\frac{\partial u}{\partial x_j}}$$

Die Identität der notwendigen Bedingung des Ausgabenminimierungs- mit der des Nutzenmaximierungsproblems ist unmittelbar ersichtlich.

2.4 Güternachfrage

Auf Grundlage des im Rahmen des Nutzenmaximierungsproblems ermittelten optimalen Konsumplans wird nunmehr danach gefragt, wie sich dieser verändert, wenn die bisher als gegeben angenommenen Größen Einkommen und Güterpreise variiert werden. Es wird schrittweise vorgegangen, indem zunächst nach der Reaktion der optimalen Konsumpläne auf Einkommensänderungen → vgl. Abschnitt 2.4.1 und anschließend nach der Reaktion auf Preisänderungen gefragt wird → vgl. Abschnitt 2.4.2, S. 51. Die Reaktion der optimalen Konsumpläne auf Einkommensänderungen führt zur **ENGELKURVE** → GLOSSAR und die auf Preisänderungen zur **GÜTERNACHFRAGEKURVE** → GLOSSAR.

$x = x_1, \ldots, x_n$ sei die allgemeine Nachfragefunktion eines Haushalts nach den Gütern $i = 1, \ldots, n$. Sie kann für jedes Gut spezifiziert werden als:

$$\begin{aligned} x_1 &= f_1\,(p_1, p_2, \ldots, Y) \\ x_2 &= f_2\,(p_1, p_2, \ldots, Y) \\ &\vdots \\ x_n &= f_n\,(p_1, p_2, \ldots, Y) \end{aligned}$$

2.4.1 Nachfragereaktion bei Veränderung des Einkommens (Engelkurve)

Wie reagiert die Nachfrage eines Haushalts nach einem beliebigen Gut j infolge einer Einkommensänderung des Haushalts? In Beantwortung dieser Frage werden alle anderen Größen als das Einkommen, die Einfluss auf die Nachfrage des Gutes haben (die Güterpreise einschließlich der Preis des Gutes j), konstant gesetzt. Wie also verändert sich $x_j = f_j(\bar{p}_1, \ldots, \bar{p}_j, \ldots, \bar{p}_n, Y)$, wenn das Einkommen z. B. von Y^1 auf Y^2 erhöht wird?

x^1 sei das optimale (nutzenmaximale) Güterbündel beim Einkommen Y^1. Eine Einkommenserhöhung auf Y^2 ermöglicht ein höheres Nutzenniveau (höhere Indifferenzkurve) beim „neuen" optimalen Konsumplan x^2. Tatsächlich wird mehr von Gut j konsumiert, denn die Nachfragemenge erhöht sich von x_j^1 auf x_j^2. Eine Einkommenserhöhung muss aber nicht zwangsläufig zu einer erhöhten Nachfrage aller betrachteten Güter führen. In Abbildung 2.20 → vgl. S. 50 sieht man deutlich einen Nachfragerückgang von Gut i, der infolge der Einkommenserhöhung einge-

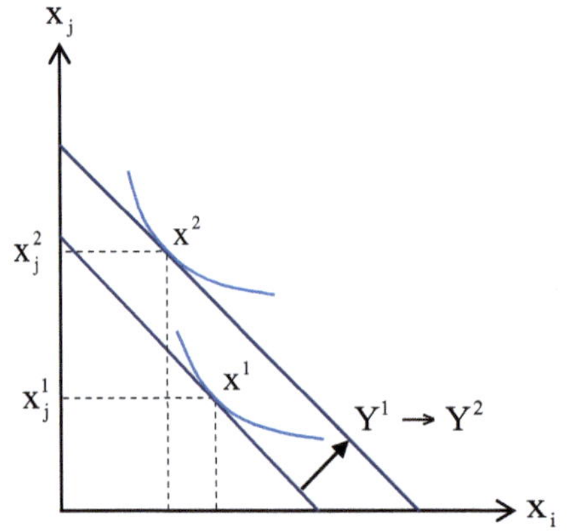

Abbildung 2.20: Nachfragereaktion bei Einkommensänderung

treten ist. Es kann somit durchaus möglich sein, dass, aufgrund der Präferenzstruktur, von einem Gut weniger und vom anderen mehr nachgefragt wird.

Wird bei steigendem Einkommen mehr von einem Gut bzw. bei sinkendem Einkommen weniger von einem Gut gekauft, heißt es **superiores Gut**. Wird bei steigendem Einkommen weniger von einem Gut bzw. bei sinkendem Einkommen mehr von einem Gut gekauft, so wird von einem **inferioren Gut** gesprochen.

$$\frac{dx_i}{dY} > 0 \quad \text{superiores Gut;} \quad \frac{dx_i}{dY} < 0 \quad \text{inferiores Gut} \tag{2.7}$$

Die geometrische Verbindung aller optimalen Konsumpläne, die sich bei verändertem Einkommen ergibt, heißt **EINKOMMENS-KONSUM-KURVE** → GLOSSAR (Darstellung in reinem Gütermengen-Diagramm). Werden die optimalen Einkommens-Mengen-Kombinationen für ein beliebiges Gut i in ein Einkommens-Gütermengen-Diagramm übergetragen, erhalten wir die Engelkurve (benannt nach dem Statistiker ERNST ENGEL, 1821 – 1896).

In dem in Abbildung 2.21 → vgl. S. 51 dargestellten Fall steigt die Nachfrage nach dem (superioren) Gut j mit steigendem Einkommen überproportional an, d. h. der Ausgabenanteil vom Einkommen für das Gut j nimmt zu. Läge eine konkave Krümmung der Engelkurve vor, so würde der Ausgabenanteil am Einkommen abnehmen. Bei einer Gerade hingegen wäre er konstant. Bei inferioren Gütern ist der Verlauf der Engelkurve abnehmend. Da aufgrund der Präferenzen eines Haushalts es durchaus möglich sein kann, dass mit anfänglich steigendem Einkommen die Nachfrage nach dem Gut zunächst zunimmt, mit weiter steigendem Einkommen jedoch abnimmt, kann ein und dasselbe Gut sowohl superior als auch inferior sein. Ein Gut ist somit nicht per definitionem ein superiores oder inferiores. Vielmehr ist Superiorität und Inferiorität von Gütern immer in Zusammenhang von Einkommensänderung zur tatsächlich nachgefragten Menge zu sehen.

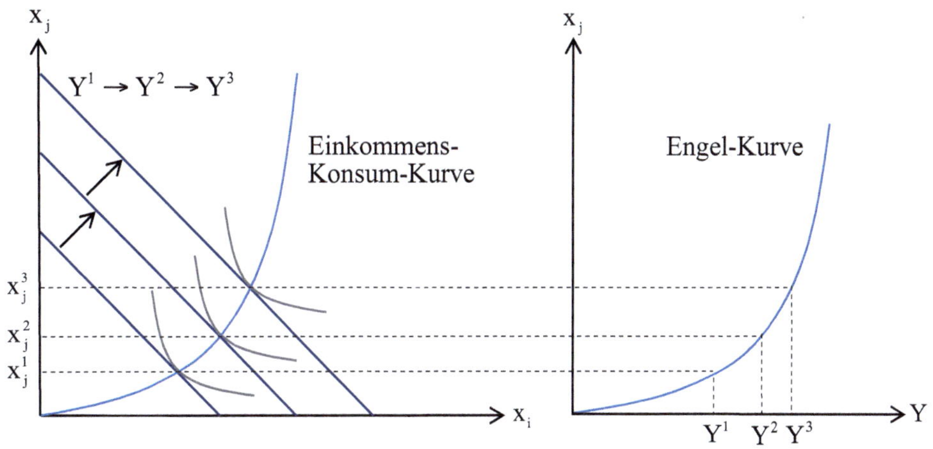

Abbildung 2.21: Einkommens-Konsum- und Engelkurve

2.4.2 Nachfragereaktion bei Veränderung des Güterpreises (Güternachfragekurve)

Nunmehr wird danach gefragt, wie die Nachfragemenge eines beliebigen Gutes j reagiert, wenn ausschließlich der Preis des Gutes j verändert wird, also alle anderen die Nachfragemenge beeinflussenden Variablen konstant gesetzt sind: $x_j = f_j(\bar{p}_1, \ldots, p_j, \ldots, \bar{p}_n, \bar{Y})$.

Sinkt z. B. der Preis von Gut j, so werden die Konsummöglichkeiten erweitert und eine neue Zusammenstellung der verschiedenen Gütermengen ist erforderlich, um einen neuen optimalen Konsumplan zu erreichen. Je nach Präferenzen wird vielleicht mehr vom preiswerter gewordenen Gut j und eine geringere Menge vom relativ teurer gewordenen Gut i nachgefragt.

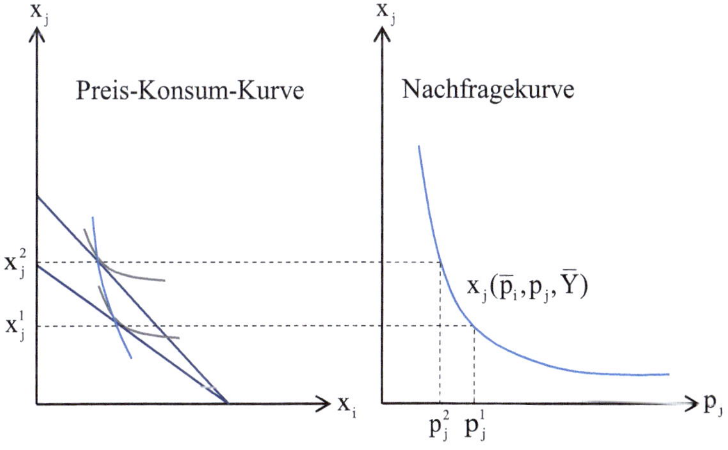

Abbildung 2.22: Preis-Konsum- und Nachfragekurve

Merksatz

Der geometrische Ort aller optimalen Konsumpläne (Nachfragen) zweier Güter i und j für alle möglichen Werte, die der Preis des eines Gutes bei Konstanz des Einkommens sowie des Preises des anderen Gutes annehmen kann, heißt **PREIS-KONSUMKURVE** → GLOSSAR (Darstellung im reinen Güter-Mengen-Diagramm). Der geometrische Ort aller Nachfragen nach einem Gut in Abhängigkeit von seinem Preis heißt, in Anlehnung an den großen englischen Ökonomen **Alfred Marshall**, Marshall'sche Nachfragekurve oder einfach nur **NACHFRAGEKURVE** → GLOSSAR (Darstellung in Preis-Mengen-Diagramm).

Nimmt mit steigendem (sinkendem) Preis eines Gutes die Nachfrage nach diesem Gut ab (zu), so wird von einem **normalen** oder **typischen Nachfrageverlauf** gesprochen. Nimmt mit steigendem (sinkendem) Preis eines Gutes seine Nachfrage zu (ab), so ist von einem **anormalen** oder **atypischen Nachfrageverlauf** die Rede.

$$\frac{dx_i}{dp_i} < 0 \quad \text{normale Nachfrage;} \quad \frac{dx_i}{dp_i} > 0 \quad \text{anormale Nachfrage} \tag{2.8}$$

Die Verläufe der Nachfragekurven hängen im Wesentlichen von den Präferenzordnungen der Haushalte und somit der Lage der Indifferenzkurven ab. So ist beispielsweise denkbar, dass bei relativ niedrigem Preisniveau eines Gutes ein Preisanstieg die Nachfrage nach diesem Gut ansteigen lässt. Warum? Falls dieses Gut ein bislang preiswertes, aber sehr notwendiges Gut ist, kann eine Preiserhöhung dieses Gutes (die aufgrund der faktischen Einkommensminderung nur noch geringe Konsummöglichkeiten erlaubt) zur Reduktion der Nachfragemengen auch anderer Güter führen, die man sich vorher leisten konnte, die aber ein nicht so hohes Maß an Bedürfnisbefriedigung stiften. Um ein bestimmtes Nutzenniveau zu erreichen, muss gegebenenfalls auf andere Güter stärker verzichtet und vom teurer gewordenen Gut mehr nachfragt werden. Ein Beispiel mag diesen Sachverhalt verdeutlichen.

Beispiel

In Betracht stehen zwei Güter, Brot und Wein. Brot sei ein inferiores Gut, d. h. mit steigendem (sinkenden) Einkommen wird die Nachfrage nach Brot tendenziell abnehmen (zunehmen), da es durch andere Güter (z. B. Wein) verstärkt ersetzt würde. Nun kann es sein, dass ich durch eine Preiserhöhung des Brotes mir zwar überlegen kann, auf Brot stück- (oder besser) scheibenweise zu verzichten und dafür mehr Wein zu trinken. Da mich Brot aber mehr sättigt als Wein (bei leerem Magen), bin ich gezwungen, auf Wein zugunsten des Konsums von Brot zu verzichten. Somit nimmt mit steigendem Brotpreis die Nachfrage nach Brot zu.

Die Zunahme der Brotnachfrage bei steigendem Brotpreis hatte der Ökonom und Statistiker ROBERT GIFFEN (1837–1910) bei ärmeren Bevölkerungsschichten im 19. Jahrhundert beobachtet. Deshalb werden inferiore Güter, die mit steigendem Preis eine steigende Nachfragemenge aufweisen, auch als **Giffen-Güter** bezeichnet.

Oftmals kann auch bei teuren Gütern (Luxusgütern) der Effekt einer mit steigendem Preis zunehmenden Nachfrage beobachtet werden, z. B. wenn Konsumenten aus Gründen von Prestige, Status etc. demonstrieren möchten, dass sie sich bestimmte Güter leisten können. Würde etwa Ferrari den Preis eines Modells von 400.000 Euro auf 650.000 Euro erhöhen, gäbe es sicherlich jemanden, der aufgrund der Exklusivität zuschlagen würde. Letztlich gibt es nahezu beliebige Verläufe von Nachfragekurven.

Dieses durchaus unterschiedliche Nachfrageverhalten kann mit Hilfe der Zerlegung der Gesamtnachfrage in so genannte **SUBSTITUTIONS- UND EINKOMMENSEFFEKTE** → GLOSSAR in sehr systematischer Weise erläutert werden → vgl. folgenden Abschnitt 2.4.3.

2.4.3 Substitutions- und Einkommenseffekte

Die Änderung der Nachfrage in Reaktion auf den Preis eines Gutes kann in Form zweier Effekte, des Substitutions- und des Einkommenseffektes, verdeutlicht werden. Mathematisch geschieht dies in Form der so genannten **SLUTZKY-GLEICHUNG** → GLOSSAR (EUGENE SLUTZKY, 1880–1948, russischer Ökonom). Wenn sich der Preis eines Gutes ändert, gibt es zwei Wirkungen:

1. Das Verhältnis, zu dem ein Gut gegen ein anderes getauscht werden kann, verändert sich (wenn Butter billiger wird und der Preis von Margarine konstant bleibt, ist Butter im Verhältnis zu Margarine preiswerter bzw. Margarine im Verhältnis zu Butter teurer geworden). Dieser von der relativen Preisänderung eines Gutes auf die Nachfrage nach dem Gut ausgehende Mengeneffekt wird als **Substitutionseffekt** (SE) einer Preisänderung bezeichnet.
2. Verändert sich der Preis eines Gutes, c. p., so bedeutet dies faktisch eine Einkommensänderung (bei einem Preisanstieg ist man „ärmer" und bei einer Preissenkung „reicher" geworden). Die resultierende Nachfragewirkung heißt **Einkommenseffekt** (EE) der Preisänderung.

Substitutions- und der Einkommenseffekt bilden gemeinsam den **Gesamtnachfrageeffekt einer Preisänderung** (GE).

Ausgangspunkt → vgl. Abbildung 2.23**:** In x^0 liege ein Optimum. Nun steigt der Preis von p_j^0 auf p_j^2, c. p., und ein neues Optimum bei x^2 entsteht. Der Gesamtnachfrageeffekt von x^0 nach x^2 wird in 2 Schritte zerlegt:

1. SE – Bewegung von x^0 nach x^1
2. EE – Bewegung von x^1 nach x^2

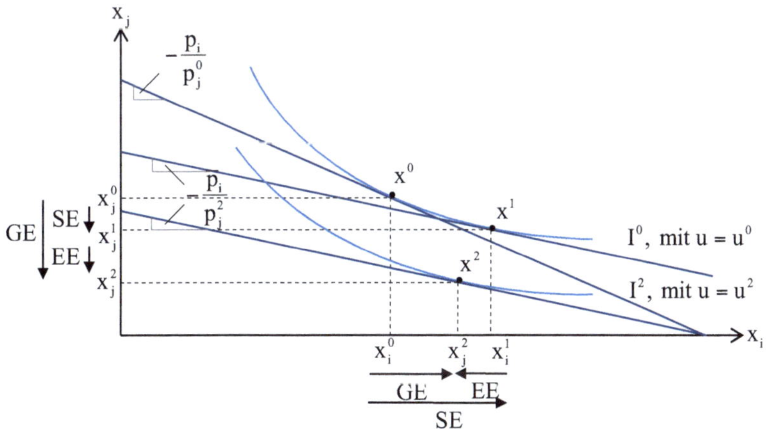

Abbildung 2.23: Einkommenseffekt und Substitutionseffekt

Substitutionseffekt: Aufgrund des teurer gewordenen Gutes j verbilligt sich Gut i relativ dazu (Änderung des relativen Preisverhältnisses): $\left|\frac{\bar{p}_i}{p_j^0}\right| > \left|\frac{\bar{p}_i}{p_j^2}\right|$. Weil Gut i relativ zu Gut j billiger geworden ist, wird ein Substitutionsprozess von Gut j hin zu Gut i einsetzen. Allerdings wird die Budgetmenge durch den Anstieg von p_j kleiner, der Haushalt „ärmer". Um diesen (Einkommens-) Effekt herauszurechnen, also nur den reinen Substitutionsprozess von Gut j durch Gut i aufgrund der Verschiebung des relativen Preisverhältnisses zu bestimmen, nehmen wir das „neue" Preisverhältnis, $-\frac{\bar{p}_i}{p_j^2}$, und kompensieren den Haushalt derart in seinem Einkommen, dass er auf der alten Indifferenzkurve (I^0), also seinem ursprünglichen Nutzenniveau, verharren kann.

Diese Einkommenskompensation wird nur rein fiktiv vorgenommen (um den Einkommenseffekt herauszurechnen). **Formal** sieht der Substitutionseffekt wie folgt aus: Die Mengenänderung des Gutes j, die sich als Folge einer marginalen Änderung des Preises p_j ergibt, wenn der Nutzen des Haushalts auf konstantem Niveau ($u = u^0$, Beibehaltung von I^0) gehalten werden soll, beträgt: $\frac{\partial x_j}{\partial p_j} \|_{u=u^0} \rightarrow SE$

Einkommenseffekt: Aufgrund des Preisanstiegs des Gutes j auf p_j^2 ist der Konsument faktisch „ärmer" geworden, das heißt, das auf I^0 vorhandene Nutzenniveau kann nicht länger aufrechterhalten werden und die neue Budgetgerade wird bindend.

Formal sieht der Einkommenseffekt folgendermaßen aus: Die Mengenänderung des Gutes j, die sich als Folge der Einkommensänderung ergibt $\left[\frac{\partial x_j}{\partial Y}\right]$, welche ihrerseits als Folge der Preisänderung des Gutes j $\left[\frac{\partial Y}{\partial p_j}\right]$ entstanden ist, beträgt:

$$\frac{\partial x_j}{\partial Y} \cdot \frac{\partial Y}{\partial p_j} \tag{2.9}$$

Aus der Budgetgleichung $Y = p_1 x_1 + \ldots + p_n x_n, \ i, j = 1, \ldots, n, \ i \neq j$ folgt:

$$\textbf{Shephard's Lemma:} \quad \frac{\partial Y}{\partial p_j} = x_j \tag{2.10}$$

Diese Beziehung ist immer negativ, da mit steigenden Preisen, c. p., das Einkommen sinkt bzw. mit sinkenden Preisen das Einkommen steigt.

Eingesetzt in Formel 2.9 entsteht:

$$\frac{\partial x_j}{\partial Y} \cdot (-x_j) \rightarrow EE$$

Nun kann der **Gesamtnachfrageeffekt eines Gutes** infolge der Änderung seines Preises durch bloße Addition von Substitutions- und Einkommenseffekt beschrieben werden. Es entsteht die **Slutzky-Gleichung**:

$$\begin{array}{ccccc} \frac{dx_j}{dp_j} & = & \frac{\partial x_j}{\partial p_j} \|_{u=u^0} & + & x_j \cdot \frac{\partial x_j}{\partial Y} \\ GE & = & SE & + & EE \\ x^0 \rightarrow x^2 & = & x^0 \rightarrow x^1 & + & x^1 \rightarrow x^2 \end{array}$$

Die Gesamtnachfrageeffekte einer Preisänderung im Einzelnen

1. Gesamteffekt bei Preissteigerung:

$$\begin{array}{ll} GE\downarrow = SE\downarrow + EE\downarrow & (p\uparrow = Y\downarrow \rightarrow x\downarrow \text{ superiores Gut}) \\ GE\downarrow = SE\downarrow + EE\uparrow, \text{ mit } SE > |EE| & (p\uparrow = Y\downarrow \rightarrow x\uparrow \text{ inferiores Gut}) \\ GE\uparrow = SE\downarrow + EE\uparrow, \text{ mit } |EE| > SE \text{ und Gut ist inferior (Giffen-Gut)} & \end{array}$$

2. Gesamteffekt bei Preissenkung:

$$\begin{array}{ll} GE\uparrow = SE\uparrow + EE\uparrow & (p\downarrow = Y\uparrow \rightarrow x\uparrow \text{ superiores Gut}) \\ GE\uparrow = SE\uparrow + EE\downarrow, \text{ mit } SE > |EE| & (p\downarrow = Y\uparrow \rightarrow x\downarrow \text{ inferiores Gut}) \\ GE\downarrow = SE\uparrow + EE\downarrow, \text{ mit } |EE| > SE \text{ und Gut ist inferior (Giffen-Gut)} & \end{array}$$

Begriffliche Präzisierung: Gilt für den GE, $dx_i/dp_i > 0$, so ist das Gut anormal oder atypisch (Giffen-Fall). Gilt für den GE, $dx_i/dp_i < 0$, so ist das Gut normal oder typisch.

Wichtige Anmerkung: Nicht jedes inferiore Gut ist ein Giffen-Gut (nur wenn $|EE| > SE$); bei inferioren Gütern mit $SE > |EE|$ hat die Nachfrage einen normalen Verlauf. Alle superioren Güter weisen immer einen normalen Nachfrageverlauf auf.

Die Ausführungen zum Substitutions- und Einkommenseffekt sowie der Slutzky-Gleichung wurden nicht vollständig geführt, weitere Begriffe wären hierzu notwendig gewesen, die nicht zum Umfang eines einführenden Lehrbuchs gehören können. Folgende Definitionen seien der Vollständigkeit halber dennoch angeführt, ohne im Weiteren von Bedeutung zu sein. Die Funktion $x_j = x_j(p_j, \bar{p}_i, \bar{Y})$ heißt **Marshall'sche Nachfragefunktion** oder einfach nur **Nachfragefunktion** und gibt (als Lösung des Nutzenmaximierungsproblems) die Nachfrage des Gutes j für gegebene Preise und Einkommen in ausschließlicher Abhängigkeit für verschiedene Werte von p_j an. Werden für gegebene Preise und Einkommen sämtliche Güternachfragen (der Vektor x^*) in die Zielfunktion (Nutzenfunktion) eingesetzt, so gibt diese das zu gegebenen Preisen und Einkommen maximal erreichbare Nutzenniveau $v(p, Y) = u(x^*) = u[x(p, Y)]$ an. Die Funktion $v(p, Y)$ heißt **indirekte Nutzenfunktion**. Indirekt heißt die Nutzenfunktion deshalb, weil die Preise und Einkommen das Nutzenniveau nur indirekt (über die Nachfrage) beeinflussen. Wird das Optimierungsproblem des Haushalts hingegen als Ausgabenminimierungsprogramm betrachtet, so heißt die Funktion $x_j^{Hi} = x_j^{Hi}(p_j, \bar{p}_i, u^0)$ **Hicks'sche** oder **kompensierte Nachfragefunktion** (nach dem Nobelpreisträger der Wirtschaftswissenschaft von 1972, John Richard Hicks, 1904–1989) und gibt für gegebene Preise und ein gegebenes Nutzenniveau u^0 die Nachfrage des Gutes j in ausschließlicher Abhängigkeit für verschiedene Werte von p_j an. Die Hicks'sche Nachfrage kann man sich so vorstellen, dass jede Abweichung vom Nutzenniveau u^0 durch eine gedachte Veränderung des Einkommens Y kompensiert wird, und zwar genau so, dass u^0 immer gewährleistet bleibt. Werden nun für gegebene Preise und das Nutzenniveau u^0 sämtliche Güternachfragen (der Vektor x^{Hi*}) in die Zielfunktion (Ausgabengleichung) eingesetzt, so erscheinen die minimalen Ausgaben des Haushalts bzw. das zu gegebenen Preisen und Nutzenniveau u^0 minimal aufzuwendende Einkommen $Y(p, u^0) = p \cdot x^{Hi*} = p \cdot x^{Hi}(p, u^0)$ als Ergebnis. Die Funktion $Y(p, u^0)$ heißt **Ausgabenfunktion** des Haushalts.

2.4.4 Eigenschaften des Nachfrageverhaltens: Elastizitäten der Nachfrage

Bei den **ELASTIZITÄTEN** → GLOSSAR handelt es sich um ein generelles Verfahren, wie die Veränderung einer Größe in Reaktion auf eine andere erfasst werden kann. Es ist auf beliebige zwei Größen anwendbar, die mit der Nachfrage überhaupt nichts zu tun haben müssen. Üblicherweise wird das Konzept der Elastizitäten am Beispiel der Nachfrage abgehandelt – so auch im vorliegenden Buch.

Eine Elastizität gibt an, um wie viel Prozent sich eine abhängige Variable (y) in ihrem Wert ändert, wenn die unabhängige Variable (x) um ein Prozent variiert (**Bogenelastizität** oder **durchschnittliche Elastizität**) – es werden zwei Prozentsätze dividiert. Lässt man die Veränderung von x gegen Null streben, spricht man von **Punktelastizität**.

$$\begin{aligned} &\text{Bogenelastizität:} \quad \frac{\frac{\Delta y}{y}}{\frac{\Delta x}{x}} = \frac{\Delta y}{\Delta x} \cdot \frac{x}{y}; \quad \text{für } \Delta x \to 0 \text{ folgt die} \\ &\text{Punktelastizität:} \quad \frac{dy}{dx} \cdot \frac{x}{y} \end{aligned} \tag{2.11}$$

Als zweckmäßig hat sich in vielen Fällen auch die logarithmische Ausdrucksweise einer Elastizität herausgestellt: Die 1. Ableitung der Funktion $y = \ln x$ lautet: $\frac{d(\ln x)}{dx} = \frac{1}{x}$. Als Differential dieser Funktion erhält man $d(\ln x) = \frac{dx}{x}$. Entsprechend gilt auch $d(\ln y) = \frac{dy}{y}$. Unter Verwendung beider Beziehungen ergibt sich für die Elastizität der Funktion

$$y = f(x): \quad \eta_{yx} = \frac{dy}{y} : \frac{dx}{x} = \frac{d(\ln y)}{d(\ln x)}$$

Die Ökonomen unterscheiden in aller Regel drei verschiedene Elastizitätstypen:

Die **EINKOMMENSELASTIZITÄT** → GLOSSAR der Nachfrage: Sie sagt aus, um wie viel Prozent sich die Nachfrage (nach einem Gut) ändert, wenn sich das Einkommen, c. p., um ein Prozent verändert hat. Liegt eine Engelkurve vor, so kann die Einkommenselastizität der Nachfrage anhand dieser Kurve bestimmt werden.

$$\text{Einkommenselastizität:} \quad \eta_{x,Y} = \frac{\partial x}{\partial Y} \cdot \frac{Y}{x} \tag{2.12}$$

Die **PREISELASTIZITÄT** → GLOSSAR der Nachfrage gibt an, um wie viel Prozent sich die Nachfrage nach einem Gut infolge einer Preisänderung dieses Gutes um ein Prozent, c. p., verändert. Die Preiselastizität der Nachfrage kann anhand einer Nachfragekurve, so diese vorliegt, ermittelt werden.

$$\text{Preiselastizität:} \quad \eta_{x_i,p_i} = \frac{\partial x_i}{\partial p_i} \cdot \frac{p_i}{x_i} \tag{2.13}$$

Die **KREUZPREISELASTIZITÄT** → GLOSSAR der Nachfrage gibt an, um wie viel Prozent sich die Nachfrage nach einem Gut i verändert, wenn sich der Preis des Gutes j um ein Prozent, c. p., verändert hat.

$$\text{Kreuzpreiselastizität:} \quad \eta_{x_i,p_j} = \frac{\partial x_i}{\partial p_j} \cdot \frac{p_j}{x_i}; \quad i \neq j \tag{2.14}$$

Steigt der Preis des Gutes j und nimmt daraufhin die Nachfrage nach Gut i ab $\left(\frac{\partial x_i}{\partial p_j} < 0\right)$, so sind die beiden Güter i und j **KOMPLEMENTÄRGÜTER** → GLOSSAR. Ein Beispiel hierfür sind Computer und Drucker: Schießt der Preis von Computern in die Höhe, so ist es nicht unwahrscheinlich, dass nicht nur weniger Computer, sondern auch weniger Drucker nachgefragt werden. Steigt der Preis des Gutes j und nimmt daraufhin die Nachfrage nach Gut i zu, also $\frac{\partial x_i}{\partial p_j} > 0$, werden die Güter i und j als **SUBSTITUTIONSGÜTER** →GLOSSAR bezeichnet. Beispiele hierfür sind der Audi A4 und VW Passat. Steigt z. B. der Preis des Audis, wird für viele Leute der Passat attraktiver werden und dessen Nachfrage steigen.

Definitionen (gültig für alle Elastizitätstypen):

$\lvert\eta\rvert > 1$	elastische Beziehung (z. B. Luxusgüter),
$\lvert\eta\rvert < 1$	unelastische Beziehung (z. B. lebensnotwendige Güter),
$\lvert\eta\rvert = 1$	Einheitselastizität,
$\eta = 0$	vollkommen unelastische oder starre Beziehung,
$\lvert\eta\rvert \to \infty$	vollkommen elastische Beziehung,
$\lvert\eta\rvert = c$	konstante Elastizität.

Von (Funktionen mit) konstanter Elastizität wird dann gesprochen, wenn eine Funktion in jedem Punkt dieselbe Elastizität aufweist (isoelastisch). Dies ist etwa bei der Funktion $x = A \cdot p^c$ der Fall:

$$\eta_{x_i,p_i} = \frac{\partial x}{\partial p} \cdot \frac{p}{x} \quad \Rightarrow \quad A \cdot c \cdot p^{c-1} \cdot \frac{p}{A \cdot p^c} = c$$

Die unterschiedlichen Elastizitätshöhen können am Beispiel der Preiselastizität der Nachfrage durch die folgenden Kurvenverläufe veranschaulicht werden:

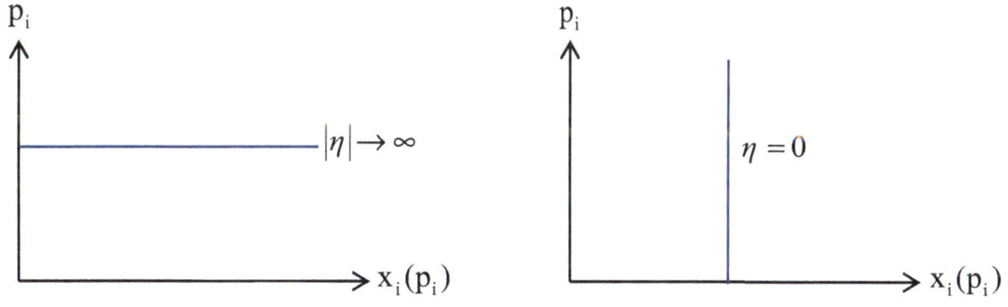

Abbildung 2.24: Extrema der Preiselastizität

Beispielhafte Darstellung der Preiselastizität der Nachfrage nach einem Gut anhand der Nachfragefunktion $x(p) = A - b \cdot p$.

$$\begin{aligned}\eta_{x,p} &= \frac{dx(p)}{dp} \cdot \frac{p}{x} \\ &= \frac{-b \cdot p}{A - b \cdot p}\end{aligned}$$

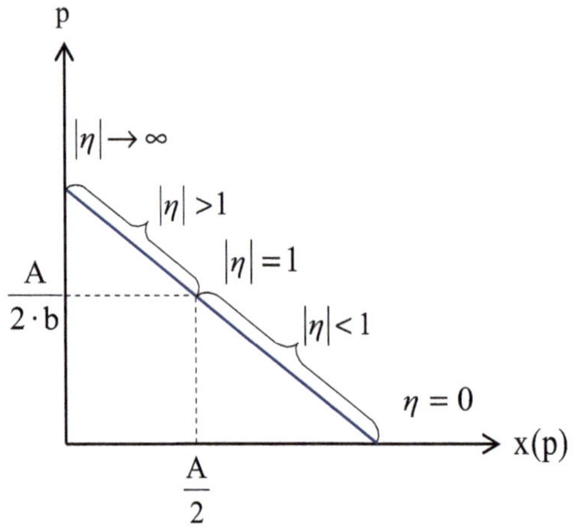

Abbildung 2.25: Preiselastizität der Nachfrage

$$x(p) = 0: \quad \eta_{0,p} = \frac{-b \cdot p}{x \to 0} = -\infty$$

$$p = 0: \quad \eta_{x,0} = \frac{0}{A} = 0$$

$$\eta_{x,p} = -1 \quad \Rightarrow \quad \tilde{p} = \frac{A}{2 \cdot b}; \quad x(\tilde{p}) = \frac{A}{2}$$

Beispiele

Einkommenselastizität der Nachfrage: Das monatliche Einkommen betrage 2.500 Euro. Es erfolgt eine Erhöhung um sechs Prozent (150 Euro) auf 2.650 Euro. Anstelle von monatlich 20 Pizzas von Preisen zwischen sieben und zwölf Euro, leiste ich mir nunmehr eine Pizza mehr (das entspricht einem Mehrverbrauch von $1/20 \times 100 =$ fünf Prozent). Wie hoch ist die Einkommenselastizität der Nachfrage?
Lösung: (Die Pizzapreise sind natürlich komplett unwichtig). Wir wissen:

$$\eta = \frac{\Delta x}{\Delta Y} \cdot \frac{Y}{x}; \quad \Delta x = 1, \Delta Y = 150, x = 20, Y = 2.500$$

$$\Rightarrow \quad \eta = 1/150 \cdot 2.500/20 = 0{,}83333 \quad \text{(oder einfach } 5/6\text{)}.$$

Die Nachfrage nach Pizza ist in Bezug auf das Einkommen unelastisch, da kleiner als Eins.

Preiselastizität der Nachfrage: Sie tanken 50 Liter Super Benzin pro Woche zum Preis von 1,50 Euro je Liter. Nun steigt der Preis auf 1,65 Euro und Sie tanken nur noch 48 Liter. Wie hoch ist die Preiselastizität der Nachfrage?

Lösung: Wenn zehn Prozent Preiserhöhung eine Reduktion der Nachfrage um vier Prozent bewirken, so wird eine 1-prozentige Erhöhung 4/10, also einen Nachfragerückgang um 0,4 auslösen. Die Preiselastizität der Nachfrage nach Superbenzin ist mit 0,4 kleiner als eins; somit reagiert die Nachfrage unelastisch.

Noch ein Beispiel zur Preiselastizität der Nachfrage: Pauls Nachfrage nach Wein kann mittels der Funktion $x = 40 - 2 \cdot p$ dargestellt werden. Zum Preis pro Flasche von acht Euro fragt Paul offenbar die Menge $x = 40 - 2 \cdot 8 = 24$ nach. Wie hoch ist die Preiselastizität der Nachfrage bei dieser Menge?

Lösung 1: $\eta = \frac{dx}{dp} \cdot \frac{p}{x}; \quad \frac{dx}{dp} = -2,\ p = 8,\ x = 24 \quad \Rightarrow \quad \eta = -2 \cdot 8/24 = -2/3$

Lösung 2: $\eta = \frac{\Delta x}{\Delta p} \cdot \frac{p}{x}; \quad \Delta p = 0{,}08$ (1 Prozent von p = 8),

$$\Delta x = -0{,}16 \quad [x(8{,}08) - x(8) = 23{,}84 - 24]$$

$$\eta = \frac{-0{,}16}{0{,}08} \cdot \frac{8}{24} = -\frac{2}{3}.$$

Mit $|\eta| = \frac{2}{3} < 1$ ist die Preiselastizität der Nachfragemenge von 24 Flaschen unelastisch.

Kreuzpreiselastizität: Ein Softwareanbieter verkauft Software, die nur auf speziellen Rechnern läuft. Von der Software werden zum Stückpreis von 8.000 Euro genau 4.500 Stück abgesetzt. Die Computer, auf denen die Software läuft, haben 3.200 Euro pro Stück gekostet. Jetzt aber steigt der Preis der Computer auf 3.750 Euro. Die Zahl der verkauften Computer geht von 90.000 auf 50.000 Stück zurück; die Zahl der Programme sinkt auf 3.200 Stück. Frage: Um wie viel Prozent sinkt oder steigt der Softwareabsatz, wenn der Preis für Computer um ein Prozent steigt (Kreuzpreiselastizität des Absatzes von Software in Bezug auf die Computerpreise)?

Lösung: $\eta = \frac{\Delta x_S}{\Delta p_C} \cdot \frac{p_C}{x_S}$

$$\Delta x_S = 1.300 \quad (4.500 - 3.200); \quad \Delta p_C = 550 \quad (3.750 - 3.200)$$

$$x_S = 4.500; \quad p_C = 3.200$$

$$\eta = \frac{-1.300}{550} \cdot \frac{3.200}{4.500} = -1{,}68.$$

Mit einem Wert von $-1{,}68$ reagiert die Nachfrage elastisch, da die Nachfragemenge nach dem Programm in Folge der Preiserhöhung für die notwendigen Computer relativ stark zurückgeht. Wegen $\Delta x_s / \Delta p_c < 0$ handelt es bei dem Programm und den Computern um eine komplementäre Güterbeziehung.

2.5 Faktorangebot

Bisher haben wir uns mit den Ausgaben eines Haushalts, d. h. mit seiner Nachfrage auseinander gesetzt → vgl. vorherige Abschnitte. Jetzt geht es darum, wie der Haushalt Einkommen erwirbt. Einkommensarten wurden bereits unterschieden → vgl. Abschnitt 2.1, S. 25. Nunmehr wird der Blick ausschließlich auf das Arbeitseinkommen gerichtet → vgl. folgende Abschnitte 2.5.1–2.5.2.

2.5.1 Bestimmung des optimalen Faktorangebotes

Um Arbeitseinkommen zu erlangen, ist der Haushalt gezwungen, Einheiten seines ihm zur Verfügung stehenden Gutes „Zeit" aufzuwenden. Es gelten folgende vereinfachende Annahmen:

- Ein Tag hat 24 Stunden, von denen der Haushalt z. B. acht Stunden zur Regeneration (Schlaf, Waschen, Mahlzeiten ...) benötigt (so genannte Rekreationszeit), d. h. 16 Stunden stehen ihm täglich zur freien Disposition zur Verfügung (T), die er ganz nach Belieben zwischen Arbeitszeit (L) und Freizeit (F) aufteilen kann, $T = L + F$.
- Der Haushalt kann beliebige Stunden seiner Arbeitskraft anbieten (Acht-Stunden-Tage sind nicht zwingend) und die Firmen akzeptieren dies.
- Es gibt viele Haushalte, die eine gleichartige Arbeitskraft am Markt anbieten, welche auch nachgefragt wird.
- Der Lohnsatz w (= Arbeitseinkommen pro Arbeitsstunde) ist konstant, die Arbeitsanbieter verhalten sich als Mengenanpasser.

Es besteht folgendes Problem: Je mehr der Haushalt arbeitet, desto höher wird sein Einkommen ausfallen und desto mehr Gütermengen wird er konsumieren können. Andererseits wird durch mehr Arbeit das Gut Freizeit eingeschränkt. Es besteht somit ein Trade off zwischen zunehmender Freizeit und zunehmendem Konsum. Was es zu bestimmen gilt, ist eine Freizeit- (damit Arbeitszeit-) und Gütermengenallokation, die entlang der individuellen Präferenzlage den Nutzen des Haushalts maximiert.

Betrachten wir der Einfachheit halber wieder eine 2-Güter-Welt: Gut i (irgendein materielles Gut) und das Gut „Freizeit". Die Freizeit ist allerdings theoretisch auf 16 Stunden täglich bzw. 112 Stunden wöchentlich beschränkt, und zwar dann, wenn die Arbeitszeit Null beträgt.

Die dem Haushalt insgesamt zur Verfügung stehende Zeit T kann als eine Senkrechte in ein Freizeit-Gütermengen-Diagramm eingetragen werden, da schließlich mehr als 16 Stunden tägliche Arbeitzeit einfach nicht möglich ist. Der Trade off zwischen der Freizeit und dem Güterkonsum kann anhand von Indifferenzkurven ermittelt werden, die alle unsere getroffenen Annahmen der Präferenzordnung erfüllen. Die Indifferenzkurven können für $F > T$ einfach abgeschnitten werden, da die Nutzenfunktion $u = f(x_i, F)$, aus der die Indifferenzkurven abgeleitet sind, sinnhafterweise nur für den Definitionsbereich $x_i \geq 0$ und $0 \leq F \leq T$ beschrieben ist.

Als Ausgangssituation ergibt sich Abbildung 2.26, in dem die optimale (nutzenmaximale) Freizeit-Gütermengen-Allokation zu ermitteln ist, die ihrerseits mit der Auswahl des optimalen (Arbeits-) Einkommens zusammenfällt.

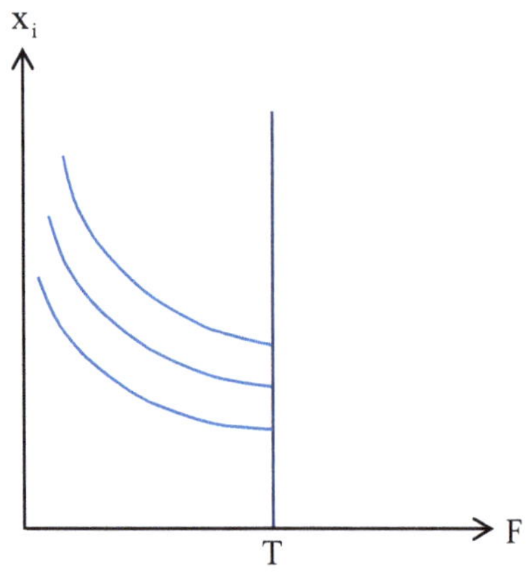

Abbildung 2.26: Wahl zwischen Freizeit und Gütern

Zur Optimierung des Einkommens muss die Arbeitseinsatzmenge L^* bestimmt werden, die direkt aus der Beziehung $T = L + F^*$ gezogen werden kann.

Grafisch wird das Einkommen durch eine Budgetgerade ausgedrückt. Machen wir uns zunächst klar, wie eine Budgetgerade im Freizeit-Gütermengen-Diagramm aussehen kann. Wenn überhaupt nicht gearbeitet wird ($L = 0$), so gilt $T = F$. Das Einkommen wird in diesem Fall auch Null betragen, was bedeutet, dass nur Null-Einheiten von Gut i eingekauft werden können, d. h.: $T = F \Rightarrow x_i = 0$. Wenn wir umgekehrt gar keine Freizeit in Anspruch nehmen und 16 Stunden täglich arbeiten (also $F = 0$), so erzielen wir ein maximal erreichbares Arbeitseinkommen von $Y = w \cdot L$. Mit diesem Einkommen können wir natürlich auch die für uns überhaupt maximal mögliche Konsummenge von Gut i kaufen. Diese maximale Konsummenge von Gut i ergibt sich daraus, dass das gesamte Einkommen $w \cdot L$ bzw. $w \cdot T$ (denn $L = 0$ für $F = 0$) für x_i Gütereinheiten zum Preis p_i verausgabt wird:

$$w \cdot T = p_i \cdot x_i \quad \Rightarrow \quad x_i = \frac{w}{p_i} \cdot T \tag{2.15}$$

Die Achsenabschnitte der Budgetgeraden sind somit bestimmt. Wie sieht die Budgetgerade selbst aus? Wir wissen: Nur das, was an Arbeitseinkommen ($w \cdot L$) verdient wird, kann auch für Konsumzwecke in Höhe der Ausgaben ($p_i \cdot x_i$) aufgewendet werden: Einnahmen = Ausgaben $\Rightarrow w \cdot L = p_i \cdot x_i$. $L = T - F$ in die Gleichung eingesetzt, ergibt die Budgetgleichung $w \cdot (T - F) = p_i \cdot x_i$ bzw. umgeformt:

$$\text{Budgetgerade:} \quad x_i = \frac{w}{p_i} \cdot T - \frac{w}{p_i} \cdot F \tag{2.16}$$

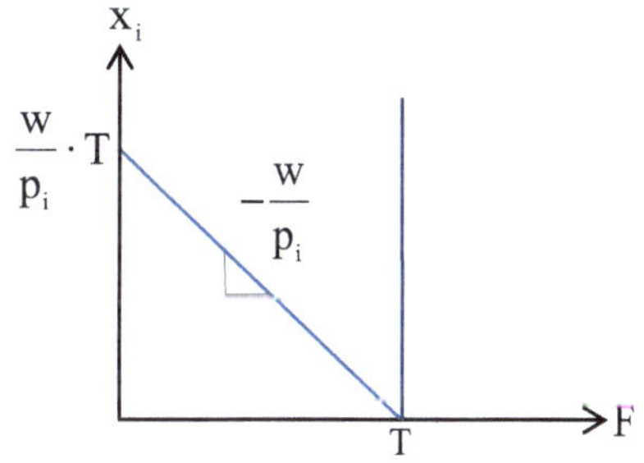

Abbildung 2.27: Budgetgerade

Zur Ermittlung der nutzenmaximalen Allokation muss lediglich die Indifferenzkurve ausgewählt werden, die die Budgetgerade tangiert, was in der Abbildung 2.28 → vgl. S. 62 bei x^* der Fall ist, denn hier gilt $\left|\frac{dx_i}{dF}\right| = \frac{w}{p_i}$. Bestimmen wir das Optimum allgemein, für n-Gütervariablen. Die Einnahmenseite mit $w \cdot (T - F)$ behalten wir bei und auf der Ausgabenseite steht: $p_1 \cdot x_1 + p_2 \cdot x_2 + \ldots + p_n \cdot x_n$. Die Nutzenfunktion lautet: $u = f(x_1, \ldots, x_n, F)$.

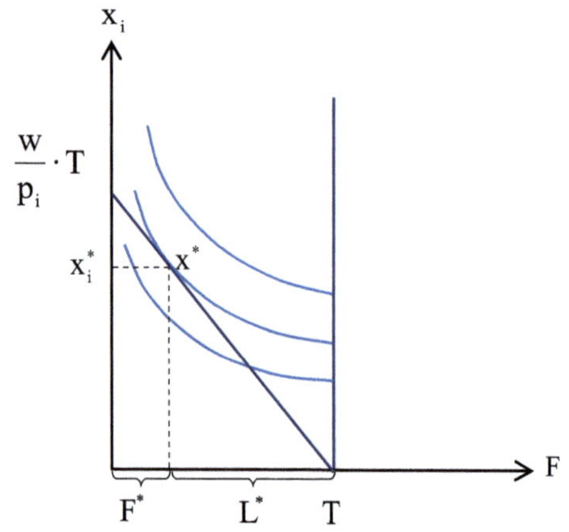

Abbildung 2.28: Optimale Freizeit-Gütermengen-Allokation

Verwendung des Lagrange-Ansatzes:

$$L(x_1,\ldots,x_n,F,\lambda) = f(x_1,\ldots,x_n,F) - \lambda\cdot[w\cdot(T-F) - p_1\cdot x_1 - \ldots - p_n\cdot x_n]$$

Als Gleichungssystem ergibt sich:

$$\begin{aligned}
\frac{\partial L}{\partial x_1} &= \frac{\partial u}{\partial x_1} + \lambda\cdot p_1 = 0\\
&\vdots\\
\frac{\partial L}{\partial x_n} &= \frac{\partial u}{\partial x_n} + \lambda\cdot p_n = 0\\
\frac{\partial L}{\partial F} &= \frac{\partial u}{\partial F} + \lambda\cdot w = 0\\
\frac{\partial L}{\partial \lambda} &= 1\cdot(T-F) - p_1\cdot x_1 - \ldots - p_n\cdot x_n = 0
\end{aligned}$$

Nach Auflösung des Gleichungssystems ergibt sich für beliebige zwei Variablen $i, j = 1, 2, \ldots, n$, $i \neq j$:

$$\frac{\frac{\partial u}{\partial x_i}}{p_i} = \frac{\frac{\partial u}{\partial x_j}}{p_j} \quad\Leftrightarrow\quad \left|\frac{dx_j}{dx_i}\right| = \frac{\frac{\partial u}{\partial x_i}}{\frac{\partial u}{\partial x_j}} = \frac{p_i}{p_j}$$

bzw. für ein beliebiges Gut i und das Gut Freizeit:

$$\frac{\frac{\partial u}{\partial x_i}}{p_i} = \frac{\frac{\partial u}{\partial F}}{w} \quad \Leftrightarrow \quad \left|\frac{dF}{dx_i}\right| = \frac{\frac{\partial u}{\partial x_i}}{\frac{\partial u}{\partial F}} = \frac{p_i}{w} \qquad (2.17)$$

Die Grenzrate der Substitution zwischen zwei Gütern entspricht im Nutzenmaximum dem umgekehrten Verhältnis der Grenznutzen der jeweiligen Güter bzw. dem umgekehrten Verhältnis der Faktorpreise.

2.5.2 Faktorangebot bei Veränderung des Faktorpreises (Arbeitsangebotskurve)

Nachdem wir den optimalen Konsumplan zwischen den materiellen Gütern und dem Gut Freizeit ermittelt und damit auch über das optimale Arbeitsangebot entschieden haben, fragen wir nunmehr nach der **ARBEITSANGEBOTSKURVE** → GLOSSAR. Genauer gesagt fragen wir, wie sich das optimale (= nutzenmaximale) Arbeitsangebot verändern wird, wenn sich c. p. die Höhe des Lohnsatzes ändert.

Ausgangspunkt sei x^0 → vgl. Abbildung 2.29: Hier wird relativ viel Freizeit (F^0) konsumiert, daher wenig gearbeitet und das Gut i lediglich in der Menge x_i^0 nachgefragt. Nun steige der Lohnsatz von w^0 auf w^1.

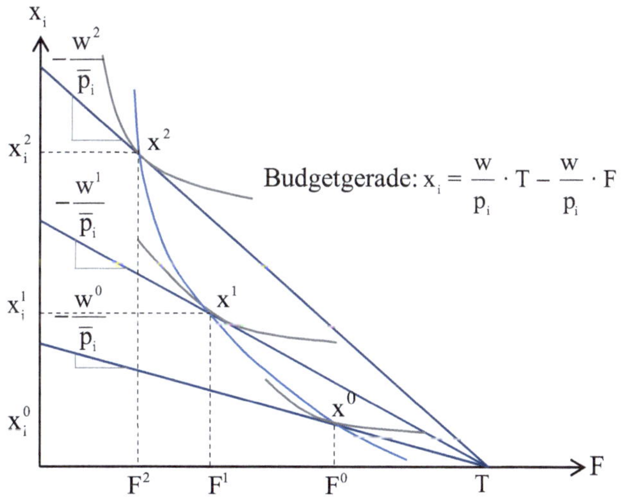

Abbildung 2.29: Optimale Freizeit-Gütermengen-Allokationen bei verändertem Lohnsatz

Entsprechend der angenommenen Präferenzen (Lagen der Indifferenzkurven) ist der Haushalt bei einem höheren Lohnsatz eher bereit auf Freizeit zu verzichten, weil ihm durch eine Einheit Freizeitverzicht ein höherer Nutzen in Form zusätzlichen Konsums der Gütermenge x_i^1 winkt. Man kann auch sagen, dass das Gut Freizeit teurer geworden ist, weil seine Kosten gestiegen sind. Die Kosten der Freizeit werden nämlich in Höhe des Lohnverzichts gemessen, der entsteht, wenn nicht gearbeitet wird (**OPPORTUNITÄTSKOSTEN** → GLOSSAR).

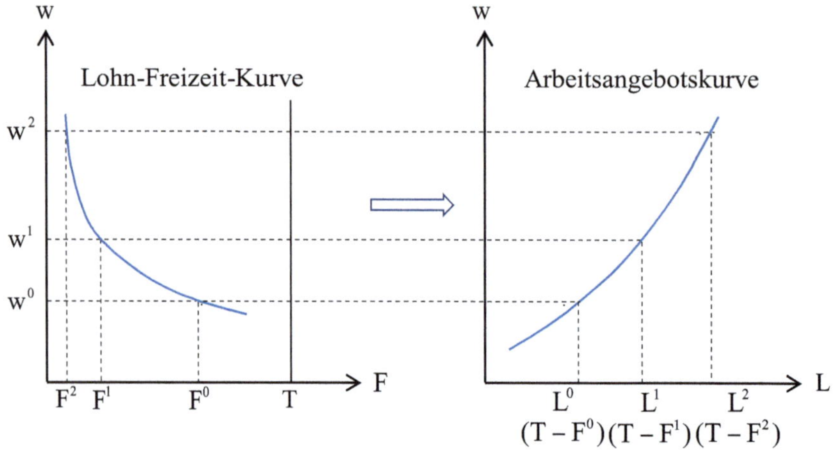

Abbildung 2.30: Lohn-Freizeit- und Arbeitsangebotskurve

Bei einer weiteren Lohnerhöhung auf w^2 wird Freizeit noch teurer und der Haushalt ist nur noch bereit F^2 Stunden Freizeit zu konsumieren und $(T - F^2)$ Stunden zu arbeiten. Die Verbindungslinie zwischen den Allokationen x^0, x^1, x^2 zeigt dem Haushalt seine sämtlichen nutzenmaximalen Freizeit-Gütermengen-Allokationen für alle erdenklichen Lohnsätze.

Werden die diesen Optima zugehörigen Freizeitwerte und Lohnhöhen in ein Freizeit-Lohnsatz-Diagramm übertragen, so sprechen wir von der **Lohn-Freizeit-Kurve**. Die Darstellung der zugehörigen Arbeitszeiten in einem Arbeitszeit-Lohnsatz-Diagramm ergibt die **Arbeitsangebotskurve**.

Die Arbeitsangebotskurve ist Ausdruck sämtlicher **ARBEITSANGEBOTE** →GLOSSAR, die ein Haushalt als nutzenmaximale Antwort auf erdenkliche gegebene Lohnsätze gibt. Natürlich muss das Arbeitsangebot nicht zwangläufig mit steigendem Lohnsatz zunehmen. Atypische Verläufe finden sich in Abbildung 2.31. Denkbar wäre etwa, dass ein Spitzenverdiener, über einen sehr hohen Lohnsatz w' hinausgehend, seine Arbeitszeit reduzieren wird, weil Freizeit derart knapp ist, dass sie einen überaus hohen Stellenwert für ihn besitzt.

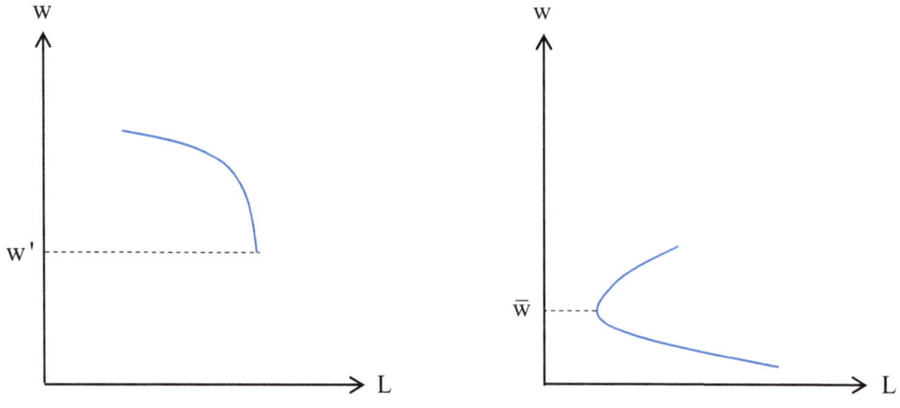

Abbildung 2.31: Atypische Arbeitsangebotsverläufe

Falls jemand zu sehr niedrigen Lohnsätzen unterhalb von $\bar{w}$ zu arbeiten gezwungen ist, so ist denkbar, dass eine weitere Lohnsenkung ihm keine andere Wahl lässt, als mehr zu arbeiten, um das Existenzminimum für sich und seine Familie zu sichern. Oberhalb von $\bar{w}$, also jenseits des Existenzminimums, wäre der Haushalt dann wirklich in der Lage zu entscheiden, für einen steigenden Lohnsatz auch mehr zu arbeiten.

2.6 Intertemporale Entscheidungen

Bei intertemporalen Entscheidungen wird die nicht mehr konstant gehaltene Zeit berücksichtigt. Dadurch wird das Analysespektrum erheblich erweitert, denn es besteht die Möglichkeit des Sparens, der Kreditaufnahme und der Lagerung von Gütern. Ein Haushalt muss z. B. entscheiden, welchen Teil seines gegenwärtigen Einkommens er sparen möchte, um dafür in der Zukunft mehr konsumieren zu können. Die im Folgenden durchgeführte Untersuchung wird auf zwei Perioden beschränkt, wobei Periode 1 für die Gegenwart oder „heute“ und Periode 2 für die Zukunft bzw. „morgen“ steht. Seien c_1 die vom Haushalt in Periode 1 und c_2 die in Periode 2 getätigten Konsumausgaben. Hinter den Konsumausgaben einer Periode stehen alle die in dieser Periode getätigten Ausgaben für Güter und Dienstleistungen, die Summe aller mit ihren Preisen bewerteten Gütermengen. Ferner existieren als Anfangsausstattung die Einkommen $\bar{Y}_1$ und $\bar{Y}_2$, die beliebig auf die Perioden verteilt werden können. So kann das Einkommen der Periode 1 für Konsumzwecke in dieser Periode und zum Sparen, und damit für Konsumausgaben in Periode 2, verwendet werden: $Y_1 = c_1 + s$. Ist das Sparen positiv, $s > 0$, so wird es in Periode 1 mit dem Zinssatz r verzinst und steht in Periode 2 in Höhe von $s + r \cdot s = (1 + r) \cdot s$ zusätzlich zum Einkommen Y_2 für Konsumausgaben zur Verfügung. Das Einkommen der Periode 2 kann auch für Konsumzwecke in Periode 1 in Form eines Kredits, der als negatives Sparen ausgedrückt wird, genutzt werden. Der Kredit in Höhe von $s < 0$ wird dann für Konsumausgaben in Periode 1, zusätzlich zum Einkommen Y_1, verwendet, muss allerdings aus dem Einkommen der Periode 2, einschließlich der Zinsen in Höhe von $(1 + r) \cdot s$ wieder zurückgezahlt werden. Es wird angenommen, dass Sparen und Kreditaufnahme zu gleichen Konditionen bzw. gleichen Zinssätzen erfolgen, was der Bedingung eines vollkommenen Kapitalmarktes entspricht. Das Einkommen der Periode 2, Y_2, kann somit aus den Ersparnissen der Periode 1 (einschließlich der Zinsen) erhöht oder aber gesenkt werden, falls für Periode 1 aufgenommene Kredite zurückzuzahlen sind. Damit lassen sich folgende Zusammenhänge feststellen:

$$
\begin{aligned}
&1.\quad Y_1 = c_1 + s \quad \Rightarrow \quad s = Y_1 - c_1\\
&2.\quad Y_2 + (1 + r) \cdot s = c_2
\end{aligned}
$$

Gleichung 1, eingesetzt in Gleichung 2, führt zur **intertemporalen Budgetgleichung**, welche die Menge sämtlicher maximal realisierbaren c_1, c_2-Kombinationen angibt.

$$
\begin{aligned}
&Y_2 + (1 + r) \cdot (Y_1 - c_1) = c_2\\
&(1 + r) \cdot Y_1 + Y_2 = (1 + r) \cdot c_1 + c_2\\
&Y_1 + \frac{Y_2}{(1 + r)} = c_1 + \frac{c_2}{(1 + r)} \qquad \text{intertemporale Budgetgleichung}
\end{aligned}
$$

Auf der linken Seite der **BUDGETRESTRIKTION** →GLOSSAR steht der diskontierte Wert der Einkommen aus beiden Perioden und auf der rechten Seite der diskontierte Wert der Ausgaben in beiden Perioden. Die **intertemporate Budgetgerade** wird bestimmt, indem die intertemporale Budgetgleichung nach c_2 aufgelöst wird.

$$c_2 = (1 + r) \cdot Y_1 + Y_2 - (1 + r) \cdot c_1$$

$$\frac{dc_2}{dc_1} = -(1 + r) \quad \text{Steigung der intertemporalen Budgetgerade}$$

In Abbildung 2.32 ist die intertemporale Budgetgleichung in ein Konsumausgabendiagramm eingezeichnet. Auf der Abszisse ist der Gegenwartskonsum, c_1, und auf der Ordinate der Zukunftskonsum, c_2, abgetragen. Die Steigung der Budgetgerade beträgt $-(1 + r)$. Die Schnittpunkte mit den Achsen werden durch Nullsetzen von c_1 und c_2 ermittelt. Im Schnittpunkt mit der c_2-Achse hat der Haushalt sein gesamtes Einkommen aus Periode 1, Y_1, gespart und setzt es in Periode 2, einschließlich der erhaltenen Verzinsung, $r \cdot Y_1$, zusätzlich zu Y_2 für Konsumzwecke, also für c_2, ein: $c_2 = (1 + r) \cdot Y_1 + Y_2$. Würde der Haushalt stattdessen in Periode 1 einen maximalen Kredit aufnehmen, um damit in Periode 1 ein Maximum an Konsum zu erreichen, so gilt $c_1 = Y_1 + Y_2/(1 + r)$. Faktisch wird in Periode 2 ein totaler Konsumverzicht ausgeübt, $c_2 = 0$, und sämtliche in Periode 2 zur Verfügung stehenden Mittel für die Rückzahlung des Kredites einschließlich der Zinsen aufgewendet (das meint maximale Kreditaufnahme).

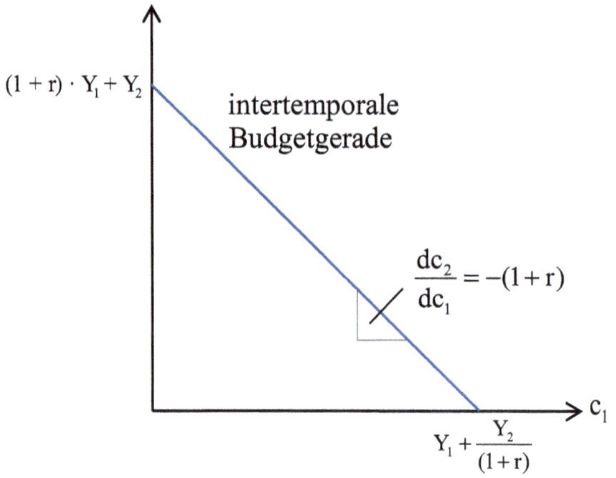

Abbildung 2.32: Intertemporale Budgetgleichung

Gegeben sei nun eine mehrperiodige oder **intertemporale Nutzenfunktion**, $u(c_1, c_2)$, die von den gegenwärtigen und zukünftigen Konsumausgaben abhängt (manchmal findet sich auch die Bezeichnung „Zeitpräferenzfunktion"). Werden die „üblichen" → vgl. Abschnitt 2.3, S. 44 Annahmen an die mehrperiodige Nutzenfunktion gestellt, so liegen konvexe intertemporale Indifferenzkurven vor.

Merksatz

Eine **intertemporale Indifferenzkurve** gibt sämtliche Allokationen aus gegenwärtigem und zukünftigem Konsum an, die für den Haushalt den gleichen Nutzen stiften.

Die Steigung der intertemporalen Indifferenzkurve heißt **Grenzrate der intertemporalen Substitution**. Sie kann, genau wie die Grenzrate der Substitution einer Indifferenzkurve zweier normaler

Güter, über das totale Differential als Verhältnis zweier Grenznutzen ausgedrückt werden.

$$du = \frac{\partial u}{\partial c_1} \cdot dc_1 + \frac{\partial u}{\partial c_2} \cdot dc_2 = 0 \quad \Leftrightarrow \quad \frac{dc_2}{dc_1} = -\frac{\frac{\partial u}{\partial c_1}}{\frac{\partial u}{\partial c_2}} \tag{2.18}$$

Die Grenzrate der intertemporalen Substitution gibt an, um welchen Betrag der Haushalt die Konsumausgaben in Periode 2 steigern kann, wenn er in der Gegenwart auf eine Einheit Konsumausgaben verzichtet, bzw. auf wie viel Konsumausgaben der Haushalt in Periode 2 verzichten muss, wenn er die Konsumausgaben in Periode 1 um eine Einheit erhöht. Da die Grenzrate der intertemporalen Substitution aussagt, in welcher Höhe der Haushalt den Gegenwartskonsum gegenüber dem Zukunftskonsum präferiert, kann sie auch als **Zeitpräferenzrate** oder auch Zeitpräferenzfaktor interpretiert werden. Je höher die Konsumausgaben in der Gegenwart, desto weniger wird der Haushalt bereit sein, Zukunftskonsum für eine weitere Einheit des „reichlich" vorhandenen Gegenwartkonsums einzusetzen. Es gibt also auch bei der intertemporalen Nutzenfunktion ein Gesetz der abnehmenden Grenzrate der intertemporalen Substitution.

Betrachtet man in Abbildung 2.33 das intertemporale Haushaltsoptimum, c^*, so stimmt die Steigung der Budgetgerade mit der Steigung der Indifferenzkurve überein.

$$\frac{dc_2}{dc_1} = -\frac{\frac{\partial u}{\partial c_1}}{\frac{\partial u}{\partial c_2}} = -(1 + r) \tag{2.19}$$

Der Haushalt hat in c^* seine nutzenmaximale Allokation zwischen Gegenwarts- und Zukunftskonsum getroffen und entsprechend die Anfangsausstattung auf die Perioden aufgeteilt. In Periode 1 konsumiert er die Menge c_1^* und in Periode 2 die Menge c_2^*. Aus der Grafik lässt sich ersehen, dass im Optimum der Haushalt in Periode 1 von der Anfangsausstattung $\bar{Y}_1$ den Betrag s^* spart und diesen in Periode 2 zuzüglich der Verzinsung zum Einkommen $\bar{Y}_2$ einsetzt, um den

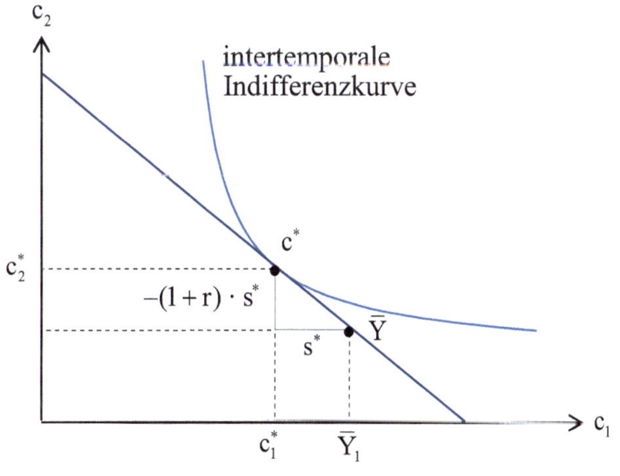

Abbildung 2.33: Intertemporales Haushaltsoptimum Quelle: SCHUMANN [1984]: S. 79

Konsum c_2^* zu ermöglichen:

$$c_1^* = \bar{Y}_1 - s^*$$
$$c_2^* = \bar{Y}_2 + (1+r)\cdot s^* = \bar{Y}_2 + (1+r)\cdot(\bar{Y}_1 - c_1^*)$$

Betrachtet man die Grenzrate der intertemporalen Substitution im Punkt c^* als

$$\frac{dc_2}{dc_1} = -\frac{(1+r)\cdot s^*}{s^*} = -(1+r),$$

so ist noch einmal deutlich zu erkennen, dass im Optimum die Zeitpräferenzrate bzw. Grenzrate der intertemporalen Substitution dem Marktzins r entsprechen muss. Nur wenn der Haushalt seine Zeitpräferenz am Marktzins orientiert, kann er das Nutzenmaximum erreichen.

Analytisch kann das intertemporale Haushaltsoptimum als Nutzenmaximierungsproblem unter der Nebenbedingung der intertemporalen Budgetgleichung hergeleitet werden. Das Problem lautet:

$$\max_{c_1,c_2} \quad u(c_1,c_2) \quad \text{u. d. N.:} \quad Y_1 + \frac{Y_2}{(1+r)} = c_1 + \frac{c_2}{(1+r)}$$

$$L(c_1,c_2,\lambda) = u(c_1,c_2) - \lambda\cdot\left[Y_1 + \frac{Y_2}{(1+r)} - c_1 - \frac{c_2}{(1+r)}\right]$$

1. $\dfrac{\partial L}{\partial c_1} = \dfrac{\partial u}{\partial c_1} - \lambda = 0 \qquad \Rightarrow \quad \lambda = \dfrac{\partial u}{\partial c_1}$

2. $\dfrac{\partial L}{\partial c_2} = \dfrac{\partial u}{\partial c_2} - \lambda\cdot\dfrac{1}{1+r} = 0 \qquad \Rightarrow \quad \lambda = (1+r)\cdot\dfrac{\partial u}{\partial c_2}$

3. $Y_1 + \dfrac{Y_2}{(1+r)} - c_1 - \dfrac{c_2}{(1+r)} = 0$

Aus Gleichsetzen von 1. und 2. folgt unmittelbar:

$$\frac{\partial u}{\partial c_1} = (1+r)\cdot\frac{\partial u}{\partial c_2} \quad \Leftrightarrow \quad \frac{\dfrac{\partial u}{\partial c_1}}{\dfrac{\partial u}{\partial c_2}} = (1+r)$$

Beispiel

Ein Haushalt, dessen Präferenzen durch die Nutzenfunktion $u(c_1,c_2) = c_1\cdot c_2$ charakterisiert sind und dessen Anfangsausstattung an Einkommen für die erste Periode 2.000 Euro und für die zweite 2.200 Euro beträgt, plant die Ausgaben der nächsten beiden Perioden in nutzenmaximaler Weise. In welcher Höhe wird der Haushalt angesichts eines Zinssatzes von zehn Prozent die Konsumausgaben planen und wie verändert sich die optimale Allokation, wenn der Zinssatz auf zwölf Prozent steigt?

$$L(c_1,c_2,\lambda) = c_1\cdot c_2 - \lambda\cdot\left[2.000 + \frac{2.200}{(1+0{,}1)} - c_1 - \frac{c_2}{(1+0{,}1)}\right]$$

1. $\frac{\partial L}{\partial c_1} = c_2 + \lambda = 0 \qquad \Rightarrow \qquad -\lambda = c_2$

2. $\frac{\partial L}{\partial c_2} = c_1 + \lambda \cdot \frac{1}{1+0{,}1} = 0 \qquad \Rightarrow \qquad -\lambda = (1{,}1) \cdot c_1$

3. $2.000 + \frac{2.200}{1{,}1} - c_1 - \frac{c_2}{(1{,}1)} = 0$

aus 1. und 2. folgt: $c_2 = (1{,}1) \cdot c_1$ eingesetzt in 3.:

4. $2.000 + \frac{2.200}{1{,}1} - c_1 - \frac{(1{,}1) \cdot c_1}{(1{,}1)} = 0 \qquad \Leftrightarrow \qquad 4.000 = 2 \cdot c_1$

$c_1^* = 2.000$

$c_2^* = 1{,}1 \cdot c_1^* = 1{,}1 \cdot 2.000 = 2.200$

Offenbar ist bei einer Verzinsung von zehn Prozent genau der Zinssatz getroffen, zu dem der Haushalt indifferent zwischen Gegenwarts- und Zukunftskonsum ist, d. h. hier wird es der Haushalt bei der Anfangsausstattung belassen und weder sparen noch einen Kredit aufnehmen. Was aber passiert, wenn der Zinssatz auf zwölf Prozent steigt? Nunmehr beginnen wir direkt bei Gleichung 4. mit $(1 + r) = 1{,}12$ und erhalten:

$$2.000 + \frac{2.200}{1{,}12} - c_1 - \frac{(1{,}12) \cdot c_1}{(1{,}12)} = 0 \qquad \Leftrightarrow \qquad 3.964{,}29 = 2 \cdot c_1$$

$$c_1^* = 1.982{,}14$$

$$c_2^* = 1{,}12 \cdot c_1^* = 1{,}12 \cdot 1.982{,}14 = 2.220$$

Von den 2.000 Euro Anfangsausstattung in Periode 1 spart der Haushalt 17,86 Euro ($c_1^* = \bar{Y}_1 - s^* = 2.000 - 1.982{,}14$), die er, mit zwölf Prozent verzinst, in Periode 2 zusätzlich zum Einkommen Y_2 für c_2 ausgibt: $c_2^* = \bar{Y}_2 + (1 + r) \cdot s^* = 2.200 + 1{,}12 \cdot 17{,}86 = 2.220$.

Zusammenfassung

In der Theorie des Haushalts wurden die Konsumenten als Wirtschaftssubjekte behandelt, die ihr Handeln ausschließlich an der Maximierung ihrer Nutzen ausrichten und dabei verschiedene Restriktionen, wie begrenzt zur Verfügung stehende Einkommen und Zeit, im weitesten Sinne auch Vorstellungen über die Gestaltung des Lebens, berücksichtigen müssen. Ausdruck des rationalen und nutzenmaximierenden Verhaltens der Haushalte sind konkrete Mengen, in denen Güter nachgefragt und Produktionsfaktoren (in diesem Lehrbuch auf den Faktor „Arbeit" beschränkt) angeboten werden. Es wurde beschrieben, wie die Haushalte ihr optimales Nachfrage- und Angebotsverhalten als Folge von Preisänderungen anpassen. Abschließend wurde gezeigt, wie Haushalte ihre Konsumausgaben (in nutzenmaximierender Weise) auf mehrere Perioden aufteilen, wenn die Zeit nicht mehr konstant gehalten wird, d. h. Spar- und Kreditentscheidungen zugelassen sind.

Kontrollfragen und Aufgaben

1. Wodurch ist die Lage der Budgetgerade bestimmt?
2. Wie ändert sich die Lage der Budgetgerade bei Variation des Einkommens und der Güterpreise?
3. Erläutern Sie die folgenden Begriffe:
   a) Vollständige Präferenzen
   b) Transitive Präferenzen
   c) Monotone Präferenzen
   d) Streng konvexe Präferenzen
4. Erläutern Sie das Konzept einer Indifferenzkurve!
5. Was ist eine Präferenzordnung?
6. Leiten Sie aus dem Konzept der Indifferenzkurve den Begriff der Grenzrate der Substitution ab! Erläutern Sie diese grafisch und analytisch.
7. Welcher Zusammenhang besteht allgemein zwischen Nutzenfunktionen und Indifferenzkurven?
8. Warum können sich Indifferenzkurven nicht schneiden?
9. Was versteht man unter dem Gesetz der abnehmenden Grenzrate der Substitution?
10. Die Grenzrate der Substitution gibt die relative Wertschätzung des Konsumenten zwischen zwei Gütern an. Wie ändert sich diese im Falle einer Präferenzstruktur perfekter Substitute, perfekter Komplemente und strikt konvexer Indifferenzkurven?
11. Grenzen Sie folgende Begriffe voneinander ab:
    a) Superiore und inferiore Güter
    b) Normale Güter und Giffen-Güter
    c) Substitutions- und Komplementärgüter
12. Kann man schon anhand der Indifferenzkurven erkennen, ob der Haushalt beide Güter als superior betrachtet? Warum können nicht beide Güter zugleich inferior sein?
13. Erklären Sie die Herleitung der Einkommens-Konsum-Kurve und der Engelkurve!
14. Zeigen Sie den Zusammenhang der Preis-Konsum-Kurve und der Nachfragekurve!
15. Was versteht man unter dem Substitutions- und dem Einkommenseffekt?
16. Was beschreibt die Substitutionsrate zwischen dem Konsumgut und der Freizeit?
17. Wie kann grafisch der Zusammenhang zwischen der Höhe des Lohnsatzes und der vom Haushalt angebotenen Menge an Arbeitsleistungen dargestellt werden?
18. Erläutern Sie, was man unter der Elastizität einer Funktion $y = f(x)$ versteht.
19. Erläutern Sie die Begriffe Preiselastizität, Kreuzpreiselastizität und Einkommenselastizität.
20. Wann nennt man eine Funktion $y = f(x)$ in einem Punkt elastisch, wann unelastisch, wann isoelastisch und wann einheitselastisch?
21. Bestimmen Sie das Haushaltsoptimum grafisch.
22. Zeigen Sie atypische Verläufe der Arbeitsangebotskurve.
23. Erläutern Sie anhand eines Beispiels, warum bei niedrigem Lohnsatz eine weitere Reduktion zu einer Erhöhung des Arbeitsangebots führen kann!

24*. Die Präferenzen eines Kinobesuchers bezüglich der Güter Popcorn (Gut 1) und Cola (Gut 2) seien durch folgende Nutzenfunktion beschrieben: $u(x_1, x_2) = x_1^2 + x_2^2$.
   a) Bestimmen Sie die Grenzrate der Substitution zwischen den beiden Gütern. Welchen Wert nimmt sie für die Güterbündel (3,4) und (6,8) an?
   b) Wie lautet die Nachfragefunktion des Konsumenten in Abhängigkeit von den Preisen p_1 und p_2 sowie dem Einkommen Y?

25*. Der Nutzen eines Haushalts hänge von den konsumierten Mengen eines materiellen Gutes und der Freizeit ab. Die Mengen werden durch die Variablen x und F angegeben. Die Nutzenfunktion lautet: $u = x^{\alpha} \cdot F^{(1-\alpha)}$, mit $0 < \alpha < 1$. T ist die Gesamtzeit, die in Arbeitszeit und Freizeit zerfällt ($T = L + F$). Der Haushalt erhält einen Unternehmensgewinn in Höhe von Y, der Lohnsatz beträgt 1, der Preis des Gutes sei p.

a) Wie lautet die Budgetrestriktion?
b) Geben Sie die notwendigen Bedingungen für ein Haushaltsoptimum an.

26*. Gegeben ist die intertemporale Nutzenfunktion $u(c_1, c_2) = c_1^2 \cdot c_2$. Das Einkommen in Periode 1 beträgt 2.000 Euro und in Periode 2 2.500 Euro. Der Zinssatz auf dem Kapitalmarkt liegt bei fünf Prozent.

a) Wie werden die Einkommen auf die Konsumausgaben beider Perioden in nutzenmaximaler Weise aufgeteilt?
b) Wie hoch muss der Zinssatz sein, damit der Haushalt die Anfangsausstattung (in Höhe der beiden ursprünglichen Periodeneinkommen) nicht verlässt?
c) Der Haushalt erhält in Periode 1 ein zusätzliches Einkommen von 2.500 Euro, dafür fällt aber das Einkommen in Periode 2 gänzlich weg. Wie viel wird der Haushalt sparen?

Literatur

Gerade zur Haushaltstheorie, aber auch generell zu den Grundlagen der Mikroökonomik, existiert eine Fülle hervorragender Literatur. So seien die Werke von Pindyck/Rubinfeld [2015], Varian [2016], Frank [2010], Schotter [2001] und Lancaster [1987] erwähnt, aber auch ausschließlich deutschsprachige Klassiker wie v. Böventer/Illing et al. [1997], Schumann [1984] und insbesondere das gerade erschienene tiefgehende und umfassende Werk von Endres/Martiensen [2007] stellen herausragende Abhandlungen dar. Aus der Fülle der mikroökonomischen Lehrbücher sei noch auf zwei Standardwerke hingewiesen, die allerdings nicht für den Einstieg geeignet sind: Gravelle/Rees [2004] und Henderson/Quandt [1983].

3 Theorie der Unternehmung

Zu diesem Kapitel wird ein **eLearning-Kurs** angeboten.
Link oder QR-Code führen Sie zu den Fragen:

Theorie der Unternehmung
▸https://narr.kwaest.io/s/1400

Übersicht

Ziel der Theorie der Unternehmung ist die Erklärung des Verhaltens der Unternehmen, und zwar als Lösung ihrer Gewinnmaximierungskalküle. Begonnen wird mit der Diskussion, wie es möglich ist, technisch effizient zu produzieren. Von zentraler Bedeutung sind hierbei die Produktionsfunktionen → vgl. Abschnitt 3.2, S. 76. Zu den Kosten gelangt man durch die Bewertung der in den Produktionsprozess eingesetzten Faktoren mit den Faktorpreisen → vgl. Abschnitt 3.3, S. 95. Danach werden die Gewinnmaximierungskalküle hergeleitet, die zum gewinnmaximalen Verhalten der Unternehmen, den **GÜTERANGEBOTEN** → GLOSSAR und den Faktornachfragen führen → vgl. Abschnitte 3.4, S. 106, und 3.5, S. 112.

3.1 Einführung, Annahmen, Begriffe

Die Unternehmung wird als eine Zusammenführung verschiedener Produktionsfaktoren (die Inputs Arbeit, Kapital und Boden) betrachtet. Für den Einsatz der Produktionsfaktoren müssen finanzielle Aufwendungen erbracht werden: die Kosten. Der Zweck von Unternehmen besteht darin, mittels der Produktion von Gütern und Dienstleistungen – der Erzeugung von Output – Gewinne zu erwirtschaften. In der Mikroökonomik wird den Unternehmen als Handlungsziel die Maximierung ihrer Gewinne unterstellt – analog der Nutzenmaximierungsannahme der Haushalte. Folgende Definitionen sind hier vorzunehmen:

- Gewinne sind: **ERLÖSE** → GLOSSAR minus Kosten
- Erlöse sind: (Stück-) Preis multipliziert mit der Stückzahl (Ausbringungsmenge)
- Kosten sind die mit ihren (Faktor-) Preisen bewerteten Faktoreinsatzmengen

Merksatz
Die Unternehmung handelt nach dem ökonomischen Prinzip: Sie versucht, bei gegebenem Aufwand ihren Gewinn zu maximieren (**Maximumprinzip**) bzw. bei entsprechender Zielvorgabe die Aufwendungen zu minimieren (**Minimumprinzip**).

In unserer Modellwelt abstrahieren wir von der Unternehmung, wie sie in der Realität anzutreffen ist, und legen wieder die Modellwelt des vollkommenen Marktes zugrunde. Dies schließt u. a. ein, dass wir es mit vollkommenen Informationen bezüglich jeder Art von Wissen über die Güter und Preise zu tun haben, jegliche Formen der Reinvestition von Gewinnen und der Fremdfinanzierung irrelevant sind, keine Lagerhaltung betrieben wird und Schwierigkeiten, die aufgrund von Güter- und Faktorpreisschwankungen, Engpässen in der Faktorbeschaffung usw. entstehen könnten, einfach vernachlässigt sind. Selbstverständlich handeln die Unternehmen als Mengenanpasser oder Preisnehmer, da sie nur einen verschwindend geringen Marktanteil an den von ihnen erstellten Produkten halten und auch nur entsprechend geringe Mengen bei ihren Zulieferern nachfragen. Das Verhalten des einzelnen Unternehmens erscheint somit am Markt als faktisch kaum wahrnehmbar.

3.2 Technologie

Zunächst widmen wir uns der Technologie, die entscheidend die Kosten der Produktion bestimmt. Kosten werden in Preiseinheiten, also in Euro und Cent angegeben; bei der Abhandlung der Technologie haben wir es zunächst nur mit reinen Mengeneinheiten zu tun. Um z. B. bestimmte Mengen an Karotten und Kartoffeln zu erzeugen, sind verschiedene Kombinationen von Inputmengen, etwa Tonnen Dünger, Hektar Land und Stunden Arbeitskräfte, notwendig. Bei der Kombination von Inputs und Outputs spricht man vom **Produktionsplan**. Von der Menge aller denkbaren Produktionspläne interessieren natürlich nur die realisierbaren Produktionspläne, also jene Kombinationen von Inputs und Outputs, die auch wirklich produzierbar sind. In folgender Abbildung 3.1 ist die Produktion unterschiedlicher Mengen eines Outputs in Abhängigkeit nur eines Inputs vereinfacht dargestellt.

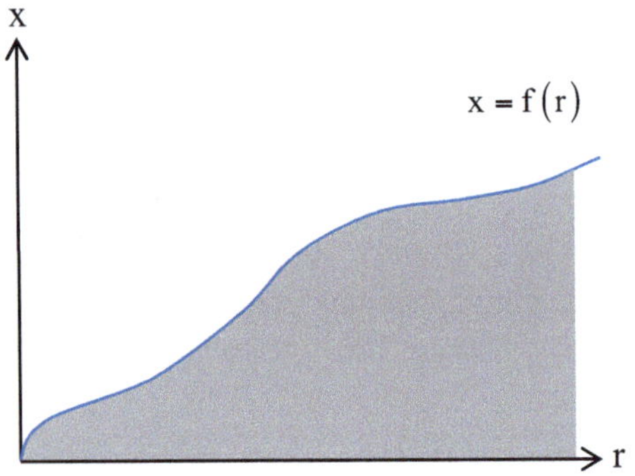

Abbildung 3.1:
Die Produktionsfunktion

Im Schaubild sind alle auf und unter der Kurve liegenden Input-Output-Kombinationen (technisch) realisierbare Produktionspläne. Diese sind in der Abbildung grau schraffiert dargestellt und wie folgt definiert.

Definition
Menge aller technisch realisierbaren Produktionspläne:

$$\{(r, x)\text{-Kombinationen} | x \leq f(r)\}$$

Es liegt nahe, alle Produktionspläne, bei denen ein gegebener Output mit minimalem Input produziert wird, all jenen gegenüber vorzuziehen, die mehr Input benötigen (technische Effizienz). Zum Ergebnis der technischen Effizienz gelangen wir ebenfalls, wenn nur jene Faktormengen betrachtet werden, mit denen jeweils der höchste Output erzielt werden kann. Folglich beschreibt die Menge aller technisch effizienten Produktionspläne genau den oberen Rand aller technisch realisierbaren Produktionspläne. Der Rand einer **TECHNOLOGIEMENGE** →GLOSSAR heißt **PRODUKTIONSFUNKTION** →GLOSSAR und stellt die Gesamtheit aller technisch effizienten Produktionspläne dar.

Definition
Menge aller technisch effizienten Produktionspläne:

$$\{(r, x)\text{-Kombinationen}|x = f(r)\}$$

Der Begriff „Produktionsfunktion" beinhaltet somit die Eigenschaft der Effizienz. Die Technologie wird anhand von Produktionsfunktionen spezifiziert. Es handelt sich um Annahmen darüber, wie Inputs in Outputs transformiert werden. Produktionsfunktionen sind mehr oder minder plausible Annahmen über das, was Unternehmen tun, nämlich verschiedene Faktorleistungen so zusammenzuführen, dass marktfähige Güter und Dienstleistungen hergestellt werden.

Die wichtigsten Produktionsfunktionen, die Ökonomen kennen → vgl. Literaturhinweise am Kapitelende, S. 118, werden nach der Art und Weise unterschieden, mit der die verschiedenen Produktionsfaktoren miteinander kombiniert werden können. Grundsätzlich wird in substitutionale und limitationale Produktionsfunktionen unterschieden. Bei **substitutionalen Produktionsfunktionen** können Produktionsfaktoren bei der Produktion von ein und derselben Zahl von Gütern und Dienstleistungen gegeneinander ausgetauscht werden. Von unbeschränkt substitutionalen Produktionsfunktionen wird gesprochen, wenn ein Faktor vollständig durch einen anderen ersetzt werden kann. Bei der Herstellung einer Bankdienstleistung kann – vielleicht die Auszahlung von Bargeld – bspw. vollständig auf einen Bankmitarbeiter verzichtet und alles einem Automaten überlassen werden. Muss von einem Faktor allerdings eine Mindestmenge eingesetzt werden – z. B. Kohlenstoff und Chrom bei der Herstellung von Messerstählen –, und sei sie noch so klein, so haben wir es mit beschränkt substitutionalen Produktionsfunktionen zu tun.

Bei **limitationalen Produktionsfunktionen** stehen die Faktoreinsatzmengen in einem feststehenden Verhältnis zueinander. So werden bei der Produktion eines PKW z. B. nur ein Getriebe und eine Motorhaube benötigt. Es würde keinen Sinn machen, einen PKW mit mehreren Motorhauben oder mehreren Getrieben auszustatten. Natürlich können die in einem Unternehmen vorhandenen verschiedenen Produktionsfaktoren nicht nur für die Herstellung eines Gutes, sondern auch auf die Herstellung unterschiedlicher Güter verwendet werden. Stellt ein Unternehmen nicht nur ein Gut, sondern verschiedene Güter her, so ist – im Gegensatz zur Ein-Produkt-Unternehmung – von einer Mehrprodukt-Unternehmung oder auch von verbundener Produktion die Rede.

Es werden verschiedene Arten der **Mehrprodukt-Unternehmung** unterschieden:

- **Parallele Produktion:** Die Outputs werden völlig unabhängig voneinander produziert. Zur Produktion von Gut 1 werden z. B. nur die Inputs 1, 2, 3 und für die Produktion von Gut 2 die Inputs 4, 5, 6, 7 verwendet.
- **Kuppelproduktion:** Die Produktion des einen Gutes ist unmittelbar mit der Produktion des anderen Gutes verbunden. Bei der Herstellung von Brettern fällt etwa Sägemehl, bei der Benzinherstellung etwa Öl und Teer an.
- **Konkurrierende Produktion:** Zur Produktion verschiedener Güter werden dieselben Produktionsfaktoren verwendet. Wenn bspw. eine bestimmte Menge des Inputs Mehl zur Produktion von Weißbrot eingesetzt wird, kann nicht gleichzeitig dasselbe Mehl zur Herstellung von Brötchen verwendet werden.

Im Weiteren konzentrieren wir uns nahezu ausschließlich auf den Fall der Eingüter-Produktion, d. h. wir gehen von Unternehmen aus, die tatsächlich nur ein Produkt (in verschiedenen Mengen) herstellen. Generell, d. h. für beliebig viele Inputs, ordnet die Produktionsfunktion im Ein-Output-Fall (einfache Produktion) jeder Kombination von Faktoreinsatzmengen eine bestimmte, technisch effizient produzierte Menge an Output zu. Dies wird mathematisch wie folgt dargestellt: $x = f(r_1, r_2, \ldots, r_m)$. x ist die effizient produzierte Outputmenge in Abhängigkeit von den Einsatzmengen der m verschiedenen Faktoren, wenn für $\left(r_1^1, \ldots, r_m^1\right) \geq \left(r_1^0, \ldots, r_m^0\right)$ folgendes gilt: $f\left(r_1^1, \ldots, r_m^1\right) > f\left(r_1^0, \ldots, r_m^0\right)$. Der Output ist also dann größer, wenn die Inputs in allen Elementen gleich groß sind und mindestens für ein Input r_i^1 „echt größer" gilt: also $r_i^1 > r_i^0$.

3.2.1 Substitutionale Produktionsfunktionen

Die bekanntesten beschränkt substitutionalen Produktionsfunktionen sind die Cobb-Douglas- und die CES-Produktionsfunktionen sowie das Ertragsgesetz. Daneben gibt es die vollkommen substitutionalen Produktionsfunktionen. Im Mittelpunkt des elementaren mikroökonomischen Lehrstoffes stehen zweifellos die Cobb-Douglas-Funktionen und das Ertragsgesetz. Auch im vorliegenden Lehrbuch wird so verfahren, dass die CES- und die vollkommen substitutionalen Produktionsfunktionen lediglich am Rande, der Vollständigkeit halber Erwähnung finden. Begonnen wird mit der Cobb-Douglas-Produktionsfunktion und im direkten Anschluss daran werden die allgemeineren homogenen (Produktions-) Funktionen und die wichtigsten ihrer nützlichen Eigenschaften vorgestellt, bevor dann auf die CES-Funktionen, das Ertragsgesetz und die vollkommen substitutionalen Produktionsfunktionen eingegangen wird.

3.2.1.1 Cobb-Douglas-Produktionsfunktionen

Zu den bekanntesten Typen beschränkt substitutionaler Produktionsfunktionen zählen **COBB-DOUGLAS-FUNKTIONEN** → GLOSSAR

$$x = A \cdot r_1^{\alpha} \cdot r_2^{\beta} \cdot r_3^{\gamma} \cdot \ldots \cdot r_m^{\omega} \qquad (3.1)$$

mit $A > 0$; $0 < \alpha, \beta, \gamma, \ldots, \Omega < 1$, für $x > 0$: $r_1, r_2, \ldots, r_m > 0$

A ist der Niveauparameter, der über die Höhe des **ERTRAGSGEBIRGES** → GLOSSAR entscheidet. A repräsentiert nicht genau spezifizierte Einflüsse der Produktionsfaktoren auf die Ausbringungsmenge, wie Aussagen über den Stand des technischen Wissens. Für zwei Inputs kann die Funktion den nachstehenden Verlauf annehmen:

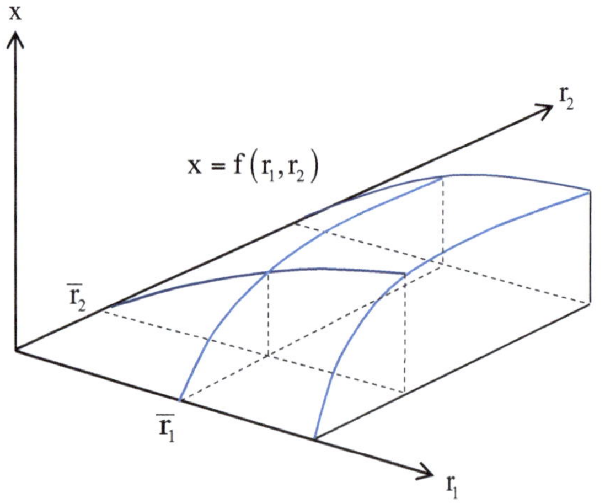

Abbildung 3.2: Cobb-Douglas-Funktion

Partielle Faktorvariation

Betrachten wir, was mit dem Output passiert, wenn immer nur ein (beliebiger) Inputfaktor i in seiner Menge variiert und die anderen konstant belassen werden, so gelangen wir zur partiellen Ertragsfunktion [partielle Faktorvariation für Faktor 1: $x = f(r_1, \bar{r}_2, \ldots, \bar{r}_m)$].

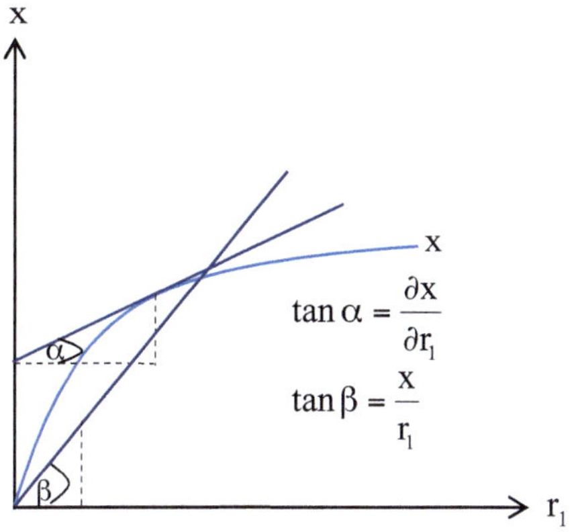

Abbildung 3.3: Partielle Ertragsfunktion

Fragt man, um wie viel Einheiten der Output x zunimmt, wenn c. p. eine Einheit von Input 1 verändert wird, so sprechen wir von der **Grenzproduktivität** oder dem partiellen Grenzertrag des Faktors 1 $\left(\tan\alpha = \frac{\partial x}{\partial r_1}\right)$, der Steigung der partiellen Ertragsfunktion.

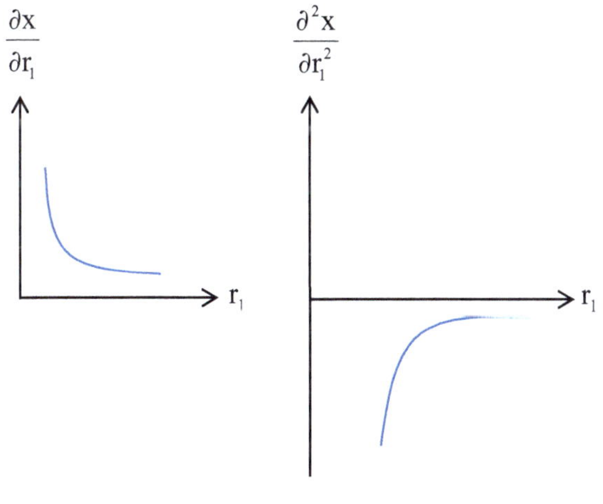

Abbildung 3.4: Grenzproduktivität

Bei der **Durchschnittsproduktivität** handelt es sich um die Ertragsmenge, die pro eingesetzter Inputeinheit entsteht, also $\tan\beta = \frac{x}{r_1}$. Grafisch ist dies nichts anderes als die Steigung des Fahrstrahls durch einen Punkt der Produktionsfunktion. Weist die partielle Produktionsfunktion

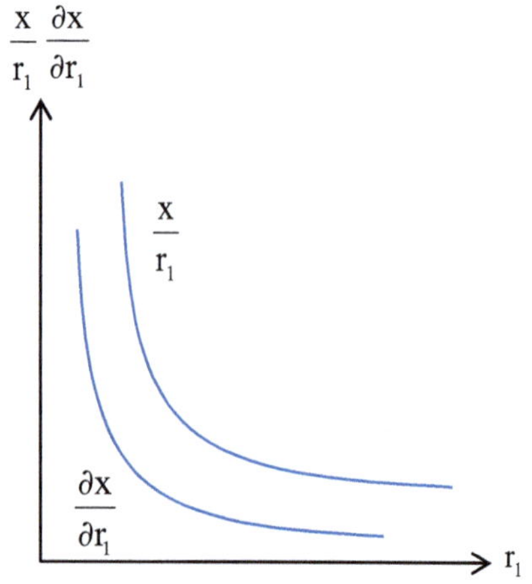

Abbildung 3.5: Durchschnitts- und Grenzproduktivität

abnehmende Ertragszuwächse auf, so wird die fallende Grenzproduktivitätskurve immer unterhalb der fallenden Durchschnittsproduktivitätskurve verlaufen. Der reziproke Wert der Durchschnittsproduktivität, also $\frac{r_1}{x}$, heißt **Produktionskoeffizient** oder Input-Output-Koeffizient. Die Elastizität eines partiellen Ertrags heißt **Produktionselastizität.** Sie gibt an, um wie viel Prozent sich der Wert des Ertrages ändert, wenn der Produktionsfaktor i (bzw. 1 im Beispiel) um ein Prozent variiert wurde.

$$\varepsilon = \frac{\partial x}{\partial r_i} \cdot \frac{r_i}{x}$$

Die Produktionselastizität entspricht dem Verhältnis von Grenzproduktivität und Durchschnittsproduktivität:

$$\varepsilon_{x,r_i} = \frac{\partial x}{\partial r_i} \cdot \frac{r_i}{x} \quad \left[= \frac{\text{Grenzproduktivität}}{\text{Durchschnittsproduktivität}}\right] \tag{3.2}$$

Bei z. B. $\varepsilon = 0{,}8$ führt eine Erhöhung des Produktionsfaktors i um ein Prozent zu einer Erhöhung der Outputmenge um 0,8 Prozent.

Beispiel

Zwei Inputs, wobei die Variation von Faktor 1 auf die Ausbringungsmenge, c. p., betrachtet werden soll, d. h. die Menge r_1 ist variabel und r_2 ist konstant.

$$x = f(r_1, \bar{r}_2) = A \cdot r_1^{\alpha} \cdot \bar{r}_2^{\beta}$$

Definieren wir zur Vereinfachung der Schreibweise $A \cdot \bar{r}_2^{\beta} = B$, mit $B > 0$ und $0 < \alpha,\ \beta < 1$, so erhalten wir die partielle Ertragsfunktion $B \cdot r_1^{\alpha}$.

- Grenzproduktivität: $\alpha \cdot B \cdot r_1^{\alpha-1}$ [erste Ableitung der partiellen Produktionsfunktion. Die zweite Ableitung beträgt $\alpha \cdot (\alpha - 1) \cdot B \cdot r_1^{\alpha-2}$].

- Durchschnittsproduktivität: $\frac{x}{r_1} = \frac{B \cdot r_1^{\alpha}}{r_1} = B \cdot r_1^{\alpha-1}$
- Produktionselastizität: $\varepsilon = \frac{\partial x}{\partial r_1} \cdot \frac{r_1}{x} = \alpha \cdot B \cdot r_1^{\alpha-1} \cdot \frac{r_1}{B \cdot r_1^{\alpha}} = \alpha$

Wird durch das Ertragsgebirge ein horizontaler Schnitt zum Niveau $\bar{x}$ gezogen und die reinen Faktorkombinationen betrachtet, so erhalten wir die **ISOQUANTE** → GLOSSAR.

Merksatz

Die **Isoquante** ist der geometrische Ort aller Faktorkombinationen zwischen zwei beliebigen Inputs, mit denen eine bestimmte Outputmenge technisch effizient hergestellt werden kann.

Die Isoquante der partiellen Produktionsfunktion $x = A \cdot r_1^{\alpha} \cdot r_2^{\beta}$ erhält man, indem die Gleichung nach einem Faktor aufgelöst und in Abhängigkeit zu einem anderen gesetzt wird:

$$\Rightarrow \quad r_2^{\beta} = \frac{\bar{x}}{A \cdot r_1^{\alpha}}$$

$$r_2 = \left(\frac{\bar{x}}{A \cdot r_1^{\alpha}}\right)^{\frac{1}{\beta}} = \left(\frac{\bar{x}}{A}\right)^{\frac{1}{\beta}} \cdot \left(\frac{1}{r_1^{\alpha}}\right)^{\frac{1}{\beta}} = \left(\frac{\bar{x}}{A}\right)^{\frac{1}{\beta}} \cdot \frac{1}{r_1^{\frac{\alpha}{\beta}}} = \left(\frac{\bar{x}}{A}\right)^{\frac{1}{\beta}} \cdot r_1^{-\frac{\alpha}{\beta}}$$

Grafisch veranschaulicht:

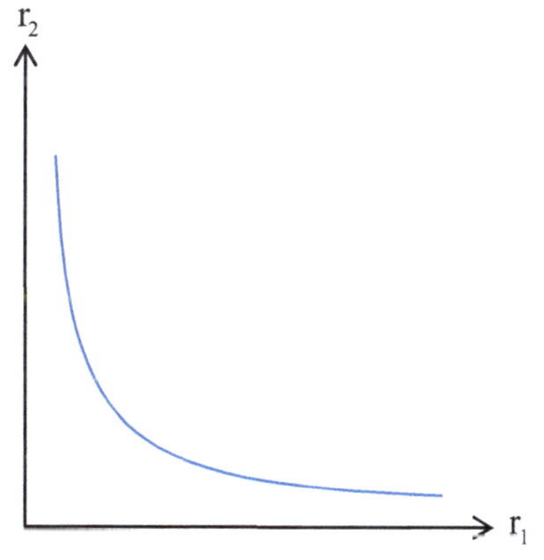

Abbildung 3.6: Isoquante

Die Steigung der Isoquante heißt **GRENZRATE DER TECHNISCHEN SUBSTITUTION** → GLOSSAR

$$\left(GRS_{tech.} = \frac{dr_2}{dr_1}\right)$$

und entspricht der ersten Ableitung der Isoquante r_2:

$$GRS_{tech.} = \frac{dr_2}{dr_1} = \left(-\frac{\alpha}{\beta}\right) \cdot \left(\frac{\bar{x}}{A}\right)^{\frac{1}{\beta}} \cdot r_1^{-\frac{\alpha}{\beta}-1} = \left(-\frac{\alpha}{\beta}\right) \cdot \left(\frac{\bar{x}}{A}\right)^{\frac{1}{\beta}} \cdot r_1^{-\frac{(\alpha+\beta)}{\beta}}$$

Die $GRS_{tech.}$ gibt an, auf welche Menge r_2 bzw. r_1 man verzichten muss, wenn eine Einheit des Inputs 1 bzw. 2 mehr eingesetzt wird, unter der Voraussetzung, dass das Outputniveau beibehalten wird. Bei der $GRS_{tech.}$ geht es m. a. W. darum, inwieweit die Herstellung ein und derselben Ausbringungsmenge mit verschiedenen Faktorkombinationen möglich ist.

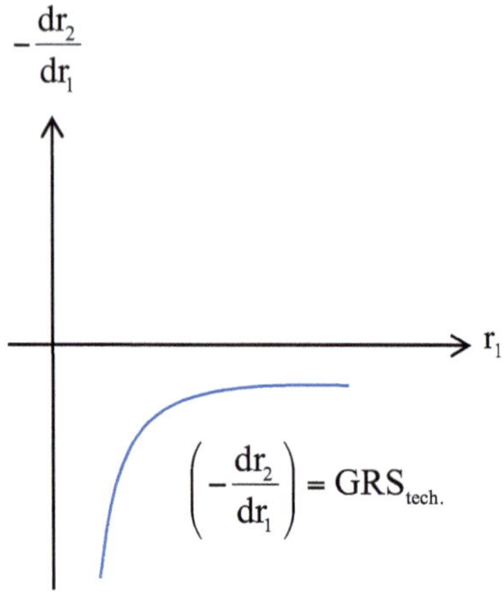

Abbildung 3.7: Grenzrate der technischen Substitution

Die $GRS_{tech.}$ lässt sich auch mit Hilfe des Verhältnisses der partiellen Grenzproduktivitäten bestimmen, wie unter Anwendung des totalen Differenzials leicht gezeigt werden kann. Hierzu machen wir uns klar, dass die Grenzproduktivität der Faktormenge r_i, also $\frac{\partial x}{\partial r_i}$, multipliziert mit der faktischen Änderung der Menge (dr_i), das **GRENZPRODUKT** → GLOSSAR dx von r_i ergibt $\left(dx = \frac{\partial x}{\partial r_i} \cdot dr_i\right)$. Die Gesamtänderung der Ausbringungsmenge, dx, in Reaktion auf beide Faktoren $i = 1{,}2$ kann nun bestimmt werden als: $dx = \frac{\partial x}{\partial r_1} \cdot dr_1 + \frac{\partial x}{\partial r_2} \cdot dr_2$. Da bei einer Isoquante die Ausbringungsmenge konstant gesetzt ist ($x = \bar{x}$), also $dx = 0$ ist, gilt allgemein für beliebige zwei Inputs 1 und 2: $dx = \frac{\partial x}{\partial r_1} \cdot dr_1 + \frac{\partial x}{\partial r_2} \cdot dr_2 = 0$ bzw. umgeformt:

$$GRS_{tech.} = \frac{dr_2}{dr_1} = -\frac{\frac{\partial x}{\partial r_1}}{\frac{\partial x}{\partial r_2}} \tag{3.3}$$

Merksatz
Die $GRS_{tech.}$ des Faktors 2 durch den Faktor 1 ist gleich dem reziproken Verhältnis der Grenzproduktivitäten beider Faktoren.

Totale Faktorvariation (Niveauvariation)

Was passiert mit dem Output, wenn nunmehr alle Inputgrößen gleichzeitig verändert werden, wir also von der partiellen in die totale Faktorvariation übergehen? Gleichzeitige Veränderung aller Faktoren bedeutet, dass alle Faktoren im gleichen Verhältnis zueinander verändert werden, z. B. mit ein und derselben Zahl s multipliziert werden.

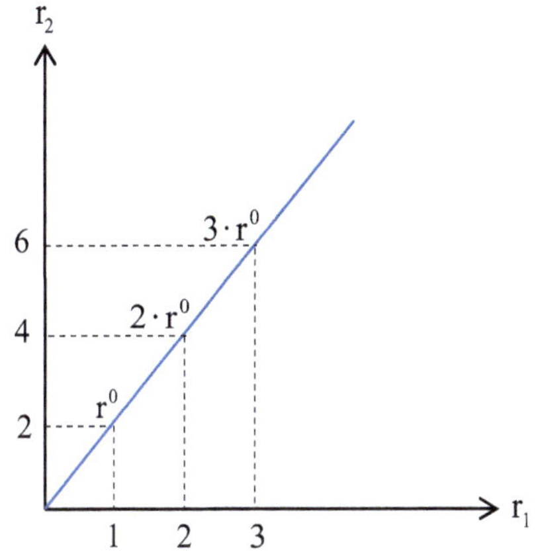

Abbildung 3.8: Totale Faktorvariation

Die Faktoreinsatzverhältnisse sind konstant (im Beispiel ist $\frac{r_2}{r_1} = 2$).

Bei (6, 3) ist s = 3, also r^0 ist verdreifacht.
Bei (4, 2) ist s = 2, also r^0 ist verdoppelt.

Wegen der Skalierung s spricht man auch von **Skalenertragsfunktion** bzw. von **Niveauproduktionsfunktion** → vgl. Abbildung 3.9.

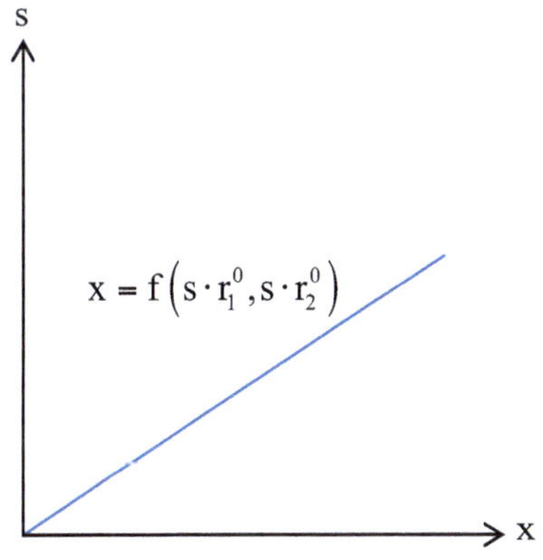

Abbildung 3.9: Skalenertragsfunktion

$\frac{dx}{ds}$ heißt **marginaler Skalenertrag** und $\frac{x}{s}$ **durchschnittlicher Skalenertrag**. $\delta_{x,s} = \frac{dx}{ds} \cdot \frac{s}{x}$ ist die **Skalenelastizität** und sagt aus, um wie viel Prozent sich der Ertrag verändert, wenn alle Faktoren gleichzeitig um ein Prozent verändert werden.

Merksatz

Die **Skalenelastizität** ist die relative Änderung des Outputs x, geteilt durch die relative Änderung der Produktionsskala s.

$$\delta_{x,s} = \frac{\frac{dx}{ds}}{\frac{x}{s}} = \frac{dx}{ds} \cdot \frac{s}{x} \quad \text{oder auch:} \quad \delta_{x,s} = \frac{\text{marginaler Skalenertrag}}{\text{durchschnittlicher Skalenertrag}} \tag{3.4}$$

In den meisten Fällen wird unterstellt, dass die Skalenelastizitäten konstant sind. Dies hängt mit der Art der zugrunde liegenden homogenen Produktionsfunktionen zusammen → vgl. Abschnitt 3.2.1.2, S. 85. Für den Fall konstanter Skalenelastizitäten, kann die Kurve der Niveauvariationen durchaus unterschiedliche Verläufe annehmen:

$\delta > 1$	zunehmende Skalenerträge (1-prozentige Inputerhöhung führt zu mehr als einer 1-prozentigen Outputerhöhung)
$\delta = 1$	konstante Skalenerträge (1-prozentige Inputerhöhung führt zu 1-prozentiger Outputerhöhung)
$0 < \delta < 1$	abnehmende Skalenerträge (1-prozentige Inputerhöhung führt zu weniger als einer 1-prozentigen Outputerhöhung)

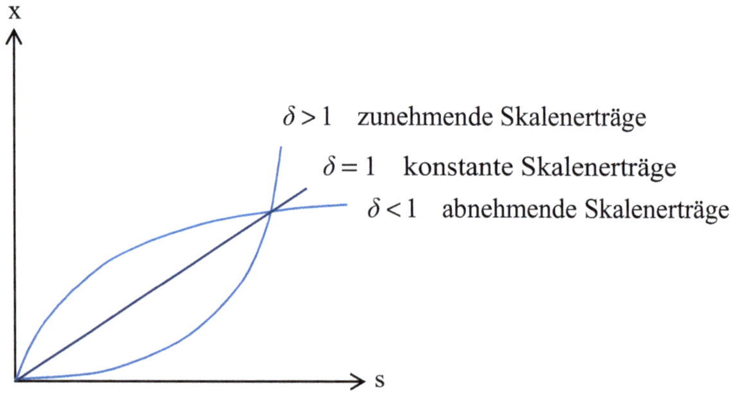

Abbildung 3.10: Skalenerträge

Eine Niveauproduktionsfunktion kann natürlich gleichermaßen sowohl abnehmende als auch zunehmende Verläufe enthalten.

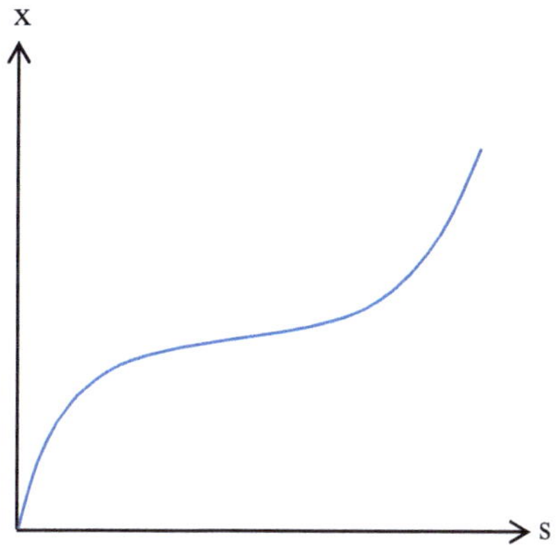

Abbildung 3.11: Skalenertragsfunktion bei ab- und zunehmenden Skalenerträgen

3.2.1.2 Exkurs: Homogene (Produktions-) Funktionen

Eine Funktion ist homogen vom Grade λ, wenn für eine Zahl $s > 0$ gilt:

$$f(s \cdot r_1, s \cdot r_2, \ldots, s \cdot r_m) = s^{\lambda} \cdot f(r_1, r_2, \ldots, r_m) \tag{3.5}$$

Für z. B. $s = 2$ und $\lambda = 3$ bedeutet die Verdoppelung der Inputgrößen eine Verachtfachung (2^3) der Outputmenge. Wir bilden die Skalenelastizität von Formel 3.5, indem die rechte Seite der Gleichung, $x = s^{\lambda} \cdot f(r_1, r_2, \ldots, r_m)$, gewählt und hieraus die Elastizität, $\delta_{x,s} = \frac{dx}{ds} \cdot \frac{s}{x}$, gebildet wird. Wir erhalten das bemerkenswerte Ergebnis, dass bei einer homogenen Funktion die Skalenelastizität dem Homogenitätsgrad der Funktion entspricht:

$$\begin{aligned}
\delta_{x,\lambda} &= \frac{d\left[s^{\lambda} \cdot f(r_1, \ldots, r_m)\right]}{ds} \cdot \frac{s}{s^{\lambda} \cdot f(r_1, \ldots, r_m)} \\
&= \lambda \cdot s^{\lambda-1} \cdot f(r_1, \ldots, r_m) \cdot \frac{s}{s^{\lambda} \cdot f(r_1, \ldots, r_m)} \\
\delta_{x,\lambda} &= \lambda \quad (= \text{const.})
\end{aligned}$$

Wenn von konstanten Skalenelastizitäten ausgegangen wird, kann die Produktionstätigkeit mithilfe homogener Produktionsfunktionen erfasst bzw. homogene Funktionen können verwendet werden.

Weiterhin kann bei homogenen Produktionsfunktionen die Skalenelastizität als Summe der partiellen Produktionselastizitäten dargestellt werden. Zum Nachweis bedienen wir uns der Funktion $x = A \cdot r_1^{\alpha} \cdot r_2^{\beta}$, mit $A > 0$, α, $\beta > 0$

$$\Rightarrow \quad x = A \cdot \left(s \cdot r_1^0\right)^{\alpha} \cdot \left(s \cdot r_2^0\right)^{\beta} = s^{\alpha+\beta} \cdot A \cdot \left(r_1^0\right)^{\alpha} \cdot \left(r_2^0\right)^{\beta}$$

$$\delta_{x,s} = \frac{dx}{ds} \cdot \frac{s}{x} = (\alpha + \beta) \cdot s^{\alpha+\beta-1} \cdot A \cdot \left(r_1^0\right)^{\alpha} \cdot \left(r_2^0\right)^{\beta} \cdot \frac{s}{x}$$

$$\delta_{x,s} = (\alpha + \beta) \cdot s^{\alpha+\beta-1} \cdot A \cdot \left(r_1^0\right)^\alpha \cdot \left(r_2^0\right)^\beta \cdot \frac{s}{A\left(s \cdot r_1^0\right)^\alpha \cdot \left(s \cdot r_2^0\right)^\alpha}$$

$$\delta_{x,s} = \frac{(\alpha + \beta) \cdot s^{\alpha+\beta} \cdot A \cdot \left(r_1^0\right)^\alpha \cdot \left(r_2^0\right)^\beta}{s^{\alpha+\beta} \cdot A \cdot \left(r_1^0\right)^\alpha \cdot \left(r_2^0\right)^\beta}$$

$$\delta_{x,s} = \alpha + \beta \quad (= \lambda)$$

Beispiel

Eine homogene Produktionsfunktion der Gestalt $x = 2{,}1 \cdot r_1^{0,7} \cdot r_2^{0,4} \cdot r_3^{0,1}$ ist homogen vom Grad $\lambda = 1{,}2 \cdot [0{,}7 + 0{,}4 + 0{,}1]$. Mit $\lambda = \delta > 1$ liegen steigende Skalenerträge vor. Erhöhen wir bspw. alle Faktoren um das 3-fache, so wissen wir, dass die Produktion auf das $3^{1,2}$-fache, also um den Faktor 3,737, steigen wird.

Viele homogene Produktionsfunktionen, die verwendet werden, sind solche vom Homogenitätsgrad 1, also linear-homogene Produktionsfunktionen (die Summe der partiellen Produktionselastizitäten beträgt hier genau 1). Häufig vertreten unter den linear-homogenen Produktionsfunktionen sind die Cobb-Douglas-Funktionen, aber: Cobb-Douglas-Funktionen sind nicht nur linear-homogen, denn das λ kann auch Werte von größer und kleiner Eins annehmen.

Viele nützliche Eigenschaften für die Analyse können aus der Anwendung linear-homogener Funktionen gezogen werden:

1. Wir wissen bereits: Bei einer homogenen Funktion entspricht die Skalenelastizität dem Homogenitätsgrad der Funktion: $\delta_{x,s} = \lambda$. Für $\lambda = 1$ weist die Produktionsfunktion konstante Skalenerträge über sämtliche Faktorkombinationen auf.
2. Linear-homogene Produktionsfunktionen weisen vom Skalenniveau unabhängige Grenzproduktivitäten auf, d. h. die Grenzproduktivitäten hängen ausschließlich von den Inputrelationen ab und sind entlang einer Ursprungsgerade konstant.
3. Die Steigungen der Isoquanten (Grenzraten der technischen Substitution) einer linear-homogenen Produktionsfunktion hängen nur von den Faktormengenrelationen ab und nicht vom Niveau der Produktion. Die Steigungen entlang einer Ursprungsgerade sind identisch und jede Isoquante ist eine radiale Erweiterung oder Verkleinerung einer jeglichen anderen Isoquante. Allerdings gilt die Eigenschaft, dass die Grenzrate der technischen Substitution nur von den Faktormengenrelationen und nicht von deren Niveau abhängt, nicht nur für linear-homogene Funktionen, sondern für alle Funktionen, die sich als monoton steigende Transformation einer linear-homogenen Produktionsfunktion darstellen lassen, und das sind alle homothetischen Funktionen. **Homothetische Funktionen** können sowohl abnehmende, konstante und auch steigende Skalenerträge aufweisen. [Eine Funktion $f(r_1, r_2, \ldots, r_m)$ heißt homothetisch, wenn sie die Eigenschaft $f(s \cdot r_1, s \cdot r_2, \ldots, s \cdot r_m) = g(s) \cdot f(r_1, r_2, \ldots, r_m)$ aufweist, wobei g(s) irgendeine Funktion von s ist. Für $g(s) = s^\lambda$ handelt es sich um den Spezialfall der homogenen Funktion].
4. **Euler'sches Theorem** („Additionseigenschaft"):

$$\lambda \cdot x = \frac{\partial x}{\partial r_1} \cdot r_1 + \frac{\partial x}{\partial r_2} \cdot r_2 + \ldots + \frac{\partial x}{\partial r_m} \cdot r_m$$

Die Summe der Grenzprodukte [mathematischen Produkte von Grenzproduktivitäten und jeweiligen Faktoreinsatzmengen $\left(\frac{\partial x}{\partial r_i} \cdot r_i\right)$] entspricht bei einer homogenen Produktionsfunktion vom Grad λ genau dem λ-fachen der Produktmenge. Im Falle der linear-homogenen Produktionsfunktion ist der Output gleich der Summe der Grenzprodukte. Wenn die Faktorpreise den Grenzproduktivitäten entsprechen, entspricht der Erlös den Kosten.

3.2.1.3 CES-Produktionsfunktionen

Der Begriff CES-Produktionsfunktion leitet sich aus der Bezeichnung *constant elasticity of substitution*, also konstante Substitutionselastizität, ab. Die **Substitutionselastizität** gibt an, um wie viel Prozent sich das Faktoreinsatzverhältnis ändert (z. B. fünf Prozent weniger Arbeit im Verhältnis zum Kapital), wenn sich die Grenzrate der Substitution um ein Prozent verändert hat. Da die Grenzrate der Substitution meistens dem Verhältnis der Faktorpreise gleichgesetzt ist, könnte eine Substitutionselastizität etwa aussagen, dass infolge einer einprozentigen Erhöhung der Löhne gegenüber der Kapitalrendite, das Verhältnis von Arbeit zu Kapital um fünf Prozent gesunken ist. Eine CES-Produktionsfunktion weist nun eine konstante Substitutionselastizität und eine Cobb-Douglas-Funktion eine in Höhe von Eins auf. Eine Cobb-Douglas-Produktionsfunktion kann somit als ein Spezialfall einer CES-Produktionsfunktion angesehen werden. Eine CES-Produktionsfunktion für zwei Faktoren lautet:

$$x = A \cdot \left[\alpha \cdot r_1^{-\theta} + (1-\alpha) \cdot r_2^{-\theta}\right]^{-\frac{\lambda}{\theta}} \tag{3.6}$$

λ, A sind positive Konstanten, λ gibt die Höhe der Skalenelastizität an und A ist ein Niveauparameter. α ist ein Parameter, der Auskunft über Faktoranteile gibt, die zur Produktion des Gutes eingesetzt werden, wobei $0 < \alpha < 1$. $\theta > -1, \neq 0$ heißt Substitutionsparameter und bestimmt die Höhe der Substitutionselastizität. Die CES-Produktionsfunktion kann nur positive Werte annehmen. Für $\theta \rightarrow 0$ wandelt sich die CES- in eine Cobb-Douglas-Funktion (die Substitutionselastizität wird dann 1) und für $\theta \rightarrow \infty$ in eine linear-limitationale Produktionsfunktion → vgl. Abschnitt 3.2.2, S. 89 (die Substitutionselastizität wird dann Null). Für $\lambda = 1$ ist die Funktion linear-homogen (sie wird zu $x = A \cdot \lfloor \alpha \cdot r_1 + (1-\alpha) \cdot r_2 \rfloor$). Die CES-Produktionsfunktion soll nicht weiter vertieft werden, es sei lediglich angemerkt, dass sie in der empirischen Wirtschaftsforschung recht bedeutsam ist und „gern gesehene" Eigenschaften aufweist: Ihre ersten partiellen Ableitungen sind positiv und die zweiten negativ. Die Isoquanten verlaufen konvex zum Ursprung [Henderson/Quandt 1983, S. 114].

3.2.1.4 Ertragsgesetz

Eine weitere Klasse beschränkt substitutionaler Produktionsfunktionen stellt das Ertragsgesetz dar. Die dem Ertragsgesetz zugrunde liegende Technologie weist sowohl steigende als auch fallende Skalenerträge auf. Ursprünglich stammt das Ertragsgesetz aus dem Bereich der Landwirtschaft (Einsatz von Dünger, der zunächst überproportionale Erträge und mit steigendem Einsatz unterproportional ansteigende Erträge bewirkt).

Die verschiedenen Punkte in Abbildung 3.12 → vgl. S. 88 lassen sich wie folgt erklären:

- A: Wendepunkt (2. Ableitung geht vom positiven in den negativen Bereich über), d. h. die Steigung der Ertragskurve nimmt bis A zu und danach ab.

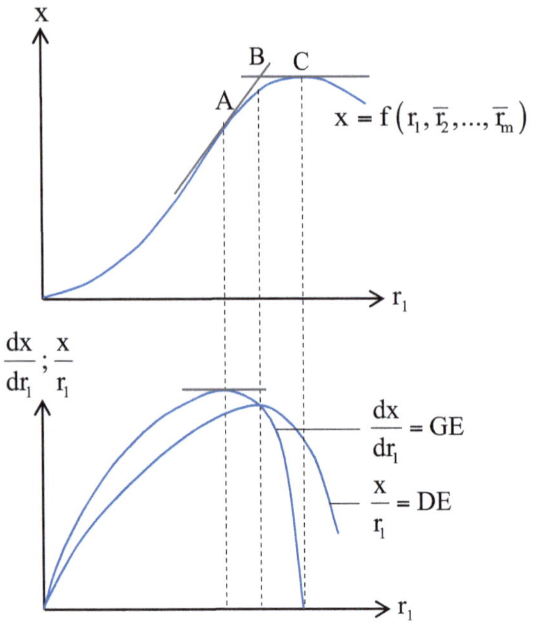

Abbildung 3.12:
Ertragsgesetz

- B: Die Steigung des Fahrstrahls nimmt bis zum Punkt B zu und danach ab. Bis zum Punkt B ist die Produktionselastizität des Faktors größer als 1; in Punkt B gleich 1 und ab B kleiner als 1 (ab C wird sie kleiner Null).
- C: bis C sind die Grenzerträge positiv; ab C sind sie negativ.

Bei „ertragsgesetzlich" verlaufenden Produktionsfunktionen weisen sowohl die partiellen Grenz- wie auch die partiellen Durchschnittserträge jeweils unterschiedliche (also steigende und fallende) Verläufe auf. Daraus folgt, dass wir es trotz konstanter Skalenelastizitäten (die zugrunde liegende Produktionsfunktion ist homogen) mit variablen Produktionselastizitäten und nicht wie bei der Cobb-Douglas-Funktion mit konstanten Produktionselastizitäten zu tun haben.

Zwischen den Punkten B-C entspricht der ertragsgesetzliche Verlauf der Produktionsfunktion einer solchen vom Typ Cobb-Douglas, also einer neoklassischen Produktionsfunktion, denn hier weisen die Grenz- und die Durchschnittserträge ausschließlich fallende Verläufe auf. Bis zum Punkt B können, bei gegebenen Mengen der anderen Produktionsfaktoren, durch Erhöhung von r_1 die Durchschnittserträge noch gesteigert werden.

3.2.1.5 Vollkommen substitutionale Produktionsfunktionen

Vollkommen substitutionale Produktionsfunktionen erlauben die Herstellung von Outputs auch dann, wenn auf einzelne Inputfaktoren vollständig verzichtet wird.

Beispiel

Vollkommene bzw. unbeschränkt substitutionale Produktionsfunktion

$$x = \sum_{i=1}^{m} a_i \cdot r_i \qquad (3.7)$$

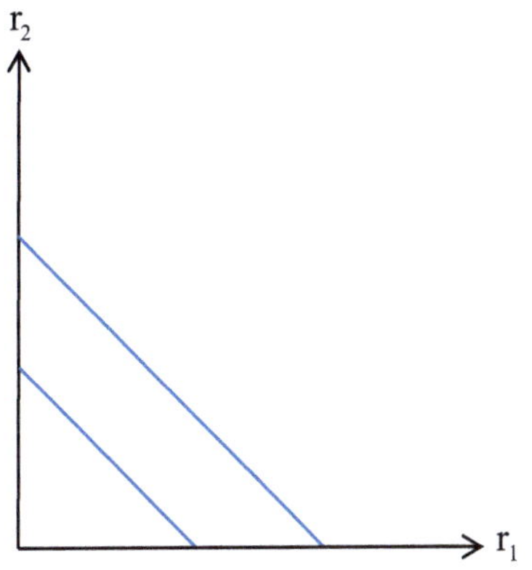

Abbildung 3.13: Isoquanten bei unbeschränkt substitutionaler

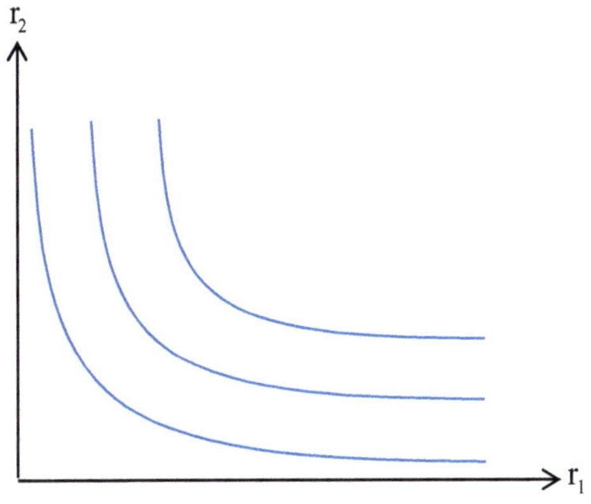

Abbildung 3.14: Isoquanten bei beschränkt substitutionaler Produktionsfunktion

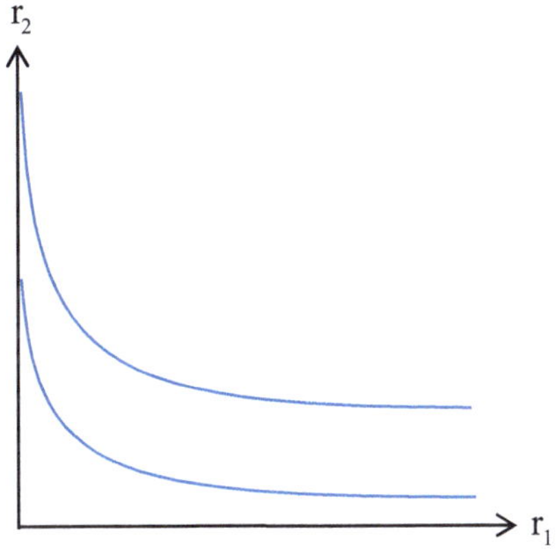

Abbildung 3.15: Isoquanten bei Mischformen

Formel 3.7 →vgl. S. 88 ist ein Beispiel für eine vollkommen bzw. unbeschränkt substitutionale Produktionsfunktion. Für bspw. $i = 2$, $a_1 = 1$ und $a_2 = 2$ ergibt sich: $x = r_1 + 2 \cdot r_2$. Hieraus kann die Isoquante $r_2 = \frac{x}{2} - \frac{r_1}{2}$ abgeleitet werden.

Vollkommen substitutionale Produktionsfunktionen sind nicht nur auf den im Beispiel dargestellten Fall konstanter Grenz- und Skalenerträge beschränkt. Auch streng konkave Produktionsfunktionen mit konvexen Isoquanten, die jedoch die Achsen treffen, sind für abnehmende Ertragszuwächse und sinkende Skalenerträge konstruierbar.

3.2.2 Linear-limitationale Produktionsfunktionen

Bei einer linear-limitationalen Produktionsfunktion gibt es zur Herstellung einer Outputmenge x nur einen technisch effizienten Produktionsplan, so dass es sich um eine begrenzte, eine limitationale Funktion handelt. Besteht noch ein proportionales Verhältnis zwischen den in festem Verhältnis stehenden Inputmengen ($r_i, \ldots, r_m$) und dem Output x, so heißt die Technologie linear-limitational. Linear-limitationale Technologien sind Grundlage für so genannte Input-Output-Analysen sowie zentraler Baustein der linearen Programmierung.

Nehmen wir etwa Scheinwerfer, Reifen, Getriebe oder Lenkräder zur Herstellung eines PKW:

$$r_1 = 2, \quad r_2 = 4, \quad r_3 = 1, \quad r_4 = 1 \quad \Rightarrow \quad x = 1\,\text{PKW}$$

Sei nun a_i ein Produktionskoeffizient des Produktionsfaktors i ($i = 1, \ldots, m$).

Der Produktionskoeffizient a_i gibt an, wie viel Einheiten des Inputs i erforderlich sind, um eine Einheit vom Output x zu erzeugen; m. a. W.: $a_i = \frac{r_i}{x}$. Der Kehrwert des Produktionskoeffizienten, also $\frac{1}{a_i} = \frac{x}{r_i}$, heißt **PRODUKTIVITÄT** → GLOSSAR des Faktors i. Für obige Werte:

$$x = 1\,\text{PKW:} \quad a_1 = \frac{2}{1}; \quad a_2 = \frac{4}{1}; \quad a_3 = \frac{1}{1}; \quad a_4 = \frac{1}{1}$$

Zur Produktion der Outputmenge x müssen m Inputs beteiligt werden; ihre Produktionskoeffizienten sind: $(a_1, \ldots, a_m) = \left(\frac{r_1}{x}, \ldots, \frac{r_m}{x}\right)$.

Die Faktoren sollen so eingesetzt werden, dass – um x zu produzieren – die hierzu erforderlichen minimalen Faktormengen eingesetzt werden, d. h., die **linear-limitationale Produktionsfunktion** lässt sich schreiben als:

$$x = \min\left(\frac{r_1}{a_1}, \frac{r_2}{a_2}, \ldots, \frac{r_m}{a_m}\right) \tag{3.8}$$

Beispiel

Für obige Zahlen lautet die Produktionsfunktion: $x = \min\left(\frac{r_1}{2}, \frac{r_2}{4}, \frac{r_3}{1}, \frac{r_4}{1}\right)$. Betrachten wir bspw. die Räder (r_2), so wissen wir, dass für, sagen wir $r_2 = 11$, ein ineffizienter Wert entstünde, da wir keine drei, wohl aber zwei PKW herstellen können: Acht Räder wären ausreichend zur Herstellung von zwei PKW. Die Beschränkung liegt bei $a_i \cdot x \leq r_i \Leftrightarrow 4 \cdot 2 \leq 11$. Die zur Produktion von zwei PKW notwendigen acht Räder nennt man **Beschränkungs- oder Engpassfaktoren** und die überflüssigen drei Räder **Überschussfaktoren**. Für z. B. $x = \min\left(\frac{6}{2}, \frac{4}{4}, \frac{2}{1}, \frac{2}{1}\right) = 1$ könnte nur ein PKW hergestellt werden, weil die Produktion durch nur vier vorhandene Räder beschränkt ist. Alle Einheiten von Rädern sind bindend, während Faktor 1, also die sechs Scheinwerfer, für die Herstellung von sogar drei PKW und die Getriebe sowie die Lenkräder zur Produktion von zwei PKW ausreichen würden.

Wir können daraus schließen, dass technisch effiziente Produktion dann vorliegt, wenn sich kein Faktor im Überschuss befindet, was genau dann der Fall ist, wenn gilt:

$$x = \frac{r_1}{a_1} = \frac{r_2}{a_2} = \ldots = \frac{r_m}{a_m} \tag{3.9}$$

Für zwei beliebige Faktoren i, j muss also gelten: $\frac{r_i}{r_j} = \frac{a_i}{a_j}$. Für die vorherigen Werte wäre dies: $\frac{r_1}{r_2} = \frac{2}{4}$. Effizient ist es demnach, zwei Scheinwerfer und vier Autoreifen bei der Herstellung eines

PKW zu kombinieren. Die Produktionsfaktoren können also (effizient) nur in einem bestimmten konstanten Verhältnis (der Produktionskoeffizienten) eingesetzt werden.

Die folgende Zeichnung verdeutlicht dies für den Fall von jeweils zwei Scheinwerfern ($r_1 = 2$) und 4 Rädern ($r_2 = 4$) pro PKW-Einheit.

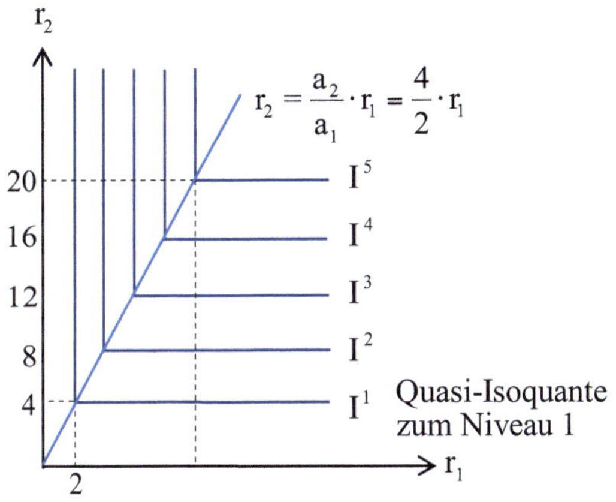

Abbildung 3.16: Quasi-Isoquanten

Merksatz

Nur die Eckpunkte der Isoquante sind technisch effizient, d. h. die eigentliche Isoquante ist nur der jeweilige Eckpunkt.

Die Verbindungsgerade $r_2 = \frac{a_2}{a_1} \cdot r_1$ enthält alle effizienten Faktoreinsatzmengen. Untersuchen wir nun die Eigenschaften der Produktionsfunktion, die wir der Einfachheit halber auf die Faktoren 1 und 2 reduzieren: $x = \min\left(\frac{r_1}{2}, \frac{r_2}{4}\right)$. Im Optimum, also bei Vorliegen technischer Effizienz, wäre dies: $x = \frac{r_1}{2} = \frac{r_2}{4}$. Um einen PKW zu erzeugen, benötige ich zwei Scheinwerfer; jede geringere Scheinwerferzahl ist bindend (also Engpassfaktor) und jede größere Scheinwerferzahl ist (bei vier Autorädern) ein Überschussfaktor, der die Produktion nicht erhöht.

Die partielle Faktorvariation für Faktor 1 ($r_2 = 4$ konstant gehalten) sieht aus wie in Abbildung 3.17 → vgl. S. 92 dargestellt.

In der Abbildung ist A ist der Punkt der effizienten Produktion, mit $r_1 = 2$ bzw. allgemein:

$$r_1 = \frac{a_1}{a_2} \cdot \bar{r}_2 \quad \left[\frac{r_1}{r_2} = \frac{a_1}{a_2}\right] \mathrel{\hat{=}} \text{Punkt A}$$

$$\text{für den Bereich} \quad r_1 < \frac{a_1}{a_2} \cdot \bar{r}_2 \quad \text{ist} \quad r_1 \quad \text{Engpassfaktor}$$

$$\text{für den Bereich} \quad r_1 > \frac{a_1}{a_2} \cdot \bar{r}_2 \quad \text{ist} \quad r_1 \quad \text{Überschussfaktor}$$

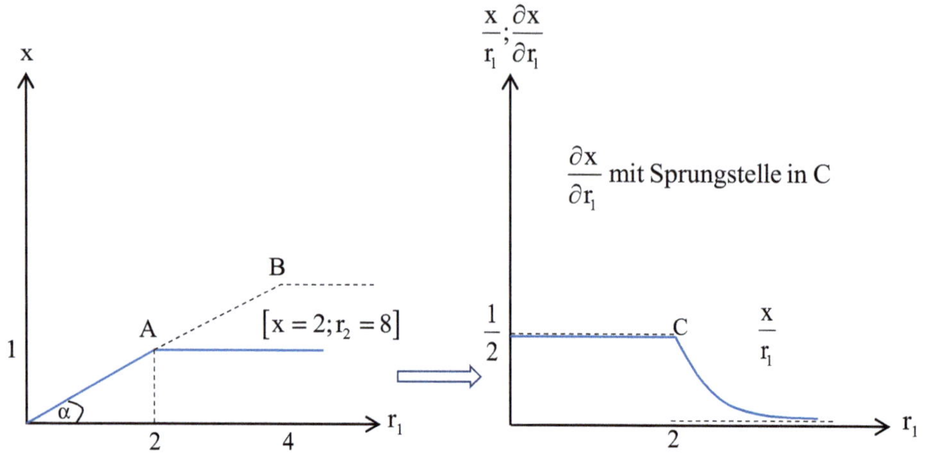

Abbildung 3.17: Partielle Ertragsfunktion bei limitationaler Technologie

Die **partielle Produktionsfunktion** (partielle Ertragsfunktion) des Faktors 1 bei gegebenen Mengen des Faktors 2 ($\bar{r}_2 = 4$) lautet:

$$x = \begin{cases} \dfrac{r_1}{a_1} & \text{für} \quad r_1 \leq \dfrac{a_1}{a_2} \cdot r_2 \\ \bar{x} & \text{für} \quad r_1 \geq \dfrac{a_1}{a_2} \cdot r_2 \end{cases} \quad \text{bzw.} \quad x = \begin{cases} \dfrac{1}{2} \cdot r_1 & \text{für} \quad r_1 \leq 2 \\ 1 & \text{für} \quad r_1 \geq 2 \end{cases}$$

Die **partielle Grenzertragsfunktion** des Faktors 1 bei gegebener Menge $\bar{r}_2$ des Faktors 2 lautet:

$$\frac{\partial x}{\partial r_1} = \begin{cases} \dfrac{1}{a_1} & \text{für} \quad r_1 < \frac{a_1}{a_2} \cdot r_2 \\ 0 & \text{für} \quad r_1 > \frac{a_1}{a_2} \cdot r_2 \end{cases} \quad \text{bzw.} \quad \frac{\partial x}{\partial r_1} = \begin{cases} \dfrac{1}{2} & \text{für} \quad r_1 < 2 \\ 0 & \text{für} \quad r_1 > 2 \end{cases}$$

Die **partielle Durchschnittsertragsfunktion** des Faktors 1 bei gegebener Menge $\bar{r}_2$ des Faktors 2 sieht folgendermaßen aus:

$$\frac{x}{r_1} = \begin{cases} \dfrac{1}{a_1} & \text{für} \quad r_1 \leq \frac{a_1}{a_2} \cdot r_2 \\ \dfrac{\bar{x}}{r_1} & \text{für} \quad r_1 \geq \frac{a_1}{a_2} \cdot r_2 \end{cases} \quad \text{bzw.} \quad x = \begin{cases} \dfrac{1}{2} & \text{für} \quad r_1 \leq 2 \\ \dfrac{1}{r_1} & \text{für} \quad r_1 \geq 2 \end{cases}$$

Die **Produktionselastizität** des Faktors 1 bei gegebener Menge $\bar{r}_2$ des Faktors 2:

$$\frac{\partial x}{\partial r_1} \cdot \frac{r_1}{x} = \begin{cases} \dfrac{1}{a_1} \cdot \dfrac{r_1}{\frac{r_1}{a_1}} = 1 & \text{für } r_1 < \dfrac{a_1}{a_2} \cdot r_2 \\ 0 & \text{für } r_1 > \dfrac{a_1}{a_2} \cdot r_2 \end{cases} \quad \text{bzw.} \quad \frac{\partial x}{\partial r_1} \cdot \frac{r_1}{x} = \begin{cases} 1 & \text{für } r_1 < 2 \\ 0 & \text{für } r_1 > 2 \end{cases}$$

Die Tatsache, dass bei linear-limitationaler Technologie eine Ver-s-fachung aller Inputs auch immer eine Ver-s-fachung des Outputs bewirkt → vgl. Faktoreinsatzmengendiagramm, Abbildung 3.16, S. 91, verrät uns, dass die Skalenerträge nicht nur konstant sind, sondern die Skalenelastizität gleich Eins ist.

Merksatz
Die linear-limitationale Produktionsfunktion zählt zur Klasse der linear-homogenen Produktionsfunktionen.

3.2.3 Mehrgüterproduktion

Mehrgüter- oder verbundene Produktion heißt, dass in einem Unternehmen oder einer Produktionsstätte mehrere Güter produziert werden. Wir legen den Fall der konkurrierenden Produktion zugrunde. Das bedeutet, die verschiedenen Güter „konkurrieren" um die begrenzt vorhandenen Faktormengen. Es leuchtet unmittelbar ein, dass unter der Maßgabe vollständigen Faktorverbrauchs die Produktionserhöhung eines Gutes nur durch eine Reduktion der Produktion eines anderen Gutes erkauft werden kann.

Für den Fall zweier zu produzierender Güter kann dies mittels der so genannten Produktionsmöglichkeiten- oder **Transformationskurve** nachvollzogen werden. Die **PRODUKTIONSMÖGLICHKEITENKURVE** → GLOSSAR gibt an, welche Mengen von den beiden Gütern maximal produziert werden können, wenn sämtliche Faktoreinsatzmengen in effizienter Weise eingesetzt werden. Somit repräsentiert die **TRANSFORMATIONSKURVE** → GLOSSAR die Menge aller effizienten Produktionsmöglichkeiten der beiden Güter. Werden z. B. alle Faktormengen zur Produktion des Gutes 1 verwendet, so kann von Gut 2 nichts hergestellt werden (Punkt A) → vgl. Abbildung 3.18.

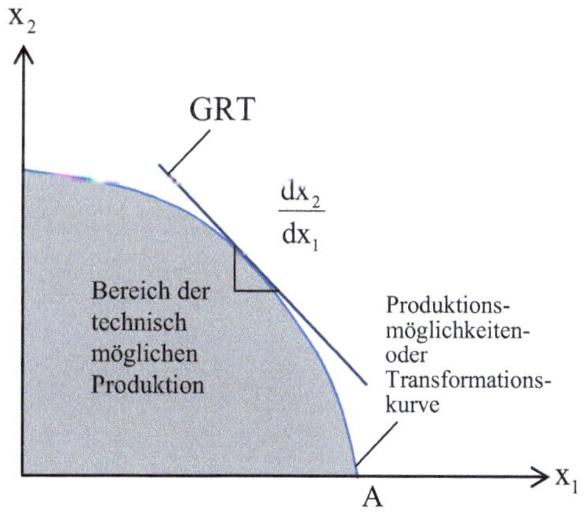

Abbildung 3.18: Transformationskurve

Merksatz
Die Steigung der Transformationskurve heißt **GRENZRATE DER TRANSFORMATION** → GLOSSAR

$$\left(\text{GRT} = \frac{dx_2}{dx_1}\right)$$

Die GRT gibt an, auf wie viel Produktionseinheiten des Gutes 2 verzichtet werden muss, wenn die Produktion des Outputs 1 um eine Einheit erhöht wird. Der Verzicht auf x_2 Einheiten zu Gunsten der Steigerung der Produktion von Gut 1 bezeichnet man auch als **OPPORTUNITÄTSKOSTEN (= ALTERNATIVKOSTEN)** → GLOSSAR der zusätzlichen Einheit des Gutes 1. Jedoch werden die Opportunitätskosten zunächst in reinen Mengengrößen und (noch) nicht in monetären Einheiten ausgedrückt.

Da die Transformationskurve recht aufwendig herzuleiten ist, sei an dieser Stelle darauf verzichtet. Wir wollen uns aber einen Einblick in die grundsätzliche Problemstellung verschaffen. Gesucht ist die optimale Produktion von x_1 und x_2 in der Weise, dass jenseits von dieser Allokation eine weitere Umschichtung der Inputbestände zwecks Erhöhung der Ausbringungsmenge eines Gutes einen sofortigen Produktionsrückgang beim anderen Gut zur Folge hätte. M.a.W.: Wir wollen die Inputs so auf die Produktion der Güter aufteilen, dass ein maximales Produktionsergebnis erzielt wird. Nehmen wir an, es gäbe zwei Outputs x_1, x_2 und zwei Inputs $\bar{r}_1$, $\bar{r}_2$. Die Inputmengen lassen sich aufteilen in $\bar{r}_1 = r_{11} + r_{12}$ und $\bar{r}_2 = r_{21} + r_{22}$, wobei der erste Index den Faktor und der zweite Index das Gut anzeigt, zu dessen Produktion der Inputfaktor eingesetzt wird. r_{21} ist bspw. die Menge des zweiten Inputs, das zur Produktion des Gutes 1 eingesetzt wird. Die Produktionsfunktionen der Güter lauten: $x_1 = f_1(r_{11}, r_{21})$; $x_2 = f_2(r_{12}, r_{22})$. Unter der Voraussetzung, dass technisch effizient produziert wird und alle Inputmengen vollständig aufgebraucht werden, versuchen wir die Outputmenge des Gutes 1 zu maximieren. Zusätzlich nehmen wir an, dass eine ganz bestimmte Ausbringungsmenge $\bar{x}_2$ des Gutes 2 produziert werden muss. Unser Maximierungsproblem lautet:

$$\text{max. } x_1 = f_1(r_{11}, r_{21}) \quad \text{u. d. N.} \quad \bar{x}_2 = f_2(r_{12}, r_{22}) = f_2(\bar{r}_1 - r_{11}; \bar{r}_2 - r_{21})$$

Dieses Optimierungsproblem soll nun nicht weiter verfolgt werden, da wir mit der Lösung ohnehin nur einen Teilschritt des Problems gelöst hätten. Machen wir uns aber grafisch folgendes klar:

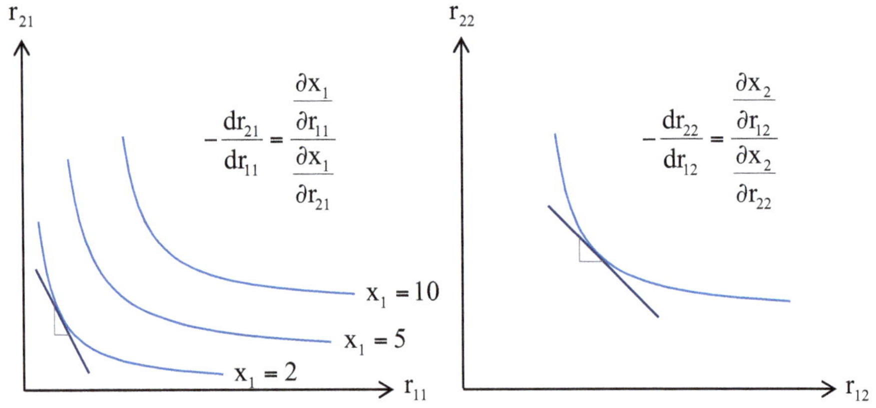

Abbildung 3.19: Isoquanten der Produktion von Gut 1 und 2

Nun werden beide Diagramme in einem Schachteldiagramm bzw. einer Edgeworthbox → vgl. Abbildung 3.20, S. 95 zusammengeführt. Unter der Voraussetzung einer gegebenen Isoquante zum Ausbringungsniveau $\bar{x}_2$, wird die Isoquante von Gut 1 soweit nach rechts verschoben, bis alle Ressourcen gänzlich genutzt sind. Umgekehrt lässt sich dies natürlich auch für gegebene Güter-

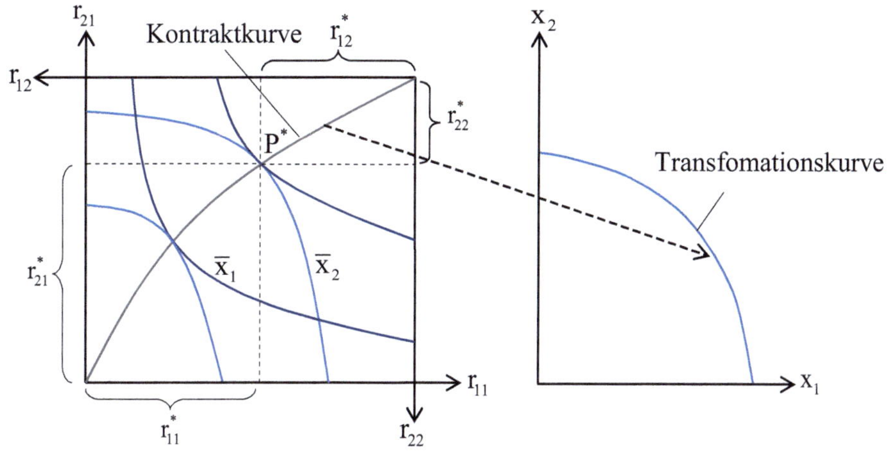

Abbildung 3.20: Kontrakt- und Transformationskurve

mengen von Gut 1 durchführen. Jedenfalls ist ein Ausgleich der $GRS_{tech.}$ von Gut 1 und Gut 2 im Punkt P* erreicht. Hier gilt:

$$-\frac{dr_{21}}{dr_{11}} = -\frac{dr_{22}}{dr_{12}} \quad \left[= \frac{\frac{\partial x_1}{\partial r_{11}}}{\frac{\partial x_1}{\partial r_{21}}} = \frac{\frac{\partial x_2}{\partial r_{12}}}{\frac{\partial x_2}{\partial r_{22}}} \quad \Leftrightarrow \quad \frac{\frac{\partial x_2}{\partial r_{22}}}{\frac{\partial x_1}{\partial r_{21}}} = \frac{\frac{\partial x_2}{\partial r_{12}}}{\frac{\partial x_1}{\partial r_{11}}} \right] \tag{3.10}$$

Werden nun die effizienten Faktorallokationen für die unterschiedlichsten Ausbringungsmengen der beiden Güter ermittelt und diese miteinander verbunden, so gelangt man zur **Kontraktkurve** bzw. zur **Kurve der technisch effizienten Produktion**. Wenn die verschiedenen Output-Kombinationen, die sich bei einem effizienten Faktoreinsatzmix ergeben, in ein reines Gütermengen-Diagramm eingezeichnet werden, so erhalten wir die **Transformationskurve**.

Merksatz

Die **KONTRAKTKURVE** → GLOSSAR ist der geometrische Ort aller Punkte, in denen effizient produziert wird. Übertragen in ein reines Output-Diagramm ergeben die Outputwerte der Kontraktkurve die Transformationskurve.

3.3 Kosten der Produktion

Bevor wir uns der Frage widmen, wie Kosten eingespart bzw. minimiert werden können, sollen einige wichtige Begriffe der Kostentheorie erörtert werden. Die Produktion haben wir bislang im Sinne von effizient eingesetzter Technologie betrachtet, ausgedrückt über eine Produktionsfunktion, und hierbei lediglich reine Mengengrößen, die Verbindung eben von Input- und Outputmengen, unterstellt. Wenn wir jedoch Kosten betrachten, so gehen wir auf Werte ein, die über **Preise** ausgedrückt werden. Wenn unsere gesamten Faktoreinsatzmengen aus $(r_1, \ldots, r_m)$ bestehen, so sind die Kosten nichts anderes als die Summe der Ausgaben, die für die einzelnen Faktoreinsatzmengen getätigt werden.

Merksatz
Wenn q_i der Preis für eine Einheit des Faktors i ist (z. B. Stundenlohn für Arbeit, Preis pro Zentner Dünger), so können die Ausgaben für sämtliche Produktionsfaktoren wie folgt aufgeschrieben werden: $K = q_1 \cdot r_1 + q_2 \cdot r_2 + \ldots + q_m \cdot r_m$.

Die vorstehende Kostengleichung weist den großen Vorteil auf, dass sämtliche Ausgaben für die Produktionsfaktoren vollständig erfasst sind. Erstrebenswert ist es jedoch, Kosten in Abhängigkeit zur Ausbringungsmenge zu setzen, also einen Satz derart formulieren zu können: „Wenn ich 568 Stück eines bestimmten Gutes herstelle, wie viel kostet es mich bzw. inwieweit verändern sich die Kosten, wenn die Ausbringungsmenge verändert wird?" Natürlich wird immer unter der Maßgabe des **effizienten Ressourceneinsatzes** produziert, den wir mit $\left(r_1^*, \ldots, r_m^*\right)$ bezeichnen wollen. Diese Art der von der Ausbringungsmenge abhängigen Kostenfunktion schreibt man als $K = f\left(x, r_1^*, \ldots, r_m^*\right)$ bzw. vereinfachend als $K = f(x)$.

Nun kann der effiziente Einsatz von Ressourcen etwa durch überhöhte Faktorpreise erschwert werden, was den Einsatz dieser zwar technisch optimal eingesetzten Ressourcen einfach zu teuer macht. In einem solchen Fall wird der Unternehmer natürlich einen alternativen Mix der Faktoren anstreben, indem er etwa weniger der teuren und mehr der preiswerteren Inputs zur Herstellung der gewünschten Outputmenge verwendet. Natürlich muss eine solche Substitution der Faktoren sowohl technisch machbar als auch technisch effizient sein. Hat der Unternehmer seinen optimalen Ressourceneinsatz unter Berücksichtigung der Faktorpreise und unter den Bedingungen der technisch effizienten Produktion gefunden, so sprechen die Ökonomen von **MINIMALKOSTENKOMBINATION** → GLOSSAR. Bevor wir uns jedoch der Untersuchung der Minimalkostenkombination zuwenden, müssen vorab einige wichtige Begriffe der Kostentheorie erklärt werden.

Hinsichtlich des Umstands, ob Kosten von der Ausbringungsmenge abhängen oder nicht, werden variable und fixe Kosten unterschieden.

1. **FIXE KOSTEN** → GLOSSAR sind solche, die immer anfallen, egal welche Ausbringungsmenge im Unternehmen hergestellt wird. Bspw. müssen die Mietzahlungen für das langfristig angemietete Bürogebäude oder die Produktionshalle, Zahlungen für den Fuhrpark und die Löhne für ständige Mitarbeiter auch dann getätigt werden, wenn die Produktion einmal still steht, also kein Output erzeugt wird. In Bezug auf die Ausbringungsmenge sind diese Kosten fix, so dass wir von fixen Kosten sprechen.
2. **VARIABLE KOSTEN** → GLOSSAR sind dagegen solche, die sich mit der Menge des hergestellten Gutes bewegen, z. B. die Mehlmenge, die zur Herstellung von Brötchen anfällt, wobei die Herstellung von 10.000 Brötchen das 50-fache an Mehl erfordert, als zur Herstellung von 200 Brötchen einzusetzen wäre. Die variablen Kosten verändern sich also mit der Ausbringungsmenge.

Eng verbunden mit der Unterscheidung variabler und fixer Kosten ist jene **kurz- und langfristiger Kosten**. Wenn man davon ausgeht, dass in langfristiger Sicht auch die fixen Kosten verändert werden können (Mietpreise können sich ändern, der Fuhrpark kann verkauft werden, die Produktionsanlage kann umgebaut werden etc.), so gelten alle Inputfaktoren als langfristig variabel. Somit können in langer Frist nahezu sämtliche Kosten als variabel betrachtet werden. Kurzfristige Kosten hingegen sind in ihre (kurzfristig) nicht änderbaren (= fixen) und variablen Bestandteile aufteilbar, weshalb eine kurzfristige Kostenfunktion geschrieben werden kann als $K(x) = K_f + K_v(x)$. Im nachstehenden Schaubild sind die Verläufe der fixen und variablen Kosten sowie der Gesamtkosten für einen linearen Kostenverlauf einer kurzfristigen Kostenfunktion wiedergegeben:

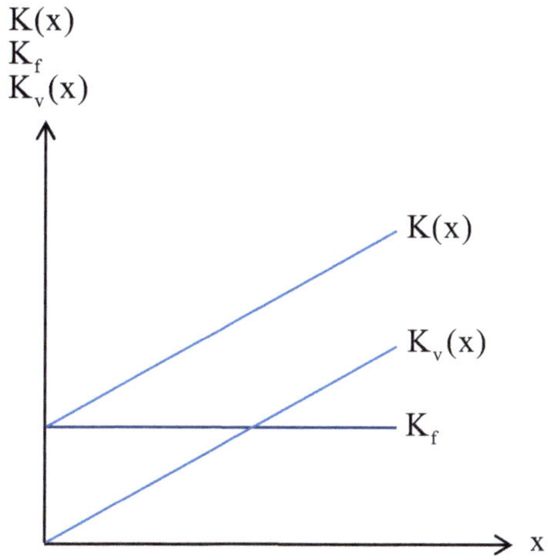

Abbildung 3.21: Linearer Kostenverlauf

Deutlich zu erkennen sind die von der Ausbringungsmenge unabhängigen Fixkosten und die Gesamtkosten, die für jede Ausbringungsmenge als Addition der variablen Kosten zu den Fixkosten ermittelt werden. Die Kosten werden auch hinsichtlich ihrer Zuwächse und Durchschnittswerte analysiert. **GRENZKOSTEN** → GLOSSAR geben an, um wie viel die Kosten sich verändern, wenn die Ausbringungsmenge um eine Einheit verändert würde. Sie werden als Ableitung der Kostenfunktion nach der unabhängigen Variable x ermittelt.

$$\frac{dK(x)}{dx} \quad \text{Grenzkosten} \tag{3.11}$$

STÜCK- ODER DURCHSCHNITTSKOSTEN → GLOSSAR geben an, wie viel Kosten pro Ausbringungsmenge anfallen.

$$\frac{K(x)}{x} \quad \text{Durchschnitts- oder Stückkosten} \tag{3.12}$$

Wie gelangen wir von den Aussagen, die über die Technologien bzw. Produktionsfunktionen getroffen wurden, zu den Kosten? Welche Kostenverläufe ergeben sich für die unterschiedlichen Technologien, wie können Faktorpreise und Effizienzgesichtspunkte gleichermaßen berücksichtigt werden?

Diese Fragen gilt es im Folgenden zu beantworten. Der Einfachheit halber werden ausschließlich einfache Produktion, also die Herstellung von nur einem Gut in einer Unternehmung, und der Einsatz von nur zwei Faktoren unterstellt. Beginnen wir mit der Analyse substitutionaler → vgl. Abschnitte 3.3.1 und 3.3.2, S. 101 Beziehungen unter zunächst langfristiger und anschließend kurzfristiger Betrachtung, gefolgt von einigen Anmerkungen zu Technologien mit feststehenden Faktoreinsatzverhältnissen (linear-limitationale Produktionsfunktion → vgl. Abschnitt 3.3.3, S. 105).

3.3.1 Kostenverläufe bei substitutionalen Produktionsfunktionen – langfristig

Unterstellt seien zwei Inputfaktoren, eine Produktionsfunktion vom Typ Cobb-Douglas, $x = A \cdot r_1^{\alpha} \cdot r_2^{\beta}$, und die Kostenfunktion $K = q_1 \cdot r_1 + q_2 \cdot r_2$.

Wo liegt bei dieser substitutionalen Produktionstechnologie das optimale Faktorbündel? Dem ökonomischen Prinzip zufolge können zwei unterschiedliche Kalküle verfolgt werden, die zum gleichen Ergebnis führen. Zum einen könnte die Outputmenge angesichts gegebener Kosten maximiert, zum anderen die Kosten angesichts einer vorgegebenen Ausbringungsmenge minimiert werden. Da wir uns mitten in der Kostentheorie befinden, greifen wir auf letztere Überlegung zurück, d. h. wir suchen das für eine vorgegebene Ausbringungsmenge **kostenminimale Faktorbündel** (jedes Minimierungsproblem kann auch als ein Maximierungsproblem ausgedrückt werden und umgekehrt).

Formal:

$$\min_{r_i} \quad \rightarrow \quad K(r_1, r_2, \lambda) \quad \text{u.d.N.:} \quad \bar{x} - A \cdot r_1^{\alpha} \cdot r_2^{\beta} = 0$$

$$L(r_1, r_2, \lambda) = (q_1 \cdot r_1 + q_2 \cdot r_2) + \lambda \cdot \left(\bar{x} - A \cdot r_1^{\alpha} \cdot r_2^{\beta}\right)$$

$$\frac{\partial L}{\partial r_1} = q_1 - \lambda \cdot \alpha \cdot A \cdot r_1^{\alpha-1} \cdot r_2^{\beta} = 0 \quad \Rightarrow \quad q_1 = \lambda \cdot \alpha \cdot A \cdot r_1^{\alpha-1} \cdot r_2^{\beta}$$

$$\frac{\partial L}{\partial r_2} = q_2 - \lambda \cdot \beta \cdot A \cdot r_1^{\alpha} \cdot r_2^{\beta-1} = 0 \quad \Rightarrow \quad q_2 = \lambda \cdot \beta \cdot A \cdot r_1^{\alpha} \cdot r_2^{\beta-1}$$

$$\frac{q_1}{q_2} = \frac{\lambda \cdot \alpha \cdot A \cdot r_1^{\alpha-1} \cdot r_2^{\beta}}{\lambda \cdot \beta \cdot A \cdot r_1^{\alpha} \cdot r_2^{\beta-1}} = \frac{\alpha \cdot r_2^{\beta-(\beta-1)}}{\beta \cdot r_1^{\alpha-(\alpha-1)}} = \frac{\alpha}{\beta} \cdot \frac{r_2}{r_1}$$

Durch Umformulierung erhält man die Bedingung für eine **Minimalkostenkombination (MKK)**:

$$\frac{r_2}{r_1} = \frac{\beta}{\alpha} \cdot \frac{q_1}{q_2} \tag{3.13}$$

Die MKK, nach r_2 aufgelöst und in die Produktionsfunktion eingesetzt, führt zur (effizient produzierten) Outputmenge unter der Bedingung minimalen Kosteneinsatzes:

$$\bar{x} = A \cdot r_1^{\alpha} \cdot \left(\frac{\beta}{\alpha} \cdot r_1 \cdot \frac{q_1}{q_2}\right)^{\beta} = A \cdot r_1^{\alpha+\beta} \cdot \left(\frac{\beta}{\alpha} \cdot \frac{q_1}{q_2}\right)^{\beta}$$

Aufgelöst nach r_1:

$$\begin{aligned} r_1^{\alpha+\beta} &= \frac{\bar{x}}{A} \cdot \left(\frac{\beta}{\alpha} \cdot \frac{q_1}{q_2}\right)^{-\beta} \\ r_1 &= \bar{x}^{\frac{1}{\alpha+\beta}} \cdot A^{\frac{-1}{\alpha+\beta}} \cdot \left(\frac{\beta}{\alpha} \cdot \frac{q_1}{q_2}\right)^{-\frac{\beta}{\alpha+\beta}} \end{aligned} \tag{3.14}$$

Wird die MKK nach r_2 aufgelöst und in die Kostenfunktion eingesetzt, führt dies zu den minimalen Kosten:

$$K(x) = q_1 \cdot r_1 + q_2 \cdot \frac{\beta}{\alpha} \cdot \frac{q_1}{q_2} \cdot r_1 = r_1 \cdot q_1 \cdot \left(1 + \frac{\beta}{\alpha}\right)$$

Wird in diese minimalen Kosten die Gleichung → vgl. Formel 3.14 eingesetzt, so erhalten wir die minimalen Kosten für die Herstellung der Menge $\bar{x}$. Allgemein entsteht die **langfristige Kostenfunktion**, die für jede vorgegebene Ausbringungsmenge die unter der Bedingung technisch effizienter Produktion jeweils minimalen Herstellungskosten angibt.

$$K(x) = x^{\frac{1}{\alpha+\beta}} \cdot \underbrace{A^{\frac{-1}{\alpha+\beta}} \cdot \left(\frac{\beta}{\alpha} \cdot \frac{q_1}{q_2}\right)^{-\frac{\beta}{\alpha+\beta}} \cdot q_1 \cdot \left(1 + \frac{\beta}{\alpha}\right)}_{=C} = C \cdot x^{\frac{1}{\alpha+\beta}} \tag{3.15}$$

Je nach zugrunde gelegter Produktionsfunktion (Grad der Skalenelastizität), erhalten wir folgende Kostenverläufe:

$$\begin{array}{lll} \text{für } \delta = (\alpha + \beta) < 1 & \Rightarrow & \text{überlinear steigende Kostenfunktion} \\ \text{für } \delta = (\alpha + \beta) = 1 & \Rightarrow & \text{linear steigende Kostenfunktion} \\ \text{für } \delta = (\alpha + \beta) > 1 & \Rightarrow & \text{unterlinear steigende Kostenfunktion} \end{array} \tag{3.16}$$

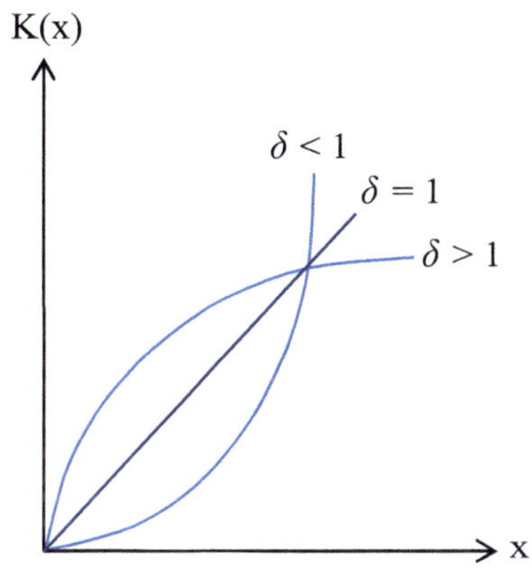

Abbildung 3.22: Kostenfunktion und Skalenelastizitäten

Die Grenz- und Durchschnittskosten gestalten sich folgendermaßen und nehmen für die unterschiedlichen Skalenelastizitäten die in den nachstehenden Grafiken → vgl. Abbildungen 3.23–3.25, S. 100 angegebenen Verläufe an:

Grenzkosten:

$$\frac{dK(x)}{dx} = \frac{1}{\alpha+\beta} \cdot C \cdot x^{\frac{1}{\alpha+\beta} - \frac{\alpha+\beta}{\alpha+\beta}} = \frac{C}{\alpha+\beta} \cdot x^{\frac{1-\alpha-\beta}{\alpha+\beta}}$$

Durchschnittskosten:

$$\frac{K(x)}{x} = C \cdot x^{\frac{1}{\alpha+\beta}-1} = C \cdot x^{\frac{1}{\alpha+\beta} - \frac{\alpha+\beta}{\alpha+\beta}} = C \cdot x^{\frac{1-\alpha-\beta}{\alpha+\beta}} \tag{3.17}$$

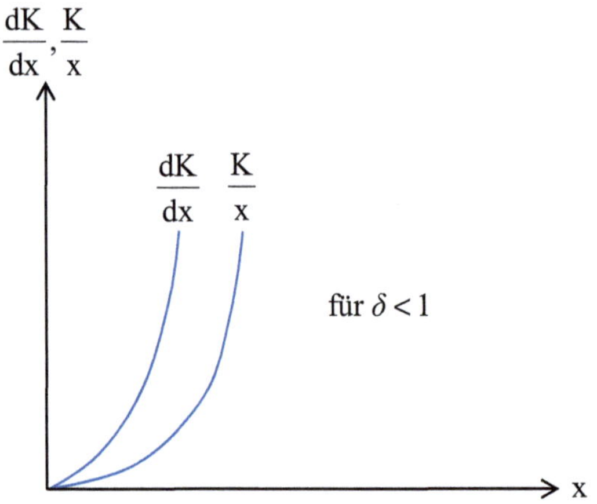

Abbildung 3.23:
Grenz- und Durchschnittskosten für $\delta < 1$

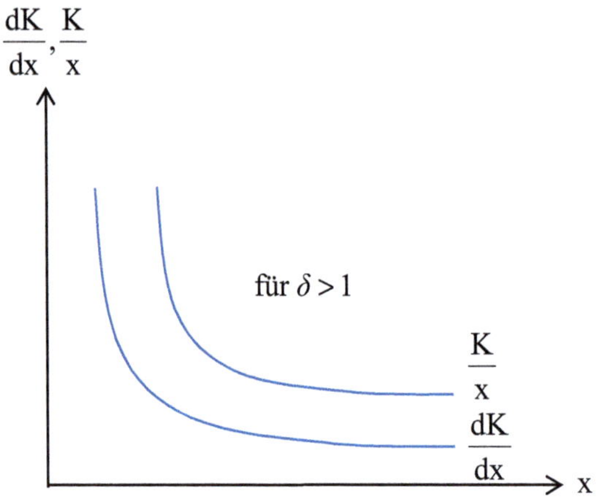

Abbildung 3.24:
Grenz- und Durchschnittskosten für $\delta > 1$

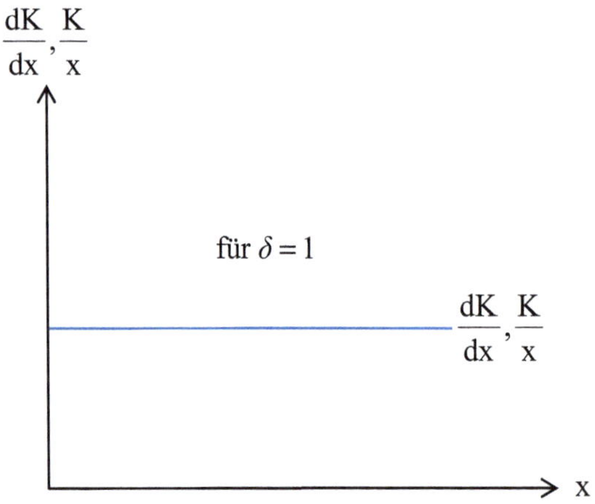

Abbildung 3.25:
Grenz- und Durchschnittskosten für $\delta = 1$

3.3.2 Kostenverläufe bei substitutionalen Produktionsfunktionen – kurzfristig

Aus kurzfristiger Sicht besteht die besondere Schwierigkeit des Umgangs mit Kosten im Vorhandensein von fixen Kosten: $K(x) = K_f + K_v(x)$. Klar, die Änderung der Kosten in Abhängigkeit zur Ausbringungsmenge hängt nur von den variablen Kosten ab (beim Ableiten fällt das absolute Glied weg), also lauten die **Grenzkosten**:

$$\frac{dK(x)}{dx} = \frac{dK_v(x)}{dx} \tag{3.18}$$

Bei den **Durchschnittskosten** wirken sich die Fixkosten folgendermaßen aus:

$$\frac{K(x)}{x} = \frac{K_f}{x} + \frac{K_v(x)}{x} \tag{3.19}$$

Es ist leicht einzusehen, dass sich mit steigender Ausbringungsmenge die (konstanten) Fixkosten immer mehr pro Ausbringungseinheit verringern, also kleiner werden, und zwar unabhängig vom Verlauf der variablen Kosten. Wir sprechen von **FIXKOSTENDEGRESSION** → GLOSSAR. Von den sinkenden Fixkosten pro Stück geht eine senkende Wirkung auf die gesamten Durchschnittskosten aus.

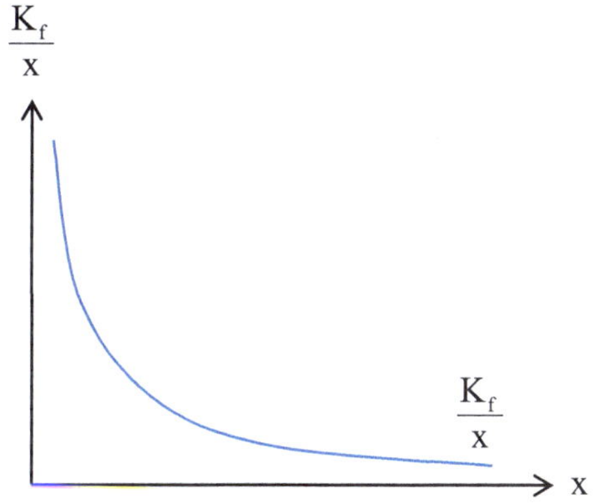

Abbildung 3.26: Fixkostendegression

Da die fixen Stückkosten jedoch immer kleiner werden, können sie mit zunehmender Ausbringungsmenge in ihrer Wirkung von den zunehmenden variablen Stückkosten dominiert werden, wodurch ein wieder ansteigender Verlauf der gesamten Durchschnittskosten (U-förmiger Verlauf) entstehen kann → vgl. Abbildung 3.28, S. 102.

Merksatz

Die Grenzkosten schneiden die Stückkosten immer in ihrem Minimum:

$$\text{Minimum:} \quad \frac{d\left(\frac{K(x)}{x}\right)}{dx} = 0 \quad \Rightarrow \quad \frac{\frac{dK(x)}{dx} \cdot x - 1 \cdot K(x)}{x^2} = 0$$

$$\Leftrightarrow \quad \frac{dK(x)}{dx} = \frac{K(x)}{x}$$

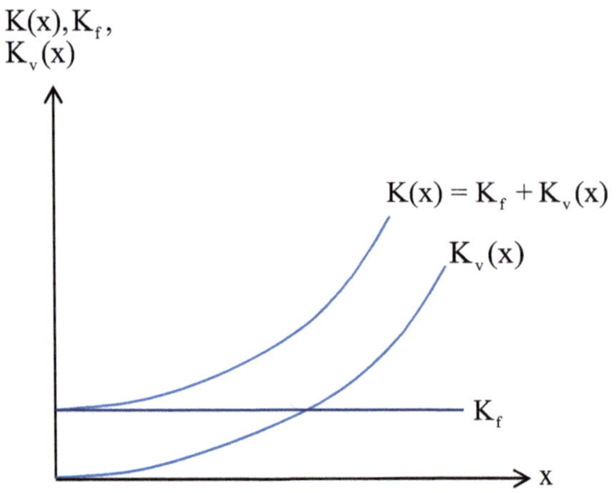

Abbildung 3.27:
Variable, fixe und Gesamtkosten

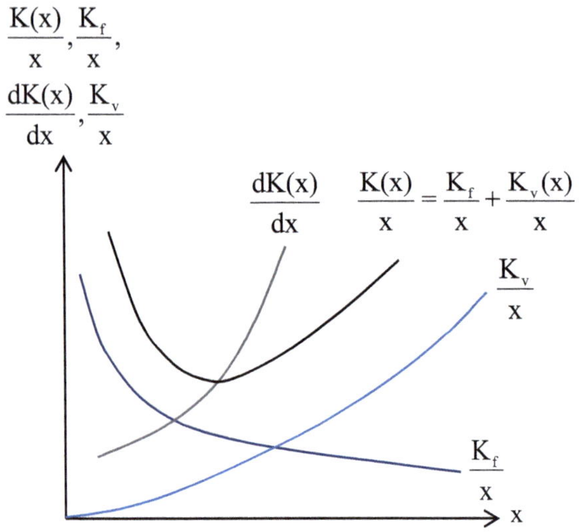

Abbildung 3.28:
Grenz- und Stückbetrachtung der Kosten

Angenommen seien zwei Inputs, wobei Input 1 variabel und Input 2 kurzfristig unveränderbar wäre (z. B. eine große Produktionsanlage):

$$K = K_v + K_f \Rightarrow K = q_1 \cdot r_1 + q_2 \cdot \bar{r}_2$$

Um die Gleichung in ein Faktormengendiagramm → vgl. Abbildung 3.29, S. 103 zu übertragen, schreiben wir sie als eine Funktion

$$r_2(r_1): \quad r_2 = \frac{K}{q_2} - \frac{q_1}{q_2} \cdot r_1$$

Aus einer linear-homogenen Produktionsfunktion bestimmen wir die Isoquanten, welche in das gleiche Diagramm eingefügt werden.

$$x = A \cdot r_1^{\alpha} \cdot r_2^{\beta}, \left(\frac{\partial x}{\partial r_i} > 0, \frac{\partial^2 x}{\partial r_i^2} < 0, \alpha + \beta = 1 = \delta\right)$$
$$\Rightarrow \quad r_2 = \left(\frac{x}{A}\right)^{\frac{1}{\beta}} \cdot r_1^{-\frac{\alpha}{\beta}} \tag{3.20}$$

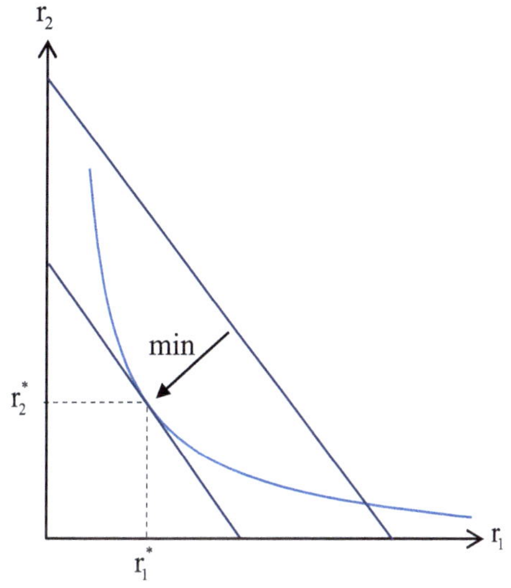

Abbildung 3.29:
Kostenminimum

Die Kostengerade wird soweit nach links verschoben, bis sie eine Isoquante tangiert, von der das kostenminimale Outputniveau abgelesen werden kann. Nun wurde davon ausgegangen, dass r_2 kurzfristig nicht veränderbar, also in Höhe von $\bar{r}_2$ fixiert ist.

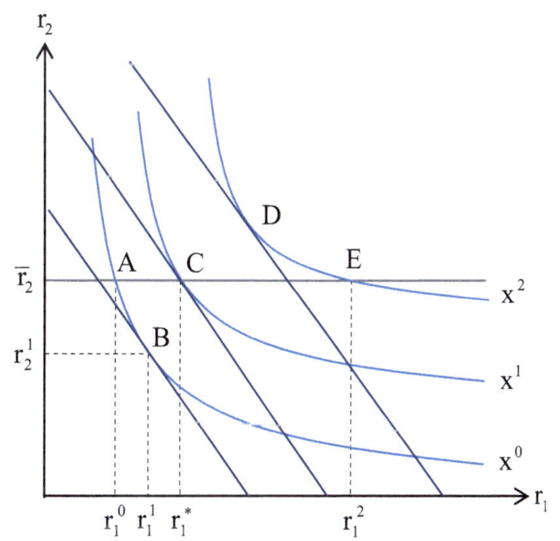

Abbildung 3.30:
Ermittlung der Minimalkostenkombination

Im Punkt A der Abbildung 3.30 → vgl. S. 103 wird ein Output in Höhe von x^0 realisiert, allerdings könnte derselbe Output durch eine Steigerung der Inputmenge r_1^0 auf r_1^1 und gleichzeitig durch weniger Einsatz von r_2 (also mit r_2^1) realisiert werden. M.a.W.: Punkt A ist nicht kostenminimal für die Produktion von x^0.

Kostenminimal für diese Herstellungsmenge x^0 wäre der Punkt B; allerdings würde hier die gegebene Inputmenge $\bar{r}_2$ nicht voll ausgeschöpft. Punkt D stellt zwar eine MKK dar, zu der x^2 hergestellt werden könnte, dazu wäre aber eine Inputmenge von r_2 notwendig, welche die gegebene Menge in Höhe von $\bar{r}_2$ übersteigt. Folglich ist D nicht realisierbar. Die Menge x^2 könnte natürlich im Punkt E produziert werden. Dies wäre allerdings nicht kostenminimal, da die Effizienzbedingung nicht erfüllt ist. Punkt C ist schließlich der Punkt, zu dem die Inputmenge $\bar{r}_2$ voll ausgeschöpft wird und zusammen mit der Inputmenge r_1^* eine MKK darstellt, mit der die Gütermenge x^1 hergestellt wird. Punkt C stellt also angesichts der Beschränkung des Faktors 2 ($\bar{r}_2$) die MKK dar, mit der die Menge x^1 in effizienter Weise hergestellt werden kann.

Als von der Ausbringungsmenge abhängige kurzfristige Kostenfunktion hätte K^1 bei der Gütermenge x^1 ihr Minimum → vgl. Abbildung 3.32. Würde nun eine weitere Beschränkung des Faktors 2 angenommen, sagen wir bei $\tilde{r}_2$ → vgl. Abbildung 3.31, so läge das Minimum der kurzfristigen Kostenfunktion K^2 bei der Ausbringungsmenge x^2. Entsprechend befände sich das Minimum der kurzfristigen Kostenfunktion K^3 bei der Ausbringungsmenge x^3 (bezogen natürlich auf $\hat{r}_2$ als Engpassfaktor).

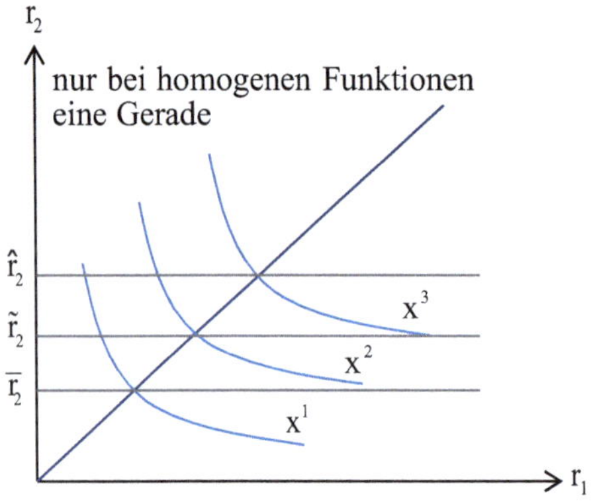

Abbildung 3.31: Verbindung mehrerer Minimalkostenkombinationen

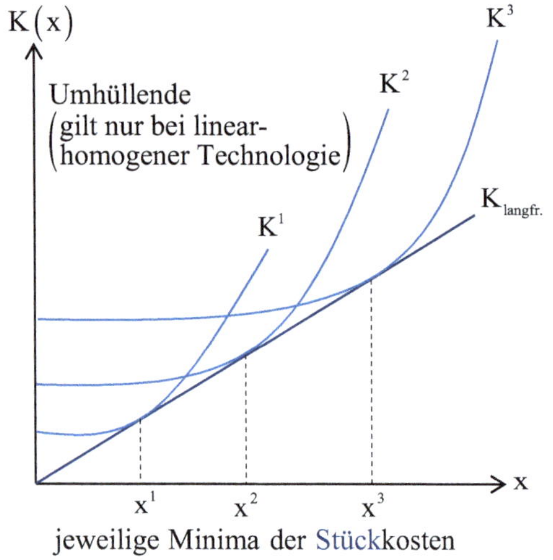

Abbildung 3.32: Umhüllende

Werden die Minima der verschiedenen kurzfristigen Kostenfunktionen verbunden, gelangt man zur langfristigen Kostenfunktion in Form einer **UMHÜLLENDEN** → GLOSSAR.

Langfristig gibt es keinerlei Beschränkungen in Form von Unteilbarkeiten von Produktionsfaktoren, unkündbaren Verträgen oder irgendwelchen anderen Bindungen und ein Unternehmen wird langfristig immer nur den kostengünstigsten Produktionsplan realisieren wollen. Damit muss auch die langfristige Durchschnittskostenfunktion zwangsläufig die Minima der kurzfristigen Durchschnittskosten verbinden, denn ein „teurerer" als der kostengünstigste Produktionsplan würde niemals gewählt werden. Abbildung 3.32 zeigt, dass für verschiedene Ausbringungsmengen und alle denkbaren Größenordnungen des kurzfristig konstanten Produktionsfaktors r_2 immer nur diejenigen Produktionspläne ausgewählt wurden, zu denen die Durchschnittskosten minimal sind.

3.3.3 Kostenfunktion bei linear-limitationaler Technologie

Bei linear-limitationalen Produktionsfunktionen ist die von der Ausbringungsmenge abhängige Kostenfunktion vergleichsweise einfach zu bestimmen. Wir wissen, dass eine technisch effiziente Produktion dann vorliegt, wenn gilt → vgl. Formel 3.9, S. 90:

$$x = \frac{r_1}{a_1} = \ldots = \frac{r_m}{a_m} \quad \text{bzw. nach } r_i \text{ aufgelöst:} \quad r_i = a_i \cdot x, \forall\, i = 1, \ldots, m$$

Eingesetzt in die Kostengleichung:

$$\begin{aligned} K &= q_1 \cdot r_1 + \ldots + q_m \cdot r_m \\ &= q_1 \cdot a_1 \cdot x + \ldots + q_m \cdot a_m \cdot x \\ \Rightarrow \quad K(x) &= \underbrace{(q_1 \cdot a_1 + \ldots + q_m \cdot a_m)}_{\text{da Konstanten, konstante Steigung}} \cdot x \end{aligned}$$

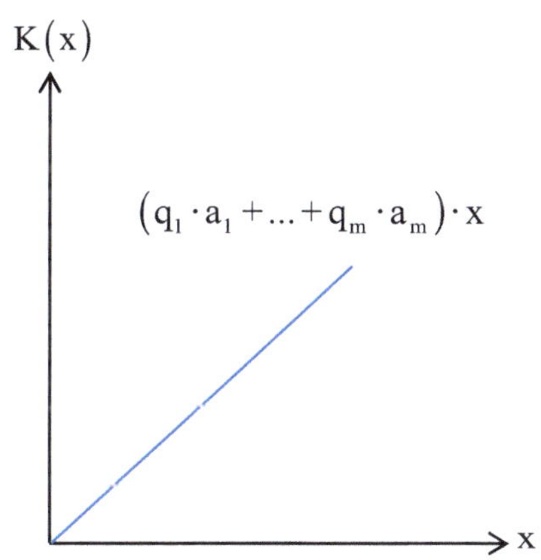

Abbildung 3.33: Kostenfunktion bei linear-limitationaler Produktionsfunktion

$$\text{(Konstante) Grenzkosten:} \quad \frac{dK}{dx} = q_1 \cdot a_1 + \ldots + q_m \cdot a_m \tag{3.21}$$

$$\text{(Konstante) Stückkosten:} \quad \frac{K}{x} = q_1 \cdot a_1 + \ldots + q_m \cdot a_m \tag{3.22}$$

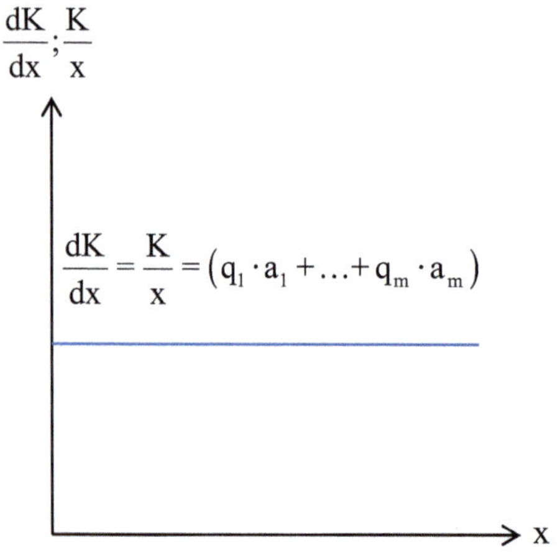

Abbildung 3.34:
Grenz- und Durchschnittskosten

3.4 Güterangebot

Beim Güterangebot geht es um die Frage, welche Ausbringungsmenge eines Gutes ein Unternehmer tatsächlich herstellen muss, um unter den Bedingungen technischer Effizienz, kostenminimaler Produktion und nicht vom Unternehmen beeinflussbarer Güter- und Faktorpreise ein Gewinnmaximum zu erreichen. Die kostenminimale Produktion einer bestimmten Gütermenge, die bislang betrachtet wurde, kann zur Gewinnmaximierung allenfalls zufällig ausreichen. Was nützt ein noch so kostengünstig und/oder effizient hergestelltes Produkt, wenn es sich nicht verkaufen lässt oder wenn der erhoffte Verkaufspreis nicht realisiert werden kann. Es geht also um die Gewinnmaximierung. Hierzu ist es notwendig, Erlöse und Kosten gemeinsam zu betrachten.

Der Einfachheit halber werden proportional verlaufende Erlösfunktionen (Geraden) unterstellt (dies ergibt sich bereits aus der Annahme der vollständigen Konkurrenz – der Preis wird als konstant angenommen).

$$p = \bar{p} = \text{const.}, \; p \gg 0 \Rightarrow E(x) = \bar{p} \cdot x$$

Es gibt zwei Wege, den Gewinn zu maximieren:

1. Bei gegebenen Erlös- und Kostenfunktionen $[E(x);\ K(x)]$ wird diejenige Ausbringungsmenge (x^*) gesucht, die den Gewinn maximiert. Diese optimale Ausbringungsmenge wird als **Güterangebot** bezeichnet → vgl. Abschnitt 3.4.2, S. 109.
2. Beim anderen Weg wird bei gegebenen Erlös- und Kostenfunktionen $\left[E(x);\ K = \sum q_i \cdot r_i\right]$ über die Faktoreinsatzmengen der maximale Gewinn gesucht. Die optimale Faktoreinsatzmenge $\left(r_1^*, \ldots r_m^*\right)$ heißt **FAKTORNACHFRAGE** → GLOSSAR → vgl. Abschnitt 3.5, S. 112, insbesondere 3.5.2, S. 115.

3.4.1 Bestimmung der gewinnmaximalen Ausbringungsmenge

Im Rahmen der Feststellung des Güterangebotes beschäftigen wird uns ausschließlich mit der Gewinnmaximierung über die Ermittlung der gewinnmaximalen Ausbringungsmenge. Zunächst werden konkave Technologien ($\delta < 1$) unterstellt, die, wie wir bereits gelernt haben, zu einer überproportional ansteigenden Kostenkurve führen:

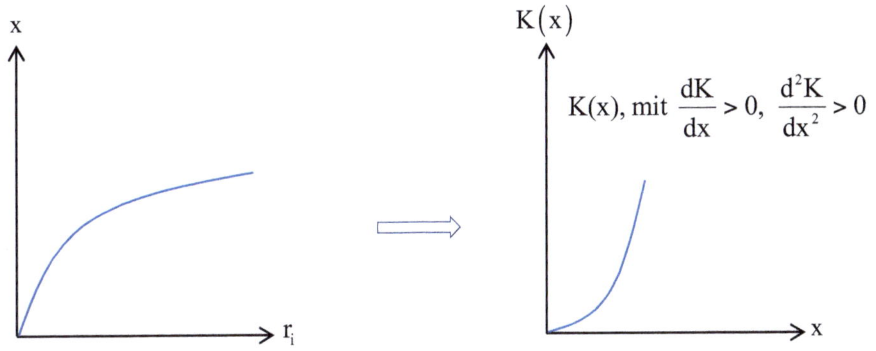

Abbildung 3.35: Konkave Technologie ($\delta < 1$)

Grafisch machen wir nichts anderes, als die maximale Distanz zwischen E(x) – K(x) zu suchen, die offensichtlich dann erreicht ist, wenn die **GRENZERLÖSE** → GLOSSAR gleich den Grenzkosten sind bzw. die Steigungen der Erlösgeraden und der Kostenfunktion übereinstimmen:

$$\frac{dE\,(x^*)}{dx} = \bar{p} = \frac{dK\,(x^*)}{dx} \tag{3.23}$$

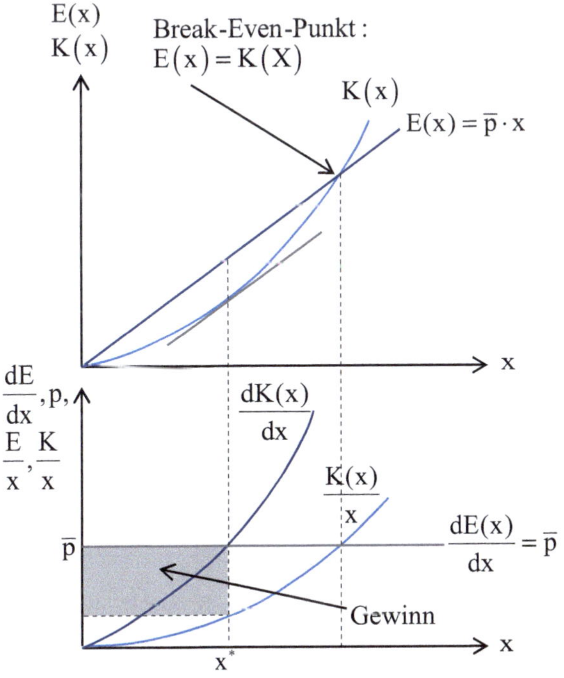

Abbildung 3.36: Gewinnmaximum bei konkaver Technologie ($\delta < 1$)

Analytisch ist das Gewinnmaximum ganz einfach zu bestimmen:

$$G(x) = E(x) - K(x)$$
$$\max_x G(x) \quad \Rightarrow \quad G'(x^*) = 0$$

$$\frac{dG(x^*)}{dx} = \frac{dE(x^*)}{dx} - \frac{dK(x^*)}{dx} = 0 \quad \Leftrightarrow \quad \frac{dE(x^*)}{dx} = \frac{dK(x^*)}{dx}$$

$$\text{für } G(x) = \bar{p} \cdot x - K(x): \quad \bar{p} = \frac{dK(x^*)}{dx}$$

Merksatz

Die Regel (notwendige Bedingung) zur Bestimmung des Gewinnmaximums lautet: Grenzerlös = Grenzkosten. Im Fall der vollständigen Konkurrenz, wenn also die Grenzerlöse den Güterpreisen entsprechen, gilt speziell: Güterpreis = Grenzkosten:

$$\frac{dE(x^*)}{dx} = \bar{p} = \frac{dK(x^*)}{dx}$$

Im oben unterstellten Kostenverlauf wurde von einer langfristigen Betrachtung ausgegangen (Kostenkurve geht durch den Nullpunkt – langfristig sind fixe Kosten als variabel anzusehen). Natürlich gilt die „**Grenzerlös = Grenzkosten-Regel**" auch für den kurzfristigen Fall, denn, wie leicht einzusehen ist, würde bei der Bestimmung der Grenzkosten, also beim Ableiten der Kostenfunktion, das absolute Glied (die fixen Kosten) wegfallen.

Für linear-homogene Technologien ($\delta = 1$, linear verlaufende Kostenfunktion) gilt die „Grenzerlös = Grenzkosten-Regel" **nicht**, weil sich die Erlös- und Kostenkurven nicht schneiden. Wie im nachstehenden Schaubild gezeigt, läge das Gewinnmaximum bei einer unendlich großen Ausbringungsmenge; die Grenzerlöse würden immer oberhalb der Grenzkosten verlaufen. In einem solchen Fall wäre das Gewinnmaximum durch die Kapazitätsgrenze des Unternehmens, x_{cap}, festgelegt → vgl. Abbildung 3.37.

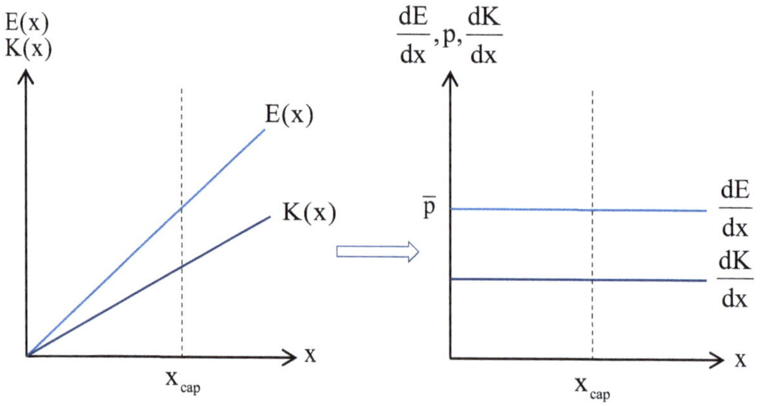

Abbildung 3.37: Gewinne und linear-homogene Technologie ($\delta = 1$)

Für steigende Skalenerträge ($\delta > 1$), also eine mit der Ausbringungsmenge konkav verlaufende Kostenfunktion, gilt die „Grenzerlös = Grenzkosten-Regel" ebenfalls **nicht**, da sie kein Gewinn-, sondern ein Verlustmaximum anzeigt → vgl. Abbildung 3.38.

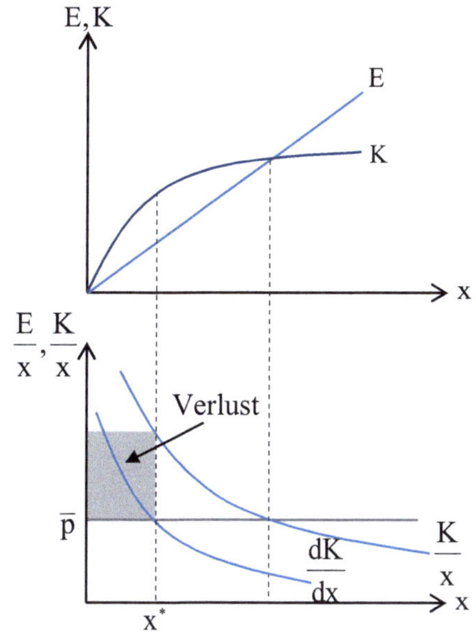

Abbildung 3.38: Verlustmaximum bei konkaver Kostenfunktion ($\delta > 1$)

3.4.2 Güterangebot bei Veränderung des Güterpreises (Güterangebotskurve)

Es soll nunmehr das Verhalten der Unternehmen am Markt untersucht werden. Genauer gesagt geht es darum, zu bestimmen, inwieweit sich das Güterangebot (als Lösung des Gewinnmaximierungsproblems) verändert, wenn sich der Preis genau dieses Gutes verändert hat und alle übrigen Faktoren unberücksichtigt bleiben. Es geht somit um die Bestimmung der **Angebotsfunktion des Unternehmens**. Dabei wird ausschließlich die Ein-Produkt-Unternehmung unterstellt, also die Betrachtung von Unternehmen, die nur ein Gut produzieren.

Bei der Bestimmung der Güterangebotskurve wird die ermittelte gewinnmaximale Gütermenge in Verbindung zum Güterpreis gesetzt. Es gibt schließlich nicht nur ein Unternehmen am Markt, das sein Produkt zum Preis $\bar{p}$ anbieten will, sondern mehrere, die ihre Angebote verkaufen wollen. Ebenso gibt es viele Nachfrager.

Was würde geschehen, wenn sich der Verkaufspreis des Gutes ändert? Auch für diesen Fall muss der Unternehmer gerüstet sein, und dies geschieht, indem er für jeden vorstellbaren Güterpreis ein neues Gewinnmaximum ermittelt. Die geometrische Verbindung dieser optimalen **Güterangebote** heißt **Güterangebotskurve**.

Merksatz

Die **Güterangebotskurve** ist der geometrische Ort der gewinnmaximalen Preis-Mengen-Kombinationen eines Gutes.

Wir sagen allerdings nicht, dass die Unternehmungen nunmehr die Preise beeinflussen können; wir fragen nur, wie sich ein Unternehmen verhält, wenn Produkte zu unterschiedlichen Preisen angeboten werden.

Klar, wenn die Outputpreise steigen und auch realisiert werden können, wird dies zum Anstieg der Erlösgeraden $E(x) = p \cdot x$ führen.

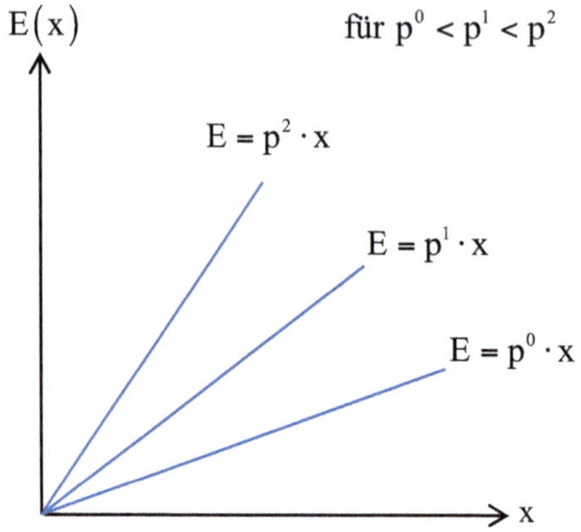

Abbildung 3.39: Anstieg der Erlösgeraden

Für einen Kostenverlauf bei konkaven Technologien müssen lediglich jene Outputmengen festgestellt werden, zu denen bei den jeweiligen Preisen der Gewinn maximiert wird → vgl. Abbildung 3.40, S. 111.

Fragen wir nun für die verschiedenen Preise die jeweilige gewinnmaximale Ausbringungsmenge ab, so erhalten wir die Angebotskurve: $x^S = f^S(p)$.

Da ja in jedem Gewinnmaximum gilt: Grenzerlöse = Grenzkosten, also $p = \frac{dK}{dx}$, so ist deutlich, dass die gesamte Angebotsfunktion aus Punkten besteht, in denen der jeweilige Preis immer den Grenzkosten entspricht.

Merksatz

Die Angebotskurveentspricht bei konkaver Technologie ($\delta < 1$) exakt dem Verlauf der Grenzkostenkurve.

Die Steigung einer „typischen" Angebotsfunktion ist positiv – mit steigendem (sinkendem) Güterpreis nimmt die angebotene Menge des Gutes zu (ab). Je flacher (steiler) die Angebotskurve verläuft, desto stärker (schwächer) reagiert die Menge auf eine Preisänderung. Die Preiselastizität des Angebotes ist also umso größer (geringer), je flacher (steiler) die Angebotskurve verläuft.

Schreibt man die Angebotsfunktion unter Berücksichtigung aller Preise, also $x^S = f^S(p, q_1, \ldots, q_m)$, so würde eine Veränderung der Faktorpreise eine Links- oder Rechtsverschiebung der Kurve implizieren (Steigung eines Faktorpreises bedeutet, c. p., eine Erhöhung der Produktionskosten, was zu einem Rückgang der angebotenen Menge und damit zu einer Linksverschiebung der Kurve führt – bei gleichem Verkaufspreis kann nur noch weniger angeboten werden). Verändert sich hingegen der Outputpreis p, so haben wir es mit einer Bewegung auf der Kurve zu tun.

Formal sind diese Verschiebungen einfach nachvollziehbar, da in einem Gütermengen-Güterpreis-Diagramm die Faktorpreise exogene Variablen sind und es sich beim Güterpreis um eine

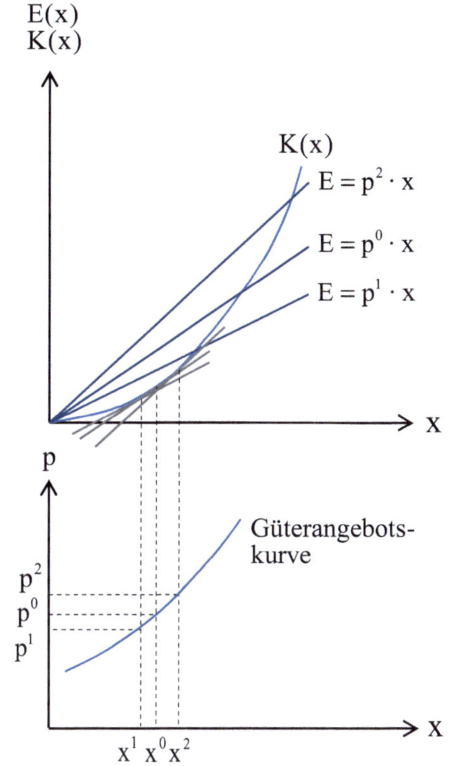

Abbildung 3.40:
Herleitung der Güterangebotskurve

endogene Größe handelt. Verändern sich der Güterpreis und alle Faktorpreise gleichzeitig um denselben Faktor, so bleibt die gewinnmaximale Angebotsmenge davon unberührt (Angebotsfunktion ist homogen vom Grade 0 in den Preisen).

Anmerkungen

- **Langfristig** kann ein Unternehmen nur kostendeckend, d. h. zu Preisen anbieten, welche die Durchschnittskosten decken. Dies kann „maximal" nur das Minimum der Durchschnittskosten sein. Bei einem niedrigeren Preis würde das Unternehmen Verluste erleiden und vom Markt verschwinden, und bei einem höheren Preis Gewinne machen, die sofort Konkurrenten auf den Plan riefen, die einen Preiswettbewerb initiieren würden, der wiederum zu einem Preis in Höhe des Minimums der Durchschnittskosten sein Ende fände.
- **Kurzfristig** kann ein Unternehmen auch zu Preisen in Höhe des Minimums der variablen Durchschnittskosten anbieten, um bspw. kurzfristig die Konkurrenz zu unterbieten und sich dadurch Wettbewerbsvorteile zu verschaffen. Das Unternehmen muss aber davon ausgehen können, dass langfristig dieser kurzfristig in Kauf genommene Verlust in Höhe von $(K - K_v)/x$ wieder ausgeglichen werden kann.

3.5 Faktornachfrage

Im Folgenden geht es im ersten Schritt darum, die für einen gleichen Gewinn kostenminimale bzw. gewinnmaximale Faktoreinsatzallokation zu bestimmen. Als notwendige Bedingung für das Optimum erhalten wir das so genannte **GRENZWERTPRODUKT** → GLOSSAR, an dem sich der Unternehmer „regelhaft" orientieren kann. Im zweiten Schritt wird dann danach gefragt, wie die optimale Faktornachfrage reagiert, wenn sich der Preis des jeweiligen Faktors verändert. Wir erhalten die **FAKTORNACHFRAGEKURVE** → GLOSSAR.

3.5.1 Bestimmung der gewinnmaximalen Faktoreinsatzmenge

Zur Bestimmung der Faktornachfrage suchen wir die für die Gewinnmaximierung erforderlichen Faktoreinsatzmengen. Im Vergleich zur Bestimmung des Güterangebotes muss aber nicht erst aufwendig eine von der Ausbringungsmenge abhängige Kostenfunktion bestimmt werden.

Beginnen wir mit der **formalen Analyse**. Unterstellt sei eine Gewinnfunktion, Π, mit einer Kostenfunktion, welche die Faktormengen enthält. Als Nebenbedingung wird eine (beschränkt) substitutionale Produktionsfunktion mit lediglich zwei Faktoren $x = f(r_1, r_2)$, unterstellt, die abnehmende Skalenerträge ($\delta < 1$) aufweist; alle anders verlaufenden Skalenerträge sind der Übersichtlichkeit halber vernachlässigt (sie machen auch ökonomisch nicht viel Sinn – die Argumentation für konstante und steigende Skalenerträge würde ähnlich der aussehen, wie wir sie gerade bei der Bestimmung des Güterangebots kennen gelernt haben). Nach Lösung des Optimierungsproblems erhalten wir als **notwendige Bedingung** für das Gewinnmaximum für jeden Produktionsfaktor das **Grenzwertprodukt** (GWP).

$$\Pi = p \cdot x - q_1 \cdot r_1 - q_2 \cdot r_2, \quad \text{u. d. N.:} \quad x = f(r_1, r_2)$$
$$L(x, r_1, r_2, \lambda) = p \cdot x - q_1 \cdot r_1 - q_2 \cdot r_2 - \lambda \cdot [x - f(r_1, r_2)]$$

1. $$\frac{\partial L}{\partial x} = p + \lambda = 0 \quad \Rightarrow \quad -\lambda = p$$

2. $$\frac{\partial L}{\partial r_1} = -q_1 - \lambda \cdot \frac{\partial x}{\partial r_1} = 0 \quad \Rightarrow \quad -\lambda = \frac{q_1}{\frac{\partial x}{\partial r_1}},$$

$$\text{wegen 1.:} \quad p = \frac{q_1}{\frac{\partial x}{\partial r_1}} \quad \Leftrightarrow \quad q_1 = \frac{\partial x}{\partial r_1} \cdot p \quad (\text{GWP}_1)$$

3. $$\frac{\partial L}{\partial r_2} = -q_2 - \lambda \cdot \frac{\partial x}{\partial r_2} = 0 \quad \Rightarrow \quad -\lambda = \frac{q_2}{\frac{\partial x}{\partial r_2}},$$

$$\text{wegen 1.:} \quad p = \frac{q_2}{\frac{\partial x}{\partial r_2}} \quad \Leftrightarrow \quad q_2 = \frac{\partial x}{\partial r_2} \cdot p \quad (\text{GWP}_2)$$

Die Gleichungen 2. und 3. jeweils nach p aufgelöst und gleichgesetzt:

$$\frac{q_1}{q_2} = \frac{\frac{\partial x}{\partial r_1}}{\frac{\partial x}{\partial r_2}} \tag{3.24}$$

Die Gleichungen 2. und 3. bilden für sich genommen die jeweiligen Grenzwertprodukte der Faktoren:

$$q_1 = \frac{\partial x}{\partial r_1} \cdot p, \quad q_2 = \frac{\partial x}{\partial r_2} \cdot p$$

Definition

Die **Grenzwertproduktregel** heißt allgemein für $i = 1, \ldots, m$:

$$q_i = \frac{\partial x}{\partial r_i} \cdot p \tag{3.25}$$

Bei den Grenzwertprodukten handelt es sich um die mathematischen Produkte, die jeweils auf den rechten Seiten der Gleichungen stehen. Die Grenzproduktivität des jeweiligen Faktors i, $\partial x/\partial r_i$, also die Gütermenge, die pro zusätzlich eingesetzter Einheit des Faktors i produziert werden kann, wird mit dem Güterpreis multipliziert, so dass der (Geld- bzw. Preis-) Wert angegeben wird, den diese zusätzlich eingesetzte Faktoreinheit erzeugt – dies ist das **Grenzwertprodukt**.

Während in den Gleichungen linksseitig die Faktorpreise stehen, also das, was der Unternehmer pro Faktoreinheit bezahlen muss, steht auf der rechten Seite das, was er pro zusätzlicher Ausbringungseinheit (an Wert/Geld) erhalten kann. Solange nun der Faktorpreis kleiner als das GWP ist, solange man für die zusätzlich eingesetzte Faktormenge weniger bezahlt als man bekommt, lohnt sich selbstverständlich der Einsatz dieser Faktormenge und folglich wird sie auch realisiert. Es lohnt sich somit die Faktormenge soweit zu erhöhen, bis der Betrag, den das Unternehmen für eine zusätzliche Faktoreinheit erhält (das GWP), gerade noch die Kosten für diese Faktoreinheit (q_i) deckt. Wenn das GWP unter die Faktorkosten fällt, wird der zusätzliche Faktoreinsatz mehr kosten als er einbringt – dieser zusätzliche Faktoreinsatz wäre nicht mehr lohnenswert. Das Gewinnmaximum liegt genau dort, wo eine zusätzliche Einheit eines jeden Faktors gerade noch den Kosten dieser Faktoreinheit entspricht, wo also gilt:

$$q_i = \frac{\partial x}{\partial r_i} \cdot p, \quad i = 1, \ldots m$$

Wie aus Formel 3.25 ersichtlich, muss im Gewinnmaximum für alle m (beliebige zwei) Faktoren das Verhältnis der Faktorpreise gleich sein dem Verhältnis der Grenzproduktivitäten dieser Faktoren.

$$\frac{q_1}{q_2} = \frac{\frac{\partial x}{\partial r_1}}{\frac{\partial x}{\partial r_2}}$$

Im Gewinnmaximum werden die Faktoren solange substituiert, bis ihre Grenzproduktivitäten ausgeglichen sind bzw. (weil die Faktorkosten mit zu berücksichtigen sind) die Grenzproduktivitäten pro Einheit eingesetzter Faktorkosten identisch sind.

$$\frac{\frac{\partial x}{\partial r_1}}{q_1} = \frac{\frac{\partial x}{\partial r_2}}{q_2} \qquad \left(\text{wegen} \quad p = \frac{q_1}{\frac{\partial x}{\partial r_1}};\ p = \frac{q_2}{\frac{\partial x}{\partial r_2}} \right)$$

Bei dieser Gleichung handelt es sich natürlich um nichts anderes als eine Umformulierung der Formel 3.25. Um einen Eindruck von der **grafischen Analyse** dieses wichtigen Optimierungsproblems zu bekommen, richten wir den Blick noch einmal auf die Gewinnfunktion $\Pi = p \cdot x - q_1 \cdot r_1 - q_2 \cdot r_2$.

Aus der Gewinnfunktion wird die Isogewinnlinie ermittelt, die zu gegebenen Güter- und Faktorpreisen (Steigung der Isogewinnlinie ist festgelegt) alle zugehörigen Faktoreinsatz- und Gütermengenallokationen angibt, die einen gleichen Realgewinn (Π/p) hervorrufen. Um zu einer grafischen Lösung zu gelangen, wird die Isogewinnlinie nach der Gütermenge x aufgelöst und nur die Veränderung des Faktors 2 betrachtet (Faktor 1 wird konstant gesetzt): wir erhalten die **Isogewinnlinie zum vorgegebenen realen Gewinnniveau**.

$$\frac{\bar{\Pi}}{p} = x - \frac{q_1}{p} \cdot \bar{r}_1 - \frac{q_2}{p} \cdot r_2 \qquad \text{Isogewinnlinie}$$

$$x = \frac{\bar{\Pi}}{p} + \frac{q_1}{p} \cdot \bar{r}_1 + \frac{q_2}{p} \cdot r_2 \qquad \text{Isogewinnlinie zum vorgegebenen realen Gewinnniveau.}$$

Das absolute Glied der Isogewinnlinie entspricht $\frac{\bar{\Pi}}{p} + \frac{q_1}{p} \cdot \bar{r}_1$. Die Isogewinnlinie 1 → vgl. Abbildung 3.41 zeigt alle (x^1, r_1^1, r_2^1)-Kombinationen an, die einen Gewinn in Höhe von Π^1 ermöglichen, wobei alle Kombinationen, die unterhalb und auf der Produktionsfunktion liegen, zumindest realisierbar wären. Der höhere Gewinn wäre jedoch durch die Wahl einer anderen Güter- und Faktormengenkombination möglich.

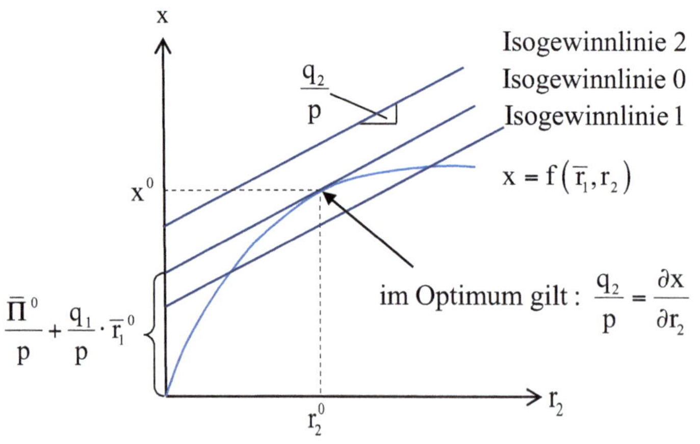

Abbildung 3.41: Gewinnmaximum nach der Grenzwertproduktregel

Ein Gewinn von Π^2 wäre niemals möglich, da keine Allokation existiert, mit der dieser Gewinn realisiert werden kann. Hingegen stellt Π^0 den maximalen Gewinn dar, denn keine andere Allokation als (x^0, r_1^0, r_2^0) kann ein höheres Gewinnniveau erzeugen. Grafisch wurde die Isogewinnlinie soweit nach oben verschoben (und somit das Gewinnniveau erhöht), bis die Produktionsfunktion tangiert wird. In diesem Punkt (x^0, r_1^0, r_2^0) muss die Steigung der Isogewinnlinie, q_2/p, mit der Steigung der Produktionsfunktion (Grenzproduktivität), $\partial x/\partial r_2$, übereinstimmen. Im Optimum muss somit für jeden Faktor i gelten: $\frac{q_i}{p} = \frac{\partial x}{\partial r_i}, \quad i = 1, \ldots m;$

für $i = 1{,}2$:

$$\frac{q_1}{p} = \frac{\partial x}{\partial r_1} \quad \text{und} \quad \frac{q_2}{p} = \frac{\partial x}{\partial r_2}; \quad \Rightarrow \quad \frac{q_1}{q_2} = \frac{\frac{\partial x}{\partial r_1}}{\frac{\partial x}{\partial r_2}}$$

Die formal abgeleiteten Ergebnisse sind somit bestätigt.

3.5.2 Faktornachfrage bei Veränderung des Faktorpreises (Faktornachfragekurve)

Wie bei der Bestimmung der Angebotsfunktion nach der zu jedem vorstellbaren Outputpreis gewinnmaximalen Outputmenge gefragt wurde, so interessiert bei der Faktornachfragefunktion, wie das Unternehmen einen bestimmten Input gewinnmaximal nachfragt, wenn sich der Preis dieses Inputs verändert hat.

Sei r_i^0 diejenige Faktoreinsatzmenge des Faktors i, mit welcher durch Herstellung der Outputmenge x^0 der maximale Gewinn in Höhe von Π^0 zum Faktorpreis q_i^0 erzielt wurde. Nun steige der Faktorpreis von q_i^0 auf q_i^1, was, c. p., einer Erhöhung der Produktionskosten entspricht. Die einzige Möglichkeit, die sich dem Unternehmen als Reaktion auf die gestiegenen Kosten bietet, ist der produktivere Einsatz des Faktors i. Eine höhere Produktivität kann das Unternehmen bei konkaven Technologien jedoch nur bei geringerem Einsatz des Faktors i realisieren (Steigung der Produktionsfunktion wird mit sinkendem Faktoreinsatz größer).

Für alle Punkte der Faktornachfragefunktion ist die Grenzwertproduktregel erfüllt:

$$\frac{\partial x}{\partial r_i} = \frac{q_i}{p} \quad \Leftrightarrow \quad q_i = p \cdot \frac{\partial x}{\partial r_i}$$

Die Faktornachfragefunktion nach einem Faktor i entspricht (bei einer Produktionsfunktion mit sinkenden Skalenerträgen) somit dem Grenzwertprodukt des Faktors (Grenzproduktivitätsfunktion multipliziert mit dem Güterpreis p). Wenn also der Faktorpreis des Faktors i von q_i^0 auf q_i^1 steigt, sinkt die gewinnmaximale Nachfragemenge von r_i^0 auf r_i^1 → vgl. Abbildung 3.42, S. 116. In ein Faktormengen-Faktorpreis-Diagramm eingetragen, ergibt sich die Faktornachfragekurve nach Faktor i durch Verbindung der gewinnmaximalen (Faktor-) Preis-Mengenkombinationen. Aufgrund des Verlaufs der Produktionsfunktion entsteht eine im Preis fallende Nachfragefunktion:

$$r_i^D = f_i\,(\bar{p}, \bar{q}_1, \ldots, q_i, \ldots, \bar{q}_m)$$

Mit $\frac{\partial r_i^D}{\partial q_i} < 0$ weist die Faktornachfrage einen normalen Verlauf auf. Veränderungen des Faktorpreises q_i führen zu einer Bewegung der Nachfrage entlang der Kurve. Änderungen des Outputpreises oder der Preise der anderen Produktionsfaktoren sind exogene Veränderungen und führen

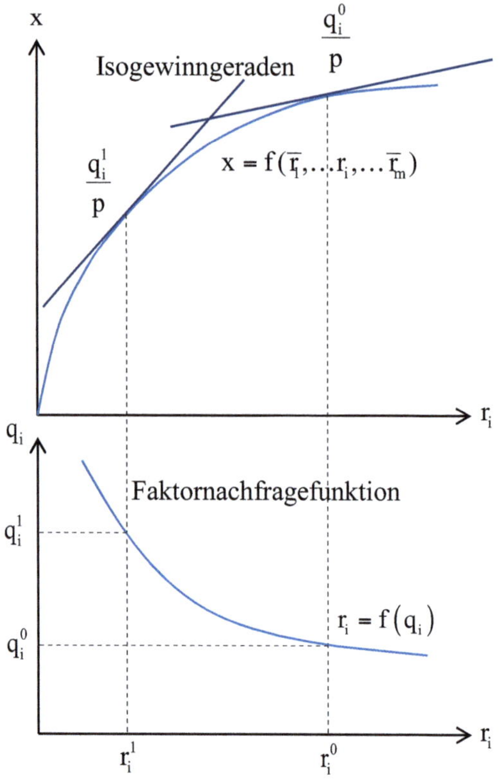

Abbildung 3.42: Herleitung der Faktornachfragefunktion

zu einer Verschiebung der Kurve. Eine gleichmäßige Veränderung aller Güter- und Faktorpreise lässt die nachgefragte Menge unverändert (Nachfrage ist homogen vom Grade 0 in den Preisen).

Zusammenfassung

In der Theorie der Unternehmung wurden die Unternehmer als Wirtschaftssubjekte behandelt, die am Ziel der Gewinnmaximierung orientiert sind. Es wurde ausschließlich der Fall der vollständigen Konkurrenz betrachtet. Im Bestreben ihren Gewinn zu maximieren, sind die Unternehmen gezwungen, Restriktionen, die in erster Linie in Form technologischer Beschränkungen bestehen, zu bewältigen. Angesichts vom einzelnen Unternehmen nicht beeinflussbarer Güter- und Faktorpreise besteht der einzige Weg für die Unternehmen, sich zu behaupten, darin, technisch effizient und Kosten sparend zu produzieren. Das (ökonomisch relevante) Handeln der Unternehmen äußert sich in den Lösungen ihres Optimierungsproblems: den Güterangeboten und Faktornachfragen.

Kontrollfragen und Aufgaben

1. Erörtern Sie das Minimum- und Maximumprinzip in der Produktion.
2. Welche Annahmen werden bei der Theorie der Unternehmung getroffen?
3. Was ist ein Produktionsplan?
4. Was versteht man unter technischer Effizienz?
5. Was beschreibt die Produktionsfunktion?
6. Erklären Sie den Unterschied zwischen der substitutionalen und der limitationalen Produktionsfunktion.
7. Welche Arten der Mehrprodukt-Unternehmen werden unterschieden?
8. Erläutern Sie die partielle Ertragsfunktion und in diesem Zusammenhang die Grenzproduktivität.
9. Was ist eine Isoquante und wie nennt man ihre Steigung?
10. Wie ist die Skalenelastizität definiert?
11. Was wird unter einer homogenen Funktion verstanden?
12. Was sagt die Kontraktkurve aus?
13. Was beinhaltet die Minimalkostenkombination?
14. Definieren Sie die Begriffe fixe und variable Kosten.
15. Was versteht man unter einer Kostenfunktion?
16. Grenzen Sie kurzfristige und langfristige Kosten voneinander ab.
17. Was versteht man unter Grenzertrag und Grenzwertprodukt?
18. Wie können Unternehmen ihre Gewinne maximieren?
19. Charakterisieren Sie den Begriff Güterangebot.
20. Was versteht man unter der Faktornachfrage?
21. Zeichnen Sie den Verlauf einer partiellen Produktionsfunktion vom Typ Cobb-Douglas mit abnehmenden Grenzerträgen sowie die dazugehörigen Verläufe der Grenz- und Durchschnittskurven → vgl. Abschnitt 3.2.1.1, S. 78 ff.
22. Veranschaulichen Sie grafisch zunehmende, konstante und abnehmende Skalenerträge → vgl. Abschnitt 3.2.1.1, S. 78, insbesondere S. 85.
23. Stellen Sie die Grenz- und Stückkostenkurven von unterlinear, linear und überlinear verlaufenden Gesamtkostenverläufen dar → vgl. Abschnitt 3.3.1 und 3.3.2, S. 97 ff.
24. Stellen Sie das Gewinnmaximum eines Unternehmens grafisch anhand einer Ertrags- und überlinear verlaufenden Kostenfunktion und der zugehörigen Grenz- und Durchschnittskurven dar → vgl. Abschnitt 3.4.1, Abb. 3.36, S. 107.

25*. Das Unternehmen Effektiv produziert gemäß der Produktionsfunktion $x = 6 \cdot r_1^{0,5} \cdot r_2^{0,5}$ einen Output von 96 Einheiten, und zwar mit $r_1 = r_2 = 16$ Einheiten der Faktoren 1 und 2.
   a) Produziert das Unternehmen die angegebene Output-Input-Allokation effizient, falls die Faktorpreise $q_1 = 6$ und $q_2 = 24$ betragen?
   b) Wie groß muss das Verhältnis der Inputpreise sein, damit die Faktorkombination von $r_1 = r_2 = 16$ effizient produziert wird?
   c) Bestimmen Sie die MKK der Produktion mit einer Ausbringungsmenge von 360 Stück bei Faktorpreisen von $q_1 = 5$ und $q_2 = 20$.

26*. Die Produktion einer Tonne Beton erfordert jeweils 800 Kilogramm (kg) Zement und 200 Liter (l) Wasser.
   a) Geben Sie diesen produktionstechnischen Zusammenhang durch eine Produktionsfunktion wieder. Die Produktionsfunktion ist auf Kilogramm zu normieren.
   b) Wie viel Beton kann mit 4.400 kg Zement und 1.200 l Wasser produziert werden?

27*. Der Medikamentenhersteller Gutmensch produziert die Kopfschmerztablette „Keil plus“ mit der homogenen Produktionsfunktion $x = f(r_1, r_2) = r_1^{1/2} \cdot r_2^{1/2}$. Dabei sind die Faktoren 1 und 2 wertvolle Zutaten, von denen der erste 180 Euro und der zweite 20 Euro kostet.

a) Wie groß sind Skalenelastizität und Homogenitätsgrad der Funktion?

b) Wie lautet die Faktoreinsatzmenge von jedem Input, wenn das Unternehmen einen Output zu Minimalkosten produzieren möchte?

c) Geben Sie die Grenzkosten und die Durchschnittskosten an!

Literatur

Zu den Eigenschaften verschiedener Produktionsfunktionen siehe etwa HENDERSON/QUANDT [1983], S. 107–127, und speziell zu den CES-Produktionsfunktion, S. 113–116.

Eine sehr fundierte, tiefgehende, umfassende und dennoch sehr verständliche Abhandlung der Theorie der Firma bieten ENDRES/MARTIENSEN [2007], S. 199–297.

Eine sehr strukturierte Analyse leisten auch v. BÖVENTER/ILLING et al. [1997], S. 139–213.

4 Märkte und Gleichgewichte

Zu diesem Kapitel wird ein **eLearning-Kurs** angeboten.
Link oder QR-Code führen Sie zu den Fragen:

Märkte und Gleichgewichte
▸https://narr.kwaest.io/s/1401

Übersicht

Bislang wurde das Verhalten der einzelnen „repräsentativen" Wirtschaftssubjekte untersucht und im Ergebnis die individuellen Nachfragen und Angebote der Güter und Faktoren als Lösung der jeweiligen Optimierungskalküle erreicht → vgl. Kapitel 2, S. 23 und → 3, S. 73. Jetzt wird danach gefragt, was passiert, wenn eine Vielzahl von Haushalten und Unternehmen auf den Güter- und Faktormärkten zusammentrifft, wobei natürlich alle Marktteilnehmer unabhängig voneinander ihre Entscheidungen gemäß ihrer individuellen Interessenlagen, d. h. ihrer Nutzen- und Gewinnmaximierungskalküle, treffen. Wie werden die unterschiedlichen Interessen koordiniert, können sie überhaupt koordiniert werden und welches wären mögliche Ergebnisse? Unter den Prämissen des vollkommenen Marktes werden zunächst Gleichgewichte auf Märkten für einzelne Güter (Partialmärkte) untersucht → vgl. Abschnitt 4.2, S. 122 und im Rahmen der allgemeinen Gleichgewichtsanalyse die **GLEICHGEWICHTE** → GLOSSAR auf mehreren Märkten betrachtet → vgl. Abschnitt 4.3, S. 131. Der Einfachheit halber ist die Zahl der Marktteilnehmer und Güter bzw. Faktoren auf zwei beschränkt. Im Mittelpunkt der Gleichgewichtsanalyse stehen Aussagen über die Effizienz und Wohlfahrtswirkungen von Marktgleichgewichten und damit des Marktsystems → vgl. Abschnitt 4.3.2, S. 139. Jedoch werden auch die verschiedenen Grenzen der Aussagekraft der Gleichgewichtstheorie diskutiert und Wege angesprochen, wie diese Grenzen zu überwinden sind → vgl. Abschnitt 4.4, S. 149.

4.1 Einleitung

Offensichtlich scheinen in der Wirklichkeit Koordinationsmechanismen zu existieren, die Millionen von täglich unabhängig voneinander agierenden Menschen ein vergleichsweise hohes wirtschaftliches Versorgungsniveau ermöglichen – zumindest gilt dies für die meisten der in den Industrie- und Dienstleistungsstaaten lebenden Menschen. Die verschiedensten Interessen und Wünsche dieser vielen Menschen werden auf einer Vielzahl unterschiedlichster Märkte koordiniert. Wie ein solches „Wunder" möglich ist, versucht die Theorie vom allgemeinen Gleichgewicht zu beantworten, und ADAM SMITH (1723–1790) war wohl der erste, der die schöne Vorstellung vom Gleichgewicht ganzer Volkswirtschaften und Gesellschaften mit dem **System der natürlichen Freiheit** und der Metapher von der **unsichtbaren Hand** verband. Er leitete daraus ab, dass sich sämtliche Wirtschaftssubjekte wie von einer unsichtbaren Hand gesteuert in einer für die Gesamtheit optimalen Weise verhalten, wenn denn nur jeder in der Lage ist, seine eigenen Interessen uneingeschränkt zu verfolgen. LÉON WALRAS (1834–1910) versuchte die Idee eines allgemeinen Gleichgewichts formal aufzuzeigen und fragte nach den Bedingungen, wie ein Gleichgewicht zustande kommt und welche Eigenschaften es aufweist. ABRAHAM WALD (1902–1950) lieferte 1936 den Beweis für die Existenz von Gleichgewichtspreisen und KENNETH J. ARROW (1921–2017) und GERARD DEBREU (1921–2004) bewiesen die Existenz eines allgemeinen Gleichgewichts im Falle einer großen (gegen unendlich gehenden) Zahl von

Wirtschaftssubjekten und Märkten und erhielten nicht zuletzt dafür den Nobelpreis der Wirtschaftswissenschaft (Arrow 1972 und Debreu 1983). Freilich handelt es sich um rigorose modelltheoretische Formulierungen, denen die Annahmen des vollkommenen Marktes zugrunde liegen.

4.2 Gleichgewichte auf Partialmärkten

Beginnen wir mit dem ersten Schritt, der Zusammenfassung der wirtschaftlichen Aktivitäten der Wirtschaftssubjekte: Es stehen sich die Nachfrager und Anbieter gegenüber: a) die Haushalte als Nachfrager nach Gütern und als Anbieter von Faktoren, b) die Unternehmen als Anbieter der Güter und Nachfrager von Faktoren. Soll z. B. die gesamte Nachfrage auf dem Markt des Gutes i bestimmt werden, so werden die Nachfragen der einzelnen Haushalte nach dem Gut i summiert. Entsprechend erfolgt die Bestimmung des Gesamtangebots an Gut i durch Addition der Angebote der einzelnen Unternehmen, die das Gut i herstellen. Zu gegebenen Preisen wird somit gefragt, welche Mengen die einzelnen Haushalte an Gut i (als Lösung ihrer Nutzenmaximierungskalküle) nachfragen und die Unternehmen (als Lösung ihrer Gewinnmaximierungskalküle) anbieten. Angenommen, jeder Konsument und Unternehmer verfügt über Nachfrage- bzw. Angebotsfunktionen an Gütern, wie sie in den Kapiteln 2 →vgl. S. 23 und 3 →vgl. S. 73 beschrieben wurden. In diesem Fall müssten, um zur Gesamtnachfragekurve zu gelangen, „einfach nur" die einzelnen Nachfragekurven addiert werden. Entsprechend wären die einzelnen Angebotsfunktionen zur Ermittlung der Güterangebotskurve zu summieren.

Die **Gesamtnachfrage** von H Haushalten **nach einem beliebigen Gut** lautet folglich:

$$x^D(p) = \sum_{h=1}^{H} x_h^D(p)$$

In der grafischen Lösung werden für das Gut zum jeweiligen Preis die Nachfragen (hier: von drei Haushalten) horizontal addiert.

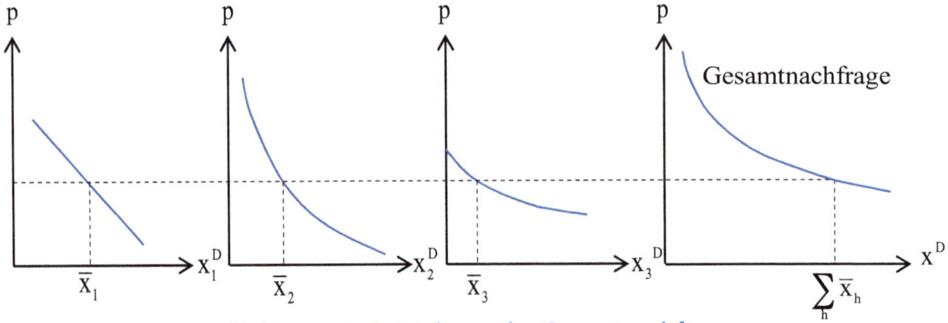

Abbildung 4.1: Entstehung der Gesamtnachfrage

Die Gesamt- oder Marktnachfragefunktion eines Gutes gibt zu jedem Preis die Nachfragemengen sämtlicher Haushalte nach diesem Gut an. Folglich wird die Marktnachfragefunktion flacher als jede individuelle Nachfragefunktion verlaufen, weil jedem Preis eine größere Menge zugeordnet wird. Bei sehr vielen Konsumenten wird die Kurve daher extrem flach verlaufen, so dass, um zu einem „sichtbaren" Ergebnis zu gelangen, eine Transformation der Maßstäbe vorgenommen wird. Dies ist im Rahmen empirischer Betrachtungen die Regel, die Grafik wird etwa in einem halb-logarithmischen Maßstab dargestellt. Natürlich müssen die individuellen Nachfrageverläufe nicht durchgehend einen typischen Verlauf aufweisen; atypische Verläufe sind ebenso möglich. Es ist aber davon auszugehen, dass atypische Verläufe „in der Masse untergehen", die Gesamtmarktnachfragen also überwiegend normale (mit steigenden Preisen fallende) Verläufe aufweisen werden.

Analog zur Gesamtnachfrage auf einem Gütermarkt lässt sich die **Gesamtnachfrage** von K Unternehmen **auf einem beliebigen Faktormarkt** bilden als

$$r^D(q) = \sum_{k=1}^{K} r_k^D(q)$$

Grafisch kann der zugehörige Kurvenverlauf analog zu dem der Gesamtnachfrage auf dem Gütermarkt ermittelt werden.

Die Aggregation der einzelnen Güter- und Faktorangebotsfunktionen zur Gesamt- oder Marktangebotsfunktion erfolgt nach genau dem gleichen Schema wie die Aggregation der Nachfragen: Es werden zu jeweiligen Preisen die Mengen horizontal addiert, die von den einzelnen K Unternehmen (als Ergebnis Ihres Gewinnmaximierungskalküls) an Gütern angeboten bzw. an Faktoren nachgefragt werden. Als **Güterangebotsfunktion des Marktes für ein beliebiges Gut** erhalten wir:

$$x^S(p) = \sum_{k=1}^{K} x_k^S(p)$$

Aus den angenommenen **ANGEBOTSKURVEN** → GLOSSAR eines Gutes von drei Unternehmen lässt sich grafisch folgende Gesamtangebotsfunktion herleiten, wobei in den meisten Fällen ein typischer Verlauf (einer im Preis steigenden Menge) unterstellt werden kann. Wie bei der Gesamtnachfrage → vgl. Abschnitt 4.2, S. 122 nach einem Gut, ist auch beim Gesamtangebot von einem flacheren Verlauf des Graphen auszugehen, da mit jedem weiteren Angebot (bei gleichem Preis) die Gesamtmenge vergrößert wird.

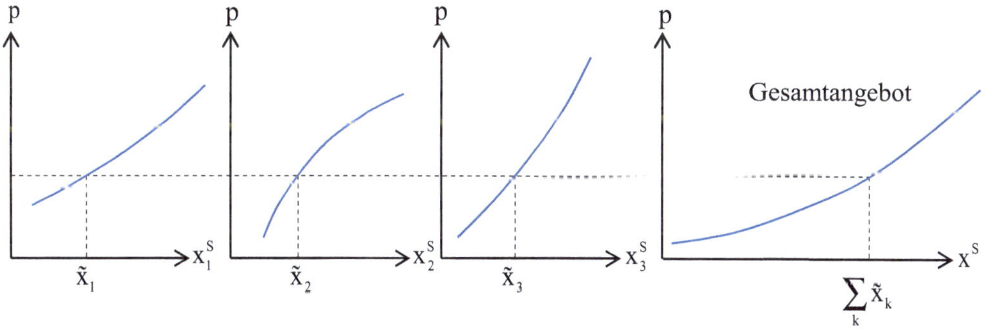

Abbildung 4.2: Entstehung des Gesamtangebots

Analog zu Gesamtangebot auf einem Gütermarkt lässt sich das **Gesamtangebot** der H Haushalte **auf einem beliebigen Faktormarkt** bilden als

$$r^S(q) = \sum_{h=1}^{H} r_h^S(q)$$

Nachdem geklärt ist, wie die Gesamtnachfragen und -angebote auf den einzelnen Märkten entstehen, werden diese nun gegenübergestellt. Nachfragen und Angebote treffen aufeinander. Auf dem Markt entscheidet sich, welche Menge eines Gutes oder eines Faktors tatsächlich getauscht wird. Erst wenn sich genügend Anbieter (Nachfrager) finden, die zu einem bestimmten Preis bereit sind genau die Menge zu verkaufen (kaufen), die die Nachfrager (Anbieter) zu diesem Preis auch tatsächlich zu kaufen (verkaufen) bereit sind, findet der wirkliche Tausch statt. Es ist also der **Gleichgewichtspreis**, der die Nachfragen und Angebote zum Ausgleich bringt. Die zugehörige (tatsächlich getauschte) Menge heißt **Gleichgewichtsmenge**. Grafisch ergibt sich das Gleichgewicht $(x^*, \ p^*)$ auf einem einzelnen Markt aus dem Schnittpunkt der Gesamtnachfrage- und Gesamtangebotskurve. Da natürlich alle Punkte, sowohl auf der Gesamtnachfrage- als auch auf der Gesamtangebotsfunktion, Ergebnisse individueller Optimierungskalküle sind, gilt dies selbstverständlich auch für den Gleichgewichtspunkt. M.a.W.: die Realisation des Gleichgewichtspunktes spiegelt eine Menge und einen Preis wider, bei dem die Wirtschaftssubjekte ihre Nutzen bzw. ihre Gewinne maximiert haben.

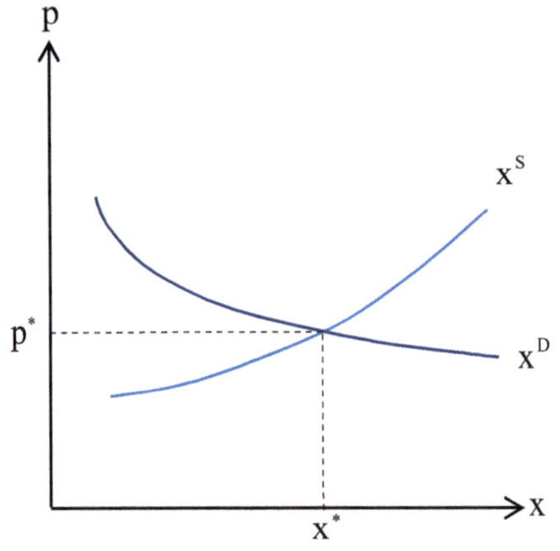

Abbildung 4.3: Schnittpunkt von Angebots- und Nachfragekurve

Diejenigen, die nicht zum Zuge gekommen sind, weil sie ihre Mengen nur zu einem höheren Preis bzw. niedrigeren Preis als p^* auf dem Markt angeboten bzw. nachgefragt haben, nehmen – als Ergebnis ihrer jeweiligen Optimierungskalküle – nicht am Tausch teil, d. h. sie erhalten einen höheren Nutzen bzw. Gewinn daraus, dass sie die Güter bzw. Faktoren nicht kaufen oder verkaufen. Liegt ein Preis unterhalb des Gleichgewichtspreises, so wird bei unterstellten Kurvenverläufen eine höhere Nachfrage- als Angebotsmenge vorliegen – man spricht von **ÜBERSCHUSSNACHFRAGE** →GLOSSAR. Bei einem Preis oberhalb des Gleichgewichtspreises übersteigt das Angebot die Nachfrage – es handelt sich um ein **Überschussangebot** oder auch eine negative Überschussnachfrage. Die Überschussnachfrage nach einem Gut oder Faktor setzt sich zusammen aus der Gesamtnachfrage minus dem Gesamtangebot. Sie gibt an, ob zu einem bestimmten Preis von einem Gut mehr nachgefragt als angeboten (Überschussnachfrage ist positiv) oder mehr angeboten als nachgefragt wird (Überschussnachfrage ist negativ). Die Überschussnachfrage wird allgemein mit dem Buchstaben „e“ (= *excessive demand*) abgekürzt:

$e_x(p) = x^D(p) - x^S(p)$ bei Gütern bzw. $e_r(p) = r^D(p) - r^S(p)$ bei Faktoren

$e(p) > 0$ Überschussnachfrage

$e(p) < 0$ Überschussangebot (negative Überschussnachfrage)

In nachstehendem Schaubild ist die Überschussnachfrage nach einem beliebigen Gut abgebildet.

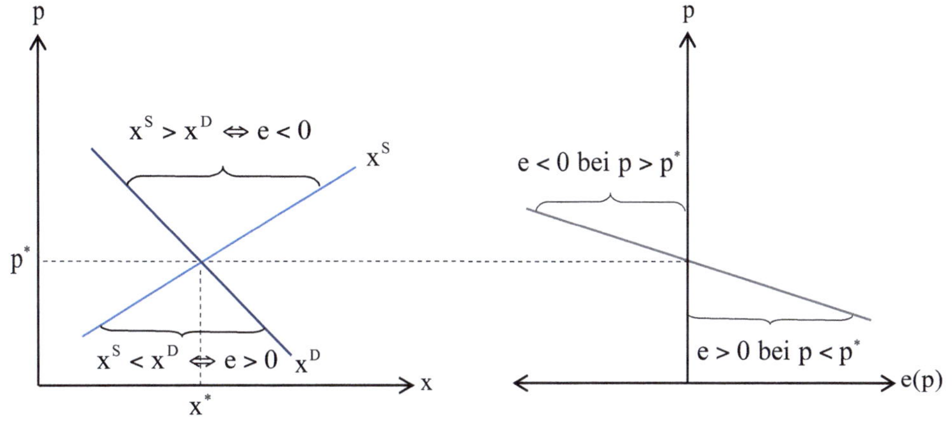

Abbildung 4.4: Überschussnachfrage nach einem beliebigen Gut

Das Gleichgewicht ist offensichtlich dort gegeben, wo ein Preis p^* die Nachfragen und Angebote der Wirtschaftssubjekte zum Ausgleich bringt, also die Überschussnachfrage Null beträgt:

$$x^D(p^*) = x^S(p^*) \quad \Leftrightarrow \quad e(p^*) = 0.$$

Bezüglich der Eigenschaften von Gleichgewichten werden in der Mikroökonomik traditionell drei Fragen gestellt: 1. Unter welchen Bedingungen kommt ein Gleichgewicht zustande (**Existenz** eines Gleichgewichts)? 2. Ist das Gleichgewicht **eindeutig** oder existieren etwa mehrere Gleichgewichte? 3. Sobald ein Gleichgewicht erreicht ist, wird es verharren bzw. was passiert, wenn ein Gleichgewicht einmal verlassen wurde? Gibt es Mechanismen/Kräfte, welche die Angebote und Nachfragen wieder zurück zum Gleichgewicht führen (**Stabilität** von Gleichgewichten)? Hier soll es genügen, eine Intuition von den (ansonsten mathematisch recht aufwendigen) Antworten zu diesen Fragen zu vermitteln → vgl. Literatur am Kapitelende, S. 165.

Merksatz

Ein **Gleichgewicht existiert**, wenn es (mindestens) einen Schnittpunkt von Gesamtnachfrage- und Gesamtangebotsfunktion gibt, also mindestens ein Preis p^* vorhanden ist, zu dem Gesamtnachfrage und Gesamtangebot ausgeglichen sind bzw. die Überschussnachfrage gleich Null ist. Das Gleichgewicht ist darüber hinaus **eindeutig**, wenn es nur einen einzigen Schnittpunkt von Gesamtnachfrage und Gesamtangebot gibt.

In Abbildung 4.5 → vgl. S. 126 ist jeweils ein Beispiel für ein eindeutiges und ein multiples Gleichgewicht gegeben. Von Stabilität eines Gleichgewichtes wird dann gesprochen, wenn bei Vorliegen eines von p^* abweichenden Preises ein Mechanismus in Gang gesetzt wird, der wieder zum Gleichgewicht führt.

Gehen wir erneut vom normalen Gesamtnachfrage und -angebotsverlauf aus, wie er in Abbildung 4.4 vorliegt. Zu niedrigeren Preisen als p^* sind die Anbieter lediglich bereit, eine geringe Menge zu produzieren, während die Nachfrager gerne besonders viel von dem Gut einkaufen möchten. Um in den Genuss einer größeren Menge des Gutes zu gelangen, werden die Nach-

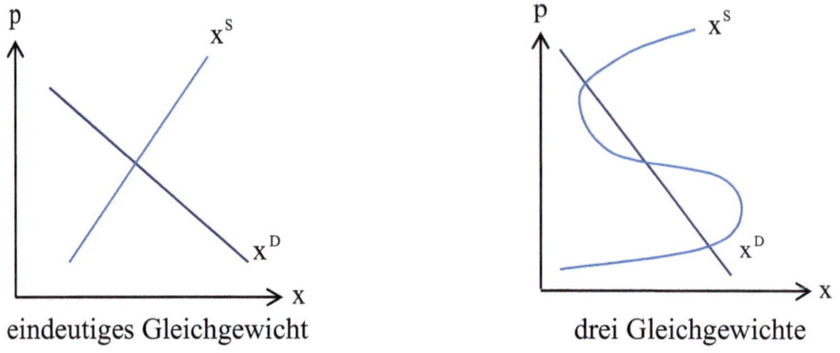

Abbildung 4.5: Eindeutige und multiple Gleichgewichte

frager entsprechend ihrer Präferenzen und Zahlungsfähigkeit bereit sein, einen höheren Preis zu zahlen. Natürlich werden mit dem ansteigenden Preis einige Nachfrager das Gut nicht mehr oder in nur noch geringerer Menge besitzen wollen. Die Nachfragemenge wird also eingeschränkt, was eine Annäherung an die Angebotsmenge bewirkt. Andererseits werden die Anbieter bei steigendem Preis entsprechend ihrer Optimierungskalküle eine höhere Menge offerieren, die sich in Richtung der nachgefragten Menge bewegt. Ist ein Preis p^* gefunden, zu dem die Interessen zum Ausgleich gebracht sind, die Überschussnachfrage abgebaut ist, so liegt das Gleichgewicht vor. Bei einer Überschussnachfrage wird es somit einen Preisanstieg geben, der zum Gleichgewicht führt. Bei Preisen oberhalb von p^* herrscht eine negative Überschussnachfrage, da der hohen Angebotsmenge keine ausreichende Nachfrage gegenübersteht. Ein Preissenkungsprozess wird die Anbieter zur Angebotsreduktion und die Nachfrager zur Ausweitung der Nachfragemenge veranlassen, so dass auch in diesem Fall das Ungleichgewicht in Gestalt des Überschussangebotes abgeschmolzen und das Gleichgewicht erreicht wird. M.a.W.: Bei einer negativen Überschussnachfrage wird ein Preissenkungsprozess zum Gleichgewicht führen. Dieser Prozess von Nachfrage- und Angebotsmenge über den Preis ist auch als **Preisanpassungshypothese** bekannt und geht auf **Léon Walras** zurück:

$$\begin{aligned} e > 0 \quad &\Rightarrow \quad p\uparrow \quad \rightarrow \quad p^* \\ e = 0 \quad &\Rightarrow \quad p^* \\ e < 0 \quad &\Rightarrow \quad p\downarrow \quad \rightarrow \quad p^* \end{aligned} \tag{4.1}$$

Ein Gleichgewicht kann unter diesen Bedingungen als stabil betrachtet werden. Ganz anders sieht es aus, wenn zu hohen Preisen, statt einem Überschussangebot, eine Überschussnachfrage bzw. zu niedrigen Preisen ein Überschussangebot vorliegt. Überwiegt etwa bei hohen Preisen die Nachfrage, so führt jede weitere Preissteigerung zu einer verstärkten Überschussnachfrage. Bei niedrigen Preisen führt eine weitere Preissenkung zu einem sich verstärkenden Überschussangebot. In Abbildung 4.6 → vgl. S. 127 ist ein solcher Fall verdeutlicht. Die sich verstärkende Entfernung vom Gleichgewicht ist auf den anormalen Verlauf der Angebotsfunktion zurückzuführen.

Widmen wir uns noch weiter der zentralen Frage, wie ein Gleichgewicht auf Märkten überhaupt zustande kommt. Walras entwickelte das Modell vom Auktionator, der, analog der Bildung von Wertpapierkursen an der Börse, den Gleichgewichtspreis durch einen Prozess des Sich-Herantastens, dem so genannten **TÂTONNEMENT-PROZESS** → GLOSSAR, nähert. Der Auktionator ruft einen Preis aus, zu dem die Anbieter und Nachfrager ihre Mengeninformationen gemäß ihrer Optimalitätskalküle bekannt geben. Anhand dieser Informationen ermittelt der Auktionator

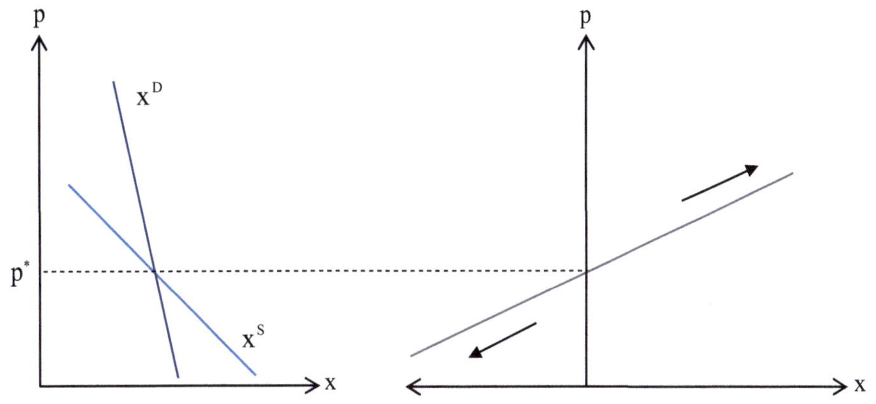

Abbildung 4.6: Resultat aus einer anormalen Angebotsfunktion

eine vorliegende Überschussnachfrage bzw. ein Überschussangebot, korrigiert den Preis entsprechend der Preisanpassungsregel und ruft den Preis erneut aus. Erneut machen Anbieter und Nachfrager Mengenaussagen usw. Dieser Prozess setzt sich solange fort, bis der Gleichgewichtspreis ermittelt ist und der Tausch realisiert werden kann. In der Realität ist jedoch kaum von solchen „Börsenverhältnissen" auszugehen, und vor allem ist die Figur eines zentralen Auktionators, bei dem sämtliche Informationen zusammenlaufen und der letztlich den Gleichgewichtspreis errechnet, nicht gegeben. Hier stellt sich die Frage, wie die Wirtschaftssubjekte auf Überschussnachfragen und -angebote reagieren, der Weg zum Gleichgewicht also tatsächlich erreicht wird. Wenngleich im Modell des vollkommenen Marktes unendlich schnelle Preisanpassungsprozesse unterstellt sind, soll dieser Anpassungsprozess „etwas verlangsamt" dargestellt werden.

Das wohl bekannteste Modell, wie ein Gleichgewicht unter Berücksichtigung der Zeit gebildet wird, ist das **COBWEB- ODER SPINNENGEWEBE-MODELL** → GLOSSAR. Zur Beschreibung des Modells wird davon ausgegangen, dass in einer Periode 0, aufgrund bestehender hoher Verkaufspreise und guter Absatzzahlen, die Anbieter für die nächste Periode 1 beschließen, von dem Gut eine große Menge zu produzieren – sie rechnen sich gute Gewinnchancen aus. Diese Überlegungen werden von vielen Anbietern getroffen, so dass in Periode 1 zum Preis p^1 eine relativ große Menge x^1 auf dem Markt angeboten wird → vgl. Abbildung 4.7, S. 128. Die Menge x^1 sind die Nachfrager aber nicht zu p^1 abzunehmen gewillt, so dass ein Angebotsüberschuss entsteht, der einen Preisrückgang auf p^2 bewirkt, denn nur zum Preis p^2 können die Anbieter die Menge x^1 absetzen. Aufgrund ihrer Enttäuschung in Form der Mindereinnahmen $(p^1 - p^2) \cdot x^1$ werden die Anbieter in der folgenden Periode 2 die Menge x^2 nur noch zum Preis p^2 anbieten. Der bestehende Nachfrageüberschuss beim Preis p^2 veranlasst aber einige Nachfrager, die bereit sind, mehr für das Gut zu zahlen, wenn sie es denn nur bekommen, höhere Preise zu bieten, und so wird die gesamte Menge x^2 zum Preis p^3 in Periode 3 verkauft. Von den Mehreinnahmen $(p^3 - p^2) \cdot x^2$ angelockt, wollen die Anbieter in der nächsten Periode 3 wieder mehr Profit erzielen und sie bieten zum Preis p^3 die Menge an. Dieser Prozess, der zweifellos Lernfähigkeit bei den Wirtschaftssubjekten ausschließt, wird solange fortgesetzt, bis das Gleichgewicht bei x^*, p^* erreicht ist.

Aber Vorsicht: Solch ein konvergenter Prozess zum Gleichgewicht liegt nur vor, wenn die Angebotskurve einen steileren Verlauf als die Nachfragekurve aufweist. Die Nachfrager verursachen eine Preisanpassung, indem sie mit ihrer Nachfrage auf ein von den Anbietern in einer Periode

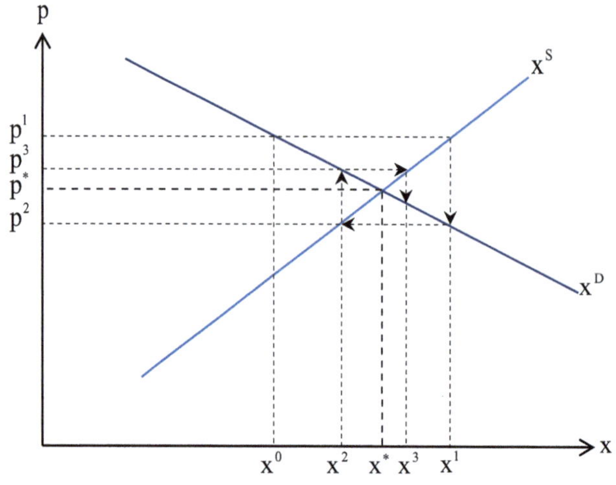

Abbildung 4.7: Cobweb- oder Spinnengewebe-Modell

vorgelegtes Angebot reagieren, während die Anbieter in der Folgeperiode ihre Menge an den jeweils vorherrschenden Preis anpassen. Je steiler der Verlauf der Angebotskurve, desto geringer ist die Mengenänderung, mit der die Anbieter auf den veränderten Preis reagieren. Andererseits passen die Nachfrager den Preis umso stärker an eine Mengenänderung an, je steiler die Nachfragekurve verläuft. Verläuft nun die Angebotskurve steiler als die Nachfragekurve, so stellen sich die Anbieter mit ihrer Menge auf den veränderten Preis ein, woraufhin jedoch die Nachfrager den Preis um etwas weniger als die ursprüngliche Änderung, die die Angebotsanpassung ausgelöst hat, korrigieren. Für eine konvergente oder stabile Entwicklung zum Gleichgewicht muss also gelten, dass die Angebotskurve eine stärkere Steigung als die Nachfragekurve aufweist. Verläuft hingegen die Nachfragekurve steiler als die Angebotskurve, so haben wir es mit einem divergenten Prozess zu tun, da eine Preissetzung stattfindet, die immer weiter vom Gleichgewicht wegführt → vgl. Abbildung 4.8, S. 129.

Stimmen die Steigungen von Nachfrage- und Angebotskurve überein, setzen sich Überschussangebote und -nachfragen von Periode zu Periode fort, so dass ein Gleichgewicht niemals erreicht werden kann → vgl. Abbildung 4.9, S. 129.

Die überaus wichtige Frage nach dem Zustandekommen von Gleichgewichtspreisen soll anhand der folgenden formalen Überlegung noch einmal vertieft werden. Ausgegangen wird, wie in den vorangegangenen Abbildungen auch, von linearen Nachfrage- und Angebotsfunktionen. Machen wir uns auch die gerade gewonnene Erkenntnis zunutze, dass die Nachfrager auf eine zu bestimmten Preisen angebotene Menge unmittelbar reagieren, durch ihre Nachfrage noch in der Periode einen Preisanpassungsprozess auslösen und die Anbieter dieses Nachfrageverhalten sowie die tatsächlich realisierten Preise zum Anlass nehmen, ihre Mengenplanung für die Folgeperiode zu bestimmen. Dieses Verhalten wird nunmehr durch folgende Gleichungen ausgedrückt:

$$x_t^D(p_t) = a + b \cdot p_t \quad \Rightarrow \quad p_t = f^{-1}(x_t^D) = \frac{1}{b} \cdot x_t^D - \frac{a}{b}, \quad \text{mit } a > 0, b < 0$$

$$x_t^S(p_{t-1}) = c \cdot p_{t-1} \quad \Rightarrow \quad p_{t-1} = f^{-1}(x_t^S) = \frac{x_t^S}{c}, \quad \text{mit } c > 0$$

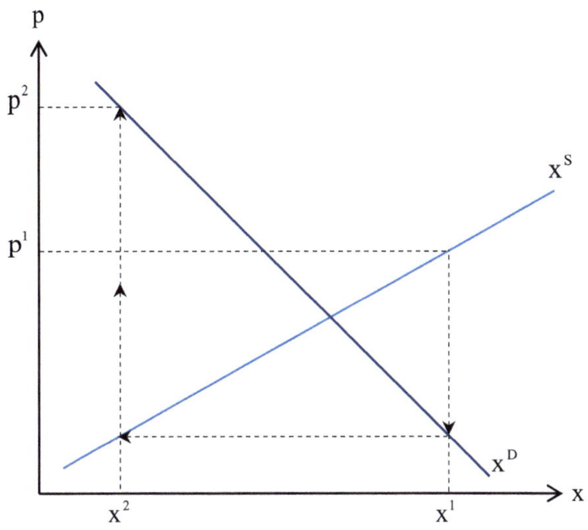

Abbildung 4.8: Divergenter Prozess führt weg vom Gleichgewicht

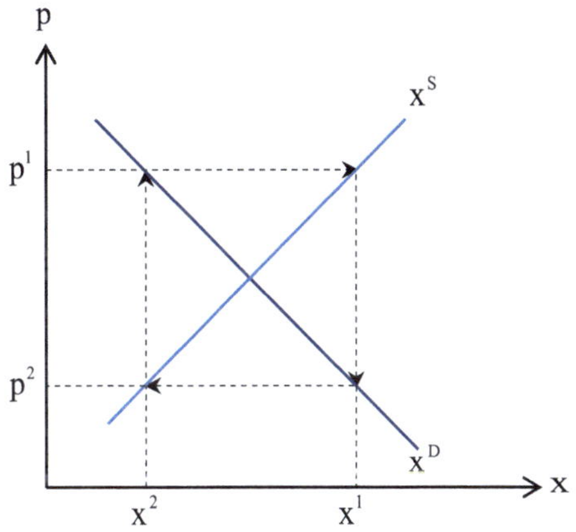

Abbildung 4.9: Kein Gleichgewicht bei gleichen Steigungen

Die Steigung der Nachfragefunktion lautet:

$$\frac{dp_t}{dx_t^D} = \left|\frac{1}{b}\right|$$

und die der Angebotsfunktion:

$$\frac{dp_t}{dx_t^S} = \frac{1}{c}$$

Um eine Gleichung über das Zustandekommen des Preises zu erhalten, bei dem Marktnachfrage und Marktangebot ausgeglichen sind, wird durch Gleichsetzen der Nachfrage- und Angebotsmengen eine Differenzengleichung der Preise entwickelt. In den einzelnen Perioden ergeben sich folgende Preisanpassungen:

$$
\begin{aligned}
p_1 &= \frac{c}{b}\cdot p_0 - \frac{a}{b} \\
p_2 &= \frac{c}{b}\cdot p_1 - \frac{a}{b} \quad = \frac{c}{b}\cdot\left(\frac{c}{b}\cdot p_0 - \frac{a}{b}\right) - \frac{a}{b} \quad = \left(\frac{c}{b}\right)^2\cdot p_0 - \frac{a}{b}\cdot\left(\frac{c}{b}+1\right) \\
&\vdots \\
p_t &= \left(\frac{c}{b}\right)^t\cdot p_0 - \frac{a}{b}\cdot\left[\left(\frac{c}{b}\right)^{t-1} + \ldots + \left(\frac{c}{b}\right)^2 + \frac{c}{b} + 1\right] = \left(\frac{c}{b}\right)^t\cdot p_0 - \left(\frac{a}{b}\right)\cdot\frac{1-\left(\frac{c}{b}\right)^t}{1-\left(\frac{c}{b}\right)}
\end{aligned}
$$

Für den konvergenten Fall, $|c/b| < 1$, kann der Grenzwert von p_t gebildet werden, der den Gleichgewichtspreis p^* darstellt, indem t gegen unendlich läuft. Da der Ausdruck $(c/b)^t \cdot p_0$ für $t \to \infty$ verschwindet, muss lediglich die Konvergenz der Folge der Teilsummen $-\left(\frac{a}{b}\right)\cdot\frac{1-(c/b)^t}{1-(c/b)}$ für $t \to \infty$ betrachtet werden. Der Grenzwert dieser Folge ist nichts anderes als die Summe einer unendlich geometrischen Reihe, so dass für $|c/b| < 1$ gilt:

$$p^* = -\left(\frac{a}{b}\right)\cdot\frac{1}{1-(c/b)} \tag{4.2}$$

Für $|c/b| > 1$ existiert der Grenzwert nicht, schließlich handelt es sich um den divergenten Fall. Für jede Periode t kann der Preis in der Gleichung p_t abgelesen werden, bei welchem die Anbieter ihre Güter absetzen können. Für die Oszillation des Preises von einer Periode zur anderen ist das erste Produkt der rechten Gleichungsseite entscheidend. Gehen wir von normalen Nachfrage- und Angebotsverläufen, also $b < 0$ und $c > 0$ aus, so ist offensichtlich, dass der Ausdruck $(c/b)^t$ (die Steigung der jeweiligen Gleichung) das Vorzeichen wechselt, nämlich negative Werte für ungerade t und positive Werte für gerade t annimmt. Dies bedeutet, dass die Preise in der einen Periode steigen und in der anderen fallen. Ein Konvergenzprozess, also eine Annäherung an einen Gleichgewichtspreis, indem die Preisdifferenzen von Periode zu Periode kleiner werden, bis sie schließlich vollständig aufgehoben sind, liegt vor, wenn der Ausdruck $(c/b)^t$ mit steigendem t (absolut) kleiner wird. Dies ist der Fall, wenn gilt: $|c/b| < 1$ bzw. $c < |b|$. Bezogen auf die Steigungen der Nachfrage- und Angebotsfunktionen $|1/b|$ und $1/c$ wird von einem konvergenten oder stabilen Preisanpassungsprozess genau dann gesprochen, wenn die Steigung der Angebotskurve größer ist als die der Nachfragekurve, also: $1/c > |1/b|$.

Für den divergenten Fall muss $|c/b|$ ansteigen, d. h. $|c/b| > 1$ bzw. $c > |b|$.

Dies ist gegeben, wenn die Steigung der Nachfragekurve größer ist als die Steigung der Angebotskurve, also wenn gilt: $|1/b| > 1/c$.

Der oszillierende Fall liegt schließlich für $c = |b|$ bzw. bei gleichen Steigungen von Nachfrage- und Angebotskurve vor.

Beispiel

Für $a = 12, b = -2, c = 1$ ergeben sich die Nachfrage- und Angebotsfunktionen:

$$x_t^D(p_t) = 12 - 2\cdot p_t;\; x_t^S(p_{t-1}) = 1\cdot p_{t-1}.$$

$$\Rightarrow \quad p_t = \frac{x_t^D}{-2} + 6;\; p_{t-1} = x_t^S,$$

mit den Steigungen $1/-2$ und 1.

Begonnen wird mit einem Ausgangspreis von $p_0 = 5$. Zu diesem stellen die Anbieter eine Menge von 5 Einheiten bereit und die Nachfrager 2 Einheiten, es besteht somit ein Angebotsüberschuss von 3 Einheiten. Dieser löst eine Preissenkung auf $p_1 = 3{,}5$ aus, so dass die 5 Mengeneinheiten abgesetzt werden können. Auf Basis von $p_1 = 3{,}5$ sind die Anbieter in der nächsten Periode jedoch nur bereit, eine Menge von 3,5 Einheiten anzubieten, während Nachfrager natürlich zum gleichen Preis wieder gerne 5 Einheiten hätten. Da jedoch nur 3,5 Einheiten zur Verfügung stehen, wird durch den faktisch bestehenden Nachfrageüberschuss von 1,5 Einheiten eine Preiserhöhung auf $p_2 = 4{,}25$ erfolgen. Zu diesem Preis werden 3,5 Mengeneinheiten nachgefragt und auch tatsächlich abgesetzt. $p_2 = 4{,}25$ veranlasst jedoch die Anbieter, in der nächsten Periode 4,25 Einheiten anzubieten, so dass ein Angebotsüberschuss von 0,75 Mengeneinheiten entsteht, der wiederum zu einem Rückgang des Preises auf $p_3 = 3{,}875$ führt. Dieser Prozess setzt sich solange fort, bis das Gleichgewicht von $p^* = 4$ erreicht ist. Dies kann mit Hilfe der Formel 4.2 → vgl. S. 130 relativ einfach ermittelt werden:

$$p^* = -\left(\frac{a}{b}\right) \cdot \frac{1}{1-(c/b)} = -\left(\frac{12}{-2}\right) \cdot \frac{1}{1-(1/-2)} = 6 \cdot \frac{1}{3/2} = 4$$

Die zugehörigen Gleichgewichtsmengen betragen $\left(x^D\right)^* = \left(x^D\right)^* = 4$. Offensichtlich nähern sich Preise und Mengen ihren die gleichgewichtige Allokation darstellenden Grenzwerten an. Der Übersicht halber sind die Ergebnisse dieses Beispiels noch einmal nachstehend abgetragen.

$p_0 = 5$		$x_0^D = 2$	$x_0^S = 5$	$e_0 = -3$
$p_1 = 3{,}5$	$\Delta p_1 = -1{,}5$	$x_1^D = 5$	$x_1^S = 3{,}5$	$e_1 = 1{,}5$
$p_2 = 4{,}25$	$\Delta p_2 = 0{,}75$	$x_2^D = 3{,}5$	$x_2^S = 4{,}25$	$e_2 = -0{,}75$
$p_3 = 3{,}875$	$\Delta p_3 = -0{,}375$	$x_3^D = 4{,}25$	$x_3^S = 3{,}875$	$e_3 = 0{,}375$
$p_4 = 4{,}0625$	$\Delta p_4 = 0{,}1875$	$x_4^D = 3{,}875$	$x_4^S = 4{,}0625$	$e_4 = -0{,}1875$
$p_5 = 3{,}96875$	$\Delta p_5 = -0{,}09375$	$x_5^D = 4{,}0625$	$x_5^S = 3{,}96875$	$e_5 = 0{,}09375$
$p_6 = 4{,}015625$	$\Delta p_6 = 0{,}046875$	$x_6^D = 3{,}96875$	$x_6^S = 4{,}015625$	$e_6 = -0{,}046875$
⋮	⋮	⋮	⋮	⋮
$p^* = 4$	$\Delta p^* = 0$	$\left(x^D\right)^* = 4$	$\left(x^S\right)^* = 4$	$e^* = 0$

4.3 Allgemeine Marktgleichgewichte

Bislang wurde nur der Markt für ein einzelnes Gut betrachtet und dabei die Gütermenge in ausschließlicher Abhängigkeit zum Güterpreis gesetzt. Bewegt man sich vom Markt für ein einziges Gut weg und betrachtet die Märkte für alle Güter und alle Produktionsfaktoren, so gelangt man zum **ALLGEMEINEN MARKTGLEICHGEWICHT** → GLOSSAR. Die partialanalytische Sichtweise wird nunmehr verlassen und zur Totalanalyse übergegangen. In diesem Lehrbuch wird die Zahl der unabhängigen Variablen auf zwei Güter beschränkt. Der Übersicht wegen wird auch die Zahl der Haushalte auf zwei beschränkt. Unterschieden werden allgemeine Marktgleichgewichte im reinen Tauschfall → vgl. Abschnitt 4.3.1 und Marktgleichgewichte mit Produktion → vgl. Abschnitt 4.3.2, S. 139, Literatur am Kapitelende, S. 165.

4.3.1 Marktgleichgewichte im reinen Tauschfall

Für den 2-Personen-2-Güter-Fall sind $\bar{x}_{1h}$, $\bar{x}_{2h}$ die Anfangsausstattungen, die den Haushalten $h = 1, 2$ von vornherein zur Verfügung stehen. Diese mit den Güterpreisen bewerteten Anfangsausstattungen sind faktisch alles, über das die Haushalte zu Beginn des Tausches verfügen und stellen gleichsam ihre Einkommen dar.

$\bar{x}_{11} + \bar{x}_{21}$	Anfangsausstattung von Haushalt 1 mit den Gütern 1 und 2
$\bar{x}_{12} + \bar{x}_{22}$	Anfangsausstattung von Haushalt 2 mit den Gütern 1 und 2
$x_{11} + x_{21}$	von Haushalt 1 gewünschte Gütermengen
$x_{12} + x_{22}$	von Haushalt 2 gewünschte Gütermengen

Ausgaben = „Einnahmen" im Wert der Anfangsausstattung von Haushalt h:

$$\sum_{i=1}^{2} p_i \cdot x_{ih} = \sum_{i=1}^{2} p_i \cdot \bar{x}_{ih} \quad \Leftrightarrow \quad \sum_{i=1}^{2} p_i \cdot (x_{ih} - \bar{x}_{ih}) = 0, \quad \text{für} \quad h = 1, 2$$

Für den Haushalt h ergibt sich folgendes Nutzenmaximierungsproblem:

$$\max \ u_h(x_{1h}, x_{2h}) \quad \text{u. d. N.:} \sum_{i=1}^{2} p_i \cdot (x_{ih} - \bar{x}_{ih}) = 0, \quad \text{für} \quad h = 1, 2$$

$$L_h(x_{1h}, x_{2h}, \lambda) = u_h(x_{1h}, x_{2h}) - \lambda \cdot [p_1 \cdot (x_{1h} - \bar{x}_{1h}) + p_2 \cdot (x_{2h} - \bar{x}_{2h})]$$

$$\frac{\partial L_h}{\partial x_1} = \frac{\partial u_h}{\partial x_{1h}} - \lambda \cdot p_1 = 0 \quad \Rightarrow \quad \lambda = \frac{\partial u_h}{\partial x_{1h}} \Big/ p_1$$

$$\frac{\partial L_h}{\partial x_2} = \frac{\partial u_h}{\partial x_{2h}} - \lambda \cdot p_2 = 0 \quad \Rightarrow \quad \lambda = \frac{\partial u_h}{\partial x_{2h}} \Big/ p_2$$

$$\Rightarrow \quad \frac{\frac{\partial u_h}{\partial x_{1h}}}{\frac{\partial u_h}{\partial x_{2h}}} = \frac{p_1}{p_2} \quad \text{für } h = 1, 2$$

Dies ist die notwendige Bedingung für das Nutzenmaximum der Haushalte. Die Grenzraten der Substitution zwischen zwei beliebigen Gütern (hier: die Güter 1 und 2) sind gleich dem Verhältnis der Güterpreise; dies gilt für sämtliche Haushalte. Aus dieser Bedingung werden die Nachfragen der Haushalte gebildet. Um dies stärker zu verdeutlichen, sei das Problem anhand eines Beispiels vertieft und erweitert.

Beispiel

Gegeben sind die Nutzenfunktionen und Anfangsausstattungen der beiden Haushalte 1 und 2:

$$u_1 = x_{11}^{1/2} \cdot x_{21}^{1/2}; \quad u_2 = x_{12}^{3/4} \cdot x_{22}^{1/4}$$

$\bar{x}_{11} = 6$; $\bar{x}_{21} = 8$ Anfangsausstattung von Haushalt 1

$\bar{x}_{12} = 4$; $\bar{x}_{22} = 8$ Anfangsausstattung von Haushalt 2

Damit steht eine Gesamtmenge der Güter von $\bar{x}_1 = 10$ und $\bar{x}_2 = 16$ zur Verfügung.

Bestimmung der Nachfrage von Haushalt 1:

$$L_1(x_{11}, x_{21}, \lambda) \;=\; x_{11}^{1/2} \cdot x_{21}^{1/2} - \lambda \cdot [p_1 \cdot (x_{11} - 6) + p_2 \cdot (x_{21} - 8)]$$

1. $\dfrac{\partial L_1}{\partial x_{11}} = \dfrac{1}{2} \cdot \dfrac{x_{21}^{1/2}}{x_{11}^{1/2}} - \lambda \cdot p_1 = 0 \qquad \Rightarrow \quad \lambda = \dfrac{1}{2} \cdot \dfrac{x_{21}^{1/2}}{x_{11}^{1/2}} \Big/ p_1$

2. $\dfrac{\partial L_1}{\partial x_{21}} = \dfrac{1}{2} \cdot \dfrac{x_{11}^{1/2}}{x_{21}^{1/2}} - \lambda \cdot p_2 = 0 \qquad \Rightarrow \quad \lambda = \dfrac{1}{2} \cdot \dfrac{x_{11}^{1/2}}{x_{21}^{1/2}} \Big/ p_2$

3. $\dfrac{\partial L_1}{\partial \lambda} = p_1 \cdot (x_{11} - 6) + p_2 \cdot (x_{21} - 8) = 0$

1. gegen 2.: $\dfrac{1}{2} \cdot \dfrac{x_{21}^{1/2}}{x_{11}^{1/2}} \Big/ p_1 = \dfrac{1}{2} \cdot \dfrac{x_{11}^{1/2}}{x_{21}^{1/2}} \Big/ p_2 \quad \Leftrightarrow \quad \dfrac{\dfrac{x_{21}^{1/2}}{x_{11}^{1/2}}}{\dfrac{x_{11}^{1/2}}{x_{21}^{1/2}}} = \dfrac{p_1}{p_2} \quad \Rightarrow \quad \dfrac{x_{21}}{x_{11}} = \dfrac{p_1}{p_2}$

in 3.: für $x_{21} = \dfrac{p_1}{p_2} \cdot x_{11}$: $\quad p_1 \cdot (x_{11} - 6) + p_2 \cdot \left(\dfrac{p_1}{p_2} \cdot x_{11} - 8\right) = 0$

$$\Rightarrow \quad x_{11} = 3 + 4 \cdot \tfrac{p_2}{p_1}$$

für $x_{11} = \dfrac{p_2}{p_1} \cdot x_{21}$: $\quad p_1 \cdot \left(\dfrac{p_2}{p_1} \cdot x_{21} - 6\right) + p_2 \cdot (x_{21} - 8) = 0$

$$\Rightarrow \quad x_{21} = 3 \cdot \tfrac{p_1}{p_2} + 4$$

Bestimmung der Nachfrage von Haushalt 2:

$$L_2(x_{12}, x_{22}, \lambda) = x_{12}^{3/4} \cdot x_{22}^{1/4} - \lambda \cdot [p_1 \cdot (x_{12} - 4) + p_2 \cdot (x_{22} - 8)]$$

1. $\dfrac{\partial L_2}{\partial x_{12}} = \dfrac{3}{4} \cdot \dfrac{x_{22}^{1/4}}{x_{12}^{1/4}} - \lambda \cdot p_1 = 0 \qquad \Rightarrow \quad \lambda = \dfrac{3}{4} \cdot \dfrac{x_{22}^{1/4}}{x_{12}^{1/4}} \Big/ p_1$

2. $\dfrac{\partial L_2}{\partial x_{22}} = \dfrac{1}{4} \cdot \dfrac{x_{12}^{3/4}}{x_{22}^{3/4}} - \lambda \cdot p_2 = 0 \qquad \Rightarrow \quad \lambda = \dfrac{1}{4} \cdot \dfrac{x_{12}^{3/4}}{x_{22}^{3/4}} \Big/ p_2$

3. $\dfrac{\partial L_2}{\partial \lambda} = p_1 \cdot (x_{12} - 4) + p_2 \cdot (x_{22} - 8) = 0$

1. gegen 2.: $\dfrac{3}{4} \cdot \dfrac{x_{22}^{1/4}}{x_{12}^{1/4}} \Big/ p_1 = \dfrac{1}{4} \cdot \dfrac{x_{12}^{3/4}}{x_{22}^{3/4}} \Big/ p_2 \quad \Leftrightarrow \quad \dfrac{\dfrac{3}{4} \cdot \dfrac{x_{22}^{1/4}}{x_{12}^{1/4}}}{\dfrac{1}{4} \cdot \dfrac{x_{12}^{3/4}}{x_{22}^{3/4}}} = \dfrac{p_1}{p_2} \quad \Rightarrow \quad 3 \cdot \dfrac{x_{22}}{x_{12}} = \dfrac{p_1}{p_2}$

in 3.: für $x_{22} = \frac{1}{3} \cdot \frac{p_1}{p_2} \cdot x_{12}$: $p_1 \cdot (x_{12} - 4) + p_2 \cdot \left(\frac{1}{3} \cdot \frac{p_1}{p_2} \cdot x_{12} - 8\right) = 0$

$$\Rightarrow \quad x_{12} = 3 + 6 \cdot \tfrac{p_2}{p_1}$$

für $x_{12} = 3 \cdot \frac{p_2}{p_1} \cdot x_{22}$: $p_1 \cdot \left(3 \cdot \frac{p_2}{p_1} \cdot x_{22} - 4\right) + p_2 \cdot (x_{22} - 8) = 0$

$$\Rightarrow \quad x_{22} = \tfrac{p_1}{p_2} + 2$$

Wir erhalten vier Nachfragefunktionen der beiden Haushalte nach den zwei Gütern und erkennen, dass die Nachfragen lediglich von den Preisrelationen p_2/p_1 bzw. p_1/p_2 abhängen, d. h. würden sich die Preise um den gleichen Faktor ändern (z. B. verdoppeln), so hätte dies auf die Nachfrage keinerlei Einfluss. Wir sprechen von **NULLHOMOGENITÄT DER NACHFRAGE** →GLOSSAR.

$$x_{11} = 3 + 4 \cdot \frac{p_2}{p_1}, \quad x_{21} = 3 \cdot \frac{p_1}{p_2} + 4, \quad x_{12} = 3 + 6 \cdot \frac{p_2}{p_1}, \quad x_{22} = \frac{p_1}{p_2} + 2$$

Nullhomogenität liegt auch für die Überschussnachfragen der beiden Märkte vor, denn auch sie hängen von den relativen Preisen ab.

$$e_1 = x_{11} - \bar{x}_{11} + x_{12} - \bar{x}_{12} \quad \text{und} \quad e_2 = x_{21} - \bar{x}_{21} + x_{22} - \bar{x}_{22}$$

$$e_1 = \left(3 + 4 \cdot \frac{p_2}{p_1}\right) - 6 + \left(3 + 6 \cdot \frac{p_2}{p_1}\right) - 4 = 10 \cdot \frac{p_2}{p_1} - 4$$

$$e_2 = \left(3 \cdot \frac{p_1}{p_2} + 4\right) - 8 + \left(\frac{p_1}{p_2} + 2\right) - 8 = 4 \cdot \frac{p_1}{p_2} - 10$$

Ein allgemeines Gleichgewicht (in unserem Fall für zwei Märkte) ist dann gegeben, wenn sich alle Märkte im Gleichgewicht befinden. Dies ist dann der Fall, wenn die jeweiligen Überschussnachfragen Null betragen, die Märkte geräumt sind.

Beispiel

In Fortführung des Beispiels bedeutet dies:

$$e_1 = 10 \cdot \frac{p_2}{p_1} - 4 = 0, \quad e_2 = 4 \cdot \frac{p_1}{p_2} - 10 = 0$$

Nun kommt das **GESETZ VON WALRAS** →GLOSSAR ins Spiel. Es besagt, dass die Summe der mit den Preisen bewerteten Überschussnachfragen aller Märkte Null betragen muss. Allgemein formuliert: $p_1 \cdot e_1(p_1, p_2) + p_2 \cdot e_2(p_1, p_2) = 0$.

Definition

$$\sum_{i=1}^{n} p_i \cdot e_i(p_1, \ldots, p_n) = 0 \quad \Leftrightarrow \quad p \cdot e(p) = 0 \quad \textbf{Gesetz von Walras} \tag{4.3}$$

Ein Vektor $p^* \in R^n_{++}$ heißt **Walras-Gleichgewicht**, wenn $e(p^*) = 0$.

Beispiel

Weiter im Beispiel entspricht p^* dem Preisverhältnis $p_1/p_2 = 5/2$ bzw. $p_2/p_1 = 2/5$ (ergibt sich direkt aus den Überschussnachfragen).

$$p_1 \cdot e_1 + p_2 \cdot e_2 = 0 \quad \Leftrightarrow \quad p_1 \cdot \left(10 \cdot \frac{p_2}{p_1} - 4\right) + p_2 \cdot \left(4 \cdot \frac{p_1}{p_2} - 10\right) = 0$$

$$10 \cdot p_2 - 4 \cdot p_1 + 4 \cdot p_1 - 10 \cdot p_2 = 0$$

Das Gesetz von Walras ist offenbar erfüllt!

Um die Intuition des Gesetzes von Walras noch einmal hervorzuheben, seien folgende zwei Überlegungen angestellt: Für $e_1 > 0$ zeigt das Walras-Gesetz unmittelbar an, dass $e_2 < 0$ sein muss. Umgekehrt kann aus $e_2 > 0$ sofort auf $e_1 < 0$ geschlossen werden. Befindet sich Markt 1 im Gleichgewicht, also $e_1 = 0$, so muss sich der Markt für Gut 2 ebenfalls im Gleichgewicht befinden: $e_2 = 0$.

Aufgrund der Nullhomogenität der Nachfrage- und Überschussnachfragefunktionen wird eine Vervielfachung der Preise um ein und denselben Faktor keinerlei Nachfrageveränderungen nach sich ziehen: Die Gleichgewichtspreisverhältnisse sind von der Ausstattung des Systems mit Zahlungsmitteln völlig unabhängig. Würde jedoch ein Preis oder ein Einkommen willkürlich vorgegeben, so wäre auch die absolute Höhe aller Preise und Einkommen eindeutig determiniert.

Mit Blick auf die beiden Überschussnachfragen, $e_1 = f(p_2/p_1)$, $e_2 = f(p_1/p_2)$, liegen zwei Gleichungen und zwei unabhängige Variablen in Form von p_1, p_2 vor. Aufgrund des Walras-Gesetzes sind die beiden Gleichungen voneinander abhängig, so dass nur eine unabhängige Gleichung existiert und nur ein Preisverhältnis bestimmt werden kann. Durch die Wahl eines so genannten **Numéraire-Gutes**, ein beliebiges Gut – es könnte in einem komplexen System das Gut „Geld“ sein –, dessen Preis beliebig gesetzt wird und zu dem alle anderen Preise ins Verhältnis gesetzt werden, können wir zu absoluten Preisen gelangen. Für z. B. $p_1 = 1$ würde $p_2 = 2/5$ oder für z. B. $p_1 = 10$ würde sich $p_2 = 4$ als optimaler Preis herausstellen. Egal, welcher Preis für das Numéraire-Gut gewählt wird, solange er im Verhältnis $p_1 = (5/2) \cdot p_2$ steht, wird das allgemeine Gleichgewicht erreicht werden können.

Dies sind nun die nutzenmaximalen und gleichgewichtigen Mengen:

$$x_{11} = 3 + 4 \cdot (2/5) = 23/5$$
$$x_{12} = 3 + 6 \cdot (2/5) = 27/5$$
$$x_{21} = 3 \cdot (5/2) + 4 = 23/2$$
$$x_{22} = (5/2) + 2 = 9/2$$

Stellen wir den Gleichgewichtsmengen den Anfangszustand gegenüber, so ergibt sich folgendes Bild:

$$\begin{aligned} x_{11} &= 23/5 & \bar{x}_{11} &= 6 & \Rightarrow e_{11} &= -7/5 \\ x_{12} &= 27/5 & \bar{x}_{12} &= 4 & \Rightarrow e_{12} &= 7/5 \\ x_{21} &= 23/2 & \bar{x}_{21} &= 8 & \Rightarrow e_{21} &= 7/2 \\ x_{22} &= 9/2 & \bar{x}_{22} &= 8 & \Rightarrow e_{22} &= -7/2 \end{aligned}$$

Haushalt 1 möchte 7/2 Einheiten des Gutes 2 zusätzlich nachfragen und ist dafür bereit, 7/5 Einheiten des Gutes 1 abzugeben, während Haushalt 2 von Gut 1 7/5 Einheiten bekommen möchte und dafür 7/2 Einheiten des Gutes 2 abzugeben bereit ist.

Was aber hat die beiden Haushalte zum Tausch veranlasst? Zunächst die Präferenzen, die den Haushalten angesichts ihrer Anfangsausstattungen kein Nutzenmaximum lieferten. Aber was ist der Grund, warum Haushalt 2 gerade die Menge von Gut 2 anbietet, die Haushalt 1 nachfragen möchte und Haushalt 1 gerade die Menge von Gut 1 anbietet, die Haushalt 2 für die abgegebene Menge von Gut 2 an Gut 1 erhalten möchte? Die Antwort lautet: Der Preis! Der Preismechanismus wirkt derart, bis die relativen Preisverhältnisse so ausgeglichen sind, dass Angebot und Nachfrage übereinstimmen, d. h. bei Überschussnachfrage nach einem Gut steigt sein Preis, während er bei Überschussangebot sinkt.

Bezüglich des Preisanpassungsprozesses bzw. des Vorgangs, wie die Preise dem Gleichgewichtszustand angepasst werden, mag die Argumentation des Spinnengewebe-Modells hilfreich sein. Wie nun das allgemeine Tauschgleichgewicht erreicht wird, soll grafisch veranschaulicht werden. Dazu wird aus zwei Mengendiagrammen, von denen eines um 180° gegen das andere gesetzt wird, wieder ein Schachteldiagramm (Edgeworthbox) gebildet.

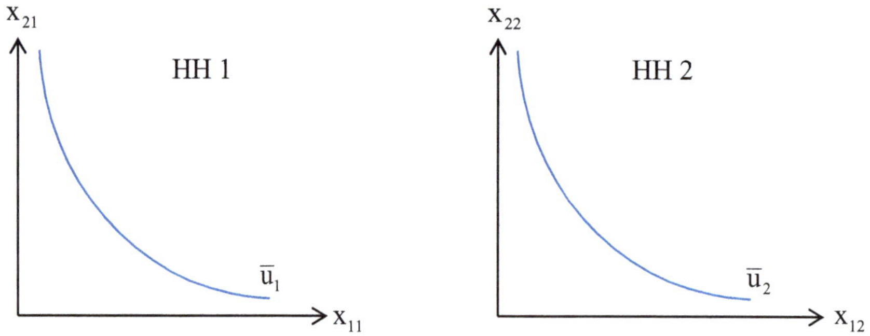

Abbildung 4.10: Mengendiagramm von Haushalt 1 und 2

Die Längen der Achsen geben die von Gut 1 und 2 vorhandenen Gütermengen an: $\bar{x}_1 = \bar{x}_{11} + \bar{x}_{12}$; $\bar{x}_2 = \bar{x}_{21} + \bar{x}_{22}$ → vgl. etwa Abbildung 4.13, S. 138. Die Budgetgerade geht immer durch den Punkt $\bar{x}$, da dieser die Anfangsausstattung bzw. das Budget der beiden Haushalte darstellt. Eine Veränderung der relativen Preise führt zu einer Drehung der Budgetgerade durch $\bar{x}$. Eine Änderung der Anfangsausstattung $\bar{x}$ würde zu einer Parallelverschiebung der Budgetgerade führen, denn die Anfangsausstattung stellt faktisch das Einkommen dar (wenn die Mengen mit den Preisen bewertet werden).

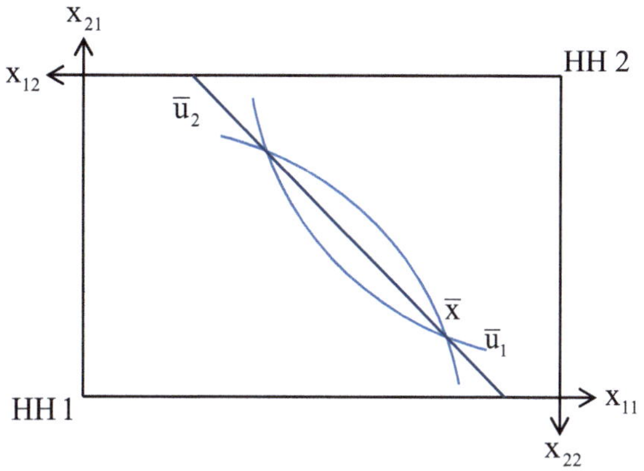

Abbildung 4.11:
Tausch anhand der Edgeworthbox (Schachteldiagramm)

Betrachten wir z. B. für den Haushalt 1 bei gegebener Anfangsausstattung $\bar{x}$ die Wirkungen von Preissteigerungen des Gutes 1 auf seinen optimalen Konsumplan. Die Allokationen x^1, x^2, x^3 repräsentieren die Optima der unterschiedlichen Preise → vgl. Abbildung 4.12. Werden nun sämtliche Optima (für stetige Änderungen von p_1) verbunden, so erhalten wir die **TAUSCHKURVE (= OFFER CURVE)** → GLOSSAR. Sie gibt an, welche Güterallokationen ein Haushalt bei unterschiedlichen Preisverhältnissen für eine bestimmte Anfangsausstattung nachfragt. Wird für Haushalt 2 ebenfalls eine Tauschkurve auf Basis der Anfangsausstattung $\bar{x}$ bestimmt und diese um 180° gedreht in eine Edgeworthbox eingezeichnet, so ergeben sich zwei Schnittpunkte der beiden Tauschkurven. Der eine befindet sich im Punkt der Anfangsausstattung und der andere Schnittpunkt genau dort, wo die Interessen beider Haushalte zum Ausgleich gebracht sind, also der Tausch stattfinden kann: x^*. Beide Schnittpunkte werden durch diejenige Budgetgerade verbunden, deren Steigung genau jenes Preisverhältnis angibt, zu dem der eine Haushalt bereit ist, exakt die Gütermengen anzubieten bzw. nachzufragen, die der andere Haushalt nachzufragen bzw. anzubieten bereit ist.

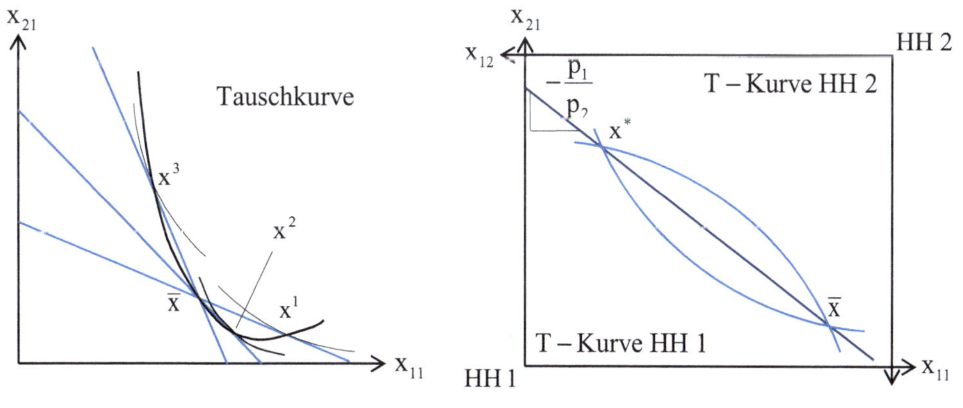

Abbildung 4.12: Schnittpunkte der Tauschkurven

Betrachtet sei zunächst der Zustand in der Abbildung 4.13 → vgl. S. 138. Die beiden Haushalte maximieren zu gegebenen Preisen (Steigung der Budgetgerade) ihre Nutzen, was mittels der Indifferenzkurven $\bar{u}_h$ ausgedrückt ist. Im Vergleich zur Anfangsausstattung $\bar{x}$ möchte Haushalt 1

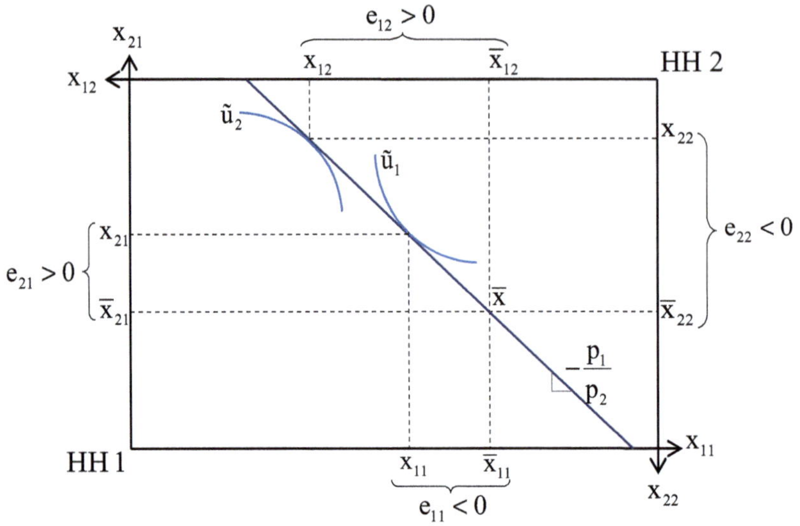

Abbildung 4.13: Preisanpassungsprozess

offenbar mehr von Gut 2 ($e_{21} > 0$) und ist dafür bereit, etwas von Gut 1 abzugeben ($e_{11} < 0$). Haushalt 2 möchte mehr von Gut 1 ($e_{12} > 0$) und ist dafür bereit, etwas von Gut 2 abzugeben ($e_{22} < 0$). In den beiden von Haushalt 1 und Haushalt 2 angestrebten Punkten ist jedoch kein Gleichgewicht gegeben, da von Gut 1 die Menge $x_{11} + x_{12}$ nachgefragt wird, aber nur die Menge in Höhe der Anfangsausstattung $\bar{x}_1$ (Abszissenlänge) vorhanden ist. Von Gut 2 wird insgesamt nur die Menge $x_{21} + x_{22}$ nachgefragt, wobei die Höhe der Anfangsausstattung $\bar{x}_2$ (Ordinatenlänge) darüber liegt. Insgesamt liegen eine aggregierte Überschussnachfrage nach Gut 1 und ein Überschussangebot von Gut 2 vor:

$$e_1 = e_{11} + e_{12} > 0, \quad e_2 = e_{21} + e_{22} < 0.$$

Gemäß der Walrasianischen Preisanpassungshypothese wird nunmehr ein Preisanpassungsprozess einsetzen, der zu einer Preissteigerung von p_1 und einer Preissenkung von p_2 führen wird. M.a.W.: Die (absolute) Steigung der Budgetgerade wird größer. Im neuen Zustand werden wiederum die Überschussnachfragen und -angebote festgestellt und erneut eine Anpassung der relativen Preise vorgenommen. Der Prozess setzt sich solange fort, bis sämtliche Überschüsse abgebaut sind, bis also gilt:

$$e_1 = e_{11} + e_{12} = 0, \quad e_2 = e_{21} + e_{22} = 0 \quad \Rightarrow \quad p \cdot e(p) = 0$$

Vergleicht man den Zustand des allgemeinen Gleichgewichts x^* mit dem Ausgangszustand → vgl. Abbildung 4.14, S. 139 $\bar{x}$, so kann für Haushalt 1 festgehalten werden: Zu gestiegenem p_1 gibt Haushalt 1 von Gut 1 ab und fragt bei gesunkenem p_2 mehr von Gut 2 nach. Für Haushalt 2 ergibt sich: Trotz gestiegenem p_1 fragt Haushalt 2 mehr von Gut 1 nach und gibt trotz gesunkenem p_2 von Gut 2 ab, und zwar deshalb, weil Haushalt 2 relativ viel von Gut 2 als Anfangsausstattung besitzt und der Bedarf für Gut 1 hoch ist.

Im Punkt x^* besitzt der Haushalt 1 die Menge x_{11}^* des Gutes 1 und x_{21}^* des Gutes 2, deren Konsum ihm den Nutzen von u_1^* garantiert. Haushalt 2 erreicht einen Nutzen von u_2^* durch den Konsum der Gütermengen x_{12}^* und x_{22}^*. Die am Markt vorhandenen Gütermengen $\bar{x}_1, \bar{x}_2$

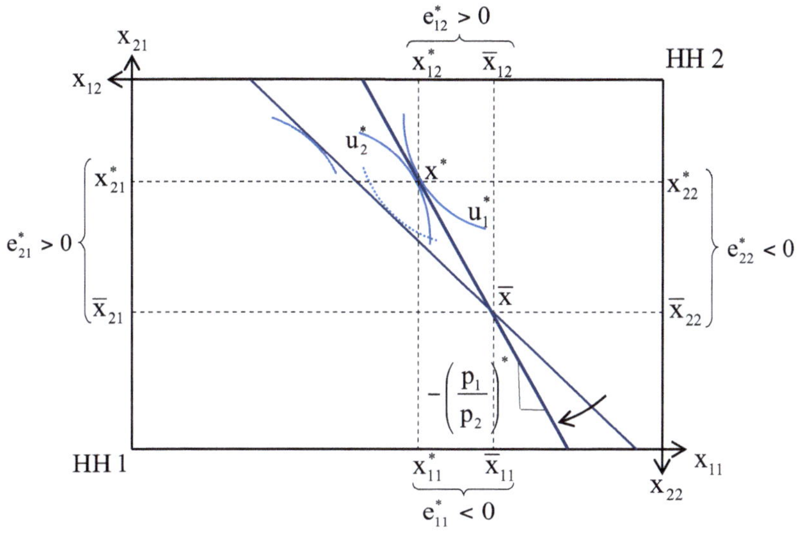

Abbildung 4.14: Allgemeines Marktgleichgewicht auf dem Tauschmarkt

sind vollständig aufgeteilt, der Markt ist somit geräumt. In Bezug auf das Instrument der Tauschkurven kann festgestellt werden, dass der Punkt x^* dem Schnittpunkt der Tauschkurven für die Anfangsausstattung $\bar{x}$ entspricht und zu gegebenen Güterpreisen dieser Anfangsausstattung das Marktgleichgewicht x^* zugeordnet werden kann.

Eine Erhöhung des Nutzens eines Haushalts durch nur eine einzige zusätzliche Einheit eines der beiden Güter, hätte für den anderen Haushalt den Entzug dieser Einheit zur Folge, was zwangsläufig zur Reduktion dessen Nutzens führt. Eine derartige Umverteilung der Güter zugunsten eines Haushalts wäre nur zu Lasten eines anderen Haushalts möglich; ein Haushalt könnte nur besser gestellt werden, wenn ein anderer schlechter gestellt würde. Damit sind wir bei der Frage der effizienten Aufteilung der Güter zwischen den Menschen angelangt.

4.3.2 Effizienz und allgemeine Marktgleichgewichte

Unter Effizienz wird im Folgenden die so genannte **PARETO-EFFIZIENZ** → GLOSSAR verstanden, benannt nach dem großen italienischen Ökonomen und Soziologen VILFREDO PARETO (1848–1923).

Merksatz
Eine Güterallokation zwischen mehreren Personen ist **Pareto-effizient**, wenn keine andere Allokation existiert, die mindestens eine Person besser stellt, ohne eine andere Person schlechter zu stellen.

Die Allokation x^* ist demnach ein Pareto-effizienter Zustand. Von zwei Zuständen x^1 und x^2 ist der Zustand x^1 Pareto-besser als x^2 ($x^1 \succ x^2$), wenn für mindestens einen Haushalt $h, h = 1, \ldots, H$, die Allokation x^1 strikt besser ist als x^2 ($x^1 \succ_h x^2$) und für alle anderen Haushalte l, $l \neq h = 1, 2, \ldots, H$, gilt, dass x^1 mindestens so gut ist wie x^2 ($x^1 \succeq_l x^2$).

In folgender Abbildung 4.15 zeigt die durch die beiden Indifferenzkurven entstehende Tauschlinse alle Tauschmöglichkeiten der beiden Haushalte zwischen den zwei Gütern an, zu denen sich ein Haushalt besser stellen könnte, ohne den anderen schlechter zu stellen. Aus diesem Grunde wird die Linsenfläche als **BESSERMENGE** → GLOSSAR bezeichnet. Würde etwa → vgl. Abbildung 4.16 der Nutzen des Haushalts 2 auf $\bar{u}_2$ konstant gesetzt, so könnte eine Pareto-effiziente Allokation im Punkt A erzeugt werden, denn der Nutzen von Haushalt 1 würde bis zu diesem Punkt auf das Niveau u_1^* gesteigert werden können, ohne dass Haushalt 2 schlechter gestellt würde.

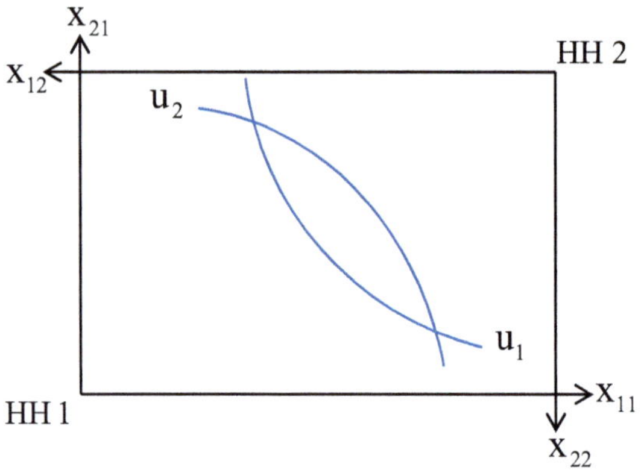

Abbildung 4.15: Tauschlinse aller Tauschmöglichkeiten

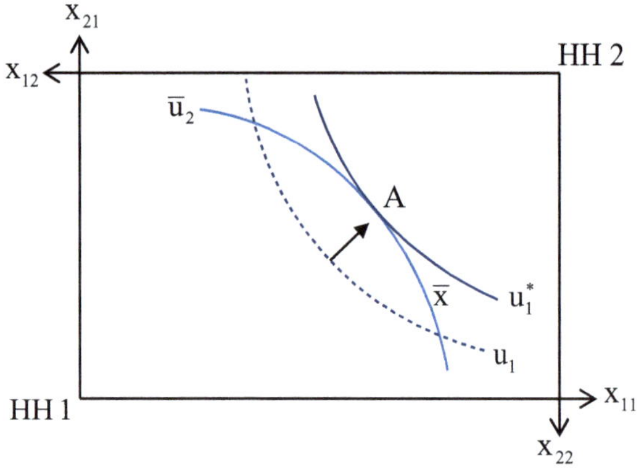

Abbildung 4.16: Pareto-effiziente Allokation im Punkt A

Natürlich könnte ebenso der Nutzen des Haushalts 1 beim Nutzenniveau $\bar{u}_1$ konstant gesetzt und der von Haushalt 2 im Punkt B auf das Niveau u_2^* gesteigert werden → vgl. Abbildung 4.17, S. 141. Aber auch Punkte (C) innerhalb der Tauschlinse → vgl. Abbildung 4.18, S. 141 könnten als Pareto-effiziente Allokationen erreicht werden, wenn beide Haushalten von beiden Gütern mehr erhalten würden.

Aus diesen Betrachtungen ergibt sich, dass eine Vielzahl Pareto-effizienter Zustände denkbar ist – natürlich ist immer nur ein Zustand realisierbar, der von den vorgegebenen Anfangsausstattungen der Haushalte abhängt. Werden zu allen denkbaren Anfangsausstattungen die jeweils zugehörigen Pareto-effizienten Allokationen ermittelt und diese verbunden, so ergibt sich die **KONTRAKTKURVE** → GLOSSAR oder die Kurve des effizienten Tauschs. Offenbar zeigt die grafische Analyse, dass in einem Pareto-effizienten Zustand die Steigungen der Indifferenzkurven der

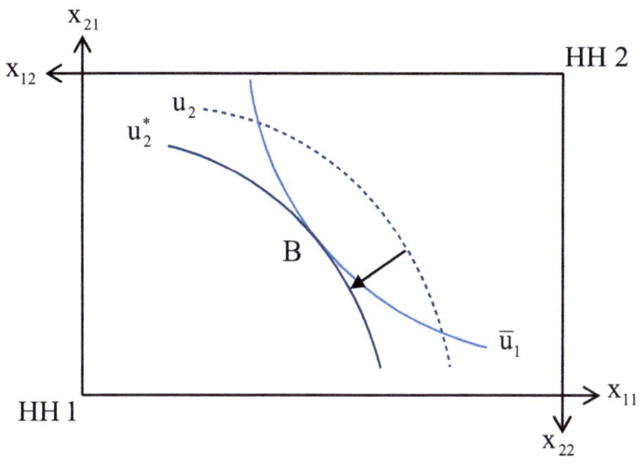

Abbildung 4.17: Pareto-effiziente Allokation im Punkt B

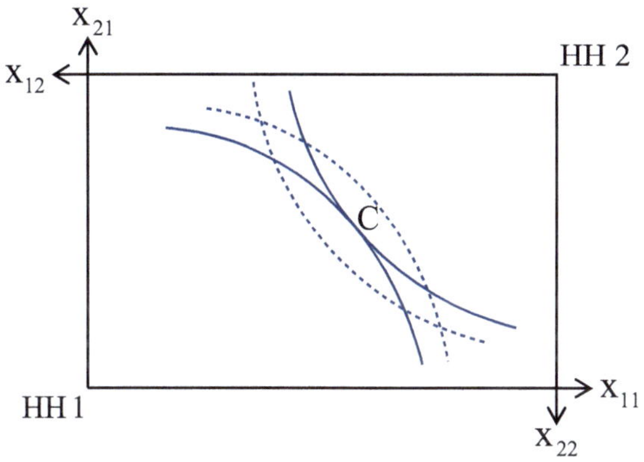

Abbildung 4.18: Pareto-effiziente Allokation im Punkt C

Individuen gleich sind, d. h. die Grenzraten der Substitution zwischen Gut 1 und 2 für alle Haushalte übereinstimmen.

Werden die Preise ins Spiel gebracht, die sich in der Steigung der Budgetgerade ausdrücken, so ist klar, dass alle Haushalte ihr Nachfrageverhalten an den Preisen orientieren und daher gelten muss:

$$\frac{\frac{\partial u_1}{\partial x_{11}}}{\frac{\partial u_1}{\partial x_{21}}} = \frac{\frac{\partial u_2}{\partial x_{12}}}{\frac{\partial u_2}{\partial x_{22}}} = \frac{p_1}{p_2} \tag{4.4}$$

Dieses Ergebnis lässt sich auch für beliebige Güterpaare und H Haushalte verallgemeinern.

Merksatz

Die **Kontraktkurve** ist der geometrische Ort aller Pareto-effizienten Allokationen in einer Edgeworthbox. Für jeden Punkt auf der Kontraktkurve gilt, dass keine andere Güterverteilung möglich ist, zu der ein Akteur besser gestellt werden könnte, ohne einen anderen schlechter zu stellen (gleichermaßen entspricht jedem Punkt auf der Kontraktkurve auch ein Schnittpunkt der Tauschkurven). Die sich innerhalb der Tauschlinse auf der Kontraktkurve befindenden Allokationen heißen **Kern (*core*) einer Ökonomie**.

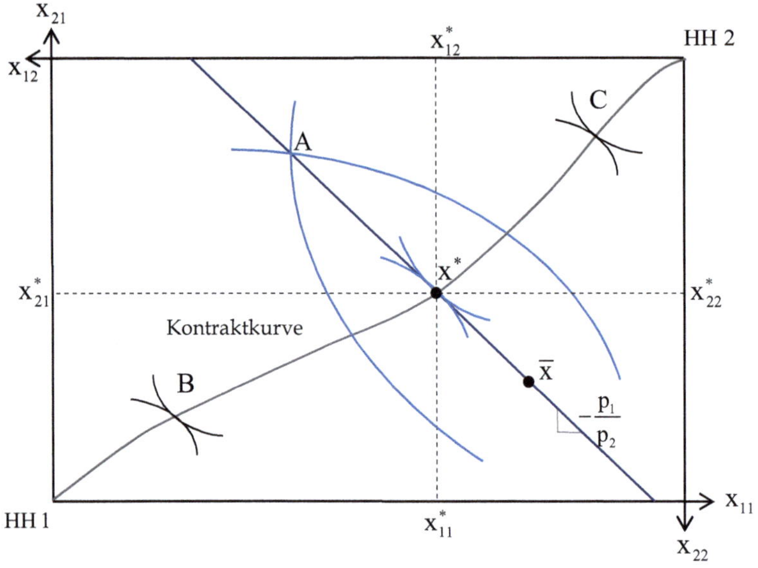

Abbildung 4.19: Kontraktkurve

Im Punkt A herrscht zwar **Markträumung** → Glossar, doch stimmen die Grenzraten der Substitution zwischen den Tauschpartnern nicht überein. Durch Umverteilung der Gütermengen ließen sich noch bessere Allokationen finden, zu denen der Nutzen mindestens eines Haushalts höher wäre, ohne den eines anderen zu beeinträchtigen. In den Punkten B und C ist der Markt jeweils geräumt, auch liegt Effizienz vor, doch sind beide Punkte von der Anfangsausstattung $\bar{x}$ aus nicht erreichbar (sie liegen außerhalb der zu $\bar{x}$ zughörigen Tauschkurven).

Bei der Betrachtung der Edgeworthbox fällt auf, dass auch Allokationen, die sehr weit rechts oder links in der Box liegen, also entweder dem ersten oder dem zweiten Haushalt sehr große Anteile der Mengen beider Güter zuordnen, durchaus Pareto-effizient sein können. Und tatsächlich: Pareto-Effizienz sagt nichts über die Verteilung der Güter in einer Wirtschaft aus. Auch eine extrem ungleiche Verteilung kann effizient sein.

Punkt x^* ist ein Marktgleichgewicht, die drei Bedingungen eines Marktgleichgewichts sind gegeben:

1. Markträumung
2. Übereinstimmung der Grenzraten der Substitution zwischen allen Gütern, und zwar für alle Akteure (Pareto-Effizienz).

3. Die Haushalte orientieren sich an den Marktpreisen (Verhältnisse der Grenzraten der Substitution der Güter entsprechen den Preisverhältnissen der Güter).

Mit der zweiten Bedingung, dass nämlich die Grenzraten der Substitution identisch sein müssen und somit Pareto-Effizienz vorliegt, ist auch der so genannte **erste Hauptsatz der Wohlfahrtsökonomik** aufgezeigt, der besagt, dass jedes Markt- (oder Konkurrenz- oder Walras-) Gleichgewicht Pareto-effizient ist. Wenn eine Ökonomie ein Marktgleichgewicht erreicht, entspricht die Nachfrage nach jedem Gut dem Angebot. Weiterhin wird zu den Gleichgewichtspreisen kein Nachfrager und Anbieter bereit sein, mehr oder weniger Einheiten von dem jeweiligen Gut nachzufragen bzw. anzubieten. Jedes durch den Preismechanismus zustande gekommene allgemeine Gleichgewicht ist somit effizient. Selbstverständlich gilt diese Aussage nur im Rahmen des Modells vollständiger Märkte.

Der **zweite Hauptsatz der Wohlfahrtsökonomik** sagt aus, dass jede Pareto-effiziente Allokation als Marktgleichgewicht für eine entsprechend definierte Einkommens- und Vermögensverteilung (Verteilung der Anfangsausstattung) erzeugt werden kann. Zu jedem Punkt auf der Kontraktkurve (jeder Punkt, in dem sich die beiden Tauschkurven schneiden) gibt es eine Anfangsausstattung, von der aus über den Konkurrenzprozess der Punkt als Marktgleichgewicht realisiert werden kann. Dies ist durch eine geeignete Umverteilung der Ressourcen (Anfangsausstattung), etwa in Form einer progressiven Besteuerung, Transferleistungen, Subventionen etc., möglich. Ist die Umverteilung durchgeführt, also die entsprechende Anfangsausstattung hergestellt, so wird der Marktmechanismus ohne jegliche administrative Eingriffe in der Lage sein, das Marktgleichgewicht herzustellen.

4.3.3 Marktgleichgewichte mit Produktion

Nunmehr werden die Produktionsfaktoren in die Analyse des Marktgleichgewichts mit einbezogen. Dabei wird zunächst nach der effizienten Aufteilung der Ressourcen → vgl. Abschnitt 4.3.3.1 gefragt und im Anschluss daran die Verbindung von Konsum- und Produktionssphäre hergestellt bzw. der Frage nachgegangen, wie viel von welchem Gut produziert werden soll → vgl. Abschnitt 4.3.3.2, S. 145.

4.3.3.1 Effiziente Aufteilung der Ressourcen

Unterstellt sind zwei Produktionsfaktoren in den Mengen r_1, r_2, mit denen zwei Unternehmen zwei Güter mit den Ausbringungsmengen x_1, x_2 produzieren, die von zwei Konsumenten nachgefragt werden. Jedes der beiden Unternehmen wird versuchen, seinen Gewinn zu maximieren, indem es unter Berücksichtigung der Faktorpreise sowie der Voraussetzung der Kostenminimierung technisch effizient produziert. Für den Fall, dass jedes Unternehmen nur ein Gut, also Unternehmen 1 nur Gut 1 und Unternehmen 2 nur Gut 2 produziert (zwei Einprodukt-Unternehmen), können die **Gewinnmaximierungsprobleme der beiden Unternehmen** wie folgt dargestellt werden:

$$\Pi_1 = p_1 \cdot x_1 - q_1 \cdot r_{11} - q_2 \cdot r_{21}, \quad \text{mit} \quad x_1 = f_1(r_{11}, r_{21})$$

$$\frac{\partial \Pi_1}{\partial r_{11}} = p_1 \cdot \frac{\partial x_1}{\partial r_{11}} - q_1 = 0 \quad \Rightarrow \quad p_1 = \frac{q_1}{\frac{\partial x_1}{\partial r_{11}}}$$

$$\frac{\partial \Pi_1}{\partial r_{21}} = p_1 \cdot \frac{\partial x_1}{\partial r_{21}} - q_2 = 0 \quad \Rightarrow \quad p_1 = \frac{q_2}{\frac{\partial x_1}{\partial r_{21}}}$$

$$\Rightarrow \quad \frac{q_1}{q_2} = \frac{\frac{\partial x_1}{\partial r_{11}}}{\frac{\partial x_1}{\partial r_{21}}}$$

$$\Pi_2 = p_2 \cdot x_2 - q_1 \cdot r_{12} - q_2 \cdot r_{22}, \quad \text{mit} \quad x_2 = f_2(r_{12}, r_{22})$$

$$\frac{\partial \Pi_2}{\partial r_{12}} = p_2 \cdot \frac{\partial x_2}{\partial r_{12}} - q_1 = 0 \quad \Rightarrow \quad p_2 = \frac{q_1}{\frac{\partial x_2}{\partial r_{12}}}$$

$$\frac{\partial \Pi_2}{\partial r_{22}} = p_2 \cdot \frac{\partial x_2}{\partial r_{22}} - q_2 = 0 \quad \Rightarrow \quad p_2 = \frac{q_2}{\frac{\partial x_2}{\partial r_{22}}}$$

$$\Rightarrow \quad \frac{q_1}{q_2} = \frac{\frac{\partial x_2}{\partial r_{12}}}{\frac{\partial x_2}{\partial r_{22}}}$$

$$\Rightarrow \quad \frac{q_1}{q_2} = \frac{\frac{\partial x_1}{\partial r_{11}}}{\frac{\partial x_1}{\partial r_{21}}} = \frac{\frac{\partial x_2}{\partial r_{12}}}{\frac{\partial x_2}{\partial r_{22}}} \tag{4.5}$$

Für jedes der beiden Unternehmen zeigt sich: Im Gewinnmaximum müssen die beiden Produktionsfaktoren derart auf die Herstellung des jeweiligen Gutes aufgeteilt sein, dass die Grenzraten der technischen Substitution zwischen den jeweils für ein Gut eingesetzten Faktormengen für alle Güter bzw. zwischen allen Unternehmen gleich sind; schließlich gelten für alle Unternehmen die gleichen Faktorpreise.

Was aber passiert, wenn jedes der beiden Unternehmen sowohl das Produkt 1 als auch das Produkt 2 herstellen würde? Bei effizienter Allokation der Faktoren wird ein jeder Faktor, der zur Herstellung eines Gutes benötigt wird, in allen Firmen, die dieses Gut erstellen, dasselbe Grenzprodukt aufweisen. Ansonsten wäre es sinnvoll, noch weitere Einheiten des Faktors von dem einen Unternehmen in jenes Unternehmen zu stecken, welches mit dem höheren Grenzprodukt des Faktors produziert. Ohne diesen Aspekt weiter vertiefen, kann festgehalten werden, dass die Grenzrate der technischen Substitution zwischen zwei beliebigen Faktoren für alle Unternehmen gleich sein muss, unabhängig davon, ob sie die gleichen oder ob sie verschiedene Güter erzeugen.

In nachstehender Edgeworthbox → vgl. Abbildung 4.20, S. 145 sind auf den Achsen die Faktormengen abgetragen. Die Längen der Achsen geben den Faktorbestand an. Die Mengen, die von den jeweiligen Gütern bzw. Unternehmen hergestellt werden, kommen in Form der Isoquanten zum Ausdruck. Wird etwa der Punkt A betrachtet, so zeigt sich, dass zwar alle Faktoren eingesetzt sind (Markträumung), doch die Grenzraten der technischen Substitution zur Produktion der einzelnen Güter nicht übereinstimmen. In A ist die Grenzrate der technischen Substitution des Gutes 1 größer als die von Gut 2 (die Isoquante von Gut 1 verläuft steiler als die von Gut 2).

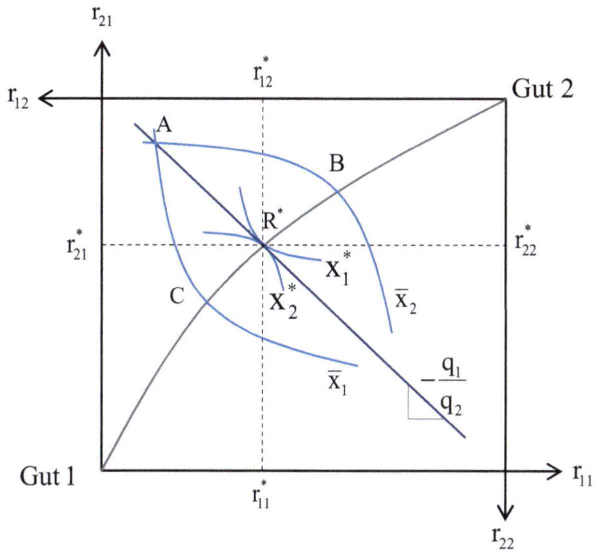

Abbildung 4.20: Allgemeines Marktgleichgewicht mit Produktion

Das bedeutet: Unternehmen 1 kann den Output steigern, wenn es (angesichts der gegebenen Faktorpreise) Einheiten von Faktor 2 aufgibt und dafür mehr von Faktor 1 einsetzt.

Merksatz

Die **Kontraktkurve der Produktion** oder Effizienzkurve ist der geometrische Ort aller effizienten Faktorallokationen, in denen die unterschiedlichsten Mengen der beiden Güter von den Unternehmen produziert werden können.

Umgekehrt lässt sich von Gut 2 mehr produzieren, wenn zur Produktion des Gutes 2 mehr von Faktor 2, aber dafür weniger von Faktor 1 eingesetzt wird. Vom Punkt A aus betrachtet ist eine Verbesserung (Erhöhung der Produktionsmengen von Gut 1 und/oder 2) innerhalb des Bereiches möglich, der zwischen den beiden Isoquanten liegt (alle Punkte auf der Kontraktkurve zwischen B und C). D. h., durch Umschichtung der Inputs ist eine noch höhere Ausbringungsmenge mindestens eines Gutes erreichbar, ohne dass vom anderen Gut weniger als jeweils die Menge $\bar{x}_1$ bzw. $\bar{x}_2$ produziert werden müsste. Im Punkt R^* ist eine Pareto-effiziente Produktion der Gütermengen gegeben (die dazu noch den gegebenen Faktorpreisen entspricht). In R^* ist keine weitere Allokation der Faktormengen mehr möglich, zu der auch nur eine Einheit eines Gutes mehr produziert werden könnte, ohne gleichzeitig dem anderen Gut Faktoreinsatzmengen zu entziehen und somit weniger von diesem Gut zu produzieren. Anders ausgedrückt könnte im Punkt R^* keines der beiden Unternehmen mehr als x_1^*, x_2^* produzieren, ohne dass das andere Unternehmen gezwungen wäre, seine Produktion zurückzufahren.

4.3.3.2 Verbindung von Konsum- und Produktionssphäre: Wie viel soll von welchem Gut produziert werden?

Bislang wissen wir, wie Produktionsfaktoren zur Produktion verschiedener Güter bzw. auf verschiedene Unternehmen effizient aufgeteilt werden können. Unbekannt ist hingegen, welche

Menge von welchem Gut überhaupt zu produzieren ist, schließlich richtet sich die Menge der in einer Volkswirtschaft produzierten Güter nach der Nachfrage bzw. den Wünschen der Konsumenten. Um die Konsum- und Produktionssphäre in Zusammenhang zu bringen, gehen wir folgendermaßen vor:

Für die unterschiedlichsten Gütermengenkombinationen (x_1, x_2) lassen sich zugehörige effiziente Faktoreinsatzallokationen finden, die grafisch in der Kontraktkurve der Produktion oder Effizienzkurve zum Ausdruck kommen. Für eine Mehrproduktunternehmung (eine Unternehmung produziert beide Güter) ist die Effizienzkurve der geometrische Ort aller effizienten Faktorallokationen, in denen die Grenzraten der technischen Substitution zwischen je zwei (beliebigen) Faktoren für alle Güter identisch sind.

Werden alle Punkte der Effizienzkurve des Faktordiagramms (das wegen der Höhe der Isoquanten Auskunft darüber gibt, wie viel von den jeweiligen Gütern effizient produziert werden kann) in ein Gütermengendiagramm übertragen, so entsteht die **Transformations- oder Produktionsmöglichkeitenkurve.** Die Produktionsmöglichkeitenkurve zeigt die Mengen der Güterproduktion von (x_1, x_2), die angesichts der gegebenen Ressourcen $\bar{r}_1$ und $\bar{r}_2$ (in einer Wirtschaft) maximal produziert werden können. Alle Allokationen auf und unterhalb der Kurve sind erreichbar, aber nur diejenigen auf der Kurve effizient.

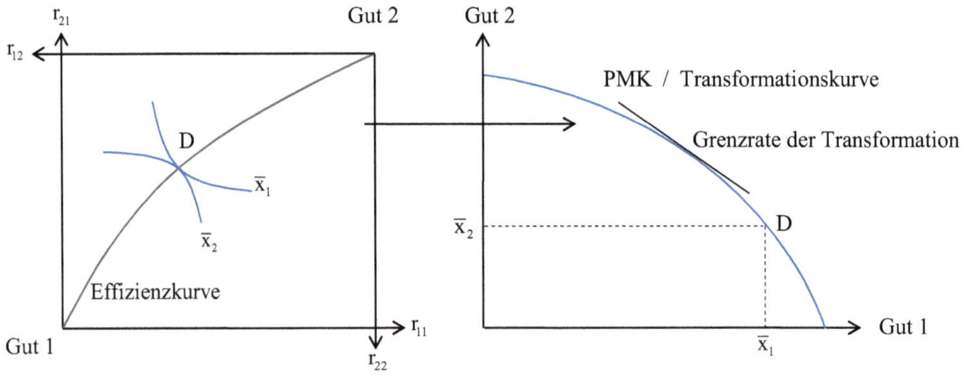

Abbildung 4.21: Produktionsmöglichkeitenkurve und Grenzrate der Transformation

Die Steigung der Produktionsmöglichkeitenkurve (PMK) ist die Grenzrate der Transformation (GRT). Sie gibt an, wie viel von der Menge eines Gutes mehr oder weniger produziert werden kann, wenn die Menge des anderen Gutes um eine Einheit reduziert oder erhöht wird. Eine effiziente Faktorallokation liegt nur auf dem Rand der Produktionsmöglichkeitenmenge, also auf der Transformationskurve, denn unterhalb der Kurve könnte die Produktion eines Gutes noch erweitert werden, ohne dass vom anderen Gut weniger produziert werden müsste. Anders ausgedrückt: Effizienz existiert nur für $GRT = dx_2/dx_1 < 0$, ansonsten befindet man sich nicht auf der Produktionsmöglichkeitenkurve.

Vom gesellschaftlichen Standpunkt aus gleicht die GRT dem Verhältnis der Grenzkosten der Güter 1 und 2, denn die Kosten einer Gesellschaft für die Produktion einer zusätzlichen Einheit von Gut 1 entsprechen der Menge des Gutes 2, die nun nicht mehr produziert werden kann (**OPPORTUNITÄTSKOSTEN** → GLOSSAR). Es kann also gesagt werden, dass die GRT von Gut 2 durch Gut 1 Ausdruck der marginalen Opportunitätskosten des Gutes 1 in Einheiten des Gutes 2 ist. Falls $K = K(x_1, x_2)$ die Kosten der Produktion von Gut 1 und Gut 2 sind und diese, vereinfacht angenommen, auf der Transformationskurve konstant sind, so lässt sich formulieren:

$$dK = \frac{\partial K}{x_1} \cdot dx_1 + \frac{\partial K}{x_2} \cdot dx_2 = 0 \quad \Leftrightarrow \quad \frac{dx_2}{dx_1} = -\frac{\frac{\partial K}{\partial x_1}}{\frac{\partial K}{\partial x_2}}$$

$$\frac{dx_2}{dx_1} = GRT_{21} = -\frac{\text{Grenzkosten Gut 1}}{\text{Grenzkosten Gut 2}} \tag{4.6}$$

Welche der technisch effizient herstellbaren Gütermengenkombinationen ist nun diejenige, die von den Konsumenten am meisten gewünscht wird? Dazu betrachten wir in Abbildung 4.22 einen beliebigen Punkt D auf der Produktionsmöglichkeitenkurve. Dieser Punkt zeigt den effizienten Gütermix $\bar{x}_1, \bar{x}_2$ und somit jene Mengen beider Güter an, die in der Volkswirtschaft produziert und verteilt werden sollen. Für den Punkt D wird in das Gütermengendiagramm eine Edgeworthbox mit den Indifferenzkurven der beiden Haushalte eingezeichnet. Zumindest kann mit Hilfe der Edgeworthbox für zwei Konsumenten darüber Auskunft gegeben werden, wer von beiden welche Menge von Gut 1 und 2 erhält. Wir wissen, dass im Nutzenmaximum die Grenzraten der Substitution zwischen beliebigen zwei Güterpaaren für alle Haushalte identisch sind und dem Verhältnis der Güterpreise entsprechen. Es muss somit exakt jener Punkt auf der Kontraktkurve gefunden werden, zu dem die (für alle Individuen identischen) Grenzraten der Substitution von Gut 1 durch Gut 2 der Grenzrate der Transformation dieser beiden Güter entsprechen. Dies ist in den Punkten E und D der Fall.

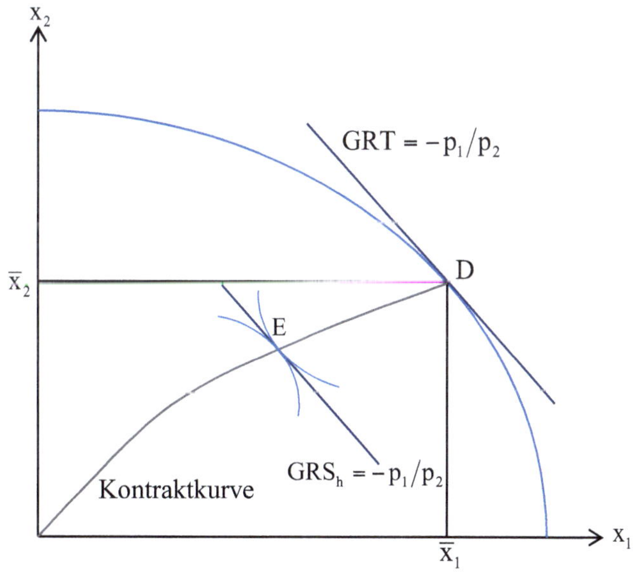

Abbildung 4.22:
Wahl der optimalen Produktionsmengen

$$\frac{\frac{\partial u_1}{\partial x_{11}}}{\frac{\partial u_1}{\partial x_{21}}} = \frac{\frac{\partial u_2}{\partial x_{12}}}{\frac{\partial u_2}{\partial x_{22}}} = \frac{dx_2}{dx_1} \quad \Leftrightarrow \quad GRS^1 = GRS^2 = GRT \tag{4.7}$$

Warum aber muss die Bedingung für ein Gleichgewicht erfüllt sein? Nehmen wir einmal an, die Bedingung sei nicht erfüllt und es gelte:

$$GRS^1 = GRS^2 > GRT = \frac{dx_2}{dx_1} = \frac{\text{Grenzkosten Gut 1}}{\text{Grenzkosten Gut 2}}$$

Nun sagt die Grenzrate der Substitution den Konsumenten, mehr von Gut 2 für eine zusätzliche Einheit von Gut 1 aufzugeben, als es die Gütertransformation verlangt. Das heißt, die Unternehmen sind mit der von den Haushalten abgegebenen Menge von Gut 2 in der Lage, mehr als eine Einheit von Gut 1 zu produzieren, so dass mindestens ein Konsument mehr konsumieren bzw. seinen Nutzen steigern kann. Nur wenn die Grenzraten der Substitution der Grenzrate der Transformation entsprechen, ist eine derartige Reallokation nicht mehr möglich.

Da wir von den vollständigen Konkurrenzmärkten wissen, dass die Preise gemäß der Grenzkosten gebildet werden, so gilt auch im Gleichgewicht:

$$\frac{p_i}{p_j} = \frac{\text{Grenzkosten}_i}{\text{Grenzkosten}_j} \tag{4.8}$$

Weil alle Haushalte ihre Grenzraten der Substitution mit den Preisrelationen gleichsetzen (und diese den Grenzkosten entsprechen), so werden die Haushalte gleichzeitig ihre Grenzraten der Substitution an den Grenzkosten ausrichten, welche ihrerseits der Grenzrate der Transformation entsprechen.

In einer Tauschwirtschaft mit Produktion kann, entsprechend der Wünsche der Konsumenten, natürlich eine Reallokation der Faktoreinsatzmengen und somit auch eine neue Zusammenstellung des Gütermixes (entsprechend der Transformationskurve) erfolgen. Die Anpassung erfolgt über den Preismechanismus → vgl. Abbildung 4.23. Hierzu sei eine im Anfangszustand vorhandene Güterausstattung $\bar{x}_1, \bar{x}_2$ zu Preisen in Höhe von $\bar{p}_1, \bar{p}_2$ angenommen. Das den Haushalten hieraus fließende Einkommen (die zu Preisen bewertete Anfangsausstattung) beträgt somit $\bar{Y} = \bar{p}_1 \cdot \bar{x}_1 + \bar{p}_2 \cdot \bar{x}_2$. Da sämtliche Faktoreinkommen den Haushalten zukommen, entspricht diesem der Wert aller erzeugten Güter. Die Unternehmen produzieren entsprechend der Preise $\bar{p}_1, \bar{p}_2$ die Gütermengen $\bar{x}_1, \bar{x}_2$.

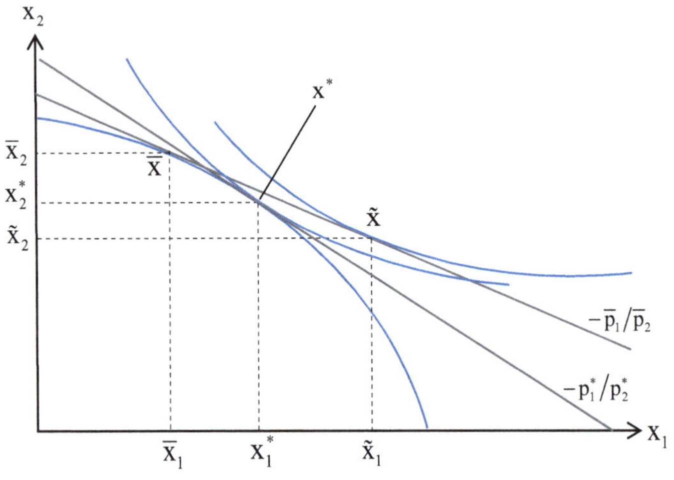

Abbildung 4.23: Gleichgewicht von Konsum- und Produktionsinteressen

Jetzt sei angenommen, dass die Haushalte aber zu diesen Preisen $\bar{p}_1$, $\bar{p}_2$ eine Allokation nachfragen, die einer nicht mehr produzierbaren Gütermenge entspricht ($\tilde{x}$ ist kein Punkt der Produktionsmöglichkeitenmenge). Beim Vergleich der Allokationen $\bar{x}$ und $\tilde{x}$ wird ein Nachfrageüberschuss von $e_1 = \tilde{x}_1 - \bar{x}_1$ und ein Angebotsüberschuss in Höhe von $e_2 = \tilde{x}_2 - \bar{x}_2$ ersichtlich. Gemäß der Walrasianischen Preisanpassungshypothese wird ein Anstieg des Preises von $\bar{p}_1$ auf p_1^* und eine Preissenkung des Preises von Gut 2 von $\bar{p}_2$ auf p_2^* erfolgen, so dass insgesamt ein Anstieg der relativen Preise auf p_1^*/p_2^* stattfindet, der sich in der Drehung der Budgetgerade im Uhrzeigersinn niederschlägt. In x^* schließlich ist das neue Marktgleichgewicht erreicht. Sowohl die Konsum- als auch die Produktionsinteressen sind zum Ausgleich gebracht.

Merksatz
Für jede Anfangsausstattung wird sich ein Preisvektor einstellen, der ein zur Anfangsaustattung zugehöriges Marktgleichgewicht generiert.

4.4 Bewertung und Auswahl allgemeiner Marktgleichgewichte

Im Anschluss an die Analyse des „technischen In-Übereinstimmung-Bringens“ von Konsumenten- und Produzenteninteressen, gehen wir nunmehr der Frage nach, welches der verschiedenen möglichen allgemeinen Marktgleichgewichte von den Wirtschaftssubjekten (in einer demokratischen Gesellschaft, von der Mehrheit der Wirtschaftssubjekte) als das Beste, als das **Optimum Optimorum**, ausgewählt wird. Wenngleich eine abschließende Antwort nicht existiert, so sollen zumindest die wichtigsten Kriterien, welche die Ökonomen zur Beantwortung dieser Frage heranziehen, kurz angesprochen werden. Es handelt sich um die Nutzenmöglichkeitenkurve und Wohlfahrtsfunktion → vgl. Abschnitt 4.4.1, Kompensations- und Gerechtigkeitskriterien → vgl. Abschnitte 4.4.2–4.4.3, S. 152 ff. sowie das grundlegende Konzept der Messung von Wohlfahrt als Summe von Konsumenten- und Produzentenrente → vgl. Abschnitt 4.4.4, S. 153 ff.

4.4.1 Nutzenmöglichkeitenkurve und Wohlfahrtsfunktion

In Abbildung 4.24 → vgl. S. 150 sind in den Punkten D und F zwei Edgeworthboxen eingetragen, die unterschiedliche Gütermixe und Güterverteilungen repräsentieren (d und f).

Der effizienten Gütermengenproduktion D entspricht das Marktgleichgewicht auf dem Gütermarkt d, wobei die Verteilung der Güter 1 und 2 auf die beiden Haushalte durch die gestrichelten Linien gekennzeichnet ist. In jedem Punkt der Kontraktkurve tangieren die Indifferenzkurven der beiden Haushalte. Jeder Punkt auf der Kontraktkurve stellt ein potentielles Marktgleichgewicht auf dem Konsumgütermarkt dar, in dem die Steigungen der Indifferenzkurven mit dem Verhältnis der Güterpreise übereinstimmen. Entlang der Kontraktkurve sind die Optima durch unterschiedliche Steigungen der Indifferenzkurven und Budgetgeraden gekennzeichnet. Es wird aber nur ein einziges Preisverhältnis geben, das der Steigung der Produktionsmöglichkeitenkurve, der Grenzrate der Transformation, entspricht. Das dem Punkt F zugehörige Marktgleichgewicht der Gütermärkte ist der Punkt f, und das Marktgleichgewicht in d ist der Produktionsmengenkombination D zugeordnet. Betrachtet man andere Punkte als D und F auf der Produktionsmöglichkeitenkurve, so lässt sich das zugehörige Marktgleichgewicht auf dem Konsumgütermarkt bestimmen,

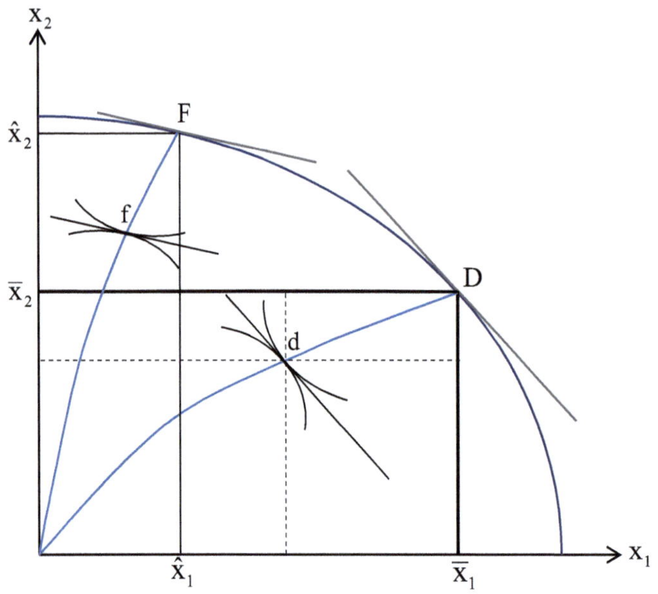

Abbildung 4.24: Auswahl der Marktgleichgewichte

indem das Preisverhältnis bzw. die Steigungen der Indifferenzkurven gesucht werden, die der Steigung der Produktionsmöglichkeitenkurve entsprechen.

Trägt man nun die den Marktgleichgewichten zugehörigen Nutzenniveaus der Konsumenten in ein reines Nutzendiagramm ein (Nutzenniveaus im Gütermengendiagramm sind an der Höhe der Indifferenzkurven ablesbar), so entsteht die **NUTZENMÖGLICHKEITENKURVE** → GLOSSAR. Die Nutzenmöglichkeitenkurve enthält alle möglichen Nutzenniveaus der Marktgleichgewichte, die sich für die unterschiedlichen Gütermixe (welche auf der Produktionsmöglichkeitenkurve abgetragen sind) ergeben.

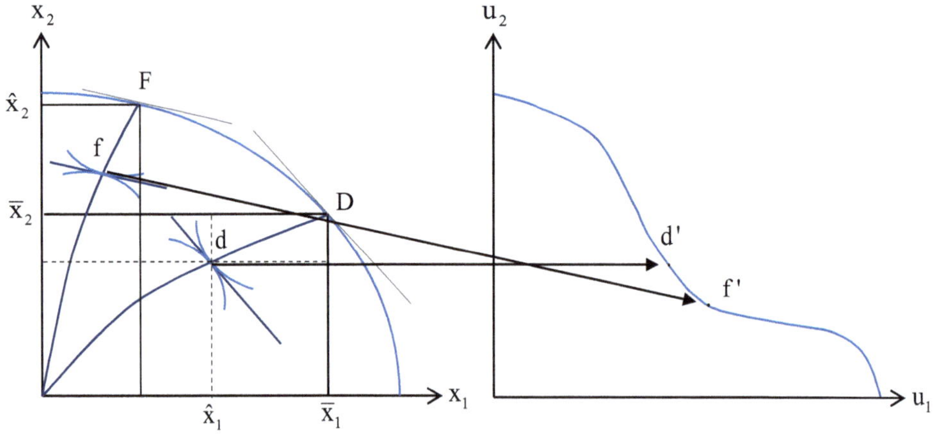

Abbildung 4.25: Nutzenmöglichkeitenkurve

Wenngleich über die Steigung der Nutzenmöglichkeitenkurve kaum eine Aussage möglich ist, so ist doch offenbar, dass sie (aufgrund der konkurrierenden Situation zwischen den Haushalten) zumindest fallen muss.

Die Punkte d′ und f′ entsprechen den Marktgleichgewichten d und f, wobei nunmehr erkennbar ist, dass z. B. im Punkt d′ der Haushalt 2 ein höheres Nutzenniveau aufweist als in f′ und demzufolge die Güterproduktion im Punkt D dem in Punkt F gegenüber vorziehen wird. Andererseits ist Haushalt 1 im Punkt f′ besser gestellt, weshalb er für die durch den Punkt F angezeigte Güterverteilung votieren wird. Es ist offenbar, dass die Konsumenten durchaus unterschiedliche Ziele ihm Rahmen ihrer individuellen Nutzenmaximierung verfolgen, d. h. verschiedene Güterallokationen präferieren, aber nur eine tatsächlich produziert werden kann. Welches also ist die für die Gesellschaft optimale Allokation, welche das Optimum Optimorum, welches der verschiedenen potentiellen Marktgleichgewichte ist auszuwählen?

Der Beantwortung dieser Frage dient das **Konzept der (sozialen) Wohlfahrtsfunktion** → vgl. Literatur am Kapitelende, S. 165. Die Wohlfahrtsfunktion ist eine Art gesamtwirtschaftliche Nutzenfunktion, in der die Nutzen der einzelnen Haushalte zusammengefasst sind. Für den unterstellten Fall zweier Haushalte kann die Nutzenfunktion als Funktion $W = f[u^1(x_{11}, x_{21}); u^2(x_{12}, x_{22})]$ definiert werden, insofern die Nutzen der Konsumenten nur von den eigenen Gütern und nicht von den Gütermengen der anderen Akteure abhängen. In diesem Fall wird von einer Wohlfahrtsfunktion des Bergson-Samuelson Typs gesprochen, welche wahrscheinlich das bekannteste Beispiel einer Wohlfahrtsfunktion ist. Wohlfahrtsfunktionen können auf verschiedene Weise gebildet werden, etwa indem die Einzelnutzen additiv, multiplikativ oder gewichtet verknüpft sein können. Eine additive Verknüpfung liegt in folgendem Beispiel vor: $W = u^1(x_{11}, x_{21}) + u^2(x_{12}, x_{22})$.

Ohne auf die Thematik der Wohlfahrtsfunktionen näher einzugehen, sei eine Wohlfahrtsfunktion des Bergson-Samuelson Typs unterstellt. Sie soll ähnliche Eigenschaften wie eine „normale" Nutzenfunktion aufweisen, anstelle der Gütermengen dienen Nutzen als unabhängige Variablen. Eine aus der Nutzenfunktion hergeleitete (konvex zum Ursprung verlaufende) gesamtwirtschaftliche Indifferenzkurve würde dann ein konstantes Wohlfahrtsniveau für unterschiedliche Nutzenaufteilungen zwischen den Individuen beschreiben. So kann – aus der gesamtwirtschaftlichen Perspektive – ein höherer Nutzen von Haushalt 1 durchaus durch einen niedrigeren Nutzen von Haushalt 2 entstehen et vice versa. Wird nun die gesamtwirtschaftliche Indifferenzkurve in das Nutzendiagramm eingetragen und der Nutzenmöglichkeitenkurve gegenübergestellt, so liegt der gesamtwirtschaftlich optimale Zustand dort vor, wo die Indifferenzkurve ihr höchstes Niveau erreicht, was in Abbildung 4.26 → vgl. S. 152 im Punkt W* der Fall ist; hier tangieren Nutzenmöglichkeiten- und gesamtwirtschaftliche Indifferenzkurve.

Die Wohlfahrt ist maximiert. In unserem Beispiel weist der Haushalt in W* ein verhältnismäßig hohes und Haushalt 1 ein relativ geringes Nutzenniveau auf. Dies mag damit begründet sein, dass Haushalt 2 von vornherein über eine recht große Anfangsausstattung aller Güter verfügt hat. Dennoch, auch bei dem geringen Nutzenniveau von Haushalt 1, ist die Wohlfahrt „Aller", folglich die gesamtwirtschaftliche Wohlfahrt, maximiert.

Die Analyse der Wohlfahrt mit Hilfe der gesamtwirtschaftlichen Wohlfahrtsfunktion und der Nutzenmöglichkeitenkurve liefert eine recht anschauliche Einführung in Fragestellungen, die die Gesamtheit der Mitglieder einer Gesellschaft betreffen. Leider ist die praktische Anwendbarkeit unbedeutend, da Wohlfahrtsfunktionen von aggregierten Nutzen ausgehen (müssen), was wiederum die kardinale Messbarkeit der Nutzen und ihre interpersonelle Vergleichbarkeit voraussetzt – beides aber ist nicht gegeben.

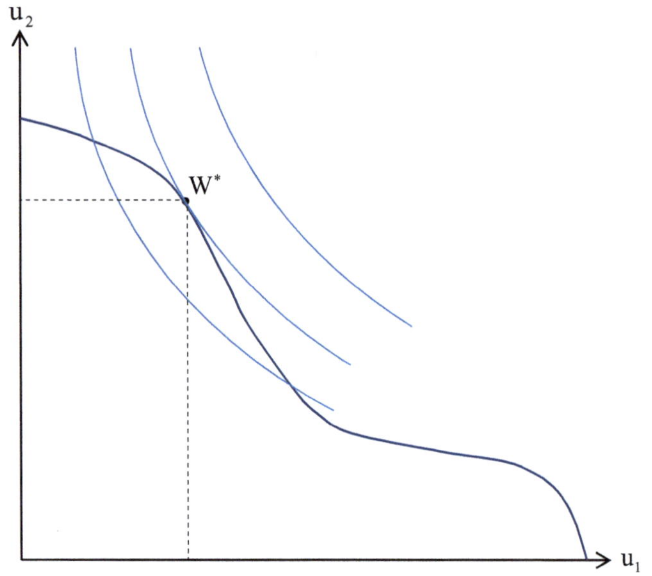

Abbildung 4.26: Wohlfahrtsmaximum

Wie aber können unterschiedliche Zustände (Marktgleichgewichte) in einer Volkswirtschaft bewertet werden? Das Kriterium der Pareto-Effizienz → vgl. Abschnitt 4.3.2, S. 139 ist ungeeignet, denn wenn nur ein Individuum durch die Besserstellung eines anderen schlechter gestellt wird, kann mittels des Kriteriums keine Aussage mehr getroffen werden – das Parteto-Kriterium lässt keine „Verlierer" zu.

4.4.2 Idee der Kompensationskriterien

In der Realität wird es aber bei der Umsetzung wirtschaftspolitischer Entscheidungen immer Akteure geben, die aus der Entscheidung einen Nutzen ziehen und solche, die (und sei es auch noch so gering) schlechter gestellt werden. Dieser Schwachpunkt, keine „Verlierer" zuzulassen, leitet zum Kompensationskriterium von Nicholas Kaldor (1908 – 1984) und dem Nobelpreisträger der Wirtschaftswissenschaft von 1972, John Richard Hicks (1904 – 1989). Im Gegensatz zum Pareto-Kriterium, mit dem es nicht möglich ist, mehrheitlich gefällte Entscheidungen zu bewerten, werden beim **Kaldor-Hicks-Kriterium** „Gewinner" und „Verlierer" zugelassen und somit interpersonelle Nutzenvergleiche gestattet. Gemäß dem Kaldor-Hicks-Kriterium ist ein Zustand wohlfahrtsverbessernd, wenn die „Gewinner" einer Maßnahme zumindest potentiell (also theoretisch) in der Lage sind, die „Verlierer" nach deren Maßstäben für ihre Verluste zu kompensieren. Dieses Kriterium macht etwa bei wirtschaftspolitischen Entscheidungen Sinn. Eine neue, den Hauptverkehr stark entlastende Umgehungsstraße kann demnach in einem Wohngebiet gebaut werden, wenn die Autofahrer einen so großen Nutzengewinn erzielen, dass die Anwohner des Wohngebietes theoretisch entschädigt werden könnten. Faktisch werden Betroffene nicht entschädigt, zur Rechtfertigung der Maßnahme reicht es aus, dass lediglich die Möglichkeit zur Entschädigung besteht. Tibor Scitovsky (1910 – 2002) ergänzte das Kaldor-Hicks-Kriterium durch die Forderung, dass zur Durchführung einer Maßnahme auch sichergestellt sein müsse, dass die potentiellen Verlierer der Maßnahme nicht in der Lage sein dürfen, die potentiellen Gewinner für den Verzicht auf die Durchführung der Maßnahme zu entschädigen (**Scitovsky-Kompensationskriterium**).

Das Kernproblem der Kompensationskriterien ist die Bestimmung der Nutzen und damit auch der Vergleich der Nutzen zwischen den Akteuren, so dass auf alternative Verfahren, wie die Bestimmung der Zahlungsbereitschaften, zurückgegriffen werden muss.

4.4.3 Gerechtigkeitsvorstellungen

Auf der Suche nach der in einer Gesellschaft gewünschten Güterallokation kommen schließlich philosophische Argumente zum Tragen. So ist der Philosoph John Rawls (1921 – 2002) der Meinung, dass gemäß seiner Idee der **Maximin-Gerechtigkeit** eine Volkswirtschaft so organisiert sein muss, dass sie die Wohlfahrt mindestens des in einer Gesellschaft am schlechtesten gestellten Individuums maximiert. Auf diesen Konsens könnten sich alle Mitglieder einigen, wenn sie – vor dem Hintergrund eines „Schleiers des Unwissens", einem hypothetischen Zustand, in dem niemand vorhersagen kann, welche Ergebnisse er auf dem freien Markt jemals erzielen wird – zumindest theoretisch bedenken müssten, selbst in die Situation des am schlechtesten gestellten Individuums zu geraten. Im Ergebnis könnten ineffiziente Allokationen, die jedoch eine gleichere Verteilung der Einkommen aufweisen, gerechtfertigt werden, mithin Punkte, die nicht auf, sondern unterhalb der Nutzenmöglichkeitenkurve liegen, erwünscht sein. Dass die Position von **Rawls** auch nur eine von vielen ist, kann mit dem Gerechtigkeitsbegriff des Philosophen Robert Nozick (1938 – 2002) gezeigt werden, der eine völlig andere, weitaus stärker marktorientierte Sichtweise vertritt, die, nicht wie bei Rawls, dem Kriterium der **Verteilungsgerechtigkeit**, sondern dem Kriterium der **Verfahrensgerechtigkeit** genügt. Auf den vorliegenden Sachverhalt der Bewertung unterschiedlicher Marktgleichgewichte bezogen, kann **Nozick's** Position dahingehend interpretiert werden, die Zustände nicht anhand ihrer Ergebnisse, sondern anhand der Prozesse, die zu den Ergebnissen geführt haben, zu bewerten. In Nozick's Theorie ist jedes Marktergebnis gerechtfertigt, solange der Prozess, der zu dem Ergebnis geführt hat, von allen beteiligten Seiten freiwillig, ohne Ausübung eines jeglichen Zwangs und ohne Eingriff des Staates, durchgeführt wurde. Davon auszugehen, dass alle Marktgleichgewichte im Rahmen der freien Konkurrenz erzielt wurden, also alle Zustände mit dem Einverständnis der Beteiligten zustande gekommen sind, stellt natürlich keine Antwort auf die Auswahl eines bestimmten Marktgleichgewichts dar. Außerdem kann in Zweifel gezogen werden, ob das Argument der Gerechtigkeit auch dann noch Gültigkeit besitzt, wenn die Ausgangsbedingungen der Parteien unterschiedlich sind, d. h. die Menschen aus ungleichen Positionen, mit unterschiedlichen Anfangsausstattungen „an den Start gehen". Einige Individuen haben vielleicht große Vermögen geerbt, die sie zur Produktion zusätzlicher Einkommen investieren können. Andere Individuen entstammen Familien, die ihnen eine Erziehung und Bildung haben zukommen lassen, die für eine spätere berufliche Karriere entscheidend ist. Solche Menschen sind klar im Vorteil im Konkurrenzkampf um die Einkommen.

4.4.4 Wohlfahrt als Rentenkonzept

Nachdem Einiges über das Zustandekommen des Nachfrage- und Angebotsverhaltens der Wirtschaftssubjekte, die Wohlfahrtseigenschaften, die Schwierigkeiten der Messung und letztlich die Anwendbarkeit der Konzepte berichtet wurde, soll abschließend auf ein relativ einfaches und bekanntes Instrument der Bewertung von Gleichgewichten bzw. Maßnahmen, die auf die Verbesserung ökonomischer Zustände gerichtet sind, eingegangen werden. Die Rede ist von den so genannten **Konsumenten- und Produzentenrenten**. Hierbei handelt es sich um Konzepte, die zur Analyse von Partialmärkten, also Märkte für ein einzelnes Gut oder einen einzelnen Faktor, eingesetzt werden, aber auch bei der Untersuchung des Verhaltens eines einzelnen Akteurs Verwendung finden. Insofern hätten die Rentenkonzepte auch an viel früherer Stelle, die **KONSUMENTENRENTE** → GLOSSAR in der Theorie des Haushalts und die **PRODUZENTENRENTE** → GLOSSAR in der Theorie der Unternehmung, erörtert werden können. Um jedoch den Wohlfahrtsaspekt der Rentenkonzepte besonders herauszustellen, wurde ihre Thematisierung in das Kapitel der Wohlfahrtseigenschaften von Marktgleichgewichten aufgenommen.

Ansatzpunkt bei den Rentenkonzepten ist die Überlegung, dass Konsumenten, die durchaus bereit gewesen wären, einen höheren Betrag als den tatsächlich entrichteten Marktpreis für ein Gut zu zahlen, einen Vorteil dadurch erlangen, dass sie faktisch weniger bezahlen. Entsprechend haben Unternehmen, die zu einem niedrigeren Preis als dem Marktpreis verkauft hätten, einen Vorteil, dass sie faktisch den höheren Marktpreis erhalten. Diese Vorteile werden mit den Begriffen der Konsumentenrente → vgl. Abschnitt 4.4.4.1 und Produzentenrente → vgl. Abschnitt 4.4.4.2, S. 159 beschrieben.

4.4.4.1 Konsumentenrente

Ziel beim Konzept der Konsumentenrente ist es, ein monetäres Maß für den Nutzenvorteil zu finden, den ein Konsument aus dem Konsum eines Gutes zieht, das er zu einem bestimmten Preis gekauft hat. Aus dem Nutzenoptimierungsmodell des Haushalts ist bekannt, dass in jedem Punkt der Nachfragekurve des Gutes 1 ein Haushaltsoptimum liegt, bei dem die Grenzrate der Substitution des Gutes 1 zu einem anderen Gut 2 dem umgekehrten Verhältnis der Grenznutzen nach den beiden Gütern bzw. deren Preisverhältnis entspricht:

$$\frac{dx_2}{dx_1} = -\frac{\frac{\partial u}{\partial x_1}}{\frac{\partial u}{\partial x_2}} = -\frac{p_1}{p_2} \tag{4.9}$$

Gut 2 kann man sich als Einkommen vorstellen, stellvertretend für alle anderen Güter, mit denen ein Haushalt zusätzliche Einheiten des Gutes 1 bezahlt. Damit kann die Grenzrate der Substitution als **Grenzzahlungsbereitschaft** eines Haushalts für Gut 1 interpretiert werden, und zwar in Geldeinheiten ausgedrückt. Die Grenzzahlungsbereitschaft gibt somit an, wie viel Geld ein Haushalt für eine bestimmte Einheit des Gutes 1 auszugeben bereit ist. Entsprechend einer abnehmenden Grenzrate der Substitution kann festgestellt werden, dass der Haushalt für zunehmende Mengeneinheiten des Gutes 1 pro Stück immer weniger zu zahlen bereit ist, da er andernfalls das Nutzenniveau nicht halten könnte und die Indifferenzkurve verlassen müsste.

In Abbildung 4.27 → vgl. S. 155 wird im Punkt A keinerlei Einkommen für den Kauf des Gutes 1 eingesetzt. Um die erste Einheit des Gutes zu kaufen, ist der Haushalt bereit, a Einheiten des Gutes 2 aufzugeben. Diese Einheiten entsprechen, in Preiseinheiten des Gutes 1 ausgedrückt, dem Preis a. Wird die erste Einheit des Gutes 1 tatsächlich gekauft, so befindet sich der Haushalt im Punkt B auf dem Nutzenniveau $\bar{u}_1$. Der Konsument war also für die erste Einheit des Gutes 1 einen maximalen Preis von a zu bezahlen bereit. Dieser Preis stellt die **maximale Zahlungsbereitschaft** des Haushalts für die erste Einheit von Gut 1 dar. Will der Haushalt eine zusätzliche, also zwei Einheiten des Gutes erwerben (Einheit 1 wurde bereits gekauft), so ist er nur noch bereit, für

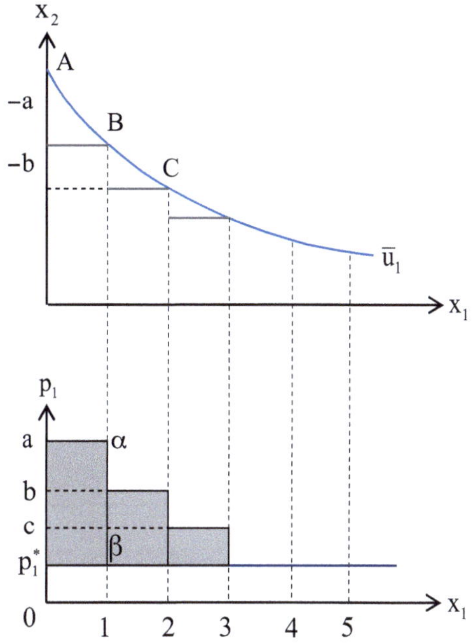

Abbildung 4.27:
Herleitung der Konsumentenrente

diese zweite Einheit b Einheiten des Gutes 2 aufzugeben, was einem Preis für Gut 1 von b entspricht. Wird die zweite Einheit des Gutes 1 tatsächlich zum Preis von b gekauft, so befindet sich der Haushalt weiterhin auf der Indifferenzkurve zum Nutzenniveau $\bar{u}_1$. Aufgrund der abnehmenden Grenzrate der Substitution wird b natürlich kleiner als a sein. Die jeweiligen Preise a, b usw. stellen maximale Zahlungsbereitschaften dar, die der Haushalt für die jeweilige Gütereinheit des Gutes 1 zu zahlen bereit ist. Faktisch ist die untere Grafik in Abbildung 4.27 nichts anderes als die Nachfragekurve von Gut 1. Wird das Gut 1 auf dem Markt nun zu einem tatsächlichen Preis von p_1^* veräußert, so ist erkennbar, dass unser Haushalt natürlich alle Einheiten zu diesem Preis erhält. Obwohl er für die erste Einheit einen Preis in Höhe von a, für die zweite von b, für die dritte von c und für die vierte Einheit schließlich einen Preis von p_1^* zu zahlen bereit gewesen wäre, muss er faktisch für alle Einheiten nur jeweils p_1^* entrichten. Somit „spart" er für die erste Einheit des Gutes 1 den Betrag $(a - p_1^*)$ ein, für die zweite $(b - p_1^*)$, für die dritte $(c - p_1^*)$ und bei der vierten nichts mehr $(p_1^* - p_1^* = 0)$. Jede weitere, über die vierte Gütereinheit hinausgehende Menge, würde dem Haushalt einen negativen Zuwachs einbringen. Deshalb kauft der Haushalt nur vier Einheiten des Gutes 1. Grafisch können diese Vorteile, die Konsumentenrente, an den drei markierten Rechtecken abgelesen werden. Das erste Rechteck entspricht der Fläche $p_1^* a\alpha\beta$. Diese Fläche setzt sich zusammen aus der maximalen Zahlungsbereitschaft, die der Haushalt für die erste Einheit von Gut 1 aufbringen würde, $0a\alpha 1$, abzüglich der Fläche, die anzeigt, was er tatsächlich zahlt: $0p_1^*\beta 1$. Die Konsumentenrente, die der Haushalt durch den Kauf von vier Gütereinheiten des Gutes 1 zum Preis von p_1^* erzielt, entspricht somit der Fläche der drei Rechtecke.

Merksatz

Die **Konsumentenrente** einer Einheit eines Gutes entspricht der Differenz zwischen dem Preis, den ein Konsument für das Gut zu zahlen bereit ist, abzüglich des tatsächlich gezahlten Preises.

Die Konsumentenrente eines Haushalts, der die Menge $\hat{x}_1$ des Gutes 1 zum Preis $\hat{p}_1$ nachfragt → vgl. Abbildung 4.28, entspricht der Fläche unter der Nachfragekurve zwischen 0 und $\hat{x}_1$, abzüglich der Fläche $\hat{p}_1 \cdot \hat{x}_1$, also dem Betrag, den der Haushalt tatsächlich zahlt.

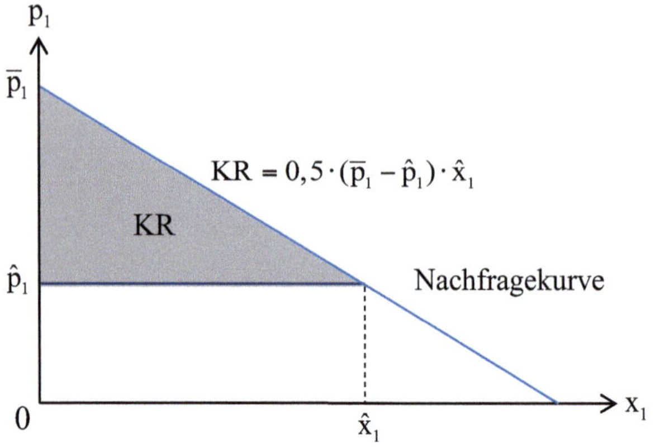

Abbildung 4.28: Konsumentenrente I

Beispiel

Gegeben sei die Nachfragefunktion eines Konsumenten von Gut 1: $x(p) = 200 - 2 \cdot p$. Das Gut wird mit 40 Euro pro Stück verkauft. Welche Konsumentenrente wird dem Haushalt zu diesem Preis zuteil?

Zunächst wird die Umkehrfunktion der Nachfragefunktion bestimmt, sie entspricht der Grenzzahlungsbereitschaft des Haushalts: $x(p) \rightarrow p = f^{-1}(x) = 100 - 0,5 \cdot x$. Die Nullstellen der Funktion liegen bei $\bar{p} = 100$ und $\bar{x} = 200$. Für $\hat{p} = 40$ ergibt sich $\hat{x} = 120$.

$$\begin{aligned} KR &= 0,5 \cdot (\bar{p}_1 - \hat{p}_1) \cdot \hat{x}_1 \\ &= 0,5 \cdot (100 - 40) \cdot 120 \\ &= 3.600 \end{aligned}$$

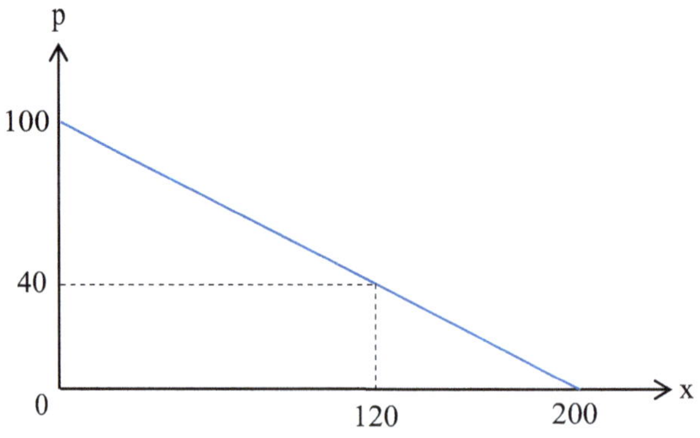

Abbildung 4.29: Konsumentenrente II

Allgemeiner (auch für nicht-lineare Nachfragefunktionen) kann die Konsumentenrente über das Integral der Nachfragekurve zwischen der Nachfragemenge 0 und $\hat{x}$ abzüglich des tatsächlich aufgewendeten Betrages bestimmt werden:

$$KR = \int_0^{\hat{x}} f^{-1}(x) \cdot dx - \hat{p} \cdot \hat{x} = [F(x)]_0^{\hat{x}} = F(\hat{x}) - F(0) - \hat{p} \cdot \hat{x} \quad (4.10)$$

$$\begin{aligned} KR &= 100 \cdot x - 0{,}25 \cdot x^2 - 0 - \hat{p} \cdot \hat{x} \\ &= 100 \cdot 120 - 0{,}25 \cdot 120^2 - 40 \cdot 120 \\ &= 12.000 - 3.600 - 4.800 \\ &= 3.600 \end{aligned}$$

Bei der Bestimmung der Konsumentenrente über die Nachfragefunktion tritt jedoch ein Problem auf: Wenn der Haushalt ein Gut für weniger bekommt, als er zu zahlen bereit wäre, ist er faktisch reicher geworden, d. h. es besteht ein Einkommenseffekt. Da das Konzept der Konsumentenrente jedoch dazu dient, Wirkungen von Preisänderungen auf den Nutzen zu ermitteln und nicht Nutzenänderungen auf Einkommensvariationen zurückzuführen, ist es angemessener, den Einkommenseffekt aus den Wirkungen herauszurechnen. Anders ausgedrückt: Sollen Wohlfahrtswirkungen nicht als Folge von Einkommens-, sondern nur von Substitutionseffekten dargestellt werden, so muss der Einkommenseffekt herausgerechnet werden. Es geht also um die Frage, unter welcher Nachfragekurve die Konsumentenrente gemessen werden soll – als Fläche unter der „üblichen“ **unkompensierten Nachfrage** (**Marshall'schen Nachfrage**) oder der **kompensierten** (**Hicks'schen**) **Nachfrage**. Bei der kompensierten Nachfrage wird mittels der so genannten kompensatorischen Variation der Einkommenseffekt einer Preisvariation herausgerechnet, was dazu führt, dass die kompensierte Nachfragekurve ab einer bestimmten Preishöhe oberhalb der unkompensierten Nachfragekurve verläuft. Das präzisere Maß zur Bestimmung der Konsumentenrente ist zweifellos die Fläche unter der kompensierten Nachfrage, während die Fläche unter der unkompensierten Nachfragekurve eine Annäherung darstellt.

In der Abbildung 4.30 sind eine kompensierte und eine unkompensierte Nachfragekurve abgetragen. Für ein unterstelltes superiores Gut wird die kompensierte Nachfragekurve steiler als

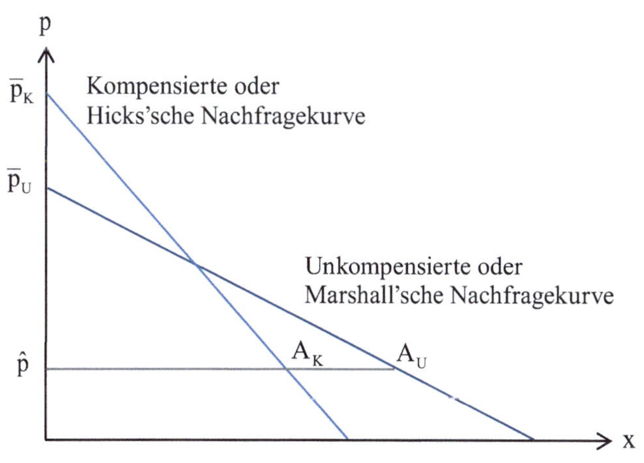

Abbildung 4.30: Hicks'sche und Marschall'sche Nachfragekurve

die unkompensierte verlaufen, weil der Einkommenseffekt – der die Nachfrage, ausgehend vom Schnittpunkt beider Kurven, mit steigenden Preisen mindert bzw. mit fallenden Preisen heraufsetzt – herausgerechnet wurde.

Für das Gut existiere ein Marktpreis $\hat{p}$, für den die Konsumentenrente des Haushalts bestimmt werden soll. Beginnend mit der unkompensierten Nachfrage kann die Konsumentenrente als Fläche $\hat{p}\,\bar{p}_U A_U$ abgelesen werden. Die Konsumentenrente bei kompensierter Nachfragefunktion entspricht der Fläche $\hat{p}\bar{p}_K A_K$.

Der in der unkompensierten Nachfragefunktion enthaltene Einkommenseffekt bewirkt bei sinkenden Preisen eine Erhöhung des Realeinkommens, so dass die Nachfrage „unbeabsichtigt" gesteigert wird. Der Grenznutzen des Geldes (also das, was pro zusätzlicher Gütereinheit an Einkommen eingesetzt werden muss) sinkt zunehmend. Der mit sinkenden Preisen zunehmende Nutzenvorteil der anwachsenden Konsumentenrente wird in Geldeinheiten ausgedrückt, deren Wert schwankt. Bei der kompensierten Nachfragekurve wird hingegen ein ausschließlich konstanter Nutzen unterstellt, d. h. die Wirkung einer Preissenkung auf die Konsumentenrente wird angesichts eines (künstlich) konstant gehaltenen Nutzenniveaus gemessen. Es wird so vorgegangen, dass die Preissenkung (die faktisch eine Einkommenserhöhung darstellt) durch eine fiktive Einkommenssenkung derart kompensiert wird, dass das ursprüngliche Nutzenniveau (die gleiche Indifferenzkurve) erhalten bleibt – man spricht von der **kompensatorischen Einkommensvariation**. Wird das Einkommen fiktiv derart erhöht, dass jenes Nutzenniveau als gegeben unterstellt wird, welches der Konsument im Falle der Preissenkung tatsächlich erzielt, so wird von einer **äquivalenten Einkommensvariation** gesprochen. Dies sei anhand folgender Abbildung 4.31 erläutert.

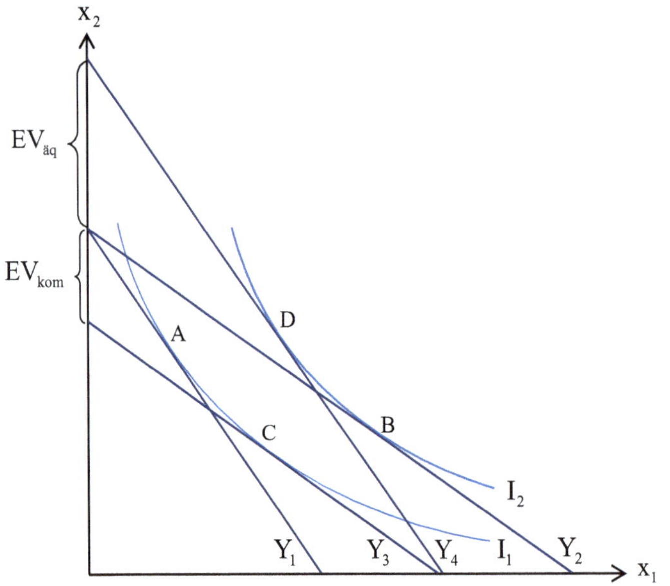

Abbildung 4.31: Äquivalente und kompensierte Einkommensvariation

Begonnen wird im Punkt A, im Tangentialpunkt der Budgetgerade Y_1 und der Indifferenzkurve I_1. Eine Preissenkung des Gutes 1 würde eine Drehung der Budgetgerade nach rechts auf Y_2 bewirken. Das neue Nutzenoptimum liege im Punkt B, dem Tangentialpunkt der Budgetgerade Y_2 und der Indifferenzkurve I_2. Um den Einkommenseffekt der Preissenkung auszugleichen, wird dem Konsumenten das Einkommen zurückgenommen, bis er die ursprüngliche Indifferenzkurve (I_1) erreicht. Es liegt mithin eine Parallelverschiebung der Budgetgerade Y_2 nach links auf Y_3 vor, so dass das Optimum nach erfolgter kompensatorischer Einkommensvariation im Punkt C liegt. Die **kompensatorische Einkommensvariation** ist nunmehr durch die Differenz der Schnittpunkte der Budgetgeraden Y_2 und Y_3 mit der Ordinate in Einheiten des Gutes 2 bzw. in Geldeinheiten (Gut 2 ist das Gut „Geld") angegeben.

Die äquivalente Einkommensvariation wird zunächst durch das die Preissenkung erreichbare Nutzenniveau, das durch die Indifferenzkurve I_2 angegeben ist, betrachtet. Es stellt sich hier die Frage, wie hoch die Einkommenserhöhung hätte ausfallen müssen, um das Nutzenniveau zu erreichen, wenn die Preissenkung des Gutes 1 nicht stattgefunden hätte, oder anders ausgedrückt: Welche Einkommenserhöhung hätte erfolgen müssen (um das Nutzenniveau der Indifferenzkurve I_2 zu erreichen), damit man auf die Preissenkung hätte verzichten können. Zur Beantwortung der Frage wird die Budgetgerade Y_1 solange verschoben, bis sie die Indifferenzkurve I_2 tangiert. Hier im Punkt D, dem Tangentialpunkt von Budgetgerade Y_4 und Indifferenzkurve I_2, ist das Nutzenmaximum bei äquivalenter Einkommensvariation erreicht. Anhand der Differenz der Schnittpunkte der Budgetgeraden Y_1 und Y_4 mit der Ordinate kann die Höhe der **äquivalenten Einkommensvariation** abgelesen werden.

Die Messprobleme, die mit der Bestimmung von Konsumentenrenten und den verschiedenen Einkommensvariationen einhergehen, sind nicht unerheblich. So sind Nachfragefunktionen und Grenzzahlungsbereitschaft meist unbekannt. In der Regel wird so vorgegangen, dass die Haushalte befragt werden, wie viel sie maximal für ein bestimmtes Gut in der bestimmten Menge zu zahlen bereit wären.

4.4.4.2 Produzentenrente

Bei der Produzentenrente verhält es sich ähnlich wie bei der Konsumentenrente, doch entfallen die dort vorhandenen schwierigen Messprobleme, da in das Konzept der Produzentenrente keine Nutzenfunktionen eingehen. Realisiert ein Unternehmer einen höheren Preis als jenen Preis, zu dem er das Gut abzugeben bereit wäre, so erhält er faktisch einen Mehrgewinn: die Produzentenrente. Wie aus der Bestimmung der Angebotsfunktion bekannt → vgl. Abschnitt 3.4.2, S. 109, entspricht bei vollständiger Konkurrenz (hier gilt Preis = Grenzkosten) die Angebotsfunktion dem inversen Verlauf der Grenzkostenkurve (die ihrerseits der Ableitung der variablen Kosten entspricht).

$$x^S = f(p) \rightarrow \quad p = f^{-1}(x^S),$$

wegen $p = dK(x)/dx$ gilt:

$$dK(x)/dx = f^{-1}(x^S)$$

Wenn die Angebotsfunktion die kostendeckenden Preise widerspiegelt, so wird jeder darüber liegende Preis einen Gewinn darstellen, so dass die Produzentenrente als Fläche oberhalb der (inversen) Angebotskurve für den Verkaufspreis und der dazugehörigen Angebotsmenge interpretiert werden kann. Die Produzentenrente ist gleich der Fläche $0\hat{p}A$. Diese ergibt sich aus dem Erlös ($\hat{p} \cdot \hat{x}$) abzüglich der Kosten ($0A\hat{x}$). Natürlich kann die Produzentenrente auch allgemein (auch für nicht-lineare Verläufe) dargestellt werden als:

$$PR = \hat{p} \cdot \hat{x} - \int_0^{\hat{x}} f^{-1}(x) \cdot dx \quad \text{bzw.} \quad PR = \hat{p} \cdot \hat{x} - \int_0^{\hat{x}} \frac{dK(x)}{dx} \cdot dx \tag{4.11}$$

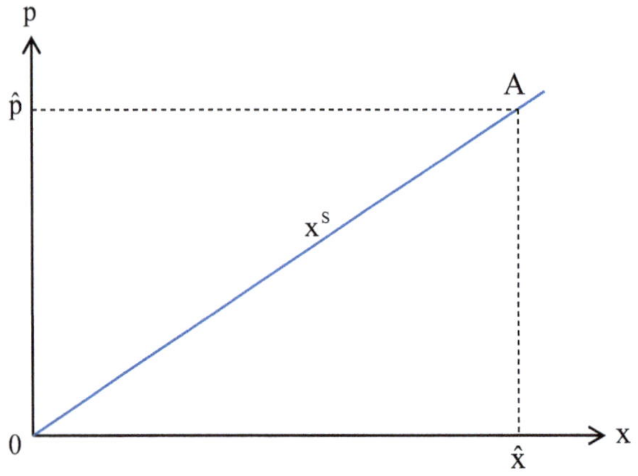

Abbildung 4.32: Produzentenrente

Die Produzentenrente ist somit nichts anderes als der Gewinn (Erlöse minus Kosten) und wird gebildet als Summe (Integral) der Überschüsse der Güterpreise über die Grenzkosten für jede produzierte und abgesetzte Einheit. Natürlich steigt die Produzentenrente mit steigenden Verkaufspreisen, was sich im übrigen auch positiv auf die Gesamtwohlfahrt auswirkt, denn – so die Modellannahme – die Renten werden über die Gewinnausschüttungen an die Haushalte, die Eigentümer der Unternehmen, weitergegeben.

Die Produzentenrente kann, wie die Konsumentenrente auch, für die Angebots- bzw. Nachfragefunktionen einzelner Akteure, aber auch für aggregierte Angebots- und Nachfragefunktionen eingesetzt werden.

4.4.4.3 Wohlfahrt als Summe von Konsumenten- und Produzentenrenten

Die Addition von Konsumenten- und Produzentenrenten wird oftmals mit dem Begriff der **Wohlfahrt** → Glossar umschrieben. Findet der Tausch auf einem Markt zum Gleichgewichtspreis statt, so ist in Abbildung 4.33 → vgl. S. 161 erkennbar, dass auch die Konsumenten- und Produzentenrente – und somit die Wohlfahrt als Summe von Konsumenten- und Produzentenrente – maximiert ist. Zu jedem anderen als dem Gleichgewichtspreis würde sich eine geringere als die maximale Konsumenten- und Produzentenrente ergeben, die Ziele der Marktteilnehmer wären in nicht optimaler Weise erreicht. Eine Erhöhung des Preises von z. B p^* auf $\hat{p}$, führt zu einer veränderten Produzentenrente, die der Fläche $0\hat{p}AD$ entspricht. Damit hat die Produzentenrente einen Zuwachs um die Fläche $p^*\hat{p}AB$ erfahren, gleichzeitig hat sie aber aufgrund der Preiserhöhung um das Dreieck DBC abgenommen. Vergleicht man die beiden Flächen, so ist der Zuwachs größer als die Abnahme. In diesem Fall hat die Produzentenrente durch die Preiserhöhung zugenommen.

Die Konsumentenrente hat durch die Preiserhöhung abgenommen, und zwar um die Fläche $p^*\hat{p}AC$, von der das Rechteck $p^*\hat{p}AB$ der Produzentenrente zugeführt wurde und das Dreieck BAC einfach verloren gegangen ist. Die Gesamtfläche der Konsumentenrente entspricht der Fläche des Dreiecks $\hat{p}\tilde{p}A$.

Das Dreieck DAC bezeichnet den **Wohlfahrtsverlust (= deadweight loss)** → Glossar), der durch die Preiserhöhung entstanden ist. Es setzt sich zusammen aus den beiden Dreiecken BAC und DBC, also den Verlusten an Konsumenten- und Produzentenrente, die keinem der Wirtschaftssubjekte mehr zu Verfügung stehen.

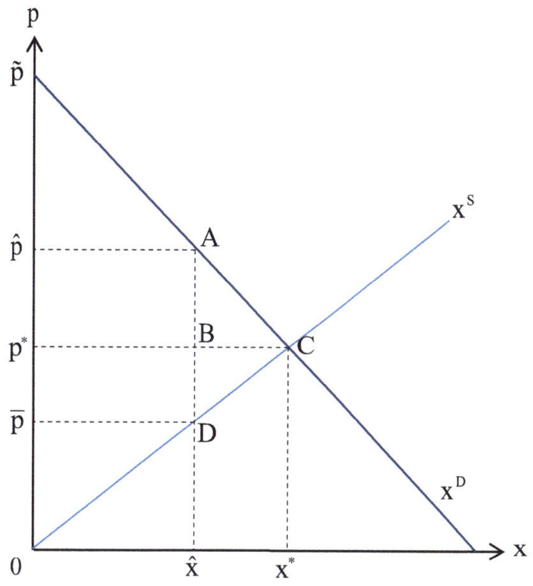

Abbildung 4.33:
Allgemeine Wohlfahrt

Wie Konsumenten- und Produzentenrenten auf Preisänderungen reagieren, hängt von der Höhe der Elastizitäten ab. So wird bspw. die Produzentenrente eher steigen, je elastischer das Angebot und je unelastischer die Nachfrage sein wird und umgekehrt.

Konsumenten- und Produzentenrenten sind hilfreiche Konzepte bei der Bewertung wirtschaftspolitischer Maßnahmen. So können nicht nur die Wohlfahrtswirkungen normaler Preiserhöhungen oder -senkungen bestimmt werden, sondern auch Aussagen über die Wirkungsweise von z. B. Mindestlöhnen oder der Erhöhung von Steuersätzen getroffen werden. Die Einführung von Mindestlöhnen würde analog der gerade geführten Argumentation erfolgen. Dazu stelle man sich lediglich die Güternachfrage- und Güterangebotskurve als Arbeitsnachfrage- und Arbeitsangebotskurve und den Preis als Lohnsatz vor. Die Einführung des Mindestlohnes in Höhe des Preises $\hat{p}$ würde dem dargestellten Wohlfahrtsverlust entsprechen.

Eine Steuererhöhung um den Betrag t hätte die folgende Wirkung: Zugrunde gelegt sei z. B. die Erhöhung der Mineralölsteuer, so dass der bisherige Literpreis für Mineralöl von p um t erhöht wird. Der Einfachheit halber wird so getan, als würde die Steuer gerade neu eingeführt, so dass von Brutto- und Nettopreisen gesprochen werden kann. Die Steuer wird von den Unternehmen in ihren Kostenrechnungen berücksichtigt (die variablen Kosten und somit die Gesamtkosten steigen) und die Verkaufspreise werden entsprechend angepasst, so dass nach Durchführung des Gewinnmaximierungskalküls eine nach links verschobene Angebotskurve entsteht (zu jedem Preis kann aufgrund der „Kostenerhöhung" nur noch weniger angeboten werden).

Die durch die Steuer hervorgerufenen Auswirkungen auf den Markt lassen sich aus Abbildung 4.34 → vgl. S. 162 ersehen. Die Angebotskurve wird von x^S auf $\hat{x}^S$ verschoben. Das neue Gleichgewicht stellt sich bei $(\hat{p}, \hat{x})$ ein. Aus der Sicht der Nachfrager hat sich das Gut verteuert und wird zum höheren Preis $\hat{p}$ nur noch in der Menge $\hat{x}$ nachgefragt. Da die Unternehmen den Steuerbetrag von jeder Einheit des Gutes an den Fiskus abführen müssen, bleibt ihnen zur Menge $\hat{x}$ nur der Preis $\bar{p}$. Der Steuersatz t entspricht dem Bruttopreis minus des Nettopreises $t = \hat{p} - \bar{p}$. Grafisch entspricht dies der Differenz (Koordinatenschnitte) beider Angebotskurven vor und nach der Steuereinführung.

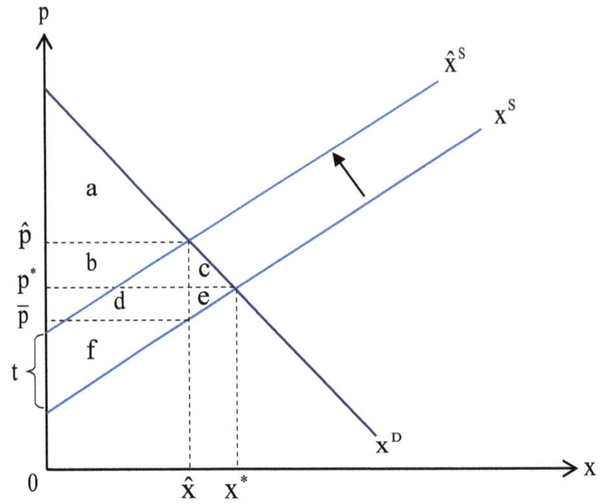

Abbildung 4.34: Wohlfahrtsverlust durch Einführung einer Mengensteuer

Vor der Steuereinführung bestand eine Konsumentenrente in Höhe der Fläche a + b + c und eine Produzentenrente von d + e + f. Nach der Steuereinführung entspricht die Konsumentenrente der Fläche a (sie ist um b + c gesunken) und die Produzentenrente der Fläche f (sie ist um d + e gesunken). Der vor der Steuereinführung der Konsumentenrente zugehörige Betrag b und der der Produzentenrente zugehörige Betrag d fließen dem Staat als Steuereinnahmen zu. Dieser Fläche (b + d) entsprechen Steuereinnahmen in Höhe von $(\hat{p} - \bar{p}) \cdot \hat{x} = t \cdot \hat{x}$. Wohlfahrt in Höhe der Flächen c + e ist der Volkswirtschaft durch die Steuereinführung entzogen worden – beide Flächen stellen den **deadweight loss** dar.

Es kann somit festgehalten werden, dass die Steuereinführung – von den Umverteilungswirkungen abgesehen – absolut mit einer Einbuße an Wohlfahrt in Höhe des *deadweight loss'* von c + e einhergeht.

Zusammenfassung

Im Kapitel „Marktgleichgewichte" wurden zunächst aus den individuellen Nachfragen und Angeboten (aggregierte) Marktnachfragen und -angebote abgeleitet und diese gegenübergestellt. Angebote und Nachfragen für ein Gut bzw. Faktor bilden einen Güter- bzw. Faktormarkt. Gleichen sich Nachfragen und Angebote auf einem einzelnen Markt aus, so liegt ein Gleichgewicht auf eben diesem Partialmarkt vor. Die Eigenschaften von Gleichgewichten wurden aufgezeigt und insbesondere die große Bedeutung der Preise für das Zustandekommen von Gleichgewichten herausgestellt.

Der Partialbetrachtung einzelner Märkte folgte die Totalanalyse von Marktgleichgewichten. Es wurden Marktgleichgewichte im reinen Tauschfall und solche mit Produktion unterschieden. Im Mittelpunkt stand die Frage des Zustandekommens von Gleichgewichten, wenn mehrere Märkte gleichzeitig betrachtet werden und welche Wirkungen von ihnen auf das gesamte Wirtschaftsgeschehen ausgehen. So konnte die Effizienz von Marktgleichgewichten gezeigt werden, aber auch umgekehrt, unter welchen Bedingungen eine Pareto-effiziente Situation als Marktgleichgewicht erzeugt werden kann. Leider gibt das Kriterium der Pareto-Effizienz keinerlei Auskunft darüber, welches Gleichgewicht aus der Vielzahl möglicher Marktgleichgewichte eigentlich erstrebenswert ist, so kann ein Marktgleichgewicht, dem eine extrem ungleiche Güterverteilung zugrunde liegt, ebenso effizient sein wie ein Marktgleichgewicht bei egalitärer Verteilung. Die Konzepte der Nutzenmöglichkeitenkurve und Wohlfahrtsfunktion gewährten zwar interessante Einblicke in die Problematik der Auswahl eines wohlfahrtsmaximalen Marktgleichgewichts, wenngleich ihnen aufgrund der fehlenden Messbarkeit kardinaler Nutzen und der Unmöglichkeit interpersoneller Nutzenvergleiche keinerlei praktische Bedeutung zukam. Ähnlich verhielt es sich mit den Kompensationskriterien. Zwar weisen sie eine im Vergleich zum Pareto-Kriterium größere Anwendbarkeit auf, doch stößt auch dieses Kriterium durch die Nicht-Messbarkeit der Nutzen an seine Grenzen. Selbst unter Zuhilfenahme von Gerechtigkeitskriterien, wie an den Beispielen der Rawls'schen Variante der Verteilungsgerechtigkeit und der Verfahrens- oder Prozessgerechtigkeit von Nozick deutlich wurde, konnte kein definitives Kriterium für die Auswahl des Optimum Optimorums geliefert werden.

Schließlich wurden die meist im partialanalytischen Kontext eingesetzten Konzepte der Konsumenten- und Produzentenrente vorgestellt. Die Konsumentenrente ergab sich als positive Differenz der Zahlungsbereitschaften der Nachfrager abzüglich der im Gleichgewicht tatsächlich getätigten Ausgaben und die Produzentenrente als Differenz der Einnahmen der Anbieter abzüglich der tatsächlichen Kosten, die für die Bereitstellung der verkauften (Gleichgewichts-) Menge aufzubringen waren. In einem Partialmarkt ist die Summe von Konsumenten- und Produzentenrente im Marktgleichgewicht maximiert. Entsprechend gilt für ein allgemeines Marktgleichgewicht, dass die Summe von Konsumenten- und Produzentenrenten für jeden Partialmarkt maximiert ist. Vor diesem Hintergrund kann die Eigenschaft der Pareto-Effizienz auch am Wohlfahrtsbegriff im Sinne des Maximums von Konsumenten- plus Produzentenrente abgelesen werden. Die Einsatzbreite der Rentenkonzepte wurde an den Beispielen der Einführung von Mindestpreisen und einer Mengensteuer verdeutlicht, so dass – verallgemeinert – jegliche Form des administrativen Eingriffs zu einer Verminderung der Effizienz und mithin einem Wohlfahrtsverlust führen muss (zumindest gilt dies für das Modell perfekt funktionierender Märkte).

Kontrollfragen und Aufgaben

1. Erläutern Sie das Konzept der Überschussnachfrage.
2. Wann existiert ein Gleichgewicht auf einem Partialmarkt?
3. Was versteht man unter dem Preisanpassungsprozess und der Preisanpassungshypothese?
4. Wann ist eine Güterallokation Pareto-effizient?
5. Erläutern Sie die Begriffe Pareto-Region und Pareto-Optimalität!
6. Was ist ein Numéraire-Gut?
7. Was versteht man unter dem Gesetz von Walras?
8. Was ist ein allgemeines Marktgleichgewicht?
9. Welche Bedingungen müssen im allgemeinen Marktgleichgewicht erfüllt sein?

10. Welche Beziehung besteht zwischen der Grenzrate der Transformation und den Grenzproduktivitäten der eingesetzten Faktoren?
11. Was ist eine Kontraktkurve?
12. Was versteht man unter der Konsumentenrente und wie wird sie ermittelt?
13. Was versteht man unter der Produzentenrente und wie wird sie ermittelt?
14. Wie wird die Wohlfahrt ermittelt und aus welchen Komponenten besteht sie?
15. Was ist ein Wohlfahrtsverlust?
16. Was ist die maximale Zahlungsbereitschaft?
17. Wie lauten die Hauptsätze der Wohlfahrtsökonomik?
18. Was ist eine Nutzenmöglichkeitenkurve?
19. Was versteht man unter dem Konzept der sozialen Wohlfahrtsfunktion?
20. Was versteht man unter dem Kaldor-Hicks-Kriterium und welche wesentlichen Unterschiede bestehen zum Pareto-Kriterium?
21. Stellen Sie die Überschussnachfrage nach einem beliebigen Gut grafisch dar → vgl. Abschnitt 4.2, S. 122 f.
22. Veranschaulichen Sie grafisch die Bewegung hin zu einem Gleichgewicht anhand des Cobweb-Modells → vgl. Abschnitt 4.2, S. 122, insbesondere S. 127 f.
23. Zeigen sie ein allgemeines Marktgleichgewicht auf einem Tauschmarkt anhand einer Edgeworthbox → vgl. Abschnitt 4.3.1, S. 132, insbesondere S. 137 ff.
24. Veranschaulichen Sie die Wirkung einer Mengensteuer auf die Wohlfahrt → vgl. Abschnitt 4.4.4.3, Abbildung 4.34, S. 162.
25*. In einer Tauschwirtschaft mit zwei Akteuren sind zwei Güter in den Mengen $\bar{x}_1 = 10$ und $\bar{x}_2 = 18$ vorhanden, wobei Haushalt 1 von Gut 1 acht Einheiten und von Gut 2 zwei Einheiten und Haushalt 2 von Gut 1 zwei und von Gut 2 16 Einheiten besitzt. Die Präferenzen der beiden Haushalte werden durch die Nutzenfunktionen $u_1 = x_{11}^{0,5} \cdot x_{21}^{0,5}$ und $u_2 = x_{12} \cdot x_{22}$ abgebildet. Bestimmen Sie die Pareto-optimale Allokation unter der Bedingung, dass Haushalt 2 ein Nutzenniveau in Höhe von 20 garantiert ist.
26*. In einer Ökonomie mit zwei Faktoren und zwei Gütern lauten die Produktionsfunktionen für die beiden Güter: $x_1 = r_{11}^{0,5} \cdot r_{21}^{0,5}$ und $x_2 = r_{12}^{0,5} \cdot r_{22}^{0,5}$.
   a) Bestimmen Sie die notwendige Bedingung für die effiziente Aufteilung der vorhandenen Faktoren auf die Herstellung der beiden Güter.
   b) Geben Sie für den Fall, dass von Faktor 1 eine Menge von 1.000 Einheiten und von Faktor 2 eine Menge von 2.000 Einheiten zur Verfügung steht, an, welche der drei nachfolgenden Faktoraufteilungen effizient sind.

$$\bar{r}_1 = \bar{r}_{11} + \bar{r}_{12} = 1.000; \quad \bar{r}_2 = \bar{r}_{21} + \bar{r}_{22} = 2.000$$

1. $r_{11} = 200 \; r_{12} = 800 \; r_{21} = 1.200 \; r_{22} = 800$
2. $r_{11} = 500 \; r_{12} = 500 \; r_{21} = 1.000 \; r_{22} = 1.000$
3. $r_{11} = 200 \; r_{12} = 800 \; r_{21} = 400 \; r_{22} = 1.600$

27*. In einer aus zwei Gütern und zwei Haushalten bestehenden Ökonomie werden die Präferenzen der Haushalte durch die Nutzenfunktionen $u_1 = 4 \cdot x_{11} + 2 \cdot x_{21}$ und $u_2 = x_{12} \cdot x_{22}$ beschrieben. Die Grenzkosten der Herstellung beider Güter sind konstant und betragen für Gut 1 vier Euro, während die Grenzkosten von Gut 2 zwei Euro betragen. Die Güterpreise liegen bei $p_1 = 4$ und $p_2 = 2$. Wie lautet die optimale Güterverteilung, wenn Haushalt 1 über ein Einkommen von 2.000 Euro und Haushalt 2 über eines von 1.000 Euro verfügt?

Literatur

Zum Thema **allgemeine Marktgleichgewichte** ist immer noch anschaulich und lesenswert: Schneider [1972], S. 376–332, S. 399–444.

Eine primär grafisch gehaltene und sehr anschauliche Darstellung des allgemeinen Gleichgewichts findet sich bei Schotter [2001], S. 573–595.

Grundlegend und weiterführend, gleichsam aber kompakt dargestellt, ist die Gleichgewichtstheorie etwa bei Gravelle/Rees [2004], S. 250–278, sowie Varian [1994], Kap. 17–18.

Eine gute Darstellung der **Wohlfahrtsökonomik** findet sich bspw. bei Sohmen [1976], S. 15–67.

5 Marktversagen

Zu diesem Kapitel werden drei **eLearning-Kurse** angeboten.
Die Links oder QR-Codes führen Sie zu den Fragen:

Marktversagen – Marktmacht
▶https://narr.kwaest.io/s/1402

Marktversagen – Externe Effekte und Öffentliche Güter
▶https://narr.kwaest.io/s/1403

Informationsasymmentrien
▶https://narr.kwaest.io/s/1404

Übersicht

Nach einigen Anmerkungen darüber, was Ökonomen unter Marktversagen verstehen → Abschnitt 5.1, S. 170, erfolgt eine Untersuchung der verschiedenen Arten des Marktversagens → vgl. 5.3–5.5, S. 204 ff. Begonnen wird mit der Marktmacht, die vor allem dann ausgeübt werden kann, wenn keine perfekten Wettbewerbsmärkte mehr gegeben sind. Am Beispiel der Marktform des **Monopols** → Glossar, dem Gegenstück zur vollständigen Konkurrenz, werden die Wirkungen der imperfekten Konkurrenz auf Preise, Mengen und damit auch die Wohlfahrt untersucht → vgl. Abschnitte 5.2.1 und 5.2.2, S. 172 ff. Die gleichen Wirkungen werden für **Oligopole** → Glossar analysiert → vgl. Abschnitt 5.2.3, S. 188. Die zweite Art des Marktversagens stellen die externen Effekte dar → vgl. Abschnitt 5.3, S. 204. Nach einigen begrifflichen Erörterungen und der Entwicklung einer modelltheoretischen Vorstellung über die Wirkungsweise insbesondere negativer Externalitäten → vgl. Abschnitte 5.3.1 und 5.3.2, S. 205 ff., werden mit der Pigou-Steuer und der Coase'schen Verhandlungslösung zwei grundlegende Vorschläge des Umgangs mit negativen externen Effekten vorgestellt → vgl. Abschnitte 5.3.3 und 5.3.4, S. 207 ff. In der Theorie der öffentlichen Güter geht es um die Frage ihrer optimalen Bereitstellung und der damit verbundenen Probleme, vor allem des Trittbrettfahrerproblems → vgl. Abschnitt 5.4, S. 212. Das Trittbrettfahrerproblem wird als Anlass der Einführung elementarer spieltheoretischer Begriffe – etwa verschiedene Strategien, das Nash-Gleichgewicht oder das Gefangenendilemma – genommen und als spieltheoretisches Problem weiter fortgeführt → vgl. Abschnitt 5.4.3, S. 216. Hieraus ergeben sich interessante Erkenntnisse zum Zusammenhang von individuellem und kollektivem Handeln. Im Rahmen der letzten behandelten Art von Marktversagen, den Problemen, die sich als Folge asymmetrischer Informationen ergeben, wird zunächst ein möglichst breites Verständnis der Fragestellungen und Begriffe dieses Themenkomplexes zu vermitteln versucht → vgl. Abschnitt 5.5, S. 221. Daran schließt sich die Untersuchung unterschiedlicher Formen des Risikoverhaltens von Akteuren an, um mit ihrer aus Informationsasymmetrien entstandenen Unsicherheit umzugehen → vgl. Abschnitt 5.5.2, S. 223. Mit der Negativauslese und dem moralischen Risiko erfolgt anhand modelltheoretischer Beispiele abschließend die Vorstellung zweier weiterer grundsätzlicher und grundverschiedener Ansätze über die Wirkung und das Akteurverhalten angesichts unterschiedlicher Informationsstände → vgl. Abschnitte 5.5.3 und 5.5.4, S. 230 ff.

5.1 Was ist Marktversagen?

Der Begriff des Markversagens wird in der ökonomischen Theorie in recht spezieller Weise verwendet. Im Grundsatz liegt **Marktversagen** → Glossar vor, wenn zwischen Marktgleichgewichten und der Eigenschaft der Pareto-Effizienz Abweichungen bestehen. Oftmals wird von Marktversagen gesprochen, wenn bereits eine Bedingung des vollkommenen Marktes nicht mehr erfüllt ist. Entsprechend kann Markversagen nach der Art der Abweichung vom vollkommenen Markt gegliedert werden. Üblich ist es, vier generelle Formen des Marktversagens zu unterscheiden. 1. Gemäß den Abweichungen von der vollständigen Konkurrenz, so dass der Preismechanismus nicht mehr seine vollständige (effiziente) Wirkung entfalten kann. 2. Wenn durch marktliches Handeln Dritte in unintendierter Weise beeinflusst werden, d. h. die Effekte auf Dritte sich nicht in den Preisen widerspiegeln. 3. Wenn der Markt nicht in der Lage ist, bestimmte, von den Menschen als notwendig erachtete Güter bereitzustellen. 4. Bei Abweichen von der Annahme der vollständigen Information, so dass die Akteure im Rahmen ihrer Entscheidungsfindung Risiken oder Unsicherheiten unterliegen. Diese Abweichungen vom „Idealzustand" führen zu den vier Arten des Marktversagens:

1. **Marktmacht**
2. **Externe Effekte**
3. **Öffentliche Güter**
4. **Informationsasymmetrien**

Da dem Begriff des Marktversagens das Nomen „Versagen" innewohnt, wird ihm häufig ein negativer Beigeschmack zuteil. Letztlich aber bedeutet die Analyse des Marktversagens nichts anderes, als sich vom theoretischen Idealzustand mehr oder weniger weit fortzubewegen, indem realistischere Annahmen zugelassen werden. Insofern kann die Theorie des Marktversagens als Schritt in Richtung Realität interpretiert werden. Es sollen somit Antworten auf Fragen gefunden werden, die auftauchen, wenn z. B. Waren transportiert werden müssen, so dass Transport- und Lagerhaltungskosten entstehen, Wirtschaftssubjekten nicht unmittelbar sämtliche relevanten Informationen zur Verfügung stehen, die auch nicht unendlich schnell verarbeitet werden können, Güter hinsichtlich ihrer Größe und Qualität Unterschiede aufweisen oder Wirtschaftssubjekten sich im Rahmen der Preissetzung Gestaltungsspielräume eröffnen, die sie ausnutzen.

Wie kann unter derartigen unvollständigen Bedingungen Tausch und Produktion zustande kommen, wie können sich Gleichgewichte einstellen, wie können Überschussnachfragen und -angebote über den Preismechanismus abgebaut werden?

Entscheidende Bedeutung bei der Preisentstehung in unvollkommenen Märkten kommt der so genannten **Arbitrage** → Glossar zu. Arbitrage-Prozesse sorgen letztlich dafür, dass auf Märkten jeweils nur ein Preis entsteht. Die Arbitrage bezeichnet einen Prozess des Einkaufs und Verkaufs eines Gutes oder Faktors zu den für ein Unternehmen oder einen Konsumenten günstigsten Preisen. Die Gelegenheit zur Arbitrage ergibt sich immer dann, wenn verschiedene Preise für ein Produkt existieren und die Differenz zwischen Verkaufs- und Einkaufspreisen die Kosten der Kontaktaufnahme, des Verhandelns, Beschaffens von Informationen (also die **Transaktionskosten**) überschreiten. Arbitrage-Prozesse existieren demnach, solange Möglichkeiten zur Realisierung von Gewinnen aufgrund vorhandener Preisdifferenzen bestehen. Erst wenn alle Akteure mit dem gleichen Preis konfrontiert sind, es keine Chance mehr gibt, ein Produkt zu einem niedrigeren Preis zu bekommen, ist der **Arbitrage**-Prozess beendet.

Beispiel

Ein Unternehmen verkaufe ein Produkt an Frau Müller für 4 Euro und an Herrn Schmitz für 9 Euro. Frau Müller überzeugt nun Herrn Schmitz, das Gut nicht vom Unternehmen, sondern von ihr für 7 anstelle von 9 Euro zu kaufen. Herr Schmitz bekommt das Gut günstiger und Frau Müller macht einen Arbitrage-Gewinn von drei Euro (7 minus 4, Kosten der Arbitrage sind vernachlässigt). Erfährt das Unternehmen davon, wird es Frau Müller unterbieten, also einen Preis von weniger als 7 Euro von Herrn Schmitz verlangen. Frau Müller wird ihrerseits nun versuchen, das Unternehmen zu unterbieten. Der „Wettbewerb" setzt sich fort, bis der Preis auf 4 Euro liegt – nunmehr gibt es keinerlei Möglichkeit mehr zur **Arbitrage**.

5.2 Marktmacht

5.2.1 Übersicht der Marktformen

Bereits bei ersten Abweichungen von den Bedingungen der **vollständigen Konkurrenz** sind Möglichkeiten für die Ausnutzung von Marktmacht gegeben → vgl. weiterführende Literatur am Kapitelende, S. 238. Es gibt eine Vielzahl von Marktformen, die außerhalb des Ideals der vollständigen Konkurrenz liegen, wobei das **Polypol** → Glossar – viele Anbieter stehen vielen Nachfragern gegenüber – dem Idealmodell am nächsten kommt. Auch bei der **monopolistischen Konkurrenz** sehen sich viele Nachfrager vielen Anbietern gegenüber, allerdings wird den Anbietern in diesem Modell die Möglichkeit zugestanden, ihre Produkte von denen der Konkurrenz leicht zu verändern (**inhomogene Güter**), so dass unterschiedliche Präferenzen der Haushalte angesprochen werden und den Anbietern eine Art monopolistischer Spielraum eingeräumt wird.

Die Übersicht einer möglichen Klassifizierung der Marktformen, wie sie von dem deutschen Ökonomen Heinrich v. Stackelberg (1905 – 1946) erstmals durchgeführt wurde, findet sich in Tabelle 5.1. Die Klassifizierung erfolgt nach den Kriterien der Anzahl der Anbieter und Nachfrager. Neben dem Polypol treten verschiedene Formen des Monopols und des Oligopols auf. Das Oligopol ist die in der realen Welt wohl am häufigsten vorkommende Marktform.

Tabelle 5.1: Marktformen

Nachfrager / Anbieter	ein großer	wenige mittlere	viele kleine
ein großer	*bilaterales Monopol*	*beschränktes Monopol*	*(Angebots-) Monopol*
wenige mittlere	*beschränktes Monopson*	*bilaterales Oligopol*	*Oligopol*
viele kleine	*Monopson (Nachfrage-monopol)*	*Oligopson*	*Polypol, monopolistische Konkurrenz*

5.2.2 Angebotsmonopol und natürliches Monopol

Die folgende Analyse wird zunächst auf die Marktform des Angebotsmonopols beschränkt. Das **Angebotsmonopol** → Glossar ist der „klassische" Fall der Monopolanalyse. Viele Nachfrager stehen nur einem einzigen Anbieter, dem Angebotsmonopolisten, gegenüber. Vereinfachend wird davon ausgegangen, dass dieser Anbieter nur ein Produkt herstellt, auf das die vielen Nachfrager mehr oder minder stark angewiesen sind. Der Anbieter ist in der Lage, die für ihn gewinnmaximale Kombination aus Produktpreis und -menge frei zu bestimmen, genau in diesem Sinn kann er Marktmacht ausüben. Das Monopol kann als das Gegenstück zur **vollständigen Konkurrenz** aufgefasst werden, bei der sich sowohl auf der Angebots- als auch auf der Nachfrageseite viele Akteure befinden und von keinem der Akteure Marktmacht durch Festlegung eines gewünschten Preises ausgeübt werden kann (die Akteure in der Marktform der vollständigen Konkurrenz oder des **Polypols** sind **Preisnehmer**).

5.2.2.1 Ursachen eines Angebotsmonopols

Ursachen für die Bildung eines Angebotsmonopols können sein:

1. **rechtliche Vorschriften** (z. B. hat sich ein Unternehmen eine von ihm erfundene Technologie durch ein Patent schützen lassen),
2. **Marktzugangsbeschränkungen** (*barriers to entry;* ein am Markt befindliches Unternehmen verhindert z. B. durch das Setzen kurzfristig nicht kostendeckender Preise den Eintritt von Konkurrenten in den Markt),
3. **Ausnutzung von Massenproduktionsvorteilen** (aufgrund der bei Massenproduktion möglichen Ausnutzung von Kostenvorteilen – ein Unternehmen kann die gleiche Ausbringungsmenge kostengünstiger als mehrere Unternehmen herstellen – ist ein Monopolist in der Lage, am kostengünstigsten zu produzieren. M. a. W.: Sinkende Stückkosten bewirken, dass ein Unternehmen umso günstiger produzieren kann, je größer es ist. Folglich ist der niedrigste Punkt im fallenden Bereich der Stückkostenkurve dann erreichbar, wenn es alleine anbietet. In diesem Fall liegt ein so genanntes **natürliches Monopol** → Glossar vor → vgl. Abschnitt 5.2.2.5 S. 182.

5.2.2.2 Preis-Absatz-Funktion und Bestimmung des Gewinnmaximums eines Monopolisten

Die Möglichkeit zur Ausübung von Marktmacht durch einen Monopolisten bedeutet nicht zwangsläufig, dass er tun und lassen kann, was er will. Auch ein Angebotsmonopolist ist immer nur imstande das abzusetzen, was die Nachfrager auch wirklich kaufen wollen. Allerdings ist er aufgrund fehlender Konkurrenten nicht gezwungen, zu Grenzkostenpreisen anzubieten. Seine Marktmacht besteht darin, denjenigen Preis und diejenige Menge auswählen zu können, die den Gewinn maximal werden lässt. Angesichts einer mit fallendem Preis zunehmenden Marktnachfrage, kann der Monopolist wählen, ob der Preis eher höher angesetzt wird und damit weniger Produkte verkauft werden, oder aber ein niedriger Preis gesetzt und damit eine höhere Absatzmenge erreicht wird. Anders ausgedrückt, der Monopolist kann sein Gewinnmaximum selbst bestimmen, indem er den für sich gewinnmaximalen Punkt auf der Gesamtnachfragekurve auswählt.

Der Zusammenhang von Güterpreis und Ausbringungs- bzw. Nachfragemenge wird mittels einer **Preis-Absatz-Funktion** → Glossar dargestellt. Die Preis-Absatz-Funktion ist für den Monopolisten nichts anderes als die (invertierte) Gesamtnachfragekurve des in Betracht stehenden

Marktes und gibt an, zu welchem Preis er welche Menge absetzen bzw. bei welcher Menge er welchen Preis realisieren kann. Für den Konsumenten hingegen, der den vom Monopolisten vorgegebenen Preis hinnehmen muss, stellt sich der Preis als gegeben dar. Er kann auf den vorgegebenen Preis nur mit der nachgefragten Menge reagieren.

$$\begin{aligned} &\text{Gesamtnachfragefunktion:} && x = f(p), && \text{mit } dx/dp < 0 \\ &\text{Preis-Absatz-Funktion:} && p = f^{-1}(x), && \text{mit } dp/dx < 0 \end{aligned} \tag{5.1}$$

Zur Bestimmung des Gleichgewichts auf dem Markt für das vom Monopolisten hergestellte Gut wird dessen Gewinnmaximum ermittelt. Dazu wird die Gewinnfunktion aufgestellt und maximiert.

$$\Pi(x) = E(x) - K(x) \tag{5.2}$$

Die Erlösfunktion ergibt sich aus dem Produkt von Preis und Menge, wobei der zur jeweiligen Absatzmenge zu erzielende Preis (**Preis-Absatz-Funktion**) in die Erlösfunktion eingesetzt wird.

$$\text{Erlösfunktion:} \quad E(x) = p(x) \cdot x \tag{5.3}$$

Bestimmung des Gewinnmaximums:

$$\begin{aligned} &\Pi(x) = p(x) \cdot x - K(x) \\ &\frac{d\Pi(x)}{dx} = \frac{dE(x)}{dx} - \frac{dK(x)}{dx} = 0 \\ &\frac{dE(x)}{dx} = \frac{dK(x)}{dx} \end{aligned}$$

Die notwendige Bedingung zur Bestimmung des Gewinnmaximums beim Monopol lautet demnach: Grenzerlöse gleich Grenzkosten.

Bevor weiter auf das Gewinnmaximum eingegangen wird, soll eine Besonderheit bei allen Formen des unvollkommenen Marktes am vorliegenden Fall des Monopols verdeutlicht werden. Während bei der vollständigen Konkurrenz der Preis von den Unternehmen (und natürlich auch den Nachfragern) als gegeben zu akzeptieren war, demzufolge die Erlösfunktion $(p \cdot x)$ immer nur als Gerade abgebildet wurde und somit Durchschnitts- und Grenzerlöse identisch verliefen, liegt der Fall bei einer Funktion $p(x) \cdot x$ anders.

$$\begin{aligned} E(x) &= p(x) \cdot x && \text{Erlösfunktion} \\ \frac{E(x)}{x} &= \frac{p(x) \cdot x}{x} = p(x) && \text{Durchschnittserlöse und Preis-Absatz-Funktion} \\ \frac{dE(x)}{dx} &= \frac{dp(x)}{dx} \cdot x + 1 \cdot p(x) && \text{Grenzerlöse} \\ &= p(x) \cdot \left[\frac{dp(x)}{dx} \cdot \frac{x}{p(x)} + 1\right] \\ &= p(x) \cdot \left[1 + \frac{1}{\eta}\right] && \text{Amoroso-Robinson-Relation} \end{aligned}$$

Die **Amoroso-Robinson-Relation** (nach dem italienischen Ökonomen Luigi Amoroso, 1886–1965, und der englischen Ökonomin Joan Robinson, 1903–1983, benannt) gibt den Zusammenhang zwischen dem Preis und dem Grenzerlös beim Monopol wieder (deren Verläufe bei der vollständigen Konkurrenz übereinstimmend sind). Aus der Amoroso-Robinson-Relation ist der „Preisaufschlag“ ersichtlich, den der Monopolist im Gewinnmaximum (Grenzerlös = Grenzkosten) oberhalb der Grenzerlöse ansetzen kann.

Die **notwendige Bedingung** für das Gewinnmaximum (Grenzerlöse gleich Grenzkosten) kann nunmehr formuliert werden als:

$$p(x) \cdot \left[1 + \frac{1}{\eta}\right] = \frac{dK(x)}{dx} \tag{5.4}$$

Da sowohl die Preise als auch die Grenzkosten positiv sind, die **Preiselastizität** der Nachfrage aber negativ ist, muss zur Erfüllung der Gleichung der Ausdruck $[(1/\eta) + 1]$ positiv sein. Dies aber kann nur für $\eta < -1$ bzw. $|\eta| > 1$ der Fall sein, weshalb für die Amoroso-Robinson-Relation häufig die Schreibweise $p(x)\,[1 - 1/\,|\eta|]$ verwendet wird.

Merksatz

Wegen $|\eta| > 1$ wird der Monopolist wird immer im elastischen Bereich der Nachfragekurve x(p) anbieten, denn hier befindet sich sein Gewinnmaximum. Die allgemeine Schreibweise für die **Amoroso-Robinson-Relation** lautet:

$$\frac{dE(x)}{dx} = p(x) \cdot \left[1 - \frac{1}{|\eta|}\right] \quad \text{Amoroso-Robinson-Relation} \tag{5.5}$$

Das Verhalten des Monopolisten wird nun an einem Beispiel verdeutlicht.

Beispiel

Angenommen sei die Nachfragefunktion eines Monopolisten in Form der Gerade $x(p) = 16 - b \cdot p$. Die Preis-Absatz-Funktion $p(x) = 16/b - x/b$ zeigt den Preis an, der für jede am Markt veräußerte Menge erzielt werden kann. Zur Vereinfachung sei $b = 1$ und ein linearer Kostenverlauf $K(x) = 4 \cdot x$ unterstellt. Die gewinnmaximale Menge und der gewinnmaximale Preis lassen sich wie folgt ermitteln:

$$\Pi(x) = p(x) \cdot x - K(x) \;=\; (16 - x) \cdot x - 4 \cdot x \;=\; 12 \cdot x - x^2$$

$$\frac{d\Pi(x)}{dx} = 12 - 2 \cdot x \;=\; 0 \;\Rightarrow\; x^* = 6 \text{ und } p(x^*) = 16 - x^* = 10$$

$$x^* = 6; \quad p(x^*) = 10$$

Das Gewinnmaximum liegt immer im elastischen Bereich der Nachfragefunktion. Im unelastischen Bereich schrumpfen die Gewinne aufgrund des immer ungünstiger verlaufenden Abstandes zwischen Erlösen und Kosten. Für $x > 12$ werden die Gewinne sogar negativ.

Grafisch erfolgt die Ermittlung des gewinnmaximalen Preises des Monopolisten durch das Abtragen des zur optimalen Ausbringungsmenge zugehörigen Preises auf der Preis-Absatz-Funktion. Dieser Punkt heißt, in Anlehnung an den französischen Mathematiker Augustin Cournot (1801 – 1877), **Cournot'scher Punkt** → Glossar. Im Beispiel beträgt der zur gewinnmaximalen Menge von 6 Einheiten zugehörige gewinnmaximale Preis 10.

Tabelle 5.2: Gewinnmaximum und Preiselastizitäten der Nachfrage eines Monopolisten

Menge x	Preis $p(x)$	Erlöse $p(x) \cdot x$	Kosten $K(x) = 4 \cdot x$	Gewinn $p(x) \cdot x - K(x)$
1	15	15	4	11
2	14	28	8	20
3	13	39	12	27
4	12	48	16	32
5	11	55	20	35
6	10	60	24	36
7	9	63	28	35
8	8	64	32	32
9	7	63	36	27
10	6	60	40	20
11	5	55	44	11
12	4	48	48	0
13	3	39	52	−13
14	2	28	56	−28
15	1	15	60	−45

$$\eta = \frac{\Delta x(p)}{\Delta p} \cdot \frac{p}{x(p)}$$

Zeilen 1–7: $|\eta| > 1$ elast. Bereich; z. B. $\eta = \frac{1}{-1} \cdot \frac{14}{2} = -7$

Zeile 8: $|\eta| = 1$ Einheitselast. $(8/8 = 1)$

Zeilen 9–15: $|\eta| < 1$ unelast. Bereich z. B. $\eta = \frac{1}{-1} \cdot \frac{6}{10} = -\frac{2}{3}$

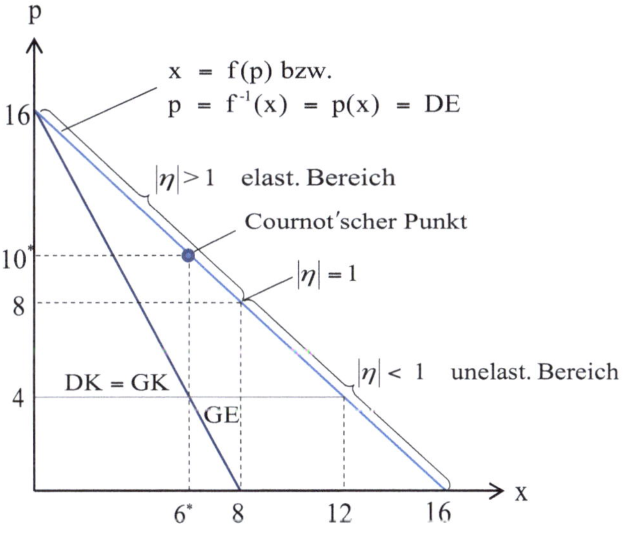

Abbildung 5.1: Gewinnmaximum des Monopols

Merksatz

Der **Cournot'sche Punkt** bezeichnet die gewinnmaximale Preis-Mengen-Kombination eines Anbieters bei nicht vollständiger Konkurrenz. Aus der Gewinnmaximierungsbedingung (Grenzerlös gleich Grenzkosten) ergibt sich die gewinnmaximale Ausbringungsmenge. Durch Einsetzen dieser in die Preis-Absatz-Funktion erhält man den zur gewinnmaximalen Ausbringungsmenge zugehörigen Preis.

Im Vergleich: Bei **vollständiger Konkurrenz** müsste der Unternehmer einen vom Markt gegebenen Preis hinnehmen und, entsprechend der Regel Grenzerlös = Preis = Grenzkosten ($16 - x = 4 \Rightarrow x^*_{vK} = 12$, $p^*_{vK} = 4$), eine Menge von 12 Einheiten zum Stückpreis von $p = 4$ anbieten. Theoretisch könnte auch der Monopolist die Menge $x = 6$ zum Preis von 4 auf den Markt bringen, da hier seine Kosten gedeckt sind (Erlöse = Kosten: $4 \cdot 6 = 4 \cdot 6$), allerdings blieben in diesem Punkt 6 Mengeneinheiten der Nachfrage $(12 - 6)$ ungedeckt. Natürlich könnte der Monopolist bei vorliegendem spezifischen (linearen) Kostenverlauf (die Grenzkosten entsprechen den Durchschnittskosten) auch die Menge von 12 zum Preis von 4 kostendeckend anbieten (Erlöse = Kosten: $4 \cdot 12 = 4 \cdot 12$); doch warum sollte er dies tun, kann er doch eine Ausbringungsmenge von 6 Einheiten zum Stückpreis von 10 in gewinnmaximierender Weise absetzen. M. a. W.: Aufgrund seiner Marktmacht bzw. seines Preissetzungsspielraums wird der **Cournot'sche Punkt** mit einer Ausbringungsmenge von 6 Einheiten einem Preis von $p^* = 10$ gewählt – diese Allokation ist schlichtweg durchsetzbar.

Zusammenfassend lässt sich festhalten: Der Monopolist bietet eine Menge $x^* = 6$ zum Preis vonp$^* = 10$ an. Bei vollständiger Konkurrenz hingegen würde die Menge $x^*_{vK} = 12$ zu $p^*_{vK} = 4$ angeboten. Zu den Konditionen des Monopolisten ist der Konsument offensichtlich im Nachteil, im Preiswettbewerb hat dagegen der Monopolist das Nachsehen. Diese Effekte werden unter dem Stichwort der **Wohlfahrt** oder der Frage diskutiert, was „gesellschaftlich" wünschenswert ist. Wo also liegt die gesellschaftlich wünschenswerte Preis- und Mengenkombination?

5.2.2.3 Monopol und Wohlfahrt

Unter Zugrundelegung des in Abschnitt 4.4.4.3 → vgl. S. 160 erörterten Konzeptes der Wohlfahrt als Summe der **Konsumenten-** und **Produzentenrente** ist die gesellschaftlich optimale Preis-Mengen-Kombination jene, welche die **Wohlfahrt** maximiert. In Abbildung 5.2. ist dies im Wettbewerbsfall mit einer Wohlfahrt entsprechend der Fläche AFE der Fall (dass hier die Produzentenrente lediglich Null beträgt, hängt insbesondere mit dem linearen Kostenverlauf zusammen).

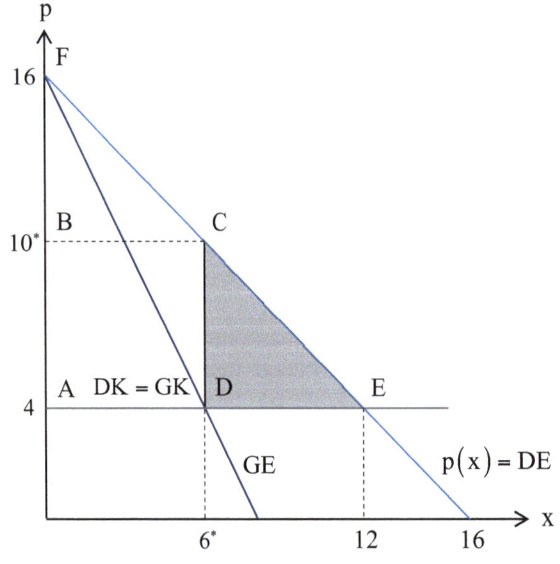

Abbildung 5.2: Wohlfahrtsverlust (*deadweight loss*)

Im Monopolfall entspricht die **Konsumentenrente** dem Dreieck BFC, die **Produzentenrente** (Monopolgewinn) der Fläche ABCD. Der **Wohlfahrtsverlust** des Monopols gegenüber dem Wettbewerb entspricht DCE. In der beispielhaften Abbildung ist die Wohlfahrt mit der Konsumentenrente identisch. Dies ist ein Extremfall. Entscheidend für das Wohlfahrtskonzept, bestehend aus der Summe von Konsumenten- und Produzentenrente, ist eben die Summe beider Größen und nicht die Höhe einer einzelnen Größe, wie etwa die absolute Höhe der Konsumentenrente.

Zurück zu den Bedingungen für das Gewinnmaximum des Monopolisten. Die notwendige Bedingung des Gewinnmaximums, Grenzerlöse = Grenzkosten, ist nicht hinreichend, wenn bspw. andere als lineare Kostenverläufe gegeben und damit die Grenzkosten nicht konstant sind. In Abbildung 5.3. ist ein nicht-linearer Kostenverlauf unterstellt. Die Grenzkostenkurve schneidet die Grenzerlöskurve zweimal, in den Punkten B und D, so dass die Bedingung „Grenzerlöse = Grenzkosten“ kein eindeutiges Ergebnis anzeigt. Im Punkt B ist die Steigung der Grenzkosten größer als die der Grenzerlöse, so dass die Grenzkosten stärker sinken als die Grenzerlöse und eine Erhöhung der verkauften Menge noch zusätzliche Gewinne bringt.

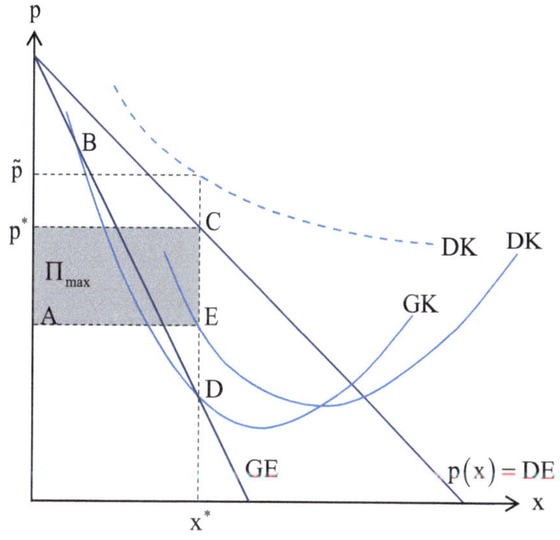

Abbildung 5.3: Gewinnmaximum des Monopols bei nicht-linearen Kosten

Ab dem Punkt D kann der Gewinn nicht mehr gesteigert werden, da hier die gewinnmaximale Ausbringungsmenge x^* vorliegt und jede weitere Ausbringungseinheit eine stärkere Abnahme der Grenzerlöse als der Grenzkosten bewirken würde. Als hinreichende Bedingung für das Gewinnmaximum muss bei nicht-linearen Kurvenverläufen somit gelten, dass im Schnittpunkt von Grenzerlös- und Grenzkostenkurve die Steigung der Grenzerlöskurve steiler verläuft als die der Grenzkostenkurve. Weiterhin muss gewährleistet sein, dass der Monopolist bei Realisierung des **Cournot'schen Punktes** keine Verluste macht, was der Fall wäre, wenn die Durchschnittskosten den durch die DK'-Kurve angezeigten Verlauf aufwiesen. Hier würde zum Stückverlust in Höhe von $(\tilde{p} - p^*)$ ein Gesamtverlust von $(\tilde{p} - p^*) \cdot x^*$ entstehen.

Macht es aber bei einem Monopolisten, der – verglichen mit einem Anbieter im harten Wettbewerb – doch über hohe Gewinne verfügt, überhaupt Sinn von Verlusten zu sprechen? Im folgenden Abschnitt werden Zustände aufgezeigt, in denen selbst ein Monopolist in seiner Existenz gefährdet sein kann. Es werden aber auch Wege gezeigt, dem scheinbar aussichtslosen Dilemma vorliegender Verluste zu entrinnen.

5.2.2.4 Monopol und Preisdifferenzierung

Generell gilt für einen Unternehmen, dass es produziert, solange es Gewinne macht. Was aber passiert, wenn die Stückkosten durch den Preis nicht gedeckt werden? Ist ein Unternehmen dann grundsätzlich gezwungen, seine Produktion einzustellen? Die Antwort ist: nicht zwangsläufig. Sicherlich gibt es Fälle, in denen es für das Unternehmen keinen Ausweg mehr gibt, wenn es Verluste schreibt. Ein Ausweg, dem drohenden Ende zu entgehen oder als nicht durch Verluste gefährdetes Unternehmen seine Gewinne zu steigern, stellt das Instrument der **Preisdifferenzierung** → Glossar oder auch **Preisdiskriminierung** → Glossar dar. Beispiele sind uns hinreichend bekannt: Telefongesellschaften stellen ihren verschiedenen Kundengruppen unterschiedliche Tarife zur Verfügung. Konzerne, die in ihren Fuhrparks eine große Zahl von Fahrzeugen unterhalten, bekommen vom Hersteller erhebliche Rabatte auf das Einzelfahrzeug. Wer im Geschäft um das gewünschte Gut handelt, erhält es günstiger als derjenige, der nicht handelt. Schüler und Studierende erhalten manche Güter und Dienstleistungen vergünstigt. Ein Arzneimittelkonzern verkauft ein und dasselbe Medikament im Ausland viel günstiger als im Inland.

Im Kern geht es bei der **Preisdifferenzierung** darum, dass für ein und dasselbe Gut bzw. Dienstleistung von unterschiedlichen Verbrauchern verschiedene Preise erhoben werden. Die Preise werden auf die Abnehmer „zugeschnitten", „individualisiert". Aus der Sicht des Verkäufers liegt der Idealfall vor, wenn jeder Abnehmer genau den Preis zahlt, den er gerade noch zu zahlen bereit ist, die Preise also in Höhe der maximalen Zahlungsbereitschaft gesetzt werden. Anders ausgedrückt, es geht um das Abschöpfen der Konsumentenrente mittels verschiedener Preissetzungsstrategien.

In Abbildung 5.4 ist die Idee des Abschöpfens der **Konsumentenrente** durch **Preisdifferenzierung** skizziert. Sollte es durch das Erheben unterschiedlicher Preise von jedem Käufer gelingen, den durch das Viereck $p^*\tilde{p}DC$ gekennzeichneten Verlust, der im **Cournot'schen Punkt** (C) erzielt wird, durch vollständiges Abschöpfen der Konsumentenrente p^*AC mehr als auszugleichen (die Fläche $\tilde{p}AB$ ist größer als die Fläche BCD), so könnte ein „Gewinn" erzielt werden. Würde von jedem Konsumenten nur der Einheitspreis p^* erhoben, gäbe es Personen, die weniger zahlen würden als sie auszugeben bereit wären.

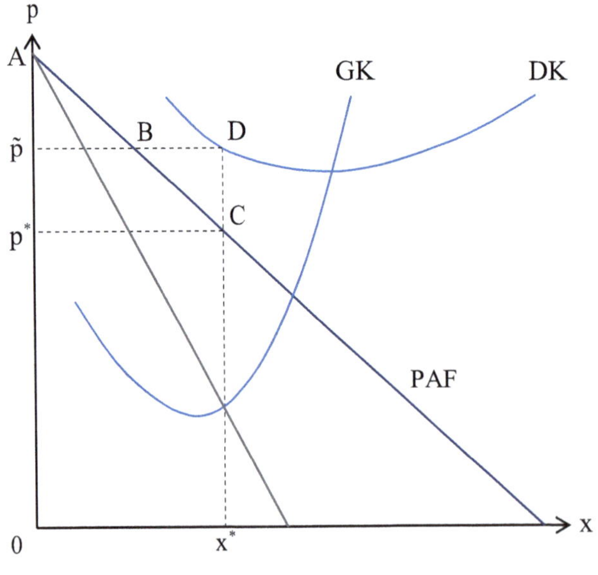

Abbildung 5.4:
Idee der Preisdiskriminierung

Preisdifferenzierung ist somit nur möglich, wenn die Nachfrager tatsächlich unterschiedliche Zahlungsbereitschaften aufweisen und zwischen den Nachfragern keine **Arbitrage**-Prozesse stattfinden. Weiterhin muss natürlich sichergestellt sein, dass die Aufwendungen, welche die Anbieter zur Durchsetzung der Preisdifferenzierung tätigen, nicht kleiner als die aus der **Preisdifferenzierung** fließenden Einnahmen sind.

In der Regel werden drei Arten der Preisdifferenzierung unterschieden. Die Preisdifferenzierung **ersten Grades**, manchmal auch als „Basarlösung" bezeichnet, stellt die aus Sicht des Verkäufers perfekte Preissetzung dar. Hier gelingt es dem Verkäufer durch geschickte Verhandlung jenen Preis zu erzielen, den der Käufer maximal zu zahlen bereit ist (die individuelle Konsumentenrente des Käufers ist vollständig abgeschöpft). Erleichtert wird die Preisdiskriminierung ersten Grades durch mangelnde Markttransparenz, Unkenntnis und Unbedarftheit des Käufers sowie das Verhandlungsgeschick und die Menschenkenntnis des Verkäufers. Preisdifferenzierung **zweiten Grades** liegt vor, wenn mit Abnahme bestimmter Stückzahlen Preisnachlässe gewährt werden. Mengenrabatte gelten als typisches Beispiel. Von einer Preisdiskriminierung **dritten Grades** wird dann gesprochen, wenn der Preis nach Abnehmergruppen differenziert wird, die unterschiedliche Zahlungsbereitschaften aufweisen. Beispiele sind Nachlässe für Schüler, Studierende, Rentner etc.

Zum genaueren Verständnis für die Bestimmung der optimalen Allokation des Monopolisten im Falle der Preisdiskriminierung sei beispielhaft die Preisdiskriminierung dritten Grades angeführt. Vorausgesetzt wird, dass es dem Monopolisten gelingt, die Angebotsmenge auf die verschiedenen Nachfragertypen aufzuteilen – unterstellt seien die beiden Typen oder Gruppen 1 und 2 – und **Arbitrage**-Prozesse unter den Nachfragern zu verhindern. Beide Verbrauchergruppen werden mit dem gleichen Erzeugnis versorgt, jedoch unterschiedliche Preise, p_1 und p_2, von ihnen verlangt. Zu welchem Preis und in welcher Menge aber sollte das Produkt an den jeweiligen Nachfragertyp verkauft werden?

In Abbildung 5.5 erkennen wir die Nachfragekurven D_1 und D_2 der beiden Verbrauchergruppen sowie die zugehörigen Grenzerlöskurven, GE_1 und GE_2, die dem Monopolisten den

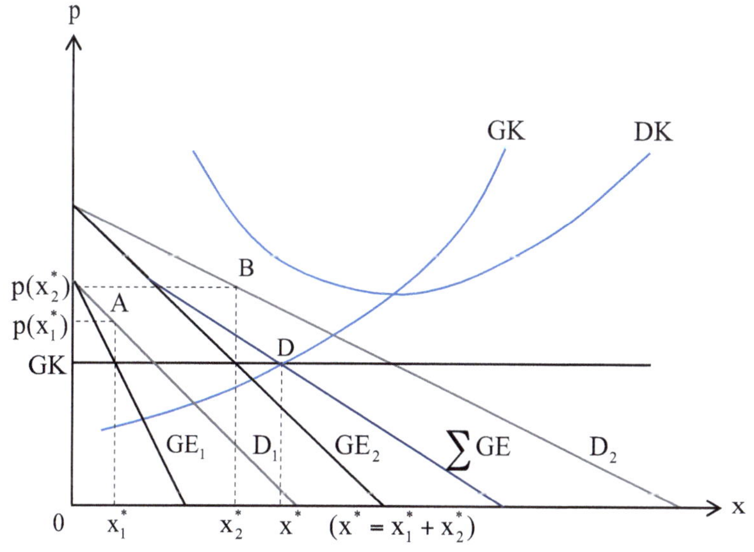

Abbildung 5.5: Preisdiskriminierung dritten Grades

jeweiligen Erlöszuwachs anzeigen, der aus einer weiteren Ausbringungseinheit der jeweiligen Verbrauchergruppe erwächst. Ebenso ist die gesamte Grenzerlöskurve enthalten, die sich durch horizontale Addition der beiden einzelnen Grenzerlöskurven ergibt, sowie die Grenzkostenkurve der gesamten Produktion. Die Grenzkostenkurve zeigt die Kosten einer zusätzlichen Ausbringungseinheit, und zwar unabhängig davon, an welchen Nachfragertyp das Produkt veräußert wird.

Aus gewinnmaximierender Sicht sollte ein Gut in der Menge werden produziert, bis zu der der gesamte Grenzerlös aus dem Verkauf des Gutes gleich ist den Grenzkosten der Herstellung. Bei der gewinnmaximalen Ausbringungsmenge muss der Grenzerlös aus dem Verkauf der letzten Einheit an den einen Verbrauchertyp identisch sein mit dem Grenzerlös aus dem Verkauf der letzten Einheit an den anderen Verbrauchertyp (und identisch sein mit den Grenzkosten).

Nehmen wir an, der Monopolist könne bei Verbrauchertyp 2 einen höheren Preis als bei Typ 1 erzielen. Unabhängig von der Höhe der Grenzkosten stünde sich der Unternehmer in jedem Fall besser, möglichst viele Produkteinheiten an die Verbraucher der Gruppe 2 zu verkaufen. Der Unternehmer wird solange die Verkaufseinheiten in der Gruppe 2 zu steigern versuchen, bis die dortigen Grenzerlöse den Grenzerlösen aus dem Verkauf an Gruppe 1 entsprechen. Erst bei Gleichheit der Grenzerlöse macht es für den Monopolisten Sinn, an die Käufer des Typs 1 zu verkaufen.

Die zum Optimum führende Menge wird bei x^* ermittelt, die gesamten Grenzerlöse entsprechen hier den Grenzkosten. Durch diesen Schnittpunkt beider Kurven werden die optimalen Outputs, x_1^* und x_2^*, der beiden Verbrauchergruppen bestimmt, indem die Höhe der gesamten Grenzerlöse auf ihren Grenzerlöskurven abgelesen wird. Die zugehörigen Preise, $p(x_1^*)$ und $p(x_2^*)$, für den jeweiligen Verbrauchertyp werden durch Hochloten auf die jeweilige Preis-Absatz-Funktion ermittelt – die **Cournot'schen Punkte** (A, B).

Der Abbildung 5.5 → vgl. S. 179 ist zu entnehmen, dass im Optimum die Preisregel für das Gewinnmaximum

$$\frac{\partial E(x_1)}{\partial x_1} = \frac{\partial E(x_2)}{\partial x_2} = \frac{\partial K(x)}{\partial x}$$

lautet, wobei

$$\frac{\partial E(x_1)}{\partial x_1} \quad \text{und} \quad \frac{\partial E(x_2)}{\partial x_2}$$

die Grenzerlöse der aus dem Verkauf an Käufergruppe 1 bzw. 2 und $\frac{\partial K(x)}{\partial x}$ die Grenzkosten der Produktion der gesamten Herstellungsmenge $(x_1 + x_2)$ darstellen. Durch die Definition der Grenzerlöse über die **Amoroso-Robinson-Relation** → vgl. Formel 5.5, S. 174 wissen wir:

$$\frac{\partial E(x_1)}{\partial x_1} = p_1 \cdot \left[1 - \frac{1}{|\eta_1|}\right] \quad \text{und} \quad \frac{\partial E(x_2)}{\partial x_2} = p_2 \cdot \left[1 - \frac{1}{\eta_2}\right],$$

somit gilt:

$$p_1 \cdot \left[1 - \frac{1}{|\eta_1|}\right] = p_2 \cdot \left[1 - \frac{1}{|\eta_2|}\right] = \frac{\partial K(x)}{\partial x} \tag{5.6}$$

Die analoge analytische Bestimmung: Die Gewinnfunktion lautet $\Pi(x) = p(x) \cdot x - K(x)$. Allerdings setzt sich die Erlösfunktion aus den Teilmärkten der beiden Nachfragertypen, also $E(x) = E(x_1) + E(x_2)$, mit $x = x_1 + x_2$, zusammen. Wegen der Preisdifferenzierung gilt $p(x_1) \neq p(x_2)$. Da es sich in beiden Märkten um ein und dasselbe Gut handelt und der Unternehmer das Gut in einem Herstellungsprozess produziert, können die Kosten mit der Funktion

$K = K(x) = K(x_1 + x_2)$ beschrieben werden. Erlös- und Kostenfunktion in die Gewinnfunktion eingesetzt, ergibt:

$$\Pi(x) = p(x_1) \cdot x_1 + p(x_2) \cdot x_2 - K(x) \quad \text{bzw.}$$
$$\Pi(x_1 + x_2) = p(x_1) \cdot x_1 + p(x_2) \cdot x_2 - K(x_1 + x_2)$$

Die Bestimmung der notwendigen Bedingung für das Gewinnmaximum erfolgt durch Bildung der partiellen Ableitungen, die gleich Null gesetzt werden.

1. $$\frac{\partial \Pi(x)}{\partial x_1} = \frac{\partial p(x_1)}{\partial x_1} \cdot x_1 + 1 \cdot p(x_1) - \frac{\partial K(x_1 + x_2)}{\partial x} \cdot \frac{\partial (x_1 + x_2)}{\partial x_1} = 0 \qquad \left(\frac{\partial (x_1 + x_2)}{\partial x_1} = 1\right)$$

2. $$\frac{\partial \Pi(x)}{\partial x_2} = \frac{\partial p(x_2)}{\partial x_2} \cdot x_2 + 1 \cdot p(x_2) - \frac{\partial K(x_1 + x_2)}{\partial x} \cdot \frac{\partial (x_1 + x_2)}{\partial x_2} = 0$$

Wegen $\frac{dE(x_i)}{dx_i} = p(x_i) \cdot \left[1 - \frac{1}{|\eta_1|}\right]$, mit $i = 1, 2$, lassen sich die beiden Gleichungen umformulieren:

1'. $$p(x_1) \cdot \left[1 - \frac{1}{|\eta_1|}\right] = \frac{\partial K(x)}{\partial x}$$

2'. $$p(x_2) \cdot \left[1 - \frac{1}{|\eta_2|}\right] = \frac{\partial K(x)}{\partial x}$$

Es folgt unmittelbar die Identität mit Formel 5.6 → vgl. S. 180:

$$p(x_1) \cdot \left[1 - \frac{1}{|\eta_1|}\right] = p(x_2) \cdot \left[1 - \frac{1}{|\eta_2|}\right] = \frac{\partial K(x)}{\partial x} \quad \Rightarrow \quad \frac{p(x_1)}{p(x_2)} = \frac{1 - \frac{1}{|\eta_2|}}{1 - \frac{1}{|\eta_1|}}$$

Das Verhältnis der Preise beider Güter entspricht im Gewinnmaximum dem umgekehrten Verhältnis der Ausdrücke, in denen die Preiselastizitäten der Nachfrage enthalten sind. Wenn bspw. bei der zweiten Verbrauchergruppe ein höherer Preis als bei der ersten durchgesetzt wird, also $p(x_2) > p(x_1)$ gilt, so ist dies nur möglich, falls $|\eta_2| < |\eta_1|$. Dies erlaubt den wichtigen Rückschluss, dass Unternehmen die Preise dort umso höher setzen, je niedriger (weniger elastisch) die Nachfrage reagiert. Oder anders ausgedrückt: In einem Markt mit einer elastischeren (stärker preissensitiven) Nachfrage wird der Preis in geringerem Umfang erhöht als in einem Markt mit einer weniger elastischeren Nachfragereaktion. Ein preisdiskriminierender Monopolist (oder jemand, der die Möglichkeit dazu hat) wird die Preise tendenziell im umgekehrten Verhältnis zum absoluten Wert der **Preiselastizität** der Nachfrage setzen. Eine niedrige Elastizität lädt zu hohen Preissteigerungen ein (die Konsumenten reagieren kaum mit Nachfragerückgängen), eine hohe **Elastizität** lässt den Unternehmer von Preiserhöhungen Abstand nehmen (die Konsumenten würden ihre Nachfrage stark einschränken). Dieses inverse Verhältnis zwischen Preis und Elastizität ist unmittelbar ablesbar, wenn für ein beliebiges Gut oder einen belieben Verbrauchertyp die Formel für den Grenzerlös einfach nach dem Preis umgestellt wird:

$$\frac{dE(x_i)}{dx_i} = p(x_1) \cdot \left[1 - \frac{1}{|\eta_1|}\right] \Rightarrow p(x_1) \cdot \frac{\frac{dE(x_i)}{dx_i}}{1 - \frac{1}{|\eta_1|}}$$

5.2.2.5 Natürliche und dauerhafte Monopole

Im Abschnitt über die Ursachen eines (Angebots-)Monopols (5.2.2.1) wurde bereits herausgestellt, dass ein Unternehmen umso kostengünstiger produzieren kann, je größer die von ihm hergestellte Produktionsmenge ist – der Begriff des **natürlichen Monopols** wurde eingeführt. In Volkswirtschaften sind tatsächlich Güter und Produktionsfaktoren anzutreffen, die von jeweils einem einzelnen Unternehmen angeboten werden, welche über monopolähnliche Strukturen verfügen. Beispiele lassen sich regional etwa in den Branchen der Energie- und Wasserversorgung, der Abwasserentsorgung oder auch in Form staatlich kontrollierter Monopole finden. Lotto etwa, darf in Deutschland ausschließlich von konzessionierten Lottogesellschaften, die auf Ebene der einzelnen Bundeslänger organisiert sind, durchgeführt werden. Microsoft verfügt bspw. mit MS Windows über ein faktisches Monopol bei Betriebssystemen für PCs (wenn auf einem Markt zwar mehrere Anbieter für ein Produkt vorhanden sind, de facto aber ein Unternehmen marktbeherrschend ist, wie es mit MS Windows für PC-Betriebssysteme der Fall ist, so wird von einem **Quasi-Monopol** gesprochen). Auch der große Automobilkonzern, der einziger Kunde des vielleicht kleineren mittelständischen Betriebes ist, hat eine Monopolstellung inne. Allerdings handelt es sich in diesem Fall um keinen Angebots-, sondern einen **Nachfragemonopolisten** (**Monopson**).

Der Frage, warum es ökonomisch sinnvoll (kostengünstiger) sein kann, ein Produkt durch ein Monopol bereitzustellen, soll nun vertieft nachgegangen werden. Nehmen wir das Beispiel eines Unternehmers, der in einer Region die Versorgung der Bevölkerung mit besonders sauberem Wasser aus einer Naturheilquelle vornehmen möchte und zu diesem Zweck plant, eine Wasseraufbereitungsanlage sowie ein komplettes Verteilungsnetz aufzubauen. Die Errichtung der Aufbereitungsanlage und des Verteilungsnetzes ist äußerst kapitalintensiv, da erhebliche Investitionen in Tanks, Leitungen, Filter, Steuerung etc. getätigt werden müssen (hohe Fixkosten). Die **variablen Kosten** halten sich, nachdem Anlage und Netz einmal aufgebaut sind, mit einigen wenigen Arbeitskräften, die lediglich die Steuerung der Anlage überwachen und ein paar Instandhaltungsmaßnahmen durchführen müssen, in Grenzen. Die **Fixkosten** werden in dem Beispiel den erheblichen Teil an den Gesamtkosten ausmachen.

Da die fixen im Vergleich zu den variablen Kosten mit zunehmender Ausbringungsmenge abnehmen, also nur ab einer gewissen größeren Menge günstig produziert werden kann, ist das Unternehmen, solange es als Monopolist, auftritt, in der Lage, **Massenproduktionsvorteile** auszunutzen und zu entsprechend niedrigen Preisen anzubieten. Nicht zuletzt ist durch die Möglichkeit zu niedrigen Preisen zu offerieren, auch ein guter Schutz gegen den Markteintritt potentieller Konkurrenten gegeben. Denn die gesamte Marktfragemenge mit mehreren Unternehmen zu teilen, würde für die einzelne Firma bedeuten, nur eine vergleichsweise kleine Menge absetzen zu können, was sich angesichts der hohen Kapitalkosten nicht rechnen würde.

Entsteht ein Monopol aus Gründen der Kostensenkung, der Ausnutzung von **Massenproduktionsvorteilen**, so handelt es sich um ein **natürliches Monopol**. Es liegt vor, wenn eine Ausbringungsmenge x von einem Unternehmen zu geringeren Kosten hergestellt werden kann, als wenn diese Ausbringungsmenge von zwei oder mehreren Unternehmen produziert würde ($x = x_1 + x_2 + \dots + x_m$). Dies sei näher präzisiert. Bei gegebener Technologie produziere ein Unternehmen die Menge x zu minimalen Kosten K(x). Alternativ könne die Menge x durch die Produktion zweier verschiedener Unternehmen (x_1 und x_2) hergestellt werden. Ein **natürliches Monopol** liegt vor, wenn gilt:

$$K(x) < K(x_1) + K(x_2), \quad \text{mit} \quad 0 \leq x_1, x_2 \leq x \quad \text{und} \quad x_1 + x_2 = x \tag{5.7}$$

Eine Kostenfunktion, die Formel 5.7 → vgl. S. 182 erfüllt, heißt **subadditive Kostenfunktion** → Glossar. Zur Verdeutlichung mag man sich ein Unternehmen vorstellen, das die Ausbringungsmenge x sowohl an einem einzigen Ort, als auch an zwei identischen Produktionsstätten herstellen kann.

Merksatz

Ein **natürliches Monopol** liegt vor, wenn ein und dieselbe Ausbringungsmenge von einem Unternehmen / einer Produktionsstätte zu geringeren Kosten als von mehreren Unternehmen / Produktionsstätten hergestellt werden kann. Eine **subadditive Kostenfunktion** ist gegeben, wenn durch Zusammenlegung von Produktionseinheiten mit geringeren Kosten produziert wird. Die Begriffe „natürliches Monopol" und „Subadditivität" beschreiben den gleichen Typ einer Kostenfunktion.

Erinnert sei an in der Ausbringungsmenge überproportional steigende Verläufe der kurzfristigen Gesamtkosten; die **Kostenfunktion** K(x) beginnt im Ursprung und verläuft streng konvex (vgl. Abschnitt 3.3 → S. 95, „Kosten der Produktion"). **Subadditivität** der Kostenfunktion oder ein **natürliches Monopol** können hier keinesfalls vorliegen, da keinerlei **Massenproduktionsvorteile** generiert werden (die Durchschnittskosten fallen nie). Somit benötigt **Subadditivität** einen gewissen Grad an Nicht-Konvexität. Bei Vorliegen von Massenproduktionsvorteilen (die Durchschnittskosten fallen) liegt hingegen Subadditivität der Kosten vor. Warum ist dies so? Durchschnittskosten können nur fallen, wenn die **Durchschnittskosten** einer höheren Ausbringungsmenge kleiner sind als die einer niedrigeren. Für $x_i > 0$ und $x_i < x_1 + x_2 = x$, also $x_i < x, \; i = 1, 2$, muss zwangsläufig gelten:

$$\frac{K(x)}{x} < \frac{K(x_i)}{x_i}, \quad x_i > 0, \quad x_i < x_1 + x_2, \quad i = 1, 2 \tag{5.8}$$

Beide Seiten der Ungleichung werden jeweils mit x_i multipliziert,

$$\frac{K(x)}{x} \cdot x_1 < \frac{K(x_1)}{x_1} \cdot x_1; \quad \frac{K(x)}{x} \cdot x_2 < \frac{K(x_2)}{x_2} \cdot x_2$$

und schließlich die linken und rechten Seiten der beiden entstandenen Ungleichungen addiert, so dass die Ungleichheitsbeziehung aufrechterhalten wird:

$$\frac{K(x)}{x} \cdot x_1 + \frac{K(x)}{x} \cdot x_2 < \frac{K(x_1)}{x_1} \cdot x_1 + \frac{K(x_2)}{x_2} \cdot x_2$$

$$K(x) < K(x_1) + K(x_2) \tag{5.9}$$

Die Entsprechung von Formel 5.9 mit Formel 5.7 → Vgl. S. 5.7 ist offensichtlich. Somit wurde gezeigt, dass **fallende Durchschnittskosten Subadditivität** implizieren.

Der Umkehrschluss, dass **Subadditivität** in einem bestimmten Bereich der Ausbringungsmenge fallende Durchschnittskosten für diesen Bereich impliziert, kann allerdings nicht gezogen werden. Die Abbildungen 5.6 → vgl. S. 184 und 5.7 → vgl. S. 185 geben Aufschluss darüber. Zugrundegelegt ist die (kurzfristige) Kostenfunktion $K(x) = K_f + a \cdot x^{\alpha}$, mit $K_f > 0, a > 0$ und $\alpha > 1$.

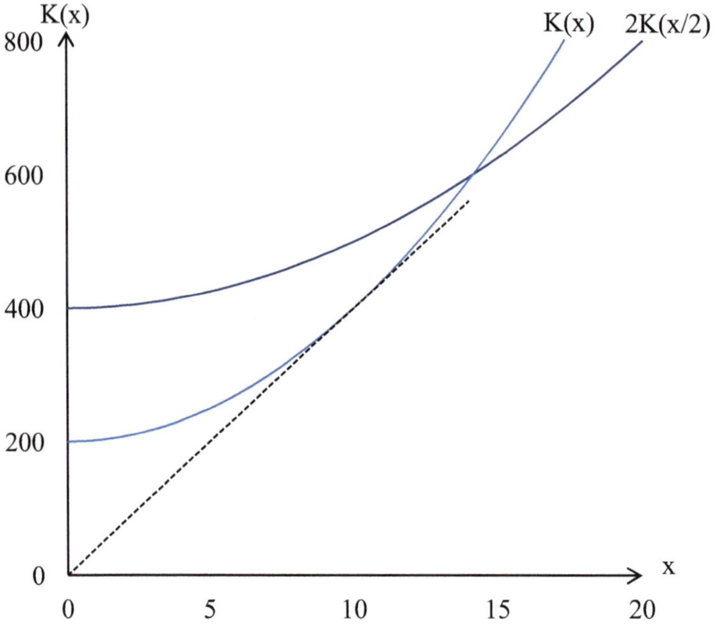

Abbildung 5.6: Gesamtkosten an einer und zwei Produktionsstätten

Es gelte $K_f = 200$, $a = 2$ und $\alpha = 2$.

$$K(x) = 200 + 2 \cdot x^2$$

$$\frac{dK(x)}{dx} = 4 \cdot x, \quad \frac{d^2K(x)}{dx^2} = 4$$

$$\frac{K(x)}{x} = \frac{200}{x} + 2 \cdot x, \quad \frac{d\left(\frac{K(x)}{x}\right)}{dx} = -\frac{200}{x^2} + 2 \qquad (\Rightarrow \quad x^{DK}_{min.} = 10)$$

Die Fixkosten (F_k) fallen immer, unabhängig von der Ausbringungsmenge an. Die Kostenfunktion ist nicht stetig für $x = 0$ und somit nicht überall konvex, trotz für den gesamten Bereich der Ausbringungsmenge steigender Grenzkosten. Die Durchschnittskosten (s. Abbildung 5.7, → S. 185) weisen einen U-förmigen Verlauf auf, da die anfänglich die Durchschnittskosten stark senkenden Massenproduktionsvorteile der abnehmenden durchschnittlichen Fixkosten im weiteren Verlauf der Ausbringungsmenge zunehmend von den steigenden variablen Stückkosten überkompensiert werden. Die Durchschnittskosten sinken nur bis zur Menge $\hat{x} = 10$ und steigen danach wieder an. Die Grenzkosten (in ihnen finden die variablen Kosten ihren Ausdruck) nehmen über den gesamten Bereich der Ausbringungsmenge zu.

Würde nun die Ausbringungsmenge von x statt einer, mit zwei identischen Produktionsanlagen mit jeweils x/2 Output-Einheiten produziert, so kann dies über folgende Kostenfunktion ausgedrückt werden:

$$K_1\left(\frac{x}{2}\right) + K_2\left(\frac{x}{2}\right) = 2 \cdot K\left(\frac{x}{2}\right) = 2 \cdot \left[200 + 2 \cdot \left(\frac{x}{2}\right)^2\right] = 400 + x^2$$

Damit stehen sich die beiden Kostenfunktionen $K(x) = 200 + 2 \cdot x^2$ und $2 \cdot K\left(\frac{x}{2}\right) = 400 + x^2$ gegenüber. Bis zum Schnittpunkt beider Funktionen bei einem Output von $\bar{x}$ $(= 14{,}14)$ ist

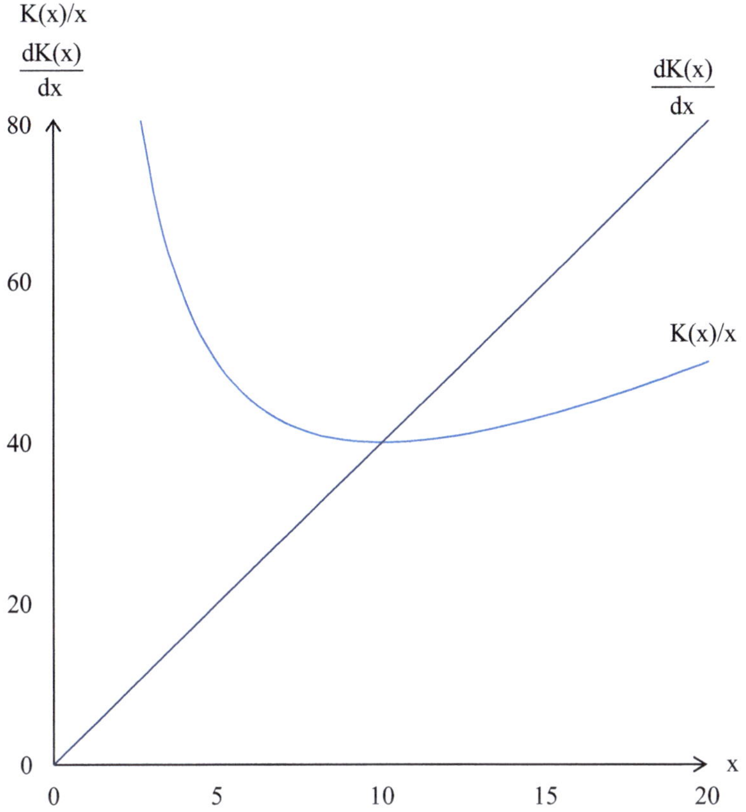

Abbildung 5.7: Grenz- und Durchschnittskosten

es kostengünstiger, die Produktion von einem Unternehmen bzw. an einem Standort vorzunehmen. Für eine größere Herstellungsmenge, also $x > \bar{x}$, wird die Produktion in einem Unternehmen / Standort zu teuer, denn die Grenzkosten steigen im Vergleich zur Produktion in zwei Anlagen stärker an und die Vorteile der Fixkostendegression durch die Produktion in einer Anlage verpuffen angesichts der steigenden Ausbringungsmenge.

Beachtenswert ist, dass im Bereich $\hat{x} \leq x \leq \bar{x}$ ein **natürliches Monopol** und **Subadditivität** der Kosten, jedoch **keine** Massenproduktionsvorteile vorliegen, die Durchschnittskostenkurve also ansteigt. Somit ist eine fallende Durchschnittskostenkurve lediglich hinreichend für das Vorliegen eines natürlichen Monopols.

Merksatz

Im fallenden Bereich der Durchschnittskostenkurve liegt immer ein natürliches Monopol vor. Im steigenden Bereich der Durchschnittskostenkurve kann ein **natürliches Monopol** vorliegen.

Angenommen sei die Situation, wie sie in Abbildung 5.8 → S. 186 gezeigt ist. Bei gegebener Nachfragefunktion bietet der Monopolist im ansteigenden Bereich der Durchschnittskostenkurve im Punkt B an. Die dort vorliegende **Subadditivität** der Kostenfunktion indiziert ein natürliches Monopol (bei jedem Output links von B ist der Unternehmer ohnehin natürlicher Monopolist).

Wäre nun ein anderer Unternehmer in der Lage, mit der gleichen Technologie und Kostenstruktur in den Markt einzutreten und dem Monopolisten Kunden abzugewinnen? Die Antwort lautet: Ja!

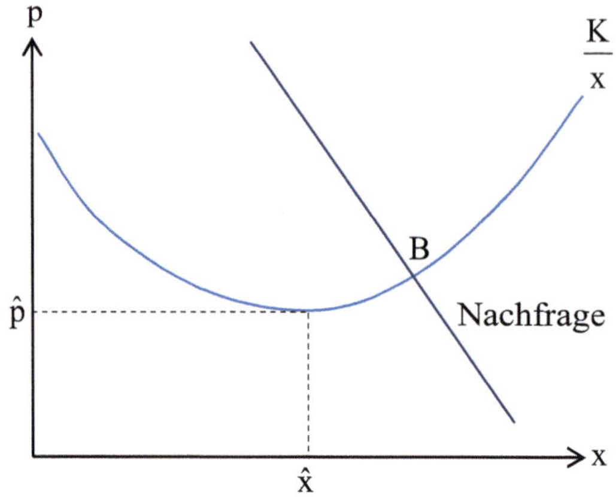

Abbildung 5.8: Natürliches Monopol im Bereich steigender Durchschnittskosten

Würde ein Newcomer zu einem geringeren Preis als zu dem im Punkt B herrschenden anbieten (der Newcomer könnte den Preis maximal bis zu $\hat{p}$ senken, wo er, im Minimum der Stückkosten, die Menge $\hat{x}$ anbieten würde), so könnte er in den Markt eindringen und dem Monopolisten die Menge $\hat{x}$ abnehmen (er bietet schließlich günstiger an) und ihn so vom Markt verdrängen. Der Newcomer könnte selbst die Stellung des natürlichen Monopolisten übernehmen. Ein **natürliches Monopol** reicht demnach nicht aus, um sich vor dem Eintritt von Konkurrenten in den Markt zu schützen. Gelingt es einem Monopolisten hingegen Markteintrittsbarrieren aufzustellen, die andere Unternehmen vom Markteintritt abhalten, so ist das natürliche ein **dauerhaftes Monopol** → Glossar (*sustainable monopoly*).

Definition 5.1

Ein **natürliches Monopol** mit einer Kostenfunktion K(x), das sich einer Gesamtnachfrage von $x = f(p)$ gegenübersieht, ist „dauerhaft“, wenn es einen Preis p und eine Ausbringungsmenge x gibt, so dass gilt:

(1) $x = f(p)$

(2) $p \cdot x = K(x)$ und

(3) $p' \cdot x' < K(x')$, für alle $p' < p$ und alle $x' \leq x(p')$.

Ein natürliches Monopol ist „dauerhaft“, wenn das Unternehmen zu jedem Preis die Marktnachfrage befriedigen kann (Bedingung 1), die Kosten deckt (Bedingung 2) und einen Preis derart setzt, dass jeder Versuch eines Konkurrenten, in den Markt mit einer geringeren Menge und einem geringeren Preis einzudringen, diesem einen Verlust einbringen wird (Bedingung 3).

Aus der Definition folgt, dass ein **natürliches Monopol** dauerhaft ist, wenn es sich für eine jegliche Ausbringungsmenge x auf dem abnehmenden Teil der Durchschnittskostenkurve befindet. Würde es auf dem ansteigenden Teil der Stückkostenkurve anbieten, könnte es, wie gerade dargelegt, von Konkurrenten mit einer geringeren Menge und einem geringeren Preis unterbo-

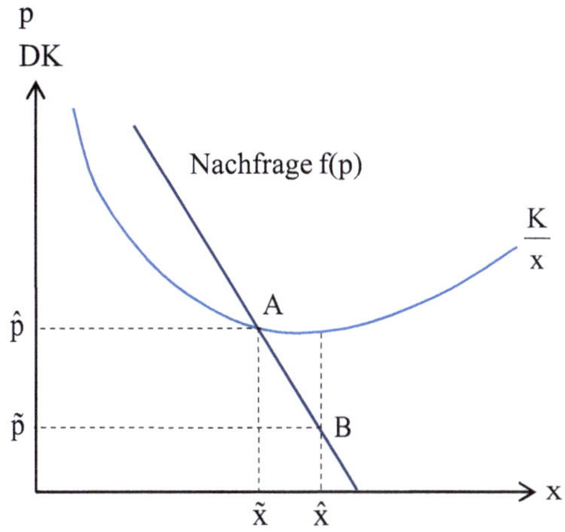

Abbildung 5.9:
Beispiel dauerhaftes Monopol

ten werden. Bietet der Monopolist hingegen im fallenden Teil der Durchschnittskostenkurve an (Schnittpunkt von Nachfrage- und Stückkostenkurve, siehe Punkt A in Abbildung 5.9 → S. 187), so könnte ein in den Markt eintretender Konkurrent zwar versuchen den Preis zu unterbieten, doch ist zu bedenken, dass alle weiter rechts von Punkt A liegenden Preise unterhalb der Stückkostenkurve liegen. Zu einem Preis von bis zu $\hat{p}$ könnte der Newcomer eine Menge von bis zu $\hat{x}$ absetzen, dies jedoch nur zu Stückverlusten.

Somit kann das natürliche Monopol nur bis zum Minimum der Stückkosten „dauerhaft" sein. Da dieses Minimum noch zum abnehmenden Teil der Durchschnittskosten gehört bzw. diesen beendet, ist die Aussage bewiesen, dass ein **natürliches Monopol dauerhaft** ist, wenn es sich für eine jegliche Ausbringungsmenge x auf dem abnehmenden Teil der Durchschnittskostenkurve befindet.

Merksatz

Ein **natürliches Monopol** liegt immer im Bereich fallender Durchschnittskosten vor, kann sich jedoch auch in deren ansteigendem Bereich befinden. Ein natürliches **Monopol ist dauerhaft**, wenn es sich ausschließlich im Bereich der **fallenden Durchschnittskostenkurve** befindet.

Abschließend sei mittels eines Beispiels verdeutlicht, dass bei dauerhaftem Vorliegen von Massenproduktionsvorteilen (konkavem Verlauf der Gesamtkosten und abnehmendem Verlauf der Durchschnittskostenkurve) ein natürliches Monopol bzw. subadditive Kosten vorliegen.

Beispiel

Ein multinationaler Konzern plane zwei Anlagen in zwei verschiedenen Ländern / Standorten / Produktionsanlagen). Die Anlagen sind identisch, ebenso die Löhne und alle weiteren Faktorpreise. Die Kostenfunktion lautet: $K(x) = 3 \cdot x^{1/2}$. Insgesamt sollen 800 Ausbringungseinheiten produziert werden. Der erste Plan geht von 400 Einheiten im ersten Unternehmen und 400 Einheiten im zweiten Unternehmen aus. Der zweite Plan fordert alternativ die Herstellung der gesamten Produktionsmenge in einem Unternehmen / Land. Sollte an beiden oder nur an einem Standort produziert werden?

Durch Einsetzen der Zahlen in die Kostenfunktion ist sofort erkennbar, dass es sich um **subadditive** Kosten handelt.

$$\text{Plan 1: } K(400) + K(400) = 3 \cdot \sqrt{400} + 3 \cdot \sqrt{400} = 60 + 60 = 120$$
$$\text{Plan 2: } K(800) = 3 \cdot \sqrt{800} = 3 \cdot 28,28 = 84,85$$
$$\Rightarrow \quad K(800) < K(400) + K(400)$$

Die 800 Ausbringungseinheiten sollten an einem Standort produziert, also Plan 2 umgesetzt werden. Die Menge x auf zwei Unternehmen zu verteilen, die jeweils die Mengen x_1 und x_2 herstellen, würde insgesamt höhere Kosten verursachen.

5.2.3 Oligopole

Die Marktform des **Oligopols** liegt vor, wenn sich zwei oder mehrere Unternehmen auf einem Markt befinden und ihnen eine mittlere bis große Zahl von Nachfragern gegenübersteht. Bei einer geringen Zahl von Anbietern handelt es sich um ein **enges Oligopol**, bei einer großen Zahl um ein **weites Oligopol**. Die Grenzen zwischen engen und weiten Oligopolen sind fließend. So bilden die über 100 Stromversorgungsunternehmen in Deutschland ein weites Oligopol. Werden jedoch ausschließlich die vier umsatzstärksten Unternehmen (E.ON, RWE, EnBW und Vattenfall Europe) betrachtet, die etwa 80 Prozent des deutschen Stroms produzieren, so handelt es sich um ein enges Oligopol. Ein enges Oligopol liegt auch bei den fünf Großen der Mineralölkonzerne vor (BP/ARAL, Esso, Jet, Shell und Total).

Im Folgenden wird lediglich ein Spezialfall des engen Oligopols untersucht, bei dem nur zwei Unternehmen am Markt sind: das **Duopol** oder **Dyopol**. Im Unterschied zum Monopolisten, der sich allein am Markt befindet und keine Rücksicht auf Konkurrenten nehmen muss, und dem Anbieter bei vollständiger Konkurrenz, der aufgrund des Drucks seiner vielen Mitbewerber die Bedingungen, zu denen er sein Produkt verkaufen kann, sozusagen diktiert bekommt, macht es für den Oligopolisten durchaus Sinn, sich strategisch zu verhalten. Ein Unternehmer verhält sich strategisch, wenn er das Verhalten seines Konkurrenten bei der eigenen Entscheidungsfindung mitberücksichtigt, somit der Wettbewerb zwischen den Unternehmen durch interdependentes Verhalten geprägt ist – häufig wird auch von **strategischem Wettbewerb** gesprochen. Freilich wird der Unternehmer in seinem Verhalten stets seine eigenen Interessen, die Absicht der Gewinnmaximierung, im Blick halten. Jede Firma wird folglich eine Aktionen in der für sie bestmöglichen Weise durchführen und auf Aktionen des jeweiligen Konkurrenten ebenfalls in für sich bestmöglicher Weise reagieren. Für eine solche optimale Entscheidung wird im nächsten Unterabschnitt der Begriff der **Reaktionsfunktion** eingeführt.

Die Verhaltensweisen von Unternehmen gegenüber der Konkurrenz können durchaus unterschiedlich sein. Nachstehend sollen verschiedene Grundtypen des strategischen Verhaltens analysiert werden. Dafür ist es zweckmäßig, einige vereinfachende Annahmen zu treffen. Nicht zuletzt ermöglichen diese Annahmen den Vergleich der Wirkungen, die von den verschiedenen Verhaltensweisen auf die Wohlfahrt aller Beteiligten ausgehen.

Für die meisten der nun folgenden Oligopole gelten folgende Annahmen:

- Eine lineare Gesamtnachfragekurve bzw. Preis-Absatz-Funktion der Gestalt $p(x) = a - b \cdot x$, mit der positiven Konstanten a und der Steigung $b > 0$.
- Der Gesamtnachfrage x stehen die zu bestimmenden Angebotsmengen beider Unternehmen, x_1 für Firma 1 und x_2 für Firma 2, gegenüber. Es gilt somit $x = x_1 + x_2$. Demzufolge kann die Preis-Absatz-Funktion als $p(x) = a - b \cdot (x_1 + x_2)$ formuliert werden.

- Langfristige Kostenkurven mit identischen und konstanten Grenzkosten für beide Unternehmen: $K(x_1) = c_1 \cdot x_1$, $K(x_2) = c_2 \cdot x_2$, mit $c_1 = c_2 = c$.

5.2.3.1 Cournot-Nash-Oligopol

Die Größen, über die Unternehmen primär ihre Verhaltensweisen gegenüber ihren Konkurrenten steuern, heißen Aktionsparameter. Wenngleich als Aktionsparameter vielleicht in erster Linie der Preis in den Sinn kommen mag, ist auch die Bedeutung der Ausbringungsmenge nicht zu vernachlässigen. Beim **Cournot-Nash-Oligopol** ist die Ausbringungsmenge der Aktionsparameter.

Der Preis, zu dem getauscht wird, ein jeder Produzent sein Produkte absetzen kann, bestimmt sich letztlich aus der gesamten auf dem Markt angebotenen Menge ($x = x_1 + x_2$). Über die Art und Weise, wie Unternehmen aufeinander reagieren, gibt die so genannte Verhaltenshypothese Auskunft. Im **Cournot-Nash-Oligopol** ist unterstellt, dass jeder Anbieter eine bestimmte Mengenentscheidung des anderen vermutet, diese in sein Handlungskalkül aufnimmt, die eigene (Mengen-) Entscheidung trifft, aber nicht weiter berücksichtigt, inwieweit der andere die getroffene eigene Entscheidung einplanen wird. Insofern klingt die oftmals im Zusammenhang mit dem Cournot-Nash-Oligopol anzutreffende Aussage verwirrend, dass in einem Unternehmen getroffene Entscheidungen keinerlei Reaktionen bei dem bzw. den Konkurrenten bewirkten (Verhaltensannahme). Lediglich die „vermutete Veränderung“ (*conjectural variation*), die ein Unternehmen vom anderen Unternehmen als Reaktion auf eine eigene getroffene Output-Entscheidung erwartet, beträgt im Cournot-Nash-Modell Null (in anderen Modellen wird dies nicht mehr der Fall sein). Mit seiner eigenen Entscheidung schafft ein Unternehmen am Markt Fakten in Form einer bestimmten produzierten und angebotenen Ausbringungsmenge, die dann dem Konkurrenten wiederum als erneute Entscheidungsgrundlage dient.

Im Rahmen der Gewinnmaximierungskalküle beider Duopolisten kann die Verhaltensannahme im **Cournot-Nash-Oligopol** folgendermaßen zusammengefasst werden: Unternehmen 1 maximiert seinen Gewinn bei gegebenem (prognostiziertem) Output von Unternehmen 2, und Unternehmen 2 maximiert seinen Gewinn bei gegebenem (prognostiziertem) Output von Unternehmen 1, ohne dass ein Unternehmen den nächsten Schritt des jeweils anderen antizipiert.

Im Bestreben eines jeden Unternehmens, seinen maximalen Gewinn erzielen, sieht es sich in dieser Absicht durch das jeweils andere Unternehmen eingeschränkt, da der Gewinn des einen Unternehmens von der Absatzmenge des anderen Unternehmens und der eigenen Ausbringungsmenge abhängt. Hinzukommt, dass ein Unternehmen nicht weiß, wie das andere auf die eigene Vorgehensweise reagieren wird. Formal stellt sich die Situation wie folgt dar:

Gewinnfunktion von Unternehmen 1	Gewinnfunktion von Unternehmen 2
$\Pi_1 = p(x) \cdot x_1 - K(x_1)$	$\Pi_2 = p(x) \cdot x_2 - K(x_2)$
$\Pi_1 = [a - b \cdot (x_1 + x_2)] \cdot x_1 - c \cdot x_1$	$\Pi_2 = [a - b \cdot (x_1 + x_2)] \cdot x_2 - c \cdot x_2$
$\frac{\partial \Pi_1}{\partial x_1} = a - 2 \cdot b \cdot x_1 - b \cdot x_2 - c = 0$	$\frac{\partial \Pi_2}{\partial x_2} = a - 2 \cdot b \cdot x_2 - b \cdot x_1 - c = 0$
$a - 2 \cdot b \cdot x_1 - b \cdot x_2 = c$	$a - 2 \cdot b \cdot x_2 - b \cdot x_1 = c$
Grenzerlöse = Grenzkosten,	Grenzerlöse = Grenzkosten,
aufgelöst nach x_1, ergibt eine Funktion in Abhängigkeit von x_2, $x_1 = f(x_2)$, die so genannte **Reaktionsfunktion:**	aufgelöst nach x_2, ergibt eine Funktion in Abhängigkeit von x_1, $x_1 = f(x_2)$, die so genannte **Reaktionsfunktion:**
$2 \cdot b \cdot x_1 = a - b \cdot x_2 - c$	$2 \cdot b \cdot x_2 = a - b \cdot x_1 - c$
$x_1 = \frac{a - c}{2 \cdot b} - \frac{x_2}{2}$ (5.10)	$x_2 = \frac{a - c}{2 \cdot b} - \frac{x_1}{2}$ (5.11)

Nehmen wir an, Firma 2 plane den Output $\bar{x}_2$. Im Cournot-Modell wird Firma 1 davon ausgehen, dass, egal für welche Menge sie sich entscheidet, Firma 2 ihre Entscheidung nicht ändern wird. Und ebenso nimmt Firma 2 an, dass Firma 1 ihre Entscheidungen nicht denen von Firma 2 anpassen wird (s. Verhaltenshypothese und vermutete Veränderung). Mit der Entscheidung $\bar{x}_2$ von Unternehmen 2, die als „gegeben" zugrundegelegt wird, ist der Gewinn von Firma 1 ausschließlich von der eigenen Ausbringungsmenge abhängig, dessen Maximum über die Funktion $\Pi_1 = [a - b \cdot (x_1 + \bar{x}_2)] \cdot x_1 - c \cdot x_1$ ermittelt wird. In einem gewissen Sinn ist Firma 1 ein „Monopolist", da durch den auf $\bar{x}_2$ fixierten Output von Firma 2 der Preis des Gutes einzig eine Funktion der Mengenwahl von Firma 1 ist.

Angesichts der von Firma 2 vorgegebenen Mengenentscheidung wird Firma 1 nunmehr versuchen eine Ausbringungsmenge auszuwählen, die ihren Gewinn maximiert (es gilt GE = GK). Wird die von Firma 2 „vorgegebene" Mengenentscheidung kontinuierlich verändert und der Gewinn von Firma 1 jeweils erneut maximiert, schließlich die gewinnmaximalen x_1 – Antworten auf die unterschiedlichen $\bar{x}_2$ – „Vorgaben" in einem Diagramm erfasst, so ergibt sich ein Graph der optimalen (gewinnmaximalen) oder besten (Mengen-) Antworten von Firma 1 auf Firma 2. Dieser Graph, der den gewinnmaximalen Output von Firma 1 für jeden von Firma 2 vorgegebenen Output angibt, heißt **Reaktionsfunktion** → Glossar.

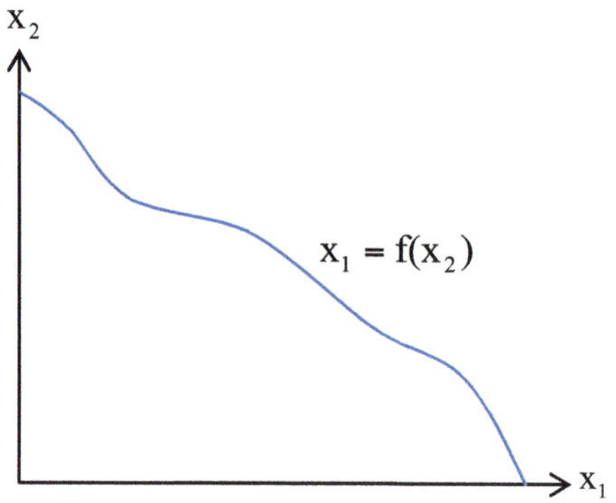

Abbildung 5.10: Reaktionsfunktion von Firma 1

Dieselbe Analyse kann für Unternehmen 2 durchgeführt werden, wenn angenommen wird, dass Firma 1 eine bestimmte Menge vorgibt. Firma 2 maximiert ihre Gewinne und gelangt zur **Reaktionsfunktion**, wie sie in Abbildung 5.11 → S. 191 skizziert ist.

Merksatz

Eine **Reaktionsfunktion** eines Unternehmens zeigt seine gewinnmaximalen Ausbringungsmengen (Mengenreaktionen) angesichts einer jeden Mengenentscheidung seines / seiner Konkurrenten. Jeder Punkt auf der Reaktionsfunktion repräsentiert ein Gewinnmaximum. Je mehr eine Firma produziert, desto geringer wird die in Reaktion auf diese Produktionsmenge von der anderen Firma in gewinnmaximierender Weise produzierte Menge ausfallen können und umgekehrt.

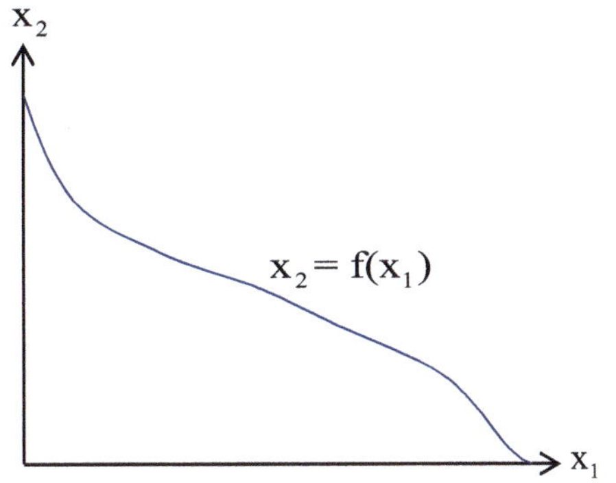

Abbildung 5.11: Reaktionsfunktion von Firma 2

Wie gelangt man zum Cournot-Gleichgewicht? Grafisch werden beide **Reaktionsfunktionen** in ein Diagramm eingetragen und der Schnittpunkt ermittelt (vgl. Abbildung 5.12). Nur im Schnittpunkt (x_1^*, x_2^*) stimmen die (gewinnmaximierenden) Interessen beider Unternehmen überein.

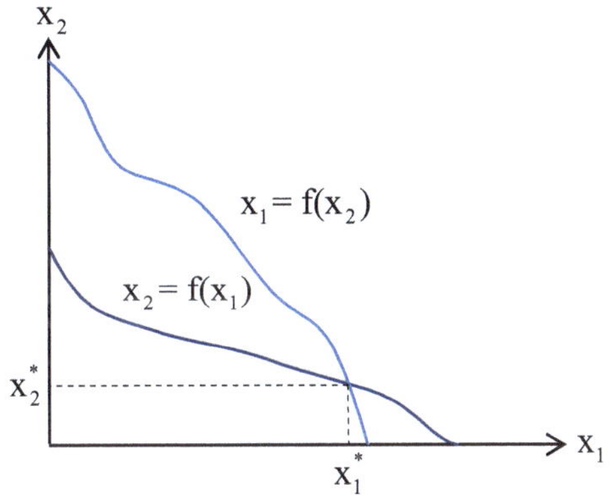

Abbildung 5.12: Cournot-Nash-Gleichgewicht

Rechnerisch wird die Gleichgewichtsmenge durch gegenseitiges Einsetzen der einen **Reaktionsfunktion** in die andere ermittelt. Durch Einsetzen von Formel 5.11 in Formel 5.10 → vgl. S. 189 ergibt sich:

$$x_1 = \frac{a-c}{2 \cdot b} - \frac{\frac{a-c}{2 \cdot b} - \frac{x_1}{2}}{2}$$

$$2 \cdot x_1 = \frac{2 \cdot (a-c)}{2 \cdot b} - \frac{a-c}{2 \cdot b} + \frac{x_1}{2}$$

$$\frac{3}{2} \cdot x_1 = \frac{a-c}{2 \cdot b}$$

$$x_1^* = \frac{a-c}{3 \cdot b}$$

(und durch Einsetzen von Formel 5.10 in Formel 5.11 → vgl. S. 189 erhält man $x_2^* = \frac{a-c}{3 \cdot b}$).

Der Übersichtlichkeit halber gelte $\frac{a-c}{b} := d$. Dann ist $x_1^* = x_2^* = \frac{d}{3}$. Das Gesamtangebot auf dem Markt beläuft sich somit auf $x_1^* + x_2^* = \frac{2}{3} \cdot d$.

Im Gleichgewichtspunkt produziert Firma 1 die Ausbringungsmenge x_1^* und Firma 2 den Output x_2^*. x_1^* ist die beste Antwort (Reaktion) von Firma 1 auf die Produktion von x_2^* der Firma 2. Und umgekehrt stellt x_2^* die beste Antwort von Firma 2 auf die Menge x_1^* von Firma 1 dar. Da durch die beiden besten Antworten die Definition eines Nash-Gleichgewichtes erfüllt ist (jeder Akteur beantwortet die Aktion eines anderen mit der für ihn besten Strategie), wird in Anlehnung an den Spieltheoretiker und Nobelpreisträger der Wirtschaftswissenschaft von 1994, John Forbes Nash (geb. 1928), das Cournot-Gleichgewicht auch als **Cournot-Nash-Gleichgewicht** bezeichnet.

x_1^* und x_2^* sind die besten Antworten der beiden Firmen auf das jeweils andere Unternehmen. Und weil es die „besten“ Antworten sind, verspürt keines der Unternehmen einen Anreiz, seine Mengenentscheidung zu verändern. M. a. W.: Der Markt befindet sich im Gleichgewicht. Der optimale Preis wird durch Einsetzen der gleichgewichtigen Mengen in die Preis-Absatz-Funktion $p(x) = a - b \cdot (x_1 + x_2)$ bestimmt:

$$p^*_{x_1+x_2} = a - b \cdot \left(\frac{d}{3} + \frac{d}{3}\right) = a - \frac{2}{3} \cdot b \cdot d$$

Beispiel

Zwei Firmen produzieren zu jeweils konstanten und gleichen Grenzkosten in Höhe von $c = c_1 = c_2 = 2$. Die Gesamtnachfrage lautet: $p(x) = 100 - 0,5 \cdot (x_1 + x_2)$.

Frage 1: Wenn Unternehmen 2 einen Output von $x_2 = 100$ vorgibt, welches ist dann die beste Antwort von Firma 1?
Frage 2: Bestimme die Gleichgewichtsmengen der Unternehmen und die gesamte am Markt angebotene Menge?
Frage 3: Bestimme den gewinnmaximalen Preis.

Antwort auf Frage 1:
Wenn Firma 2 100 Mengeneinheiten wählt, so folgt für Firma 1: $p(x) = 100 - 0,5 \cdot (x_1 + 100) = 50 - x_1$. Bei konstanten marginalen Kosten von 2 und einem Grenzerlös von $GE_1 = 50 - x_1$ ergibt sich für Unternehmen 1 eine gewinnmaximale Menge von $x_1 = 48$ ($GE_1 = GK \Leftrightarrow 50 - x_1 = 2$). $x_1 = 48$ ist die beste Antwort auf die Vorgabe von Unternehmen 2 mit $x_2 = 100$.

Antwort auf Frage 2:

$$\Pi_1 = [100 - 0,5 \cdot (x_1 + x_2)] \cdot x_1 - K(x_1)$$
$$\frac{\partial \Pi_1}{\partial x_1} = 100 - x_1 - 0,5 \cdot x_2 - 2 = 0 \Rightarrow x_1 = 98 - 0,5 \cdot x_2 \qquad (5.12)$$

$$\Pi_2 = [100 - 0,5 \cdot (x_1 + x_2)] \cdot x_2 - K(x_2)$$
$$\frac{\partial \Pi_2}{\partial x_2} = 100 - 0,5 \cdot x_1 - x_2 - 2 = 0 \Rightarrow x_2 = 98 - 0,5 \cdot x_1 \qquad (5.13)$$

Formel 5.13 in Formel 5.12:

$$x_1 = 98 - 0{,}5 \cdot (98 - 0{,}5 \cdot x_1) \Rightarrow x_1^* = 65{,}33$$

$$\Rightarrow x_2 = 98 - 0{,}5 \cdot 65{,}33 \Leftrightarrow x_2^* = 65{,}33 = 65{,}33$$

Die gewinnmaximalen Ausbringungsmengen der Unternehmen liegen bei $x_1^* = x_2^* = 65,33$. Die Gesamtausbringungsmenge des Marktes beträgt $x^* = x_1^* + x_2^* = 130{,}66$.

Antwort auf Frage 3: Die Preis-Absatz-Funktion lautet $p(x^*) = 100 - 0{,}5 \cdot (x_1^* + x_2^*)$. $p(65{,}33 + 65{,}33) = 100 - 0{,}5 \cdot 130{,}66 = 34{,}67$. Der Verkaufspreis des Gutes beläuft sich auf $p = 34{,}67$.

Die Analyse ergab ein Gleichgewicht im Schnittpunkt beider Reaktionsfunktionen. Anders ausgedrückt: Der Markt befindet sich im Gleichgewicht, wenn Unternehmen 1 den Output x_1^* und Unternehmen 2 den Output x_2^* wählt. Was aber garantiert, dass die beiden Firmen tatsächlich genau diese beiden Ausbringungsmengen wählen?

Es gibt zwei Antworten: 1. Cournot hatte niemals behauptet, dass die Duopolisten diese Outputs wählen. Er sagte lediglich, dass wenn beide Firmen die Outputs wählen, sich der Markt im Gleichgewicht befindet. Die interessantere Antwort ist sicherlich die zweite. Unter bestimmten Umständen kann tatsächlich davon ausgegangen werden, dass der Markt die Outputs (x_1^*, x_2^*) erreichen wird. Zur Begründung sei angenommen, dass sich der Markt nicht im Gleichgewicht befindet, sondern Unternehmen 1 eine höhere als die gleichgewichtige Ausbringungsmenge x_1' wählt ($x_1' > x_1^*$). Firma 1 gibt x_1' vor und Firma 2 reagiert entsprechend ihrer Reaktionsfunktion mit der Menge x_2'.

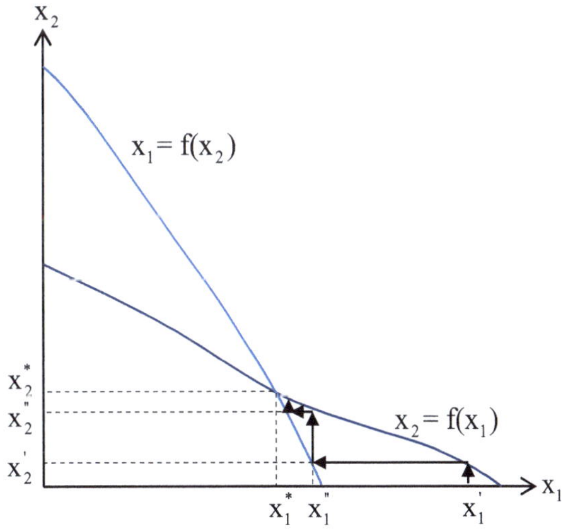

Abbildung 5.13: Gleichgewichtsprozess

Wenn aber Firma 2 x_2' wählt, so zeigt die Reaktionsfunktion von Firma 1 einen Wert von x_1'' an. Hierauf antwortet Firma 2 mit x_2'' und der Prozess setzt sich fort, bis das Gleichgewicht (x_1^*, x_2^*) erreicht ist. Es handelt sich um einen konvergenten Prozess, da sich, unabhängig vom Ausgangspunkt, eine Tendenz zum Gleichgewicht einstellen wird.

Die grundlegende Verhaltensannahme im Cournot-Nash-Modell, dass nämlich ein Unternehmen keine Reaktion des anderen auf seine Aktion erwartet, kann nicht wirklich überzeugen. Vor dem Hintergrund eines Mengenwettbewerbs scheint die Überlegung realistischer, dass ein in einen Monopolmarkt eintretender Newcomer sich am bestehenden Unternehmen orientieren, diesen zunächst als „Marktführer" anerkennen und ihm „folgen" wird. Dieses Verhalten wird im folgenden Abschnitt über das **Stackelberg-Oligopol** behandelt. Vorher sei mit einigen Anmerkungen noch auf Erweiterungen des **Cournot-Nash-Oligopols** hingewiesen.

Wird die Zahl der Unternehmen von zwei auf mehrere erhöht und die anderen Annahmen (identische Grenzkosten, Homogenität der Güter) beibehalten, so verändert sich die Preis-Absatz-Funktion von $p(x) = p(x_1 + x_2)$ auf $p(x) = p(\sum_j x_j)$, so dass die Gewinnfunktion für ein beliebiges Unternehmen j $G_j = p(\sum x_i) \cdot x_j - K_j(x_j)$ lautet. Im Ergebnis stellt sich für jedes Unternehmen wieder eine identische Menge ein. Betrug diese im Fall von zwei Unternehmen noch $x_i^* = \frac{d}{3}$ für jedes Unternehmen $i = 1, 2$ bzw. $x^* = \frac{2}{3} \cdot d$ für den gesamten Markt, so gilt für den allgemeinen Fall von m am Markt befindlichen Oligopolisten $x_i^* = \frac{d}{(m+1)}$ für das einzelne Unternehmen bzw. $x^* = \frac{m}{(m+1)} \cdot d$ insgesamt. Steigt die Anzahl der am Markt befindlichen Unternehmen m, so wird der Marktanteil des einzelnen Unternehmens geringer werden. Mit $m \to \infty$ tendiert die vom einzelnen Unternehmen gewinnmaximal bereitgestellte Menge gegen Null, und entsprechend wird sich auch der Marktpreis den Grenzkosten annähern. Dies bedeutet nichts anderes, als dass sich mit steigender Zahl von Unternehmen eine Entwicklung in Richtung des Ergebnisses der vollständigen Konkurrenz einstellen wird. Die Anzahl der Unternehmen, die in den Markt eintreten können, ist bei konstanten Grenzkosten jedoch auf die Zahl begrenzt, die erreicht wird, sobald der Verkaufspreis für das Gut auf die Höhe der Grenzkosten geschrumpft ist. Fallen hingegen die Durchschnittskosten, so kann dieses Ergebnis nicht eintreten, da die Bedingungen für ein natürliches Monopol vorliegen.

Was passiert, wenn die Homogenitätsannahme für das in Betracht stehende Gut aufgegeben wird? Wir haben es nunmehr mit Mengenwettbewerb bei Vorliegen heterogener Güter zu tun. Auch hier wird jeder Unternehmer seine Menge derart wählen, dass sein Gewinn angesichts gegebener Mengen der Konkurrenten maximiert wird. Jeder Oligopolist wird seine gewinnmaximale Ausbringungsmenge entsprechend der Regel „Grenzerlöse gleich Grenzkosten" wählen, wobei – im Gegensatz zum homogenen Oligopol – die Grenzerlöse unterschiedlich sind. Folglich können die Gleichgewichtsmengen nicht verglichen werden, denn die Güter sind heterogen und können nicht addiert werden (Vergleich von Äpfeln mit Birnen). Fest steht, dass auch im heterogenen Oligopol bei Mengenkonkurrenz die Preise für das Gut höher als bei vollständiger Konkurrenz und niedriger als im Monopolfall und die bereitgestellten Mengeneinheiten kleiner als im Konkurrenzfall, aber größer als im Monopol sind.

5.2.3.2 Stackelberg-Oligopol

Auch beim Stackelberg-Modell ist die Ausbringungsmenge der Aktionsparameter. Es wird angenommen, dass ein Unternehmen des Dyopols einen höheren Gewinn erzielen kann, wenn es zuerst die Menge festlegt (Mengenführerschaft). Dieser **Stackelberg-Führer** erreicht den Vorteil dadurch, dass er seinem Konkurrenten, dem Folger, ein ungünstigeres Gleichgewicht, als es etwa bei Cournot-Nash-Duopol der Fall ist, aufzwingt. Im Unterschied zum Cournot-Nash-Oligopol treffen die Konkurrenten ihre Entscheidungen somit nicht mehr in Unkenntnis der Entscheidung des anderen. Der Stackelberg-Führer geht davon aus, dass sich sein Konkurrent wie ein Anbieter bei Cournot verhält, also die Angebotsmenge des Stackelberg-Führers als gegeben akzeptiert und insofern diesem „folgt" (deshalb wird manchmal auch vom Stackelberg-Folger gesprochen) und auf dieser Grundlage die eigene gewinnmaximale Menge bestimmt. Man mag sich unter dem Stackelberg-Führer vielleicht einen am Markt etablierten Monopolisten vorstellen, der aufgrund der Größe des Marktes diesen kaum alleine vollständig zu bedienen in der Lage ist und den Eintritt eines Konkurrenten schwerlich verhindern kann. Der Newcomer tritt in den Markt ein, doch akzeptiert er den „Alteingesessenen" in seiner Rolle als Marktführer, fordert diesen nicht etwa in einem aggressiven Preiskampf heraus, weil er gegen den „Großen" nur verlieren könnte. Der Newcomer verhält sich „vorsichtig", indem er Cournot-Verhalten an den Tag legt. Dieses Beispiel dient lediglich der Veranschaulichung. Letztlich ist ein **Stackelberg-Führer** derjenige, dem erst zuerst gelingt, seine Angebotsmenge glaubhaft festzulegen.

Sei Unternehmen 1 der Stackelberg-Führer. Unternehmen 1 trifft eine Mengenentscheidung, indem es die Reaktionsfunktion von Unternehmen 2 errechnet und als Nebenbedingung im Rahmen der eigenen Gewinnmaximierung berücksichtigt. Es gelten obige Preis-Absatz-Funktion und gleiche Grenzkosten.

1. Schritt: Berechnung der **Reaktionsfunktion** von Unternehmen 2: $x_2 = f_2(x_1)$.

$$\Pi_2 = p(x) \cdot x_2 - c \cdot x_2$$
$$\Pi_2 = [a - b \cdot (x_1 + x_2)] \cdot x_2 - c \cdot x_2$$
$$\Pi_2 = a \cdot x_2 - b \cdot x_1 \cdot x_2 - b \cdot x_2^2 - c \cdot x_2$$
$$\frac{\partial \Pi_2}{\partial x_2} = a - b \cdot x_1 - 2 \cdot b \cdot x_2 - c = 0$$
$$2 \cdot b \cdot x_2 = a - b \cdot x_1 - c$$
$$x_2 = \frac{a - c}{2 \cdot b} - \frac{x_1}{2} \quad \textbf{Reaktionsfunktion} \text{ von Unternehmen 2}$$

2. Schritt: Gewinnmaximierung des Marktführers:

$$\Pi_1 = p(x) \cdot x_1 - c \cdot x_1$$
$$\Pi_1 = [a - b \cdot (x_1 + x_2)] \cdot x_1 - c \cdot x_1$$

Einsetzen der Reaktionsfunktion von Firma 2 in G_1:

$$\Pi_1 = \left[a - b \cdot \left(x_1 + \frac{a - c}{2 \cdot b} - \frac{x_1}{2}\right)\right] \cdot x_1 - c \cdot x_1$$
$$\Pi_1 = a \cdot x_1 - b \cdot x_1^2 - \frac{a - c}{2} \cdot x_1 + \frac{1}{2} \cdot b \cdot x_1^2 - c \cdot x_1$$
$$\Pi_1 = (a - c) \cdot x_1 - \frac{a - c}{2} \cdot x_1 - \frac{1}{2} \cdot b \cdot x_1^2$$
$$\Pi_1 = \frac{a - c}{2} \cdot x_1 - \frac{1}{2} \cdot b \cdot x_1^2$$
$$\frac{\partial \Pi_1}{\partial x_1} = \frac{a - c}{2} - b \cdot x_1 = 0$$
$$x_1^* = \frac{a - c}{2 \cdot b}$$

eingesetzt in die Reaktionsfunktion von Firma 2 ergibt:

$$x_2^* = \frac{a-c}{2\cdot b} - \frac{\frac{a-c}{2\cdot b}}{2} = \frac{a-c}{2\cdot b} - \frac{a-c}{4\cdot b}$$

$$4_2^* = \frac{a-c}{4\cdot b}$$

Der verbesserten Übersicht halber gelte wieder $\frac{a-c}{b} := d$, dann ist

$$x_1^* = \frac{d}{2} \quad \text{und} \quad x_2^* = \frac{d}{4}$$

Im Vergleich zum Cournot-Fall, dort betrug die gewinnmaximale Ausbringungsmenge eines jeden Unternehmens $x_i^* = \frac{d}{3}$, setzt der Marktführer, Unternehmen 1, mit $x_1^* = \frac{d}{2}$ eine höhere und Unternehmen 2 mit $x_2^* = \frac{d}{4}$ eine niedrigere Ausbringungsmenge ab. Insgesamt wird am Markt die Menge $x_1^* + x_2^* = \frac{3}{4} \cdot d$ abgesetzt. Eingesetzt in die Preis-Absatz-Funktion, $p(x) = a - b \cdot (x_1 + x_2)$, entsteht ein Preis von $p(x) = a - \frac{3}{4} \cdot b \cdot d$.

Denkbar ist auch der umgekehrte Fall (Unternehmen 2 ist Marktführer); die Ergebnisse sind umgekehrt. Wenn beide Marktführer sein möchten, kann kein Gleichgewicht erreicht werden. Verhalten sich beide als Mengenanpasser, so tritt die Cournot-Lösung ein.

5.2.3.3 Bertrand-Oligopol

Im **Bertrand-Modell,** benannt nach dem französischen Mathematiker und Pädagogen JOSEPH LOUIS FRANÇOIS BERTRAND (1822-1900), ist der **Aktionsparameter** der Preis, d. h. es herrscht Preiswettbewerb. Im **homogenen Oligopol** konzentriert sich sämtliche Nachfrage auf das Unternehmen mit dem niedrigsten Verkaufspreis.

$$x_i(p_i, p_j) = \begin{cases} x(p_i) & \text{wenn } p_i < p_j \\ 0,5 \cdot x(p_i) & \text{wenn } p_i = p_j \\ 0 & \text{wenn } p_i > p_j \end{cases} \tag{5.14}$$

In der ersten Zeile steht, dass Firma i einen niedrigeren Preis als Firma j setzt, und deshalb die gesamte Nachfrage zum Preis von p_i auf sich zieht. In der zweiten Zeile wird davon ausgegangen, dass beide Firmen die Marktnachfrage je zur Hälfte decken, wenn sie den gleichen Preis verlangen. In der dritten Zeile ist angegeben, dass Firma i keinerlei Nachfrage erhält, wenn ihr Preis höher ist als der von Firma j.

Produzieren beide Unternehmen zu gleichen konstanten Grenzkosten c, wird folgender Preiswettbewerbsprozess in Gang gesetzt: Unternehmen 1 setzt einen Preis, der oberhalb der Grenzkosten liegt. Unternehmen 2 reagiert mit einem niedrigeren Preis. Beide Unternehmen unterbieten sich gegenseitig, bis sie auf dem Grenzkostenniveau ($p_1 = p_2 = c$) mit Gewinnen von Null angekommen sind. Das Ergebnis entspricht dem Verhalten bei vollständiger Konkurrenz: kostendeckende Produktionsweise mit Null-Gewinnen – eine scheinbar paradoxe Situation. Und weil echte Wettbewerbspreise bei nur zwei am Markt befindlichen Unternehmen paradox anmuten, wird auch vom **Bertrand-Paradoxon** → Glossar gesprochen.

Warum stellt sich der Grenzkostenpreis im **Bertrand-Oligopol** ein? Nehmen wir an, es gelte $p_1 > p_2 > c$. Unternehmen 2 wird jetzt die gesamte Nachfrage auf sich ziehen. Unternehmen 1 wird jedoch reagieren und seinen Preis ganz knapp unter p_2 erniedrigen, so dass $p_1 = p_2 - \varepsilon > c$ gilt, wobei ε ein willkürlich kleiner Betrag ist, um den Firma 1 den Preis von Unternehmen 2 unterbietet. Firma 2 reagiert entsprechend und unterbietet wiederum den von Firma 1 gesetzten Preis von p_1 um einen kleinen Betrag. Erst wenn beide Firmen auf $p_1 = p_2 = c$ angelangt sind, ist der Prozess zu Ende und das Gleichgewicht erreicht.

Berechnung der Angebotsmenge: Wegen $p_1 = p_2 = c$ folgt aus der Preis-Absatz-Funktion $p(x) = a - b \cdot (x_1 + x_2) = c$ und nach x aufgelöst:

$$x = x_1 + x_2 = \frac{a - c}{b} \quad \text{(gesamter Output)}$$

Da $x_1 = x_2 = \frac{1}{2} \cdot x$ gilt, wenn $p_1 = p_2 = c$ (s. Formel 5.14 → vgl. S. 196), so folgt:

$$x_1^* = \frac{a - c}{2 \cdot b}; \; x_2^* = \frac{a - c}{2 \cdot b}$$

Wegen $\frac{a - c}{b} = d$ gilt $x_1^* = x_2^* = \frac{d}{2}$.

Die am Markt insgesamt angebotene Menge beläuft sich auf $x_1 + x_2 = d$. Eingesetzt in die Preis-Absatz-Funktion $p(x) = a - b \cdot (x_1 + x_2)$, ergibt sich $p(x) = a - b \cdot d$.

Zur Vergewisserung mag man sich vor Augen führen, dass $d := \frac{a - c}{b}$. Wieder in den erhaltenen Preis eingesetzt, entsteht $p(x) = a - b \cdot \frac{a - c}{b} = c$, der Preis entspricht den Grenzkosten.

Können gleiche Preise existieren, die über den Grenzkosten liegen ($p_1 = p_2 > c$)? Die Antwort ist „nein", denn für jedes Unternehmen besteht die Möglichkeit, bei Preissenkung um einen minimalen Betrag ε, die Gesamtnachfrage auf sich zu ziehen. Der Preiswettbewerb scheint so unumgänglich. Ist eine Situation $p_1 > p_2 = c$ denkbar? Auch hier lautet die Antwort „nein", da unter einer solchen Bedingung Firma 1 keine einzige Einheit des Produktes absetzen könnte; sie müsste in den Preiswettbewerb treten, um überleben zu können.

Unter den getroffenen Annahmen würde das **Oligopol** im Preiswettbewerb keinerlei negative **Wohlfahrtseffekte** zur Folge haben und, obwohl nur zwei Unternehmen am Markt sind, die Ergebnisse der vollständigen Konkurrenz erreichen. Die Schärfe, mit der Preiswettbewerb stattfinden kann, wird hier offenbar. Auch scheint es plausibel, warum in der Realität in Märkten, auf denen nur wenige Anbieter vorhanden sind, oftmals der direkte Preiskampf vermieden wird. Die Vorteile, die einerseits für den Konsumenten entstehen, können andererseits für ein einzelnes Unternehmen relativ schnell ein Existenz-gefährdendes Ausmaß annehmen.

Sind die Grenzkosten beider Unternehmen verschieden (aber konstant), wird das günstiger produzierende Unternehmen große Teile der Nachfrage auf sich ziehen. Sind die Kostenfunktionen nicht-linear (c nicht konstant), so existiert kein gleichgewichtiger Preis. Wird die Annahme der Homogenität der Güter aufgehoben, so trifft man auf das **Launhardt-Hotelling-Modell**, das auf Arbeiten des deutschen Ingenieurs und Ökonomen Wilhelm Launhardt (1832 – 1918) und des US-amerikanischen Statistikers und Ökonomen Harold Hotelling (1895 – 1973) zurückgeht. In dem Modell werden heterogene Güter angenommen, die Substitutionscharakter aufweisen. Die Nachfrager verfügen über unterschiedliche Präferenzen für die beiden Güter, so dass auch die Preise voneinander abweichen können. Hebt ein Unternehmen den Preis für sein Gut leicht an, so muss dies nicht – wie bei Bertrand – den totalen Verlust der Nachfrage zur Folge haben, und senkt ein Oligopolist den Preis für das von ihm angebotene Gut, so wird der Anbieter des Substitutionsgutes den Preis ebenfalls senken, aber nicht in demselben Umfang, wie im Homogenitätsfall. Allgemein lässt sich für das heterogene Oligopol anführen, dass der Preiswettbewerb hier, wie im homogenen Oligopol auch, intensiver als der Mengenwettbewerb ausfällt, d. h. geringere Preise bei höheren Mengen.

Zurück zum **Bertrand-Modell**. Es scheint fraglich, ob sich nur zwei am Markt befindliche Firmen tatsächlich gegenseitig bekämpfen, bis sie ihre Preise auf das Grenzkostenniveau gesenkt haben. Dagegen schien das Cournot-Modell insofern realistischer, als angenommen werden konnte, dass die Mengen bei sinkenden Preisen „langsam" steigen, je mehr Anbieter auf den Markt kommen. Im Bertrand-Modell ist es der Markteintritt lediglich eines zweiten Anbieters, der einen dramatischen Preissturz verursacht.

Ein einfacher Grund, warum es so schwer fällt zu glauben, dass die beiden Unternehmen sich in eine für sie denkbar schlechte (und die Konsumenten optimale) Position begeben, besteht in der Vermutung, dass beide sich in irgendeiner Form einigen könnten. Was wäre, wenn beide Konkurrenten sich auf einen Preis einigten, der über den Grenzkosten liegt ($p_1 = p_2 > c$)? Damit ist das **kollusives Duopol** erreicht.

5.2.3.4 Kollusives Oligopol

Beim **kollusiven Oligopol** oder auch Kooperations- oder **Kollusionslösung** berücksichtigen die am Markt befindlichen Unternehmen ihre Interessen gegenseitig, etwa durch vertraglich oder stillschweigend vereinbartes Verhalten (*tacit collusion*). Die Unternehmen stimmen sich bezüglich ihrer Preise und Mengen ab oder teilen die Gewinne untereinander auf. Faktisch kann man sich unter der **Kooperationslösung** einen Angebotsmonopolisten vorstellen, der über unterschiedliche Produktionsstätten verfügt.

In allen bisher behandelten Modellen maximierte jedes Unternehmen für sich allein den Gewinn. Lösungen einer gemeinsamen Gewinnmaximierungsstrategie blieben unberücksichtigt. Nachstehend wird die Lösung einer solchen gemeinsamen Strategie bestimmt. Es ergibt sich eine Lösung, bei der die Hälfte der Ausbringungsmenge des Bertrand-Modells bei weitaus höherem als dem Grenzkostenpreis produziert wird.

$$\Pi(x) = \Pi(x_1 + x_2) = p(x_1 + x_2) \cdot (x_1 + x_2) - K(x_1) - K(x_2)$$

$$\text{mit } p = a - b \cdot (x_1 + x_2),\ K(x_1) = c \cdot x_1,\ K(x_2) = c \cdot x_2$$

$$\Pi(x) = [a - b \cdot (x_1 + x_2)] \cdot (x_1 + x_2) - c \cdot x_1 - c \cdot x_2$$

$$\Pi(x) = a \cdot (x_1 + x_2) - b \cdot (x_1 + x_2)^2 - c \cdot (x_1 + x_2)$$

$$\Pi(x) = a \cdot x_1 + a \cdot x_2 - b \cdot x_1^2 - 2 \cdot b \cdot x_1 \cdot x_2 - b \cdot x_2^2 - c \cdot (x_1 + x_2)$$

$$\frac{\partial \Pi(x)}{\partial x_1} = a - 2 \cdot b \cdot x_1 - 2 \cdot b \cdot x_2 - c = 0$$

$$a - c - 2 \cdot b \cdot (x_1 + x_2) = 0$$

$$x_1 + x_2 = \frac{a - c}{2 \cdot b},\ \text{für } \frac{a - c}{b} := d \text{ ergibt sich } x_1 + x_2 = \frac{d}{2} \text{ und ebenso für}$$

$$\frac{\partial \Pi(x)}{\partial x_2} = 0 \Rightarrow x_1 + x_2 = \frac{a - c}{2 \cdot b} \text{ bzw. } x_1 + x_2 = \frac{d}{2}$$

Der zugehörige Preis beträgt $p(x) = a - \frac{b \cdot d}{2}$.

Faktisch handeln beide Unternehmen des **kollusiven Duopols** wie ein Monopolist. So kann es auch nicht verwundern, dass das gleiche Ergebnis erzielt wird. Hierzu vergegenwärtige man sich, dass wegen $x = x_1 + x_2$ und

$$K(x_1) = c \cdot x_1, K(x_2) = c \cdot x_2, \text{ also}$$
$$K(x) = K(x_1 + x_2) = c \cdot x_1 + c \cdot x_2 = c \cdot (x_1 + x_2) = c \cdot x$$

das Gewinnmaximierungskalkül aufgeschrieben werden kann als

$$\Pi(x) = p(x) \cdot x - K(x) = (a - b \cdot x) \cdot x - c \cdot x. \quad \frac{\partial \Pi(x)}{\partial x} = a - 2 \cdot b \cdot x - c = 0$$
$$\Rightarrow x = \frac{a-c}{2 \cdot b} \text{ bzw. } x = \frac{d}{2}$$

Für die gegebenen Bedingungen stimmen die Kollusions- und Monopollösung offensichtlich überein.

Die gewinnmaximale Ausbringungsmenge $x_1 + x_2 = \frac{d}{2}$ für das einzelne Unternehmen näher zu spezifizieren, also $x_i = \frac{d}{2} - x_j,\ i, j = 1, 2,\ i \neq j$, macht keinen Sinn, da die genaue Aufteilung der Angebotsmenge der einzelnen Unternehmen eine Frage internen Absprache zwischen ihnen darstellt.

Aus Sicht der Unternehmen – wird doch faktisch mit der Monopollösung der höchste Preis bei niedrigster Menge realisiert – ist die **Kollusion** eine sicherlich anzustrebende Marktform. Allerdings liegt der Schwachpunkt der **Kollusionslösung** in ihrer Instabilität, da jede Firma einen Anreiz und die Möglichkeit hat, die andere im Preis zu unterbieten, um sich den Vorteil der großen Nachfragemengen zu sichern. Sobald jedoch ein Unternehmen damit beginnt, das andere zu unterbieten, wird ein Preiswettbewerb nach unten in Gang gesetzt, und eine Bewegung in Richtung der **Bertrand-Lösung** beginnt. Ein Beispiel ist das Versagen des OPEC-Kartells in den 1970er Jahren zur Ölpreiskontrolle. Einzelne Firmen wichen immer wieder von den vereinbarten Förderquoten ab. Seitdem wird mittels Preisfestsetzungsregeln versucht, eine gemeinsame Strategie durchzusetzen.

5.2.3.5 Wirkungsvergleich einiger Oligopole

Die Ergebnisse aus den bisher behandelten Oligopolen zusammengefasst:

Cournot-Nash-Lösung:

$$x_1^* = \frac{d}{3}; \quad x_2^* = \frac{d}{3}, \quad x^C = x_1^* + x_2^* = \frac{2}{3} \cdot d, \quad p^C = a - \frac{2}{3} \cdot b \cdot d$$

Stackelberg-Lösung:

$$x_1^* = \frac{d}{2}; \quad x_2^* = \frac{d}{4} \quad \Rightarrow \quad x^S = \frac{3}{4} \cdot d, \quad p^S = a - \frac{3}{4} \cdot b \cdot d$$

Bertrand-Lösung:

$$x_1^* = \frac{d}{2}; \quad x_2^* = \frac{d}{2} \quad \Rightarrow \quad x^B = d, \quad p^B = a - b \cdot d = c$$

Kollusionslösung:

$$x_1^* = \frac{d}{2} - x_2; \quad x_2^* = \frac{d}{2} - x_1 \quad \Rightarrow \quad x^K = \frac{d}{2}, \quad p^K = a - \frac{1}{2} \cdot b \cdot d$$

Es ergibt sich die Reihenfolge der gewinnmaximalen Güterbereitstellungen im Markt von

$$x^B = d > x^S = \frac{3}{4} \cdot d > x^C = \frac{2}{3} \cdot d > x^K = \frac{1}{2} \cdot d$$

d. h. die höchste Güterversorgung ist durch das Bertrand-Oligopol gewährleistet, die zweithöchste durch das **Stackelberg-Oligopol**, gefolgt von **Cournot-Nash** und als Schlusslicht der **Kollusionslösung**. Gleichzeitig werden in der Kollusionslösung die höchsten Preise festgesetzt, die zweithöchsten im Cournot-Nash-Oligopol, an dritter Stelle steht das Stackelberg-Oligopol und schließlich, die niedrigsten Preise in Höhe der Wettbewerbs- bzw. Grenzkostenpreise, im Bertrand-Oligopol. Offensichtlich stellt aus Konsumentensicht das Bertrand-Oligopol die beste, weil die **Konsumentenrente** maximierende Lösung, und die Kollusion die schlechteste Alternative dar. Umgekehrt sieht es natürlich aus Sicht der Produzenten aus, die im Kollusionsfall – faktisch erzeugt das gemeinsame Verhalten die Lösung eines Monopols – die höchste **Produzentenrente** und im Bertrand-Oligopol die kleinste (in Höhe von null) erhalten.

Werden Konsumenten und Produzentenrente zur Wohlfahrt addiert, so zeigt Abbildung 5.14 die größte **Wohlfahrt** im Bertrand-Oligopol, gefolgt von Stackelberg, Cournot-Nash und schließlich der Kollusion mit der kleinsten Wohlfahrt. Umgekehrt ist der **Wohlfahrtsverlust** (*deadweight loss*) bei der Kollusionslösung am größten, gefolgt von der Cournot-Lösung, über Stackelberg bis hin zum **Bertrand-Oligopol**.

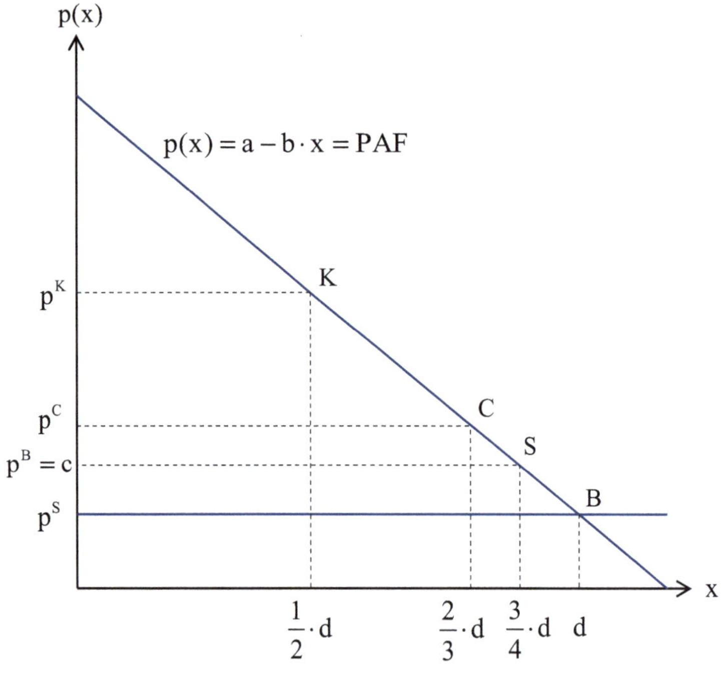

Abbildung 5.14: Oligopole im Vergleich

5.2.3.6 Geknickte Nachfragekurve

Mittels des Modells der **geknickten Nachfragekurve** (*kinked demand curve*) lassen sich Preisstarrheiten in Oligopolmärkten erklären, die bei Kosten- und Nachfrageänderungen auftreten, ohne jedoch auf das Argument von Absprachen zurückzugreifen. Die **Cournot-** und **Bertrand-Modelle** hingegen definieren ein Gleichgewicht als eine Situation, in der kein Unternehmen oder Spieler einen Anreiz mehr verspürt, sein Verhalten (in Preis oder Menge) zu verändern, vorausgesetzt die jeweiligen Aktionen der anderen und die Annahme, dass die Konkurrenten nicht auf die eigene Aktion reagieren werden. Es macht stattdessen für einen Unternehmer durchaus Sinn, die potentielle Reaktion eines Konkurrenten auf die eigene durchgeführte Aktion im Rahmen der eigenen Erwartungsbildung zu antizipieren. Ein entsprechender Einfluss auf die Marktergebnisse im Sinne eines auf Preispersistenz erzeugenden Handelns lässt sich vermuten.

Im Modell der geknickten Nachfragekurve werden zunächst asymmetrische Reaktionen auf Preis- oder Mengenveränderungen unterstellt, d. h. eine Preissenkung des einen Anbieters löst ebenfalls eine Preissenkung beim anderen aus, während eine Preis**erhöhung** eines Anbieters beim anderen **keinerlei** Reaktion bewirkt. Erhöht eine Firma den Preis, so wird ihre Nachfrage auf Null zurückgehen und die anderen Firmen werden, weil sie den Preis nicht erhöht haben, die Nachfrage der einen Firma auf sich ziehen. Ein solches Verhalten schlägt sich in einer geknickten Nachfragefunktion nieder.

$$x(p_i) = \begin{cases} 0 & \text{wenn} \quad p_i > \tilde{p} \\ 0,5 \cdot x(\tilde{p}) & \text{wenn} \quad p_i = \tilde{p} \\ 0,5 \cdot x(\tilde{p}) & \text{wenn} \quad p_i < \tilde{p} \end{cases} \tag{5.15}$$

Im dargelegten Fall wird die Nachfrage einer Firma i angenommen, die bei einer Preissteigerung über $\tilde{p}$ hinaus die gesamte Nachfrage verliert. Beim Preis $p_i = \tilde{p}$ teilen sich beide Konkurrenten den Markt jeweils zur Hälfte. Für $p_i < \tilde{p}$ (beide Firmen setzen p_i) wird die anwachsende Nachfrage ebenfalls von beiden Unternehmen geteilt, jedoch wird die Preissenkung des einen Konkurrenten immer von der gleichen Senkung des anderen Konkurrenten begleitet, da keiner seinen Marktanteil verlieren möchte.

Betrachtet werde nunmehr die Situation in Abbildung 5.15. Im Bereich oberhalb des Punktes C ist die Preiselastizität der Nachfrage elastischer als im Bereich unterhalb von C. Steigert ein Unternehmen den Preis über den Punkt C hinaus, wird es zu umso stärkeren Nachfrageverlusten

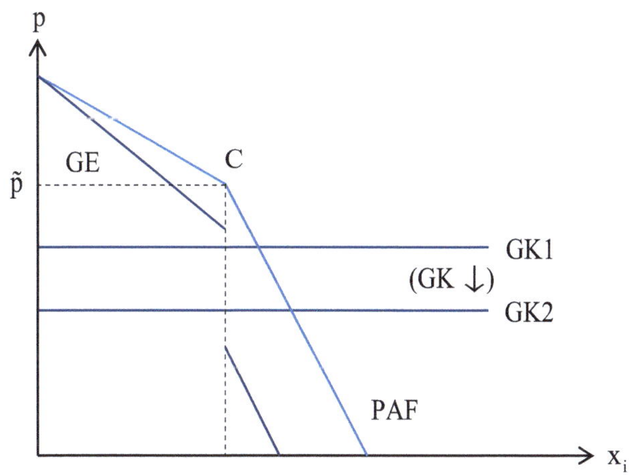

Abbildung 5.15:
Geknickte Nachfragekurve

kommen, je höher der Preis über $\tilde{p}$ gesetzt wird, denn der Konkurrent hebt den Preis nicht mit an und gewinnt immer größere Marktanteile. Unterhalb des Punktes C, im unelastischeren Bereich der Nachfrage, führt eine Preissenkung des einen Unternehmens zu vergleichsweise schwachen Nachfragezuwächsen, da der Konkurrent die Preissenkung im vollen Umfange mitmacht – er möchte seinen Marktanteil erhalten. Insgesamt führen selbst starke Preissenkungen nur zu geringen Steigerungen der Gesamtnachfrage.

Mit Blick auf die Grenzerlös- und Grenzkostenkurven fällt auf, dass weder links noch rechts von C ein Gleichgewicht vorliegen kann, da im ersteren Fall die Grenzerlöse die Grenzkosten über- und im zweiten Fall unterschreiten. Das Gleichgewicht kann sich folglich nur in der Sprungstelle der Grenzerlösfunktion befinden, auf der Preis-Absatz-Funktion im Punkt C. Zu beachten ist, wie in Abbildung 5.15 → vgl. S. 201 dargestellt, dass die Grenzkostenkurven nicht in den definierten Bereich der Grenzerlösfunktion fallen und damit für die Bestimmung des Gleichgewichts irrelevant sind. Es kann folglich begründet werden, warum es in bestimmten „Preisbereichen" Starrheiten gibt bzw. warum etwa eine Senkung der Faktorpreise nicht notwendigerweise zu einer Erniedrigung des Verkaufspreises führen muss (die Grenzkostenkurve liegt im nicht-definierten Bereich der Grenzerlösfunktion). Man führe sich das nicht selten zu beobachtende Phänomen verharrender Benzinpreise (bei $\tilde{p}$) vor Augen, obgleich an den Weltmärkten die Rohölpreise gesunken sind (ausgedrückt durch die Senkung der GK1- auf die GK2-Kurve). Im Modell der geknickten Nachfragekurve wird somit nicht wirklich begründet, wie der Preis entsteht, es erfolgt keine endogene Bestimmung des Gleichgewichts.

Die Annahme, dass ein Unternehmen eine Preiserhöhung eines Konkurrenten nicht, eine Preissenkung jedoch „beantworten" wird, heißt **„Vermutung der geknickten Nachfragekurve"** (*kinked demand curve conjecture*) und führt zur Erklärung der relativen Preisstarrheit in oligopolistischen Märkten. Die Vermutung einer geknickten Nachfragefunktion kennzeichnet einen jeden Preis als Gleichgewichtspreis, der zwischen den Grenzkosten und dem Monopolpreis liegt, und von allen Unternehmen am Markt akzeptiert wird. Freilich besteht die große Schwierigkeit in der Realität darin, diesen Preis überhaupt zu ermitteln. Cournot- und Bertrand-Modelle schließen die Möglichkeit derart stabiler Vereinbarungslösungen aus, da sie zu restriktive Annahmen über das Verhalten der Unternehmen zugrunde legen.

5.2.3.7 Oligopole unter Kapazitätsbeschränkungen

Bislang wurde davon ausgegangen, dass ein Duopolist, solange er günstiger als sein Konkurrent anbieten kann, auch die gesamte Nachfrage zu befriedigen in der Lage ist. Was aber passiert, wenn das Unternehmen nicht über ausreichende Produktionskapazitäten zur Bereitstellung der gesamten Menge verfügt bzw. allgemeiner: was geschieht, wenn beide Unternehmen jeweils nicht über die Kapazitäten verfügen, die gesamte Marktnachfrage zu bedienen? Nunmehr kann der Fall eintreten, dass einige Konsumenten nicht zum günstigen Preis zum Zuge kommen.

Nehmen wir an, ein Unternehmen biete zum Grenzkostenpreis und das andere Unternehmen zu einem darüber liegenden Preis an. Die Konsumenten, die nicht zum Grenzkostenpreis zum Zuge kommen, aber bereit sind, einen höheren Preis als den Grenzkostenpreis zu zahlen, fragen beim Unternehmen mit dem höheren Preis nach. M. a. W.: Ein Unternehmen kann einen höheren als den Grenzkostenpreis realisieren und dabei Gewinne machen (das zum Grenzkostenpreis anbietende Unternehmen macht natürlich Null-Gewinne). Die Grenzkostenlösung stellt in diesem Fall keine Gleichgewichtslösung dar. Die Lösung hängt davon ab, ob eine **Rationierungsregel** gefunden werden kann, die angibt, welche Kunden bei der Firma mit der Grenzkostenbepreisung zum Zuge kommen.

Folgendes Beispiel soll ein intuitives Verständnis für den Preisbildungsprozess im so genannten **Edgeworth-Modell** geben. Angenommen, eine jede Firma hätte genug Kapazität, um die Monopolpreismenge x^m bereitzustellen, jedoch nicht genug, um die wohlfahrtsoptimale Menge x^c (Menge zum Grenzkostenpreis, $p^c = c$) zu produzieren. Ferner gelte: $p^m > p_1 > p_2 > c$ (beachte: der Preis von Firma 1 liegt über dem von Firma 2).

Solange die Kapazitäten von Unternehmen 2 ausreichend sind, wird es sämtliche Nachfrage auf sich ziehen, denn bei $p_1 > p_2$ wird Firma 1 alle Konsumenten verlieren. Firma 1 ist folglich gezwungen, den Preis auf p_2 bzw. auf $p_2 - \varepsilon$ zu senken, damit es Nachfrage anziehen kann. Diese Preissenkung von Firma 1 wird einen Prozess der Preissenkung beider Firmen nach sich ziehen, und zwar solange, bis beide auf dem Grenzkostenpreis angelangt sind.

Wie gerade festgestellt, ist eine Lösung, in der beide Unternehmen zum Grenzkostenpreis anbieten, keine Gleichgewichtslösung, solange zumindest ein Unternehmen durch einen höheren als den Grenzkostenpreis einen Gewinn erzielen kann. Eine Firma wird folglich beginnen, den Preis zu erhöhen, weil sie weiß, dass Übernachfrage herrscht – die Kapazitäten des Konkurrenten reichen nicht aus, um den Markt alleine bedienen zu können – und der Gewinn mit einem höheren Preis gesteigert werden kann. Die andere Firma (sagen wir Firma 2) wird nun ihrerseits den Preis erhöhen, aber knapp unter dem von Firma 1 bleiben $[p_2 = (p_1 - \varepsilon) > c]$. Firma 2 wird zwar auch einige Kunden verlieren, ein Verlust, der jedoch durch den höheren Preis mehr als wettgemacht wird. Auch in dieser Situation liegt kein Gleichgewicht vor. Jedoch hat Firma 2 mehr Kunden, denn sie liegt mit $p_2 = (p_1 - \varepsilon)$ unter dem Preis von Firma 1 mit p_1.

Da Firma 2 nun auch unter den Konsumenten „fischt", die einen höheren als den Grenzkostenpreis zahlen (und die „billigen" Konsumenten verliert), aber immer noch günstiger als Firma 1 anbietet, werden der Firma 1 Nachfrager entzogen. Also ist Firma 1 ihrerseits gezwungen, den Preis wieder knapp unter den von Firma 2 zu senken $(p_1 - \varepsilon - \varepsilon)$, will sie mehr Kunden erhalten. Als Unternehmen mit dem niedrigsten Preis wird Firma 1 dem Unternehmen 2 wieder Nachfrage abziehen. Ein Preissenkungsprozess wird ausgelöst, der beide Unternehmen wiederum zum Grenzkostenpreis führen wird. Da die Kapazität eines Unternehmens jedoch nicht zur Befriedigung der Gesamtnachfrage ausreicht, wird ein Unternehmen wieder den Preis erhöhen etc.

Voranstehende Überlegungen vermittelten eine intuitive Vorstellung über die Aussage des **Edgeworth-Modells**, in dem es Kapazitätsbeschränkungen sind, die den Preis endlos in Bewegung halten, ihn also niemals in einem Gleichgewicht ankommen lassen. Ein Markt wird somit Perioden sinkender Preise (Preiskriege) und Perioden steigender Preise erleben.

Ein weiteres, auf der Überlegung von Kapazitätsbeschränkungen beruhendes Oligopol-Modell, und in gewisser eine Erweiterung des Modells von Edgeworth, ist das von David Kreps (US-amerikanischer Mathematiker und Ökonom, geb. 1950) und José Scheinkman (ebenfalls US-amerikanischer Ökonom, geb. 1953). Die Attraktion des **Kreps-Scheinkman-Modells** besteht vor allem in der Kombination der Aktionsparameter Menge und Preis. Kreps und Scheinkman versuchen dem Umstand Rechnung zu tragen, dass die Entscheidungen über die Kapazität in langfristiger Weise frühzeitig (in einem ersten Schritt) gemäß dem Mengenwettbewerb à la Cournot getroffen werden und später, erst nachdem die Kapazitäten aufgebaut sind, die Preise bestimmt werden, und zwar in einem Bertrand-ähnlichen Preiswettbewerb. In diesem Zwei-Stufen-Modell entscheiden die beiden Oligopolisten in einem ersten Schritt über die von ihnen bereitgestellte Angebotsmenge bzw. Produktionskapazität. Die Kapazitäten im Gleichgewicht entsprechen den Ausbringungsmengen, die im Cournot-Nash-Gleichgewicht erzielt werden. Nachdem die Produktionskapazitäten festgelegt sind, werden im zweiten Schritt die Preise ermittelt, und zwar auf Grundlage der Summe der gewinnmaximalen Ausbringungsmengen der Anbieter im

Cournot-Nash-Oligopol, wie sie im ersten Schritt bestimmt wurden. Die Erklärung der Preisentstehung folgt der Argumentation des **Edgeworth-Modells**.

Während im Cournot-Modell die Kapazitäten als gegeben angenommen werden und jede Firma ihren maximalen Gewinn über die Menge ermittelt und unterstellt, dass die andere Firma ebenso handelt, überlegt im Modell von **Kreps** und **Scheinkman** jedes Unternehmen, welche Preise und Gewinne es bei alternativen Kapazitäten erreichen kann. Unter dieser Bedingung wird jedes Unternehmen die Kapazitäten wählen, die unter Berücksichtigung des sich anschließenden Preiswettbewerbs optimal sind. Das Cournot-Modell kann somit durchaus zu einem Modell eines zweistufigen Kapazitäts- und Preiswettbewerbs erweitert und über Probleme der Kapazitätswahl auch auf solche von Standortentscheidungen, Produktwahl, Vertriebssysteme und ähnliche Entscheidungen, die nicht kurzfristig änderbar sind, übertragen werden.

5.3 Externe Effekte

Im Modell des allgemeinen Marktgleichgewichts bilden die Preise das einzige Interaktionsmittel zwischen den verschiedenen Wirtschaftssubjekten. Ein **externer Effekt** → Glossar (Externalität) liegt vor, wenn die Handlungen eines Akteurs auf andere Akteure einwirken, indem sie etwa deren Nutzen oder Gewinne beeinflussen, ohne dass dieser Einfluss über den Preismechanismus ausgeübt wird → vgl. auch weiterführende Literatur am Kapitelende, S. 238.

5.3.1 Was sind externe Effekte?

Unterschieden werden **externe Effekte im Konsum- und im Produktionsbereich**. Wird z. B. eine Person durch den Zigarettenrauch einer anderen Person belästigt, so liegt ein negativer externer Effekt im Konsumbereich vor. Dies ist auch der Fall, wenn sich eine Person etwa durch das Klavierspiel des Nachbarn gestört fühlt. Hingegen handelt es sich um einen positiven externen Effekt im Konsumbereich, wenn die Person Liebhaber von Klaviermusik ist und das Klavierspiel des Nachbarn als Bereicherung empfindet. In der ökonomischen Theorie bilden die Externalitäten im Produktionsbereich das Hauptthema. Entstehen z. B. bei der Herstellung lebensrettender Medikamente Schadstoffe, die einen nahe gelegenen Fluss verunreinigen und dort ein Fischsterben verursachen, welches bei den ansässigen Fischern zu Umsatzeinbußen führt, so liegt ein negativer externer Effekt vor, der auch bei weiteren Formen von Umweltverschmutzung vorzufinden ist. Die kostenlose Nutzung von freier offener Software ist ein Beispiel für das Vorliegen positiver externer Effekte. Naturgemäß beschäftigt sich die Mikroökonomik in erster Linie mit den negativen Externalitäten, da diese mit einer schädigenden Wirkung auf andere einhergehen, welche von ihren Verursachern nicht berücksichtigt wird. Oftmals besteht für die Verursacher sogar ein Anreiz die den negativen externen Effekt erzeugende Produktion aufrechtzuerhalten oder gar auszuweiten, da, wie im Falle der Umweltverschmutzung, die Umwelt als Ressource kostenlos genutzt werden kann. Wird der Verursacher gezwungen, diesen in seiner Kostenrechnung zu berücksichtigen und somit für den Schaden aufzukommen oder ihn zu minimieren, so wird von **Internalisierung** → Glossar des externen Effektes gesprochen.

Bei den beschriebenen (eigentlichen) externen Effekten handelt es sich um so genannte technologische externe Effekte, von denen begrifflich die pekuniären externen Effekte zu unterscheiden sind. Entsteht bspw. auf einem Faktormarkt eine Preissenkung infolge technischen Fortschritts oder ein Güterpreisanstieg aufgrund zusätzlicher Nachfrage, so hat dies durchaus Auswirkungen auf die Handlungskalküle aller Beteiligten auf den jeweiligen Märkten. Allerdings handelt es sich dabei um Wirkungen, die über den Preismechanismus entstanden sind und somit nicht als Marktversagen aufgefasst werden können. Aus diesem Grunde wird die Untersuchung pekuniärer Externalitäten in der ökonomischen Standardliteratur weitgehend vernachlässigt – so auch im vorliegenden Buch.

5.3.2 Modelltheoretische Analyse

Angenommen sind zwei Güter, die von zwei Unternehmen produziert werden. Jedoch beeinflusse die Produktion des ersten Gutes die des zweiten. Wenn x_1 Einheiten des Gutes 1 produziert werden, dann fallen unvermeidlich $g(x_1)$ Einheiten an „unbeabsichtigtem“ Effekt an (z. B. Abfallprodukte). Ferner gebe es m Produktionsfaktoren in den Mengen $r_1, r_2, \dots, r_m$, wobei r_{j1} bzw. r_{j2} die Mengen an Faktor j sind, welche die Unternehmen 1 bzw. 2 zur Produktion der Güter 1 bzw. 2 einsetzen. Die Preise der Güter seien mit p_1 und p_2, die der Faktoren mit q_j, $j = 1, \dots, m$, angegeben. Unternehmen 1 produziere Gut 1 mit der Produktionsfunktion: $x_1 = f_1(r_{j1})$, $j = 1, \dots, m$. Unternehmen 2 produziere Gut 2 mit der Produktionsfunktion $x_2 = f_2[r_{j2}, g(x_1)]$, $j = 1, \dots, m$. Gemäß der Grenzwertproduktregel wird Unternehmen 1 den Faktor j solange beschäftigen, bis gilt:

$$p_1 \frac{\partial f_1(r_{j1})}{\partial r_{j1}} = q_j \qquad \text{(Grenzwertprodukt von Gut 1)}$$

Unternehmen 2 wird Faktor j beschäftigen, bis gilt:

$$p_2 \frac{\partial f_2[r_{j2}, g(x_1)]}{\partial r_{j2}} = q_j \qquad \text{(Grenzwertprodukt von Gut 2)}$$

Es ist unmittelbar einsichtig, dass die beschriebene Situation gesellschaftlich nicht effizient ist, weil die Produktion von Gut 1 die Ausbringung von Unternehmen 2 beeinflusst, ohne dass Unternehmen 1 berücksichtigt, welche Wirkung sie auf andere Güter/Unternehmen hat.

Ist $g(x_1)$ ein negativer externer Effekt, so kann durch Reduktion der Ausbringungsmenge x_1 auch der negative Einfluss auf die Produktion von Gut 2 reduziert werden. Vollständige Konkurrenzmärkte unterstellt, würde effiziente Produktion erfolgen, wenn keine Externalitäten aufträten, also wenn $g(x_1) = 0$ gelte.

Um eine Vorstellung davon zu bekommen, wie eine Allokation aussähe, wenn keine Externalität vorläge bzw. der externe Effekt internalisiert wäre, sei nunmehr angenommen, dass ein einzelnes Unternehmen beide Güter herstelle, es also von vornherein die schädigende Wirkung des einen Gutes auf das andere mitberücksichtige. Wie wird das Unternehmen seinen Gewinn nunmehr maximieren? Wird es eine andere Faktormengenkombination wählen oder andere Mengen der beiden Güter herstellen als es bei Einzelproduktion der Fall war?

$$\max.\ \Pi = p_1 \cdot f_1(r_{j1}) - q_j \cdot r_{j1} + p_2 \cdot f_2[r_{j2}, g(f_1(r_{j1})] - q_j \cdot r_{j2}$$

$$1.\quad \frac{\partial \Pi}{\partial r_{j1}} = p_1 \cdot \frac{\partial f_1}{\partial r_{j1}} - q_j + p_2 \cdot \frac{\partial f_2}{\partial g(f_1)} \cdot \frac{\partial g(f_1)}{\partial f_1} \cdot \frac{\partial f_1}{\partial r_{j1}} = 0$$

$$2.\quad \frac{\partial \Pi}{\partial r_{j2}} = p_2 \cdot \frac{\partial f_2}{\partial r_{j2}} - q_j = 0$$

$$1.' \quad \frac{\partial f_1}{\partial r_{j1}} \cdot \left[p_1 + p_2 \cdot \frac{\partial f_2}{\partial g(f_1)} \cdot \frac{\partial g(f_1)}{\partial f_1} \right] = q_j$$

$$2.' \quad p_2 \cdot \frac{\partial f_2}{\partial r_{j2}} = q_j$$

In 1.′ spiegelt der 2. Term in der Klammer den externen Effekt wider. Denn wäre $\partial f_2 / \partial g(x_1) = 0$, so gelte die Grenzwertproduktregel.

Nochmals: bei unabhängiger Gewinnmaximierung durch die Firmen gilt:

$$\begin{aligned} &\text{Gut 1 bzw. Firma 1:} \quad p_1 \cdot \frac{\partial f_1(r_{j1})}{\partial r_{j1}} = q_j \\ &\text{Gut 2 bzw. Firma 2:} \quad p_2 \cdot \frac{\partial f_2[r_{j2}, g(x_1)]}{\partial r_{j2}} = q_j \end{aligned} \tag{5.16}$$

Bei „gemeinsamer" Gewinnmaximierung gilt:

$$\begin{aligned} &\text{Gut 1/gem. Firma:} \quad \frac{\partial f_1}{\partial r_{j1}} \cdot \left[p_1 + p_2 \cdot \frac{\partial f_2}{\partial g(f_1)} \cdot \frac{\partial g(f_1)}{\partial f_1} \right] = q_j \\ &\text{Gut 2/gem.Firma:} \quad p_2 \cdot \frac{\partial f_2}{\partial r_{j2}} = q_j \end{aligned} \tag{5.17}$$

Angenommen, es liegt ein negativer externer Effekt vor:

$$\frac{\partial f_2}{\partial g(f_1)} < 0, \quad \left(\frac{\partial g(f_1)}{\partial f_1} \right) \tag{5.18}$$

Produktion von Gut 1: Bei „gemeinsamer" Gewinnmaximierung und Berücksichtigung der Externalität im Rahmen der Herstellung von Gut 1 wird dessen Grenzwertprodukt bzw. (Grenz-) Produktivität gesenkt. Um die Grenzwertprodukt-Reduktion wegen des Produktivitätsrückgangs auszugleichen ($p_1 f_1' = q_j$), den Gewinn zu maximieren, muss eine Input-Outputmengen-Relation gefunden werden, die eine höhere Produktivität aufweist, was bei konkaven Technologien bei einer geringeren Produktion von dem die negative Externalität verursachenden Gut 1 der Fall ist. Anders erläutert, angesichts $p_1 f_1' = q_j$ muss der Preis des Gutes 1 p_1 steigen, was zu einem Rückgang der Nachfrage nach Gut 1 führt.

$$\left(\text{für} \ \frac{\partial f_2}{\partial g(f_1)} < 0 \ \text{ist} \ \frac{\partial f_1}{\partial r_{j1}} \cdot \left[p_1 + p_2 \cdot \frac{\partial f_2}{\partial g(f_1)} \cdot \frac{\partial g(f_1)}{\partial f_1} \right] < p_1 \cdot \frac{\partial f_1(r_{j1})}{\partial r_{j1}} \right)$$

Produktion von Gut 2: Im Vergleich zur Einzel-Gewinnmaximierung führt bei Gemeinschaftsproduktion die Bereinigung der Produktion des Gutes 2 um den negativen externen Effekt zu einer Erhöhung von dessen Grenzwertprodukt bzw. Grenzproduktivität. Damit das Grenzwertprodukt bei gestiegener Produktivität ausgeglichen ist ($p_2 f_2' = q_j$), muss eine Input-Output-Relation mit niedrigerer Produktivität gewählt werden. Dies ist bei einer höheren Faktoreinsatz- und Outputmenge gegeben. Anders erläutert, der Preis des Gutes 2 kann gesenkt und daher auch mehr von Gut 2 abgesetzt werden.

$$\left(p_2 \cdot \frac{\partial f_2}{\partial r_{j2}} > p_2 \cdot \frac{\partial f_2[r_{j2}, g(x_1)]}{\partial r_{j2}} \right)$$

Nun wird in der Realität eine solche „gemeinsame“ Gewinnmaximierung kaum erfolgen, denn ein geschädigtes und ein schädigendes Unternehmen werden aufgrund dieser „Externalitäten-Beziehung“ kaum ihre Unternehmen zusammenlegen. Es gilt aus volkswirtschaftlicher Sicht zu fragen, ob das Ergebnis einer solchen gemeinsamen Gewinnmaximierung – und damit eine effiziente Lösung – nicht auf andere Weise korrigiert werden kann.

5.3.3 Pigou-Steuer

Eine Lösung, die hier kurz aufgezeigt werden soll, ist die Erhebung von Steuern bzw. die Zahlung von Subventionen. Es handelt sich um die so genannte Pigou-Steuer, benannt nach dem englischen Ökonomen Arthur C. Pigou (1877–1959). Ausgangspunkt ist die Überlegung, dass Unternehmen 1 bei (Einzel-) Gewinnmaximierung nur den „privaten“ Preis von Gut 1 berechnet, aber die Folgewirkung auf die Produktion von Gut 2 völlig vernachlässigt. Der private Preis:

$$p_1 \cdot \frac{\partial f_1(r_{j1})}{\partial r_{j1}} = q_j \quad \Rightarrow \quad p_1 = \frac{q_j}{\frac{\partial f_1(r_{j1})}{\partial r_{j1}}} \tag{5.19}$$

Die Folgewirkungen sind im „gesellschaftlichen“, also dem die Externalität berücksichtigenden Preis enthalten. Der gesellschaftliche Preis beträgt:

$$\frac{\partial f_1}{\partial r_{j1}} \cdot \left[p_1 + p_2 \cdot \frac{\partial f_2}{\partial g(f_1)} \cdot \frac{\partial g(f_1)}{\partial f_1}\right] = q_j \quad \Rightarrow \quad p_1 = \frac{q_j}{\frac{\partial f_1}{\partial r_{j1}}} - p_2 \cdot \frac{\partial f_2}{\partial g(f_1)} \cdot \frac{\partial g(f_1)}{\partial f_1} \tag{5.20}$$

Die Korrektur besteht darin, auf den negativen externen Effekt einen konstanten Steuersatz t zu erheben, welcher der Differenz von privatem und gesellschaftlichem Preis entspricht:

$$t = \frac{q_j}{\frac{\partial f_1(r_{j1})}{\partial r_{j1}}} - \left[\frac{q_j}{\frac{\partial f_1}{\partial r_{j1}}} - p_2 \cdot \frac{\partial f_2}{\partial g(f_1)} \cdot \frac{\partial g(f_1)}{\partial f_1}\right] = p_2 \cdot \frac{\partial f_2}{\partial g(f_1)} \cdot \frac{\partial g(f_1)}{\partial f_1}$$

Auf das den negativen externen Effekt verursachende Gut 1 würde somit eine Steuer auferlegt, die eine gesellschaftlich erwünschte Allokation, wie sie der gemeinsamen Produktion entspricht, erzeugen soll.

$$t = p_2 \cdot \frac{\partial f_2}{\partial g(f_1)} \cdot \frac{\partial g(f_1)}{\partial f_1} \quad \text{kurz: } t = p_2 \cdot \frac{\partial f_2}{\partial f_1} \tag{5.21}$$

In der Abbildung 5.16 → vgl. S. 208 ist die Angebotskurve des Unternehmens von Gut 1 als Grenzkostenkurve abgetragen. Weil das Unternehmen ausschließlich seine eigenen, privaten Interessen verfolgt, wird auch von privater Grenzkostenkurve gesprochen. Würde das Unternehmen jedoch beide Güter herstellen und für die Folgeschäden von Gut 1 verantwortlich sein, was eine Internalisierung des negativen externen Effekts bewirkt, so ergäbe sich eine steiler verlaufende Angebotskurve in Gestalt der Kurve der sozialen Grenzkosten. Eine Belegung jeder Mengeneinheit des Gutes 1 mit dem Steuersatz t, hätte zur Folge, dass das den externen Effekt produzierende Unternehmen gezwungen wäre so zu handeln, als ob es den externen Effekt selbst berücksichtigen

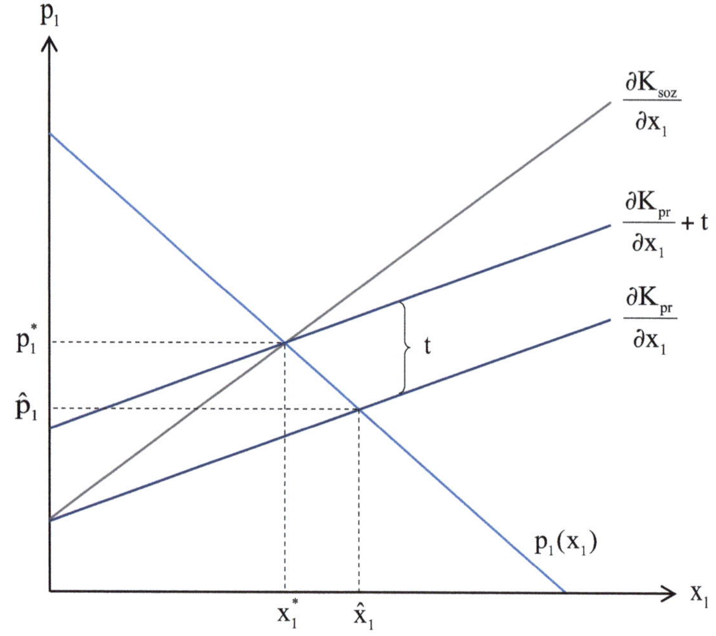

Abbildung 5.16: Pigou-Steuer

müsste. Das „private" Angebot des Unternehmens würde sich entsprechend des Steuersatzes für jede produzierte Einheit des Gutes 1 verteuern. Während im „privaten" Gleichgewicht$(\hat{x}_1, \hat{p}_1)$ der negative externe Effekt unberücksichtigt bleibt, führt seine Integration in das Kalkül des Unternehmens zu einem von der Gesellschaft gewünschten „sozialen" Gleichgewicht bei (x_1^*, p_1^*).

Hier wird aufgrund des durch den Steuersatz erhöhten Preises des den negativen externen Effekt verursachenden Gutes 1 eine niedrigere Ausbringungsmenge erreicht.

In der Praxis ist die exakte Bestimmung der Höhe des optimalen Steuersatzes problematisch, da Informationen über die Grenzeffekte verursachender Güter auf Produktionsprozesse anderer Güter nur selten in ausreichender Form vorliegen.

5.3.4 Verhandlungslösung von Coase

Die Einführung einer Steuer als Lösung für das Problem negativer externer Effekte erscheint vielen Ökonomen als unökonomisch, da der Staat faktisch lenkend in das Wirtschaftsgeschehen eingreift. Der Nobelpreisträger der Wirtschaftswissenschaften von 1991, Ronald Coase (geb. 1910), suchte nach Wegen, das Externalitätenproblem auf rein ökonomischem Weg zu erklären. Zentral ist sein Aufsatz, „The Problem of Social Cost" von 1960. Als ökonomisch erachtete er es, wenn alle Beteiligten selbst, also jenseits irgendwie gearteter administrativer Eingriffe, zu einer Lösung gelangen. Ausgangspunkt ist die Überlegung, dass im Falle einer Steuer oder einer anderen Form, mit der ein Verursacher in die Verantwortung genommen wird, ihm durch die Maßnahme auch ein „Schaden" entsteht. **Coase** gibt zu bedenken, dass negative externe Effekte nicht deswegen entstehen, weil Unternehmer z. B. der Umwelt einen Schaden zufügen wollen, sondern weil sie Güter herstellen, mit denen sie zwar letztlich Geld verdienen wollen, die jedoch nützlich für die Haushalte sind. Somit ist die eigentliche ökonomische Frage diejenige, welche Produkte für die Gesellschaft den größten Nutzen bringen: Werden die den negativen externen Effekt verursachenden Güter als besonders wertvoll empfunden, so ist natürlich ihre Produktion gegenüber der Produktion anderer Güter zu bevorzugen. Im bereits erwähnten Beispiel des die lebensrettenden Medikamente herstellenden Chemieunternehmens scheint offensichtlich, dass ein gewisses Ausmaß an „Fischsterben" für die Produktion der Medikamente hinzunehmen ist.

Die betroffenen Fischereibetriebe, die im Fluss Badenden und sonstige Betroffene könnten versuchen, ihre Interessen gegenüber dem Medikamentenhersteller dadurch durchzusetzen, indem sie ihn etwa dafür bezahlen, weniger vom den Schaden verursachenden Gut zu produzieren. Andererseits könnte natürlich auch der Medikamentenhersteller den Betroffenen den Schaden ersetzen. Alle Beteiligten könnten somit in Verhandlungen treten. Zumindest gemäß der Theorie setzen sich diejenigen durch, die den höchsten Preis zahlen. Ist also den durch die Flussverschmutzung Betroffenen ein sauberer Fluss sehr viel wert, so werden sie auch den Medikamentenhersteller dazu bewegen können, die Medikamentenproduktion einzuschränken. Verdient hingegen der Medikamentenhersteller mit seiner Produktion mehr als er als „Entschädigung" erhalten könnte, so wird er weiter produzieren. Entscheidend am COASEschen Gedankengang ist, dass von der Idee irgendwelcher Schuld- und Haftungsfragen abstrahiert und auf rein ökonomische Überlegungen zurückgegriffen wird.

Die Coase'sche Argumentation würde funktionieren, wenn die Nutzungsrechte am Fluss den Betroffenen eindeutig zugeordnet wären. Hätten die Fischereibetriebe, Anrainer, Badende etc. das eindeutige Nutzungsrecht, so könnten sie sich vom Unternehmen für die Beeinträchtigung ihrer Rechte entschädigen lassen. Hätte der Medikamentenhersteller das alleinige **Eigentumsrecht** → Glossar am Fluss, so könnten die durch den externen Effekt Betroffenen den Hersteller dafür bezahlen, die Produktion der Medikamente zur Verbesserung der Wasserqualität zu reduzieren. Coase (**Coase-Theorem** → Glossar) zeigt nun für eine Welt, in der es keine **Transaktionskosten** → Glossar gibt, d. h. in der für die Verhandlungen zwischen den Beteiligten und das Durchsetzen ihrer Eigentumsrechte keinerlei Kosten anfallen, dass die gleiche Menge des den negativen externen Effekt verursachenden Gutes produziert wird. Wie im Haftungsfalle wenn also der Medikamentenhersteller Entschädigungen leisten muss. Dem Staat kommt dabei lediglich die Aufgabe zu, die Eigentumsrechte an der Ressource Fluss eindeutig zuzuordnen.

Zum Nachweis der Behauptung, dass selbst im Fall, in dem der Medikamentenhersteller sämtliche Eigentumsrechte an der Ressource Fluss besitzt, eine die Wohlfahrt maximierende Allokation herauskommt (dass Verhandlungslösung und „Steuerlösung" identische Ergebnisse erzeugen), sei das folgende stark vereinfachendes Modell dargestellt:

Wieder gibt es zwei Güter, von denen Gut 1 abermals den negativen externen Effekt produziert. Die Wirkung des externen Effektes auf die Produktionsmenge von Gut 2 wird der Einfachheit halber nicht durch eine zusammengesetzte Funktion, sondern als ein eigenständiger Effekt dargestellt. Weiterhin werden konkrete Kostenfunktionen unterstellt, die direkt von der Ausbringungsmenge abhängen. **Im ersten Schritt** wird, unter Berücksichtigung des externen Effektes, der Gewinn von Unternehmen 1 maximiert. Unternehmen 1 entschädigt Unternehmen 2. Der Gewinn von Unternehmen 2 wird unter Berücksichtigung des durch die Produktion von Gut 1 entstandenen Schadens und die Kompensationsleistungen von Unternehmen 1 maximiert. Ebenso ist es möglich, den Gewinn von Unternehmen 1 unter der Bedingung zu maximieren, dass im Falle des vollständigen Eigentums an der Ressource Fluss, ihm eine Entschädigung dafür gezahlt wird, dass es weniger von dem die Externalität auslösenden Produktes (Gut 1) herstellt. Gleichzeitig wird Unternehmen 2 seinen Gewinn unter Berücksichtigung des ihm entstehenden Schadens und der Bezahlung an Unternehmen 1 (damit dieses die Produktion von Gut 1 einschränkt) maximieren. Es wird sich zeigen, dass, volkswirtschaftlich gesehen, keine Differenzen in den Produktionsmengen vorliegen. **Im zweiten Schritt** wird, sozusagen als Referenzmaßstab, die „gemeinsame" Gewinnmaximierung vorgenommen, d. h. es wird so getan, als ob beide Güter von einem Unternehmen hergestellt werden und somit auch der Schaden, der bei der Produktion von Gut 2 durch die Herstellung von Gut 1 entsteht, innerhalb eines Unternehmens getragen, also internalisiert wird.

Das Modell:

$$\begin{aligned} &1. \quad \Pi_1 = p_1 \cdot x_1 - K_1(x_1) - q \cdot x_1 \\ &2. \quad \Pi_2 = p_2 \cdot x_2 - K_2(x_2) - g(x_1) + q \cdot x_1 \end{aligned}$$

Unternehmen 1 muss einen Preis von q Geldeinheiten pro Ausbringungseinheit von Gut 1 an Unternehmen 2 als Ausgleich für den negativen externen Effekt zahlen. Somit stellt $q \cdot x_1$ den von Unternehmen 1 an Unternehmen 2 zu entrichtenden Betrag dar. Der Schaden, den Unternehmen 2 durch Unternehmen 1 erleidet, betrage $g(x_1)$. Wird angenommen, dass der Chemiekonzern, also Unternehmen 1, sämtliche Eigentumsrechte am Fluss besitzt, so müsste Unternehmen 2 Unternehmen 1 bis zur Höhe des Betrages $q \cdot x_1$ dafür bezahlen, dass es die Produktion von Gut 1 mindert. In diesem Fall würden die Gewinnfunktionen folgende Gestalt annehmen:

$$\begin{aligned} &3. \quad \Pi_1 = p_1 \cdot x_1 - K_1(x_1) + q \cdot x_1 \\ &4. \quad \Pi_2 = p_2 \cdot x_2 - K_2(x_2) - g(x_1) - q \cdot x_1 \end{aligned} \qquad (5.22)$$

Zur Vereinfachung seien die Kostenfunktionen und die Schadensfunktion wie folgt spezifiziert:

$$K_1(x_1) = \frac{1}{2} \cdot c_1 \cdot (x_1)^2; \quad K_2(x_2) = \frac{1}{2} \cdot c_2 \cdot (x_2)^2 \qquad (5.23)$$

Werden die Kostenfunktionen in die Gewinngleichungen eingesetzt, so ergibt sich:

$$\begin{aligned} &1. \quad \Pi_1 = p_1 \cdot x_1 - \frac{1}{2} \cdot c_1 \cdot (x_1)^2 - q \cdot x_1 \\ &2. \quad \Pi_2 = p_2 \cdot x_2 - \frac{1}{2} \cdot c_2 \cdot (x_2)^2 - g(x_1) + q \cdot x_1 \\ &3. \quad \Pi_1 = p_1 \cdot x_1 - \frac{1}{2} \cdot c_1 \cdot (x_1)^2 + q \cdot x_1 \\ &4. \quad \Pi_2 = p_2 \cdot x_2 - \frac{1}{2} \cdot c_2 \cdot (x_2)^2 - g(x_1) - q \cdot x_1 \end{aligned}$$

Die Maximierung der Gewinnfunktionen:

$$\begin{aligned} &1.' \quad \frac{\partial \Pi_1}{\partial x_1} = p_1 - c_1 \cdot x_1 - q = 0 \\ &2.' \quad \frac{\partial \Pi_2}{\partial x_2} = p_2 - c_2 \cdot x_2 = 0 \end{aligned}$$

$\frac{\partial \Pi_2}{\partial x_1} = -\frac{\partial g(x_1)}{\partial x_1} + q = 0$. $q = \frac{\partial g(x_1)}{\partial x_1}$ ist der Betrag, den Unternehmen 2 pro Einheit des Gutes 1 von Unternehmen 1 als Entschädigung erhält.

$$3.' \quad \frac{\partial \Pi_1}{\partial x_1} = p_1 - c_1 \cdot x_1 + q = 0$$

$$4.' \quad \frac{\partial \Pi_2}{\partial x_2} = p_2 - c_2 \cdot x_2 = 0$$

$\frac{\partial \Pi_2}{\partial x_1} = -\frac{\partial g(x_1)}{\partial x_1} - q = 0$. $-q = \frac{\partial g(x_1)}{\partial x_1}$ ist der Betrag, den Unternehmen 2 an Unternehmen 1 zahlt, damit die Produktion von Gut 1 um eine Einheit reduziert wird. Folgende Schadensfunktion sei angenommen:

$$g(x_1) = \frac{1}{2} \cdot d \cdot x_1^2 \tag{5.24}$$

$\partial g(x_1)/\partial x_1 = d \cdot x_1$ ist der Grenzschaden, also der Schaden, den Unternehmen 2 bei einer zusätzlichen Einheit des Gutes 1 erleidet. Pro Einheit ist Unternehmen 1 bereit, den Betrag q an Unternehmen 2 als Kompensation für den erlittenen Schaden zu bezahlen bzw. Unternehmen 2 ist bereit an Unternehmen 1 den Betrag von q für die Reduktion pro Einheit des Gutes 1 zu bezahlen. Ist q der Gleichgewichtpreis, den beide Unternehmen akzeptieren, so gilt: $\partial g(x_1)/\partial x_1 = d \cdot x_1 = q$. Eingesetzt in die Gleichung 1.′ und mit negativem Vorzeichen in die Gleichung 3.′ erhält man $x_1^* = \frac{p_1}{c_1 + d}$ (aus den Gleichungen 2.′ und 4.′ folgt: $x_2^* = \frac{p_2}{c_2}$).

Unabhängig davon, wer den Schaden trägt, ob Unternehmen 1 Schadenersatz leistet oder Unternehmen 2 als geschädigtes Unternehmen den „Verursacher“ dafür bezahlt, die Produktion des Gutes mit dem schädigenden Effekt zu reduzieren, es stellt sich das gleiche Ergebnis ein: $x_1^* = p_1/(c_1 + d)$.

Der zu leistende Gesamtbetrag für x_1^* Gütermengeneinheiten wird im Übrigen bestimmt, indem die Menge x_1^* mit der Höhe des Grenzschadens q multipliziert wird:

$$\begin{aligned} q \cdot x_1^* &= q \cdot \frac{p_1}{c_1 + d}, \quad \text{da } q = d \cdot x_1 \quad \text{folgt:} \\ &= d \cdot x_1^* \cdot \frac{p_1}{c_1 + d} = d \cdot \left(\frac{p_1}{c_1 + d}\right)^2 \\ &= \frac{(p_1)^2 \cdot d}{(c_1 + d)^2} \end{aligned}$$

Nunmehr soll im zweiten Schritt noch gezeigt werden, dass das gleiche Ergebnis auch bei gemeinsamer Gewinnmaximierung entsteht:

$$\begin{aligned} \Pi_{gem} &= \Pi_1 + \Pi_2 \\ &= p_1 \cdot x_1 - K_1(x_1) - q \cdot x_1 + p_2 \cdot x_2 - K_2(x_2) - g(x_1) + q \cdot x_1 \\ &= p_1 \cdot x_1 - K_1(x_1) + p_2 \cdot x_2 - K_2(x_2) - g(x_1) \end{aligned}$$

$$\frac{\partial \Pi_{gem}}{\partial x_1} = p_1 - \frac{\partial K_1(x_1)}{\partial x_1} - \frac{\partial g(x_1)}{\partial x_1} = 0$$

$$\frac{\partial \Pi_{gem}}{\partial x_2} = p_2 - \frac{\partial K_2(x_2)}{\partial x_2} = 0$$

Durch Einsetzen der Grenzkosten und des Grenzschadens erschließt sich die Identität zu den obigen Gleichungen 1.′ und 3.′ bzw. 2.′ und 4.′ unmittelbar.

Es wurde gezeigt, dass – zumindest in Abwesenheit jeglicher Transaktionskosten – volkswirtschaftlich optimale Ergebnisse auch unabhängig vom gewählten Verfahren entstehen können. Negative externe Effekte können – ohne zwangsläufige Konsultierung von Gerichten oder anderen Institutionen – als Ergebnis reiner ökonomischer Verhandlungsprozesse gelöst (internalisiert) werden. Auch jenseits von Fragen nach Schuld und Haftung können volkswirtschaftlich sinnvolle Ergebnisse aufgezeigt werden.

5.4 Öffentliche Güter

Eine weitere Form des Marktversagens, bei welcher der Preismechanismus keine optimale Bereitstellung der Gütermenge leisten kann, stellen die so genannten öffentlichen Güter dar. Öffentliche Güter sind für eine Gesellschaft essenziell, doch sind zur Bereitstellung der gesellschaftlich wünschenswerten Menge die besonderen Eigenschaften dieser Güter zu berücksichtigen. Gerade wegen ihrer besonderen Eigenschaften gibt es auch besondere Probleme, die unter den Begriff des **Trittbrettfahrerverhaltens** → Glossar zusammenfasst werden können → vgl. weiterführende Literatur am Kapitelende, S. 238.

5.4.1 Was sind öffentliche Güter?

In den Wirtschaftswissenschaften erfolgt eine Differenzierung zwischen privaten und öffentlichen Gütern. Öffentliche Güter (Kollektivgüter) werden durch zwei Kriterien definiert:

1. **Nicht-Rivalität im Konsum** → Glossar (konstitutives Merkmal eines öffentlichen Gutes). Bei privaten Gütern liegt Rivalität vor, d. h., eine ganz konkrete Banane, die von einer Person gegessen wird, kann von keiner anderen Person gegessen werden. Ein **öffentliche Gut** → Glossar hingegen kann von mehreren Personen gleichzeitig genutzt werden, ohne dass die Nutzung der Personen eingeschränkt wird.
2. **Nicht-Ausschliessbarkeit** → Glossar (und, je nach „Reinheitsgrad" des öffentlichen Gutes, unterschiedlich hohe Kosten des Ausschlusses). Im Falle eines reinen öffentlichen Gutes gehen die Kosten des Ausschlusses gegen unendlich, was bedeutet, dass faktisch niemand vom Konsum des öffentlichen Gutes ausgeschlossen werden kann. Bei privaten Gütern können Dritte vom Konsum ausgeschlossen werden. Wenn jemand Anspruch auf die besagte Banane einer Person erhebt, kann diese Person die andere wirkungsvoll am Konsum hindern. Der Nutzer eines öffentlichen Gutes kann andere nicht an der Nutzung dieses Gut hindern. Bspw. kann man schwerlich anderen Autofahrern verbieten auf der Autobahn zu fahren, auf der man sich gerade selbst befindet. Manchmal wird dem Ausschließungsprinzip das Kriterium der prohibitiven Kosten des Ausschlusses hinzugefügt, d. h. die Kosten, jemand anderen von der Nutzung des öffentlichen Gutes auszuschließen, gehen gegen unendlich.

Ein öffentliches Gut ist um so reiner, je höher die Kosten des Ausschlusses sind und je stärker die Nicht-Rivalität ausgeprägt ist. Öffentliche Güter sind etwa Straßen, öffentliche Parks, Bürgersteige, Theater, das Rechtssystem, die Landesverteidigung, die Qualität der Umwelt.

Obwohl die Eigenschaften vieler öffentlicher Güter eine Bereitstellung durch die öffentliche Hand nahe legen und vielfach auch durch diese bereitgestellt sind, so gehört die staatliche Bereitstellung explizit nicht zu den konstitutiven Merkmalen eines öffentlichen Gutes; es muss somit keineswegs durch die öffentliche Hand bereitgestellt werden, um ein öffentliches Gut zu sein. Ein vorhandenes öffentliches Gut kann von einer beliebigen Person genutzt werden und gilt deshalb als ein positiver externer Effekt. Schließlich erhält der Konsument eine Leistung, ohne dafür eine Gegenleistung erbracht zu haben. Andererseits aber müssen auch öffentliche Güter bereitgestellt werden, was das Erbringen von Aufwendungen voraussetzt. So kann das öffentliche Gut Theater von einem privaten Investor, aber auch durch eine Kommune oder ein Bundesland bereitgestellt werden. Die Finanzierung von Straßen, Bürgersteigen usf. erfolgt durch Mittel der öffentlichen Haushalte, in die die Nutzer des öffentlichen Gutes in sehr unterschiedlicher Weise „eingezahlt" haben. Da ohne Weiteres niemand vom Konsum eines öffentlichen Gutes ausgeschlossen werden kann, konsumieren oftmals auch solche Personen das öffentliche Gut, die zu seiner Erstellung überhaupt keinen Beitrag geleistet haben. Warum sollte man auch einen Preis bezahlen, wenn man am Konsum nicht gehindert werden kann? Man spricht in diesem Fall von **Trittbrettfahrer-, Schwarzfahrer- oder Free-Rider-Verhalten**.

Unter Ökonomen steht natürlich die Frage nach den Erträgen und den Kosten öffentlicher Güter im Vordergrund, wobei die Kosten der Bereitstellung eines öffentlichen Gutes verhältnismäßig gut bestimmt werden können (z. B. lassen sich die Kosten des Baus und der Erhaltung einer Straße über verbindliche Kostenvoranschläge abschätzen). Nicht ganz so einfach sieht dies auf der Nutzenseite aus, da die Nutzen, die einzelnen Personen aus dem Konsum eines öffentlichen Gutes erwachsen, nicht bekannt sind. Man kann sich allenfalls fragen, wie viel der einzelne für die Nutzung eines öffentlichen Gutes zu bezahlen bereit wäre. Von der Nutzung eines öffentlichen Gutes hängt auch ab, in welchem Umfang, welcher Größe das Gut überhaupt bereitgestellt werden soll. Eine Kommune benötigt eine gewisse Vorstellung von zukünftigen Besucherzahlen, wenn z. B. ein Hallenbad gebaut werden soll. Dem Problem der Bereitstellung der gesellschaftlich erwünschten (optimalen) Menge eines öffentlichen Gutes soll nun modelltheoretisch nachgegangen werden.

5.4.2 Bereitstellung eines öffentlichen Gutes

Unterstellt sei eine 2-Personen-2-Güter-Welt, in der das eine Gut das öffentliche und das andere das private Gut ist. z sei die Menge des öffentlichen Gutes. Die Konsumniveaus eines öffentlichen Gutes seien für jeden einzelnen Haushalt $h = 1, 2$ identisch: $z_1 = z_2 = z$. x ist die Menge des privaten Gutes, mit x_1, x_2 als den von den beiden Haushalten konsumierten Mengen des privaten Gutes, wobei $x_1 + x_2 = x$. $T = f(z, x_1 + x_2)$ ist die Transformationsfunktion, die die technologischen Möglichkeiten der Volkswirtschaft zeigt. $u_1(z, x_1)$, $u_2(z, x_2)$ sind die Nutzenfunktionen der beiden Haushalte.

Das Wohlfahrtsmaximierungsproblem lautet:

$$\max. \quad W[u_1(z, x_1),\ u_2(z, x_2)] \quad \text{u.d.N.: } T = f(z, x), \quad x = x_1 + x_2$$

$$L(z, x_1, x_2, \lambda) = W[u_1(z, x_1),\ u_2(z, x_2)] + \lambda \cdot [T - f(z, x)]$$

$$1. \quad \frac{\partial L}{\partial z} = \frac{\partial W}{\partial u_1} \cdot \frac{\partial u_1}{\partial z} + \frac{\partial W}{\partial u_2} \cdot \frac{\partial u_2}{\partial z} - \lambda \cdot \frac{\partial f}{\partial z} = 0$$

$$2. \quad \frac{\partial L}{\partial x_1} = \frac{\partial W}{\partial u_1} \cdot \frac{\partial u_1}{\partial x_1} - \lambda \cdot \frac{\partial f}{\partial x} \cdot \frac{\partial x}{\partial x_1} = 0$$

$$3. \quad \frac{\partial L}{\partial x_2} = \frac{\partial W}{\partial u_2} \cdot \frac{\partial u_2}{\partial x_2} - \lambda \cdot \frac{\partial f}{\partial x} \cdot \frac{\partial x}{\partial x_2} = 0$$

Wegen $x = x_1 + x_2$ ist $\frac{\partial x}{\partial x_1} = \frac{\partial x}{\partial x_2} = 1$. Vereinfachend gelte: $\frac{\partial W}{\partial u_1} = a$; $\frac{\partial W}{\partial u_2} = b$.

$$1.' \quad a \cdot \frac{\partial u_1}{\partial z} + b \cdot \frac{\partial u_2}{\partial z} = \lambda \cdot \frac{\partial f}{\partial z}$$

$$2.' \quad a \cdot \frac{\partial u_1}{\partial x_1} = \lambda \cdot \frac{\partial f}{\partial x}$$

$$3.' \quad b \cdot \frac{\partial u_2}{\partial x_2} = \lambda \cdot \frac{\partial f}{\partial x}$$

$$2.' \text{ und } 3.' \text{ in } 1.': \quad \lambda \cdot \frac{\frac{\partial f}{\partial x}}{\frac{\partial u_1}{\partial x_1}} \cdot \frac{\partial u_1}{\partial z} + \lambda \cdot \frac{\frac{\partial f}{\partial x}}{\frac{\partial u_2}{\partial x_2}} \cdot \frac{\partial u_2}{\partial z} = \lambda \cdot \frac{\partial f}{\partial z}$$

$$\frac{\frac{\partial u_1}{\partial z}}{\frac{\partial u_1}{\partial x_1}} + \frac{\frac{\partial u_2}{\partial z}}{\frac{\partial u_2}{\partial x_2}} = \frac{\frac{\partial f}{\partial z}}{\frac{\partial f}{\partial x}} \quad \Leftrightarrow \quad GRS_1 + GRS_2 = GRT$$

Während für private Güter die Optimalitätsbedingung des Konkurrenzmarktes $GRS_h = GRT$ heißt, für alle $h = 1, \ldots, H$, gilt für öffentliche Güter:

$$\sum_{h=1}^{H} GRS_h = GRT \tag{5.25}$$

Die Grenzraten der Substitution der Haushalte können als individualisierte Preise interpretiert werden, also als Antwort auf die Frage, wie viele Einheiten des privaten Gutes Konsument h aufzugeben bereit ist, um eine Einheit des öffentlichen Gutes mehr zu erhalten. Könnten diese Preise tatsächlich festgestellt werden, so sollte jeder Konsument auch einen Beitrag in Höhe „seines" Preises als Gegenwert für die Bereitstellung des öffentlichen Gutes entrichten.

Im Falle privater Güter konsumieren die einzelnen Haushalte unterschiedliche Mengen der einzelnen Güter, zahlen aber pro Mengeneinheit einen gleichen Preis. Im Falle öffentlicher Güter ist es umgekehrt: Jeder Haushalt konsumiert die gleiche Menge des öffentlichen Gutes, zahlt jedoch einen unterschiedlichen Preis. Im Folgenden soll optimale Bereitstellung eines privaten und öffentlichen Gutes geometrisch nachvollzogen werden. Begonnen wird mit der Bereitstellung des privaten Gutes, die der Marktnachfrage nach einem Gut entspricht → vgl. Abbildung 5.17, S. 215. Die Mengen, die ein Haushalt h nach dem privaten Gut x nachfragt, werden für jeden Preis (horizontal) aggregiert.

Im Falle der öffentlichen Güter → vgl. Abbildung 5.18, S. 215. sagt die Bedingung der Pareto-Effizienz, dass die Summe der Grenzraten der Substitution gleich der Grenzrate der Transformation sein muss. Die Grenzraten der Substitution (Zahlungsbereitschaften) der einzelnen Haushalte werden vertikal summiert. Gesucht ist der Schnittpunkt der Kurve der aggregierten Zahlungsbereitschaften mit der Grenzrate der Transformation. In diesem Schnittpunkt ist die optimale Menge des öffentlichen Gutes bestimmt.

Links von z^* sind die Zahlungsbereitschaften insgesamt höher als die aufzuwendenden Kosten, d. h. es lohnt sich für die Gesellschaft, jede links von z^* liegende Mengeneinheit des öffentlichen Gutes zu produzieren. Jedoch sollte das öffentliche Gut nur bis zur Menge z^* produziert werden, da jede weitere Einheit der Gemeinschaft einen geringeren Zuwachs an Nutzen einbringt, als

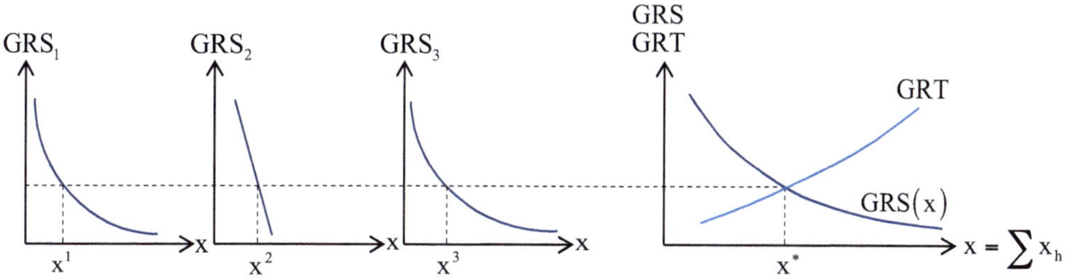

Abbildung 5.17: Bereitstellung privates Gut

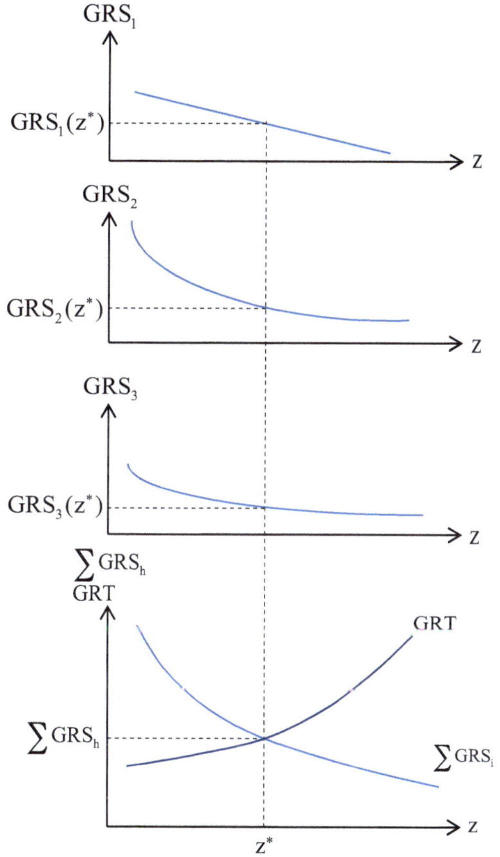

Abbildung 5.18: Bereitstellung öffentliches Gut

sie kostet. Die Kurve der aggregierten Zahlungsbereitschaften liegt oberhalb der Grenzrate der Transformation.

Das Problem bei dieser Form der Bereitstellung der optimalen Menge des öffentlichen Gutes ist, dass die Grenzraten der Substitution der Haushalte zwischen öffentlichen und privaten Gütern unbekannt sind. Bei privaten Gütern funktioniert die Bestimmung der Grenzraten deshalb, weil jeder Haushalt sein Konsumbündel am jeweiligen Güterpreis orientiert. Die Grenzraten der Substitution beliebiger privater Güterpaare entsprechen den Preisverhältnissen der Güter. Das Wesen eines öffentlichen Gutes aber liegt gerade darin, dass ein Haushalt seine Konsumhöhe nicht einseitig anpassen kann. Diese Inflexibilität zerstört die Möglichkeit für einen Markt beim öffentlichen Gut (deshalb fällt die Theorie der öffentlichen Güter unter das Thema Marktversagen).

Wie nun können die Zahlungsbereitschaften zwischen einem öffentlichen und einem privaten Gut ermittelt werden? Wie bekommt man die wirklichen Interessen heraus? Das Einfachste wäre es, jeden einzelnen Haushalt nach seiner Zahlungswilligkeit zu befragen: „Wie viel sind Sie bereit für eine Einheit des öffentliches Gutes auszugeben und wie viele Einheiten würden Sie nutzen?" Könnten die wirklichen Zahlungsbereitschaften tatsächlich in dieser Weise bestimmt werden, so wäre es sicherlich fair, jeden Haushalt genau in der Höhe „zur Kasse zu bitten", in welcher er das öffentliche Gut auch tatsächlich nutzt. Man spricht bei dieser Form der „Besteuerung" von so genannten Lindahl-Preisen, benannt nach dem schwedischen Ökonomen Erik Lindahl (1891–1960).

Allerdings dürfte es recht schwierig sein, die wirklichen Zahlungsbereitschaften der Haushalte zu ermitteln, da für sie (als Nutzenmaximierer) kaum ein Anreiz besteht, ihre wahren Präferenzen zu offenbaren. Würde man tatsächlich in Höhe seiner Zahlungsbereitschaft besteuert werden, so wäre ein Anreiz gegeben, die wahre Wertschätzung des öffentlichen Gutes zu verschleiern und die Zahlungswilligkeit niedriger anzugeben. Die Folge wäre eine Unterversorgung mit dem öffentlichen Gut. Verliefe die Besteuerung unabhängig von der Antwort, die der Haushalt gibt, so bestünde ein Anreiz, die Zahlungsbereitschaft übertrieben hoch anzugeben, da die eigene Kostenbelastung nicht steigen würde. Die Folge wäre eine Überversorgung mit dem öffentlichen Gut.

Dieses Problem der Bekanntgabe der wahren Zahlungsbereitschaft für öffentliche Güter, das so genannte Trittbrettfahrerproblem, soll nun zum Anlass für einen kleinen Exkurs in die nichtkooperative Spieltheorie genommen werden. Bei der Spieltheorie handelt es sich um einen Zweig der Mathematik, der interaktive Entscheidungen, so genanntes strategisches Handeln, zum Gegenstand hat. In diesem Zusammenhang soll nun das **Gefangenendilemma** → Glossar vorgestellt werden.

5.4.3 Trittbrettfahrerverhalten oder von den Problemen der Bereitstellung eines (reinen) öffentlichen Gutes

Zunächst wird mit der Erläuterung einiger spieltheoretischer Grundbegriffe begonnen, um anschließend das Trittbrettfahrerproblem spieltheoretisch zu analysieren. Eine Person befindet sich in einem strategischen Spiel mit einer oder mehreren anderen Person(en), wenn sein Nutzen oder seine Auszahlung nicht ausschließlich von seinen eigenen Handlungen, sondern auch von denen des bzw. der anderen abhängt. Können die Akteure, in der Spieltheorie einfach „Spieler" genannt, ihre Aktionen nicht miteinander koordinieren, indem sie sich bspw. verabreden, gemeinsam planen und vorgehen etc., so befindet man sich im Bereich der **nicht-kooperativen Spiele** → Glossar, die relativ gut die Anonymität der Akteure in Wettbewerbsmärkten widerspiegelt. In der Theorie der kooperativen Spiele wird hingegen analysiert, wie sich Akteure verhalten, wenn sie ihre Verhaltensweisen untereinander abstimmen können. Zur Analyse des Trittbrettfahrerverhaltens wird auf das so genannte Gefangenendilemma (*prisoner's dilemma*) zurückgegriffen. Es ist ein Beispiel aus der nicht-kooperativen Spieltheorie, und zwar für den Fall, dass sich Akteure nur einmal begegnen (es wird in wiederholte und nicht-wiederholte Spiele unterschieden; das Gefangenendilemma zählt zu den nicht-wiederholten oder auch nicht-rekurrenten Spielen).

Ursprünglich handelt es sich beim Gefangenendilemma um eine spieltheoretische Situation, in der zwei für eine begangene Straftat inhaftierte Personen (A und B) unabhängig voneinander die Entscheidung treffen müssen, eine Straftat zu gestehen oder sie nicht zu gestehen. Das Problem der Staatsanwaltschaft: Man weiß lediglich, dass eine von beiden Personen oder aber beide gemeinsam die Straftat begangen haben. Beweisen lässt sich dies aber nicht. So verhört der Staatsanwalt die Personen einzeln und versucht sie jeweils als Zeugen zu gewinnen, indem er ihnen eine niedrigere Strafe in Aussicht stellt, wenn sie ein Geständnis ablegen. Beide Täter wissen, dass ihnen der Staatsanwalt nichts beweisen kann und sie beide, für den Fall, dass sie beide die Tat leugnen, nur für ein weniger schweres Delikt (sagen wir, jeweils zwei Jahre Gefängnis) bestraft werden können. Wenn nur einer von beiden gesteht und der andere folglich nicht gesteht, erhält ersterer eine milde Strafe von nur einem Jahr und der andere eine harte Strafe (z. B. vier Jahre Gefängnis). Falls beide Täter gestehen, erhalten sie die für die Tat vorgesehene Normalstrafe von vielleicht drei Jahren. Die drei Jahre für das beiderseitige Geständnis stellen eine höhere Bestrafung dar, als im Fall des beidseitigen Leugnens mit zwei Jahren, aber keine so hohe Bestrafung, wie für den Fall des einseitigen Leugnens (vier Jahre). Für beide Akteure besteht ein Anreiz, die Tat zu gestehen, denn ein Jahr Gefängnis ist allemal besser als zwei Jahre. Folgen allerdings beide Seiten diesem Anreiz, so führt das beiderseitige Geständnis mit jeweils drei Jahren Gefängnis zu einem schlechteren Ergebnis, als wenn sie beide geleugnet hätten (jeweils zwei Jahre). Vorausgesetzt, dass die Personen Nutzenmaximierer sind, sich nicht miteinander besprechen können und ihnen die Konsequenzen ihrer Entscheidungen vollständig bekannt sind, so wird sich als Gleichgewichtlösung das beiderseitige Gestehens mit jeweils drei Jahren Gefängnis einstellen und nicht das beidseitige Leugnen, obwohl dort beide Akteure mit nur jeweils zwei Jahren besser gestellt wären. Warum?

Betrachten wir das Spiel in der in Tabelle 5.3. dargestellten Matrix (die Darstellung in Matrizenschreibweise wird auch als Normalform bezeichnet und von der Darstellung als Spielbaum, der so genannten extensiven Form unterschieden).

Tabelle 5.3: Gefangenendilemma

		B	
		Leugnen	Gestehen
A	Leugnen	–2, –2	–4, –1
	Gestehen	–1, –4	–3, –3

Beide Strategien von Person A, das Leugnen und das Gestehen, sind in den Zeilen abgetragen, hingegen finden sich die Strategien von Person B, Leugnen und Gestehen, in den Spalten. Die Auszahlungen der Akteure in Form von Gefängnisjahren sind in den vier Zahlenfeldern der Matrix dargestellt, wobei die jeweils erste Ziffer die Gefängnisjahre von Person A und die jeweils zweite Ziffer die Gefängnisjahre von Person B darstellt. Eine geringere Zahl an Gefängnisjahren kommt natürlich einem höheren Nutzen gleich.

Betrachten wir Person A. Für den Fall, dass Person B leugnet, stellt ein Geständnis mit nur einem Jahr Gefängnis gegenüber zwei Jahren die nutzenmaximale Entscheidung dar. Gesetzt den Fall, dass Person B gesteht, stellt eine Geständnis von Person A mit nur drei Jahren Gefängnis gegenüber vier Jahren (im Falle des Leugnens) wiederum die bessere Alternative dar.

Man kann also festhalten, dass, egal wie sich Person B verhält, in jedem Fall das Gestehen die bessere Strategie für Person A ist. Man sagt: Gestehen ist die **dominante Strategie** → Glossar für Person A. Mit den gleichen Argumenten kann auch das Gestehen für Person B als dominante Strategie ausgemacht werden. Da beide Personen ihre dominante Strategie des Geständnisses verfolgen, wird sich die Auszahlung von (-3,-3) als Nash-Gleichgewicht einstellen. Ein **Nash-Gleichgewicht** ist dann erreicht, wenn jeder Spieler als Reaktion auf den Zug des anderen mit der für ihn besten Strategie antwortet (und das ist bei jeweils drei Jahren Gefängnis gegeben). Dennoch wurde die für beide Personen bessere Lösung, das beiderseitige Leugnen mit jeweils nur zwei Jahren Gefängnis, nicht erreicht. Ein echtes Dilemma eben. Die dominante Strategie eines jeden Spielers hat somit nicht zur Pareto-effizienten Situation geführt, weil keiner dem anderen vertraut hat bzw. jeder Akteur sich als Trittbrettfahrer des anderen (in der Hoffnung, dass der andere leugnet) verhalten hat.

Nun kann trefflich darüber gestritten werden, inwieweit nicht die mit drei Jahren erfolgte härtere Bestrafung aus gesellschaftlicher Sicht die wünschenswertere ist und somit doch das „bessere" Ergebnis eingetreten ist. Ohne dieses Argument zu vertiefen, stellt das Trittbrettfahrerverhalten bei der Bereitstellung öffentlicher Güter ein zweifelsfrei unerwünschtes Problem dar. Man denke an Schwarzfahren im öffentlichen Personenverkehr. Der Einzelne erhofft sich durch das Schwarzfahren einen Vorteil durch Einsparung des Fahrpreises, insofern das Risiko erwischt zu werden und eine Strafe zu zahlen, als geringfügig eingestuft wird. Die Logik des Schwarzfahrens beruht allerdings auf der Annahme, dass sich die anderen Mitfahrer weitestgehend kooperativ verhalten, d. h. den Fahrpreis entrichten. Je mehr Personen allerdings dieser Logik folgen und, auf das kooperative Verhalten anderen Fahrgäste bauend, schwarzfahren, desto größer wird der dem Verkehrsunternehmen entstehende Einnahmeausfall sein, was sich wahrscheinlich in höheren Fahrtarifen niederschlagen wird. Vermehrtes Schwarzfahren wird aber auch umfangreichere Kontrollen nach sich ziehen, die sich ihrerseits wieder in höheren Fahrpreisen niederschlagen können. Insgesamt wird durch das Trittbrettfahrerverhalten das öffentliche Gut Verkehrsdienstleistung unattraktiver und schadet damit allen Beteiligten (letztlich gesehen auch den Trittbrettfahrern selbst).

Die Argumentation des Gefangenendilemmas wird nunmehr vertiefend mittels modelltheoretischer Analyse auf das Trittbrettfahrerverhalten übertragen. Es wird von zwei Personen ausgegangen, sie bilden die „gesamte Gesellschaft". Eine Straße soll gebaut werden, aus deren Nutzung beide Haushalte Vorteile ziehen. Keiner der beiden Haushalte kann die Straße alleine finanzieren. Und natürlich wird sich der einzelne Haushalt am Straßenbau nur dann beteiligen, wenn der Nutzen aus der Straße höher ist als die Kostenbeteiligung am Bau. Beide Haushalte sind sich einig, die Kosten für den Straßenbau gemeinsam zu tragen. Jeder soll entsprechend dem Anteil der späteren Nutzung zahlen. α sei der Anteil der Straßennutzung von Haushalt 1. Folglich ist $(1-\alpha)$ der Nutzungsanteil von Haushalt 2. Die Kosten für die Menge z des öffentlichen Gutes betragen K(z), mit $dK(z)/dz > 0$. $\alpha \cdot K(z)$ ist der Anteil, den Haushalt 1 von den Kosten des Straßenbaus übernimmt und $(1-\alpha) \cdot K(z)$ der Anteil von Haushalt 2. Die Nutzen, die den Haushalten aus der Benutzung der Straße entstehen, können über die Zahlungsbereitschaften ausgedrückt werden. Sie werden durch die Geldbeträge $y_1(z), y_2(z)$ angegeben, welche die Haushalte für eine bestimmte Menge an Straße auszugeben bereit sind.

Damit die Haushalte das Projekt Straßenbau überhaupt in Angriff nehmen, muss gelten: $y_1(z) - \alpha \cdot K(z) > 0$, $y_2(z) - (1-\alpha) \cdot K(z) > 0$. Natürlich möchten die Haushalte jeweils ihre Nettonutzen maximieren:

$$1. \quad \frac{\partial y_1(z)}{\partial z} - \alpha \cdot \frac{\partial K(z)}{\partial z} = 0 \quad \Rightarrow \quad \alpha = \frac{\dfrac{\partial y_1(z)}{\partial z}}{\dfrac{\partial K(z)}{\partial z}}$$

$$2. \quad \frac{\partial y_2(z)}{\partial z} - (1-\alpha) \cdot \frac{\partial K(z)}{\partial z} = 0$$

$$\text{1. in 2.:} \quad \frac{\partial y_2(z)}{\partial z} = \frac{\partial K(z)}{\partial z} - \frac{\frac{\partial y_1(z)}{\partial z}}{\frac{\partial K(z)}{\partial z}} \cdot \frac{\partial K(z)}{\partial z}$$

$$\frac{\partial y_1(z^*)}{\partial z} + \frac{\partial y_2(z^*)}{\partial z} = \frac{\partial K(z^*)}{\partial z} \qquad (\Leftrightarrow \quad GRS_1 + GRS_2 = GRT)$$

Aus den notwendigen Bedingungen für die Bereitstellung der optimalen Menge des öffentlichen Gutes würde sich bei Einsatz konkreter Funktionen die Menge z^* ergeben. Diese Menge wäre die für die „gesamte Gesellschaft“ zweifellos beste, aber es entsteht folgendes Problem: Es besteht für die nutzenmaximierenden Haushalte durchaus ein Anreiz, von den gegenseitigen Zusagen (der anteilmäßigen Kostenübernahme) abzuweichen. Wenn bspw. einer der beiden Haushalte sich bereit erklärt hat, den Straßenbau zu finanzieren und vom anderen Konsumenten seinen Anteil an den Kosten einfordert, dieser aber nicht zahlt, so bleibt der eine Haushalt auf den kompletten Kosten sitzen, ohne den anderen von der Nutzung des Gutes ausschließen zu können. Ist Haushalt 1 die von Haushalt 2 auf den Kosten sitzengelassene Partei, so erfährt Haushalt 1 zwar den Nutzen aus dem Straßengebrauch in Höhe von $y_1(z^*)$, muss jedoch die volle Kostenhöhe $K(z^*)$ abziehen, während Haushalt 2 die volle Nutzenhöhe $y_2(z^*)$ genießen kann, ohne auch nur einen Cent dafür bezahlt zu haben. Ist Haushalt 2 der Finanzierer und wird er von Haushalt 1 bei der Kostenübernahme hängen gelassen, so gilt umgekehrt, dass Haushalt 2 ein Nettonutzen von $y_2(z^*) - K(z^*)$ bleibt, während Haushalt 1 den vollen Nutzen in Höhe von $y_1(z^*)$ genießen kann. Für den Fall, dass keiner in Vorleistung geht, wird die Straße nicht gebaut und niemand wird einen Nutzen erhalten. Sowohl $y_1(z^*)$ als auch $y_2(z^*)$ betragen Null. Halten sich beide an die Absprachen und kommen für ihre jeweiligen Kostenanteile auf, so entsprechen die Nettonutzen oder „Auszahlungen“ $y_1(z^*) - \alpha \cdot K(z^*)$ für Haushalt 1 und $y_2(z^*) - (1-\alpha) \cdot K(z^*)$ für Haushalt 2.

Zusammenfassend kann festgehalten werden:

1. Wenn sich einer an die Absprache hält (kooperiert) und der andere nicht (defektiert), dann bleibt der erste auf den gesamten Kosten hängen, während der Defektierer die höchste Auszahlung erhält, ohne sich an den Kosten beteiligt zu haben.
2. Wenn beide sich nicht an die Absprache halten, also beide defektieren, wird das öffentliche Gut nicht bereitgestellt.
3. Wenn sich alle an die Absprache halten, beide kooperieren, entsteht der optimale Zustand.

Tabelle 5.4: Gefangenendilemma und Trittbrettfahrerverhalten

		HH 2	
		Kooperieren	Defektieren
HH 1	Kooperieren	$y_1(z^*) - \alpha \cdot K(z^*)$ $y_2(z^*) - (1-\alpha) \cdot K(z^*)$	$y_1(z^*) - \alpha \cdot K(z^*)$ $y_2(z^*)$
	Defektieren	$y_1(z^*)$ $y_2(z^*) - (1-\alpha) \cdot K(z^*)$	0 0

Beispiel

Die Matrix für ein willkürlich gewähltes Zahlenbeispiel, in dem beide Spieler identische Zahlungsbereitschaften für die Menge z* von jeweils 100.000 Euro äußern und sich zur jeweils hälftigen Kostenübernahme ($\alpha = 0{,}5$) der Gesamtkosten von 120.000 Euro bereit erklären.

Tabelle 5.5: Gefangenendilemma und Trittbrettfahrerverhalten anhand eines Zahlenbeispiels (Zwischenrechnung)

		HH 2	
		Kooperieren	Defektieren
HH 1	Kooperieren	100.000 – 60.000 100.000 – 60.000	100.000 – 120.000 100.000
	Defektieren	100.000 100.000 – 120.000	0 0

Tabelle 5.6: Gefangenendilemma und Trittbrettfahrerverhalten anhand eines Zahlenbeispiels

		HH 2	
		Kooperieren	Defektieren
HH 1	Kooperieren	40.000 40.000	–20.000 100.000
	Defektieren	100.000 –20.000	0 0

Als Nash-Gleichgewicht stellt sich das beiderseitige Defektieren ein, da die Defektion sowohl für den Haushalt 1 als auch für den Haushalt 2 die dominante Strategie ist (für den Fall, dass Haushalt 2 kooperiert, erzielt Haushalt 1 mit dem Defektieren eine Auszahlung von 100.000 Euro, gegenüber 40.000 Euro bei Kooperation; defektiert Haushalt 2, so ist die Defektion seitens Haushalt 1 mit einer Auszahlung von Null gegenüber –20.000 Euro wiederum die nutzenmaximale Strategie – entsprechend wird das Defektieren als dominante Strategie von Haushalt 2 ermittelt).

Das Unterlassen des Straßenbaus ist natürlich nicht pareto-optimal, denn durch den Bau, die beiderseitige Kooperation, hätten sich beide Haushalte mit einem Nettonutzen von jeweils 40.000 Euro erheblich besser stellen können (dies wäre die beidseitige Kooperation). Wären beide Partner in der Lage gewesen, ihre Partikularinteressen zu überwinden und gemeinsam zu handeln, so wären auch beide besser gestellt gewesen.

Vielfach sind die Individuen jedoch nicht in der Lage, die eigenen Interessen mit den Anforderungen der Gesellschaft in Einklang zu bringen. Die individuelle Rationalität steht im Widerspruch zur kollektiven Rationalität und kurzfristige Nutzeninteressen vor langfristigen.

Manchmal sind Investitionen auch derart hoch, dass sie sich erst nach Jahrzehnten amortisieren (typisch sind Investitionen in die Infrastruktur), so dass der Staat bei dringendem gesellschaftlichen Bedarf als Investor gefordert ist.

5.5 Asymmetrische Informationen

Der gesamten bisherigen Analyse unterlag die Vorstellung, dass den Wirtschaftssubjekten alle Informationen, die sie zur Entscheidungsfindung benötigen, bekannt sind. Diese Informationen bezogen sich auf die Art und Qualität von Faktoren und Gütern, auf die Effizienz von Herstellungsprozessen und auf die Preise, so dass bspw. ein Haushalt beim Kauf eines Gutes mit Sicherheit Bescheid wusste, welche Qualität er zum bezahlten Preis erhielt und dass dieses Gut nicht irgendwo noch günstiger einzukaufen war. In der Realität besteht eine solche Sicherheit, die auf vollständigen Informationen beruht, allenfalls in Ausnahmefällen. Die Regel werden Entscheidungen unter Unsicherheit getroffen, eben weil man sich „nie“ vollkommen sicher sein kann, ob ein Gut auch hundertprozentig die gewünschten Eigenschaften aufweist, ob es nicht doch irgendwo günstiger hätte erstanden werden können, ob ein alternatives Produkt für den geplanten Einsatz nicht doch etwas besser gewesen wäre, ob nicht irgendwo verstecke Mängel vorhanden sind etc. Immer wird es Akteure geben, die bezüglich eines Gutes über mehr Informationen als andere Akteure verfügen. Der Hersteller oder Verkäufer eines Produktes wird in der Regel über mehr Informationen über das Produkt verfügen als der Käufer, und Menschen, die sich um viele Informationen bemühen, werden wohl in den meisten Fällen die bessere Kaufentscheidung treffen. Nach der Systematisierung der aus asymmetrisch verteilten Informationen entstehenden Probleme, werden diese anhand der Themen Risikoverhalten, Negativauslese und **moralisches Risiko** → Glossar in exemplarischer Weise behandelt → vgl. Literatur am Kapitelende, S. 238.

5.5.1 Begriffe und Zusammenhänge

Bestehen zwischen verschiedenen Akteuren unterschiedliche Informationsstände in Bezug auf ein Gut, so wird von asymmetrisch verteilten Informationen oder von **Informationsasymmetrie** → Glossar gesprochen. Informationssymmetrie liegt hingegen bei gleichen Informationsständen vor. Natürlich besteht die Möglichkeit, sich z. B. vor dem Kauf eines Gutes zu informieren, also zu versuchen, die Informationsasymmetrie weitestgehend abzubauen und den Zustand des Informationsausgleichs möglichst zu erreichen. Dabei sind den Akteuren natürlich Grenzen gesetzt. So dürfte es etwa beim Autokauf wohl als eine „Lebensaufgabe“ angesehen werden, etwa denselben Informationsstand über das gewünschte Fahrzeug zu erhalten, über den der Entwicklungsingenieur verfügt. Anders ausgedrückt: Informationsbeschaffung, zwecks Abbau der Informationsasymmetrie, ist mit Aufwendungen verbunden, die monetär als **Informationskosten** erfasst werden. Kosten der Informationsbeschaffung zählen originär zu den Transaktionskosten, also jenen Kosten, die aufzuwenden sind, um eine (Trans-) Aktion überhaupt durchführen zu können. Eine der bekanntesten Definitionen von Transaktionskosten geht auf Oliver Williamson (geb. 1932, Nobelpreisträger der Wirtschaftswissenschaft von 2009) zurück: Transaktionskosten sind solche Kosten, die vor und nach dem Zustandekommen eines Vertrages bzw. der Ausführung der eigentlichen Transaktion anfallen. Die vor Vertragsformulierung anfallenden Kosten heißen **ex ante Transaktionskosten**. Es handelt sich um Anbahnungskosten (Kosten der Informationssuche, Beschaffung usw.) und Vereinbarungskosten (Verhandlung, Vertragsformulierung, Einigung ...). **Ex post Transaktionskosten** fallen nach Vertragsabschluss an und sind Kontroll- (Sicherstellung der Einhaltung von Vereinbarungen usf.) und Anpassungskosten (Durchsetzung von Änderungen etc.).

Je mehr Informationen beschafft werden müssen und je schwieriger sie zu bekommen sind, desto höher werden auch die Informationskosten sein. Warum aber müssen Informationen beschafft werden, wenn es doch Personen wie Verkäufer und Hersteller gibt, die über ausreichende

Informationen verfügen? In der Tat, **Informationsasymmetrien** würden an sich überhaupt kein Problem darstellen, wenn alle Akteure ehrlich wären und die Informationen (kostenlos) weitergeben würden. Dies aber ist nicht immer gewährleistet. Die Wirtschaftssubjekte sind Nutzenmaximierer, die aus ihrem Informationsvorsprung Vorteile erzielen möchten. Dass dieses Streben sehr unterschiedlich ausfallen kann, soll anhand eines Beispiels verdeutlicht werden.

Beispiel

Jemand, der über sehr spezielle, aber stark nachgefragte Informationen über bestimmte Produktionsprozesse verfügt, wird sich diese vielleicht durch ein überdurchschnittlich hohes Gehalt „vergüten" lassen. Der „klassische" Gebrauchtwagenhändler wird bestimmte Mängel am Fahrzeug möglicherweise verschweigen, um den Ladenhüter vom Hof zu bekommen. Der über spezifische Erfahrungen und Kontakte verfügende Unternehmensberater wird sein Wissen teuer an Investoren verkaufen. Der bereits seit vielen Jahren in einem Unternehmen beschäftigte Arbeitnehmer, dem plötzlich ein „Neuer" vor die Nase gesetzt wird, möchte an seiner Position im Unternehmen nicht gerüttelt wissen, so dass er dem Neuen bestimmte „hilfreiche" Informationen verschweigt und ihn damit auflaufen lässt.

Informationsasymmetrien wirken sich für die Wirtschaft dann nachteilig aus, wenn sie von denen, die über einen Informationsvorsprung verfügen, ausgenutzt werden. In diesem Fall wird von **opportunistischem Handeln** gesprochen. Gemäß **Williamson** wird Opportunismus als Eigennutz unter den Eigenschaften von List und Tücke verstanden.

Allgemein bezieht sich der Opportunismus auf die unvollständige Weitergabe von Informationen und insbesondere auf Versuche, andere vorsätzlich in die Irre zu führen, Informationen zu verzerren, zu verbergen oder zu verschleiern. Unterschieden werden der **ex ante** und der **ex post Opportunismus**.

Von ex ante Opportunismus wird gesprochen, wenn **opportunistisches Verhalten** → Glossar vor dem Zustandekommen eines Vertrages vorliegt. Aus dem ex ante Opportunismus entsteht das Problem der **adversen Selektion** (*adverse selection*) → Glossar oder auch **negativen Risikoauslese**, Begriffe, die ursprünglich in der Versicherungswissenschaft beheimatet sind. Es handelt sich um die vorvertragliche strategische Ausnutzung asymmetrisch verteilter Informationen zum eigenen Vorteil.

Beispiel

1. Bei der Einstufung in die Krankenversicherung werden Angaben verschwiegen, von denen man, wenn sie denn entdeckt werden, behauptet, sie hätten bei Vertragsabschluss noch nicht vorgelegen. Als Konsequenz steigen die Versicherungstarife an und belasten die „Ehrlichen" überproportional.
2. Ein Arbeitskräfte einstellendes Unternehmen weiß vor Einstellung der Arbeitskraft nicht, ob die Arbeitskraft arbeitsam, ehrlich, fleißig usw. ist oder ob sie Informationen vorenthält oder Kenntnisse einfach nur vortäuscht. Eine Beurteilung der Arbeitskraft ist entweder nur mit hohen Kosten (Einstellungstests, Assessment Center etc.) oder aber ex post, also nachdem die Person eingestellt wurde, möglich.

Der ex post Opportunismus führt zum so genannten **moralischen Risiko** oder *moral hazard*. Drei Formen des ex post Opportunismus bzw. moralischen Risikos werden unterschieden:

1. **Versteckes Handeln** (*hidden action*): Entsteht immer dort, wo ein Prinzipal die Tätigkeit der Agenten nicht unmittelbar beobachten bzw. einschätzen kann. Ein Agent gibt bspw. vor, das Maximum an Leistung zu erbringen, in Wirklichkeit ist es aber nur ein Bruchteil. Die übermäßige (unrechtmäßige) Inanspruchnahme von Versicherungsleistungen ist ebenso ein Fall verstecken Handelns.
2. **Versteckte Information** (*hidden information*): Hier werden Informationen verschwiegen oder verzerrt weitergegeben. Ein Arbeitnehmer beobachtet z. B. an einer Maschine einen Fehler, der immer wieder zum Stillstand der Produktion führt. Er gibt diese Information aber nicht weiter, um die zusätzlichen willkommenen Pausen zu genießen.
3. **Raubüberfall** (*hold up*): Beim *hold up* befindet sich ein Akteur in der Situation, durch Informationsvorsprünge einen anderen Akteur ausnutzen zu können. Bspw. presst der einzige Abnehmer eines hochgradig spezifizierten Unternehmens dem Unternehmen die Gewinne durch viel zu niedrige Faktorpreise ab oder zwingt ihn anderweitig, zu schlechten Konditionen zu liefern. Oder, ein Arbeitgeber lässt einen Arbeitnehmer kostenintensiv fortbilden und diesen so ein informationsspezifisches Know How erwerben; nach der Fortbildung verlangt der Arbeitnehmer jedoch ein überzogenes Einkommen und droht, seine erworbenen Kenntnisse der Konkurrenz anzubieten. In diesem Zusammenhang ist auch vom *lock in*- oder **Einsperrungseffekt** die Rede.

Im Weiteren soll die Diskussion in drei Schritten vertieft werden. Zunächst wird ein Ansatz aufgezeigt, wie mit aus Informationsasymmetrie entstehenden Unsicherheit umgegangen werden kann → vgl. Abschnitt 5.5.2. Danach wird jeweils ein exemplarisches modelltheoretisches Beispiel für den Fall der adversen Selektion → vgl. Abschnitt 5.5.3, S. 230. und des moralischen Risikos → vgl. Abschnitt 5.5.4, S. 232. vorgestellt.

5.5.2 Risiko und Unsicherheit

Wenn die für eine Entscheidung relevanten Informationen nicht vollständig gegeben oder die Akteure nicht in der Lage sind, die Informationen in perfekter Weise zu verarbeiten und zu interpretieren, so entsteht Unsicherheit.

Anmerkung: Dass Menschen für eine Entscheidung nicht „alle“, sondern nur alle für die Entscheidung relevanten Informationen benötigen und dabei nur begrenzt in der Lage sind, Informationen aufzunehmen und zu verarbeiten, wird unter dem Konzept der **beschränkten Rationalität** bzw. *bounded rationality* erfasst, das der Psychologe und Nobelpreisträger der Wirtschaftswissenschaft HERBERT SIMON (1916–2001) entwickelt hat.

Ein in der Wirtschaftswissenschaft verbreiteter Versuch, mit dem Problem der Unsicherheit umzugehen, ist die Abschätzung von Risiken durch Bildung von Wahrscheinlichkeiten über den Eintritt zukünftiger Ereignisse. Dies hat zur definitorischen Unterscheidung der Begriffe von **Risiko** und **Unsicherheit** geführt. So sind Risikosituationen dadurch gekennzeichnet, dass die Wahrscheinlichkeiten über den Eintritt der Ereignisse bekannt sind, während bei Unsicherheit keinerlei Informationen über die Eintrittswahrscheinlichkeiten der möglichen Ereignisse vorliegen. Vor diesem Hintergrund werden im Folgenden streng genommen nur Risiken behandelt, auch wenn hin und wieder der Begriff der Unsicherheit fällt.

Für die Wirtschaftswissenschaft hat sich zur Analyse des Entscheidungsverhaltens unter Risiko die **Erwartungsnutzenhypothese** als zentral herausgestellt. Gemäß der Erwartungsnutzenhypothese werden die Wirtschaftssubjekte angesichts von Risiko alle möglichen Auszahlungen in Nutzengrößen bewerten und anschließend die Alternative mit dem höchsten **Erwartungsnutzen** → Glossar auswählen. Vorausgesetzt ist allerdings eine **kardinale Nutzenfunktion**. Ein Akteur sehe sich n risikobehafteten Handlungsalternativen gegenüber, die ihm jeweils Auszahlungen von $Y_1, \ldots, Y_n$ ermöglichen. Der Akteur präferiert Y_1 gegenüber Y_2 usw. bis zu Y_n, d. h. Y_1 ist die vom Akteur am höchsten bewertete Auszahlung und $Y_n$die am niedrigsten bewertete. Irgendwo zwischen Y_1 und Y_n befinde sich in der Bewertungsskala die Auszahlung Y_i. Der Auszahlung mit der höchsten Bewertung wird nun willkürlich (der Einfachheit und der Konvention halber) der Nutzenwert 1 und der am schlechtesten bewerteten Auszahlung der Nutzenwert 0 zugeordnet: $u(Y_1) = 1, 0 < u(Y_i) < 1$ und $u(Y_n) = 0$. Um nun die konkreten Nutzenwerte der zwischen 0 und 1 befindlichen Y_i's zu bestimmen, wird folgende Überlegung angestellt. Man stelle sich ein Glücksspiel vor, bei dem die höchste Auszahlung, Y_1, mit der Wahrscheinlichkeit p und die schlechteste, Y_n, mit der Wahrscheinlichkeit $(1 - p)$ eintrete. Nun wird der Akteur gefragt, wie groß die Wahrscheinlichkeit sein muss, damit er zwischen dem erwarteten Nutzen aus dem Spiel, $p \cdot u(Y_1) + (1 - p) \cdot u(Y_n)$, und dem Nutzen aus einer sicheren Alternative indifferent gestellt ist. Wird nun Y_i als die sichere Auszahlung genommen, so muss gelten: $u(Y_i) = p \cdot u(Y_1) + (1 - p) \cdot u(Y_n)$. Der mit Sicherheit eintretende Nutzen, $u(Y_i)$, muss somit der Summe der mit ihren Eintrittswahrscheinlichkeiten gewichteten Nutzenwerte der unsicheren Auszahlungen entsprechen. Für die Nutzenwerte $u(Y_1) = 1$ und $u(Y_n) = 0$ ergibt sich: $u(Y_i) = p \cdot 1 + (1 - p) \cdot 0$, also $u(Y_i) = p$. Falls z. B. $p = 0,7$, so ist $u(Y_i) = 0,7$. Somit stehen drei Nutzenwerte fest: 1; 0,7; 0.

Um die Nutzenwerte für beliebige andere Auszahlungen zu finden, wird in analoger Weise verfahren. Möchte man bspw. den Nutzenwert der Auszahlung Y_2 feststellen, der zwischen den Nutzenwerten der Auszahlungen Y_1 und Y_i verortet sein muss, so wird Y_2 nunmehr als die sichere Auszahlung betrachtet und der Akteur gefragt, bei welcher Wahrscheinlichkeit p_2 er zwischen dem Nutzen aus der sicheren Auszahlung, $u(Y_2)$, und den erwarteten unsicheren Nutzen $u(Y_1) = 1$ und $u(Y_i) = 0,7$ gleichgestellt ist, für welche Wahrscheinlichkeit p_2 also gilt:

$$\begin{aligned} u(Y_2) &= p_2 \cdot u(Y_1) + (1 - p_2) \cdot u(Y_i) \\ &= p_2 \cdot 1 + (1 - p_2) \cdot 0{,}7 \\ &= 0{,}3 \cdot p_2 + 0{,}7 \end{aligned}$$

Gibt der Akteur z. B. für p_2 die Zahl 0,4 an, so beträgt $u(Y_2) = 0{,}82$. Nunmehr liegen folgende Nutzenwerte 1; 0,82; 0,7; 0 vor. Die Ermittlung sämtlicher Nutzenwerte, also für jede Auszahlung Y_i, kann auf diese Weise fortgesetzt werden, wobei der vom Akteur der Auszahlung Y_i zugeordnete Nutzenwert $u(Y_i)$ der Wahrscheinlichkeit entspricht, mit welcher die Auszahlung Y_i erwartet wird: $u = u(Y_i) = p_i$.

$u = u(Y_i) = p_i$ heißt **Erwartungsnutzenfunktion** oder auch **v. Neumann-Morgenstern Nutzenfunktion**, benannt nach den Pionieren der Spieltheorie, John v. Neumann (1903–1957) und Oskar Morgenstern (1902–1977).

Es sei nochmals darauf hingewiesen, dass die Festsetzung der maximalen und minimalen Nutzenwerte auf 1 und 0 willkürlich erfolgt ist. Man könnte ebenso den maximalen Wert bei 1.865 und den minimalen bei 28 ansetzen und alle anderen Nutzenwerte als dazwischen liegende Werte ermitteln.

Nunmehr sollen die wichtigsten Eigenschaften der Erwartungsnutzenfunktion vorgestellt werden. Die Erwartungsnutzenfunktion ordnet einer Auszahlung in Gestalt von Gewinnen, Erträgen, Einkommen oder sonstigen in Geldeinheiten ausgedrückten Größen einen Nutzenwert zu, insofern ist die Nutzenfunktion kardinal. Vorausgesetzt ist vor allem, dass die Nutzenwerte mit steigenden sicheren Auszahlungen zunehmen, die Nutzenwerte (und damit die Nutzenfunktion) mit der Zuordnung von Zahlen für die niedrigsten und höchsten Auszahlungen (z. B. die Null und die Eins) eindeutig definiert und die Nutzenfunktion zweimal stetig ist [Gravelle/Rees 2004, S. 456].

Ausgangspunkt seien zwei Entscheidungsalternativen einer zu tätigenden Investition, eine mit unsicherem Ertrag und eine mit sicherem Rückfluss. Bei der unsicheren Anlage können zwei Fälle eintreten: Mit einer Wahrscheinlichkeit von p wird sich eine Auszahlung in Höhe von Y_1 einstellen oder aber eine Auszahlung von Y_2 eintreten, und zwar mit der Wahrscheinlichkeit (1-p). Der Erwartungswert der unsicheren Anlage, E(Y), beträgt $E(Y) = p \cdot Y_1 + (1 - p) \cdot Y_2$, die Auszahlung der sicheren Anlage, z. B. ein festverzinsliches Wertpapier, Y_S. $u(\cdot)$sei die v. Neumann-Morgenstern Nutzenfunktion des Akteurs. Es geht darum, die beiden Alternativen bezüglich des erwarteten Nutzens, u(Y), und des Nutzens der erwarteten Auszahlung, u[E(Y)], zu bewerten.

$$\begin{aligned} u(Y) &= p \cdot u(Y_1) + (1 - p) \cdot u(Y_2) \\ u[E(Y)] &= u[p \cdot Y_1 + (1 - p) \cdot Y_2] \end{aligned} \tag{5.26}$$

Bei der ersten Gleichung handelt es sich also um die v. Neumann-Morgenstern Nutzen der Auszahlungen und bei der zweiten um die v. Neumann-Morgenstern Nutzen der Erwartungswerte der Auszahlungen. Gemäß der „normalen“ Annahmen an eine Nutzenfunktion wird ein Akteur immer die Alternative mit dem höheren Erwartungsnutzen präferieren.

Beispiel

Eine Investition, die mit einer Wahrscheinlichkeit von (1/3) 100.000 Euro und mit der Wahrscheinlichkeit von (2/3) 40.000 Euro Ertrag einbringt, weist eine erwartete Auszahlung von 60.000 Euro auf

$$\left[E(Y) = \frac{1}{3} \cdot 100.000 + \frac{2}{3} \cdot 40.000 = 60.000\right]$$

Bestenfalls kann der Akteur eine Auszahlung von 100.000 Euro und im schlechtesten Fall eine von 40.000 Euro erhalten. Er hat die Alternative einer sicheren Anlage, die ihm eine Auszahlung von 60.000 Euro mit hundertprozentiger Sicherheit garantiert. Die 60.000 Euro der sicheren Anlage stellen das so genannte **Sicherheitsäquivalent** → Glossar zum Erwartungswert in Höhe von 60.000 Euro aus der unsicheren Anlage dar, zumindest dann, wenn der Akteur die sicheren 60.000 Euro auch tatsächlich äquivalent zu den unsicheren 60.000 Euro bewertet, wenn also gilt:

$$u(Y_S) = p \cdot u(Y_1) + (1 - p) \cdot u(Y_2) = \bar{u} \quad \text{bzw.}$$

$$u(60.000) = \frac{1}{3} \cdot u(100.000) + \frac{2}{3} \cdot u(40.000).$$

Der Nutzen, den der Akteur aus dem Sicherheitsäquivalent zieht, ist somit gleich dem erwarteten Nutzen der Auszahlungen der unsicheren Anlage. Nun ist es durchaus üblich, dass die Wirtschaftssubjekte den Alternativen trotz gleicher erwarteter Auszahlungen durchaus unterschiedliche Nutzenwerte beimessen, z. B. indem jemand die sicheren 60.000 Euro gegenüber den unsicheren 60.000 Euro präferiert, oder im Gegenteil, als Spielernatur, risikoreiche Anlagen liebt und die unsicheren 60.000 Euro mit einer schwachen Aussicht auf die 100.000 Euro den sicheren 60.000 Euro gegenüber vorzieht.

Wie also verhalten sich die beiden Investitionsalternativen bezüglich des erwarteten Nutzens, u(Y), und des Nutzens der erwarteten Auszahlung, u[E(Y)]. Es lassen sich drei Beziehungen feststellen, die auch anhand unterschiedlicher Verläufe der Nutzenfunktion der Auszahlungen dargestellt werden können. → vgl. weiterführende Literatur am Kapitelende, S. 238.

Der Akteur verhält sich

1. risikoneutral in Y;	wenn $u(Y_S) = u[E(Y)]$,	dies gilt für $Y_S = E(Y)$
2. risikoavers in Y;	wenn $u(Y_S) < u[E(Y)]$,	dies gilt für $Y_S < E(Y)$
3. risikofreudig in Y;	wenn $u(Y_S) < u[E(Y)]$,	dies gilt für $Y_S < E(Y)$

1. **Risikoneutralität** → Glossar. Risikoneutralität ist gegeben, wenn ein Akteur zwischen zwei Alternativen auf Grundlage der erwarteten Geldbeträge entscheidet. Im Beispiel entspricht der erwartete Geldbetrag aus der unsicheren Anlage, E(y) = 60.000, dem der sicheren Anlage, Y_S. Der Akteur ist indifferent in seiner Entscheidung, die unsichere oder die sichere Anlage zu wählen, da bei beiden Auszahlungen die Nutzenwerte übereinstimmen, und dies, obwohl der Akteur mit einer Wahrscheinlichkeit von $p = 2/3$ lediglich die 40.000 Euro erhalten wird. Der Akteur berücksichtigt bei der Entscheidungsfindung keinerlei Risiken, d. h. er steht dem Risiko neutral gegenüber und akzeptiert das Risiko als faires Spiel (erwarteter Geldwert entspricht dem Betrag, den ein Spieler aufbringen muss, um am Spiel teilzuhaben). $u(Y_S) = \bar{u} = p \cdot u(Y_1) + (1 - p) \cdot u(Y_2) = u[E(Y)]$ gilt für $Y_S = 60.000 = E(Y)$

In Abbildung 5.19 → vgl. S. 227 stellt der Punkt A den Nutzen für die Auszahlung der 100.000 Euro dar und Punkt B den Nutzen der 40.000 Euro. Der Nutzen des Erwartungswertes der unsicheren Anlage ist gleich ihrem Erwartungsnutzen, der wiederum mit dem Nutzen aus dem Sicherheitsäquivalent übereinstimmt. Dies ist im Punkt C beschrieben. Punkt C lässt sich als konvexe Kombination der Punkte A und B darstellen. Die Nutzenfunktion (des Geldes) ist eine Gerade, d. h. die Nutzenfunktion weist einen konstanten Grenznutzen des Geldes auf.

2. **Risikoaversion** → Glossar. Begonnen sei mit einem Beispiel. Würde der Erwartungswert der Auszahlung z. B. E(Y) = 82.000 Euro betragen (was bei einer Wahrscheinlichkeit von p = 0,7 der Fall wäre), und der Akteur würde die sicheren 60.000 Euro in der Nutzenbewertung den unsicheren 82.000 Euro gleichstellen, so würde er das Risiko sehr fürchten und in seinem Verhalten lieber „auf Nummer Sicher“ gehen. Betrüge der Erwartungswert

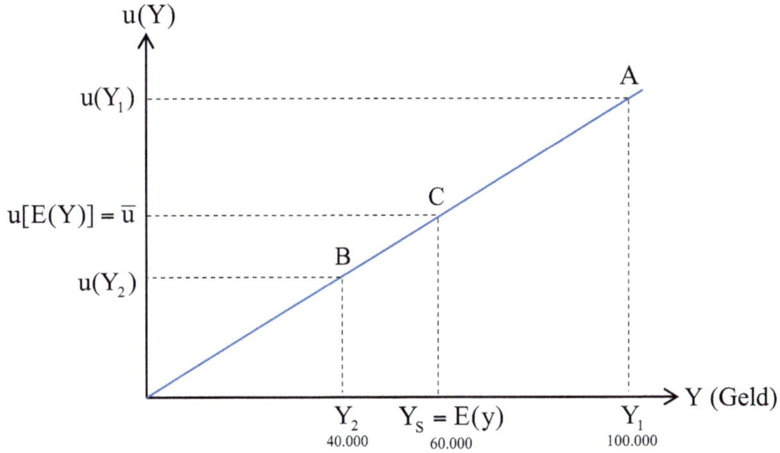

Abbildung 5.19: Risikoneutralität bei linearer Nutzenfunktion

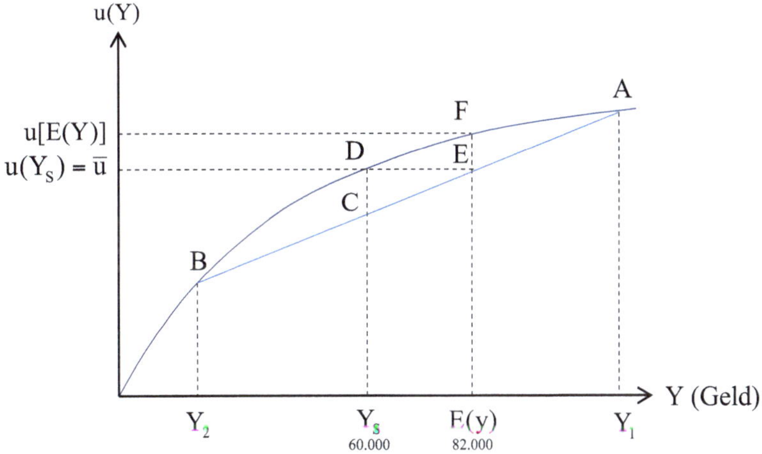

Abbildung 5.20: Risikoaversion bei konkaver Nutzenfunktion

der Auszahlung hingegen nur 60.000 Euro (bei der geringen Wahrscheinlichkeit von 1/3 auf die 100.000 Euro), so präferiert dieser das Risiko fürchtende Akteur die sicheren 60.000 Euro gegenüber den unsicheren 60.000 Euro „mit Sicherheit", da er erst ab einem Betrag von über 82.000 Euro (hier beträgt ja die Wahrscheinlichkeit, die 100.000 Euro zu erhalten, immerhin 70 Prozent) bereit wäre, ein Risiko einzugehen. Bei Risikoaversion ist der Akteur nicht länger indifferent zwischen einer sicheren und einer unsicheren Auszahlung. Vielmehr wird, bei gleichen erwarteten Auszahlungen, $Y_S = E(Y)$, der Alternative mit dem geringeren Risiko (der sicheren Alternative) der Vorzug einräumt. Dies ist wohl der normale Fall, die sicheren 60.000 Euro werden den unsicheren 60.000 Euro gegenüber vorgezogen. Im Punkt A der Abbildung 5.20 ist der Nutzen aus den 100.000 Euro und in Punkt B der aus 40.000 Euro abgetragen. Die konvexe Kombination, mit $p = 1/3$, befindet sich im Punkt C mit dem erwarteten Nutzen $\bar{u}_{1/3} = 1/3 \cdot u(100.000) + 2/3 \cdot u(40.000)$, der jedoch kleiner ist als der Nutzen aus der sicheren Auszahlung und der konvexen Kombination aus $\bar{u}_{0,7} = 0{,}7 \cdot u(100.000) + 0{,}3 \cdot u(40.000)$. Die gesamte die Punkte A und B verbindende Gerade repräsentiert sämtliche Wahrscheinlichkeiten, mit der die erwarteten Zahlungen eintreten. Genauer gesagt ist es die Funktion der Nutzen aus den erwarteten Zahlungen $u(Y) = \bar{u}$. Fragt man sich, welches erwartete Einkommen dem Nutzen von $u(Y_S) = \bar{u}_{0,7}$ entspricht, so bewegt man sich von Punkt D nach Punkt E und von dort auf die Abszisse. Hier ist der Geldwert in Höhe von E(Y) = 82.000 Euro ablesbar. $u(Y_S) = \bar{u} < u[E(Y)]$ gilt für $Y_S < E(Y)$.

Der erwartete Nutzen aus der unsicheren Anlage ist kleiner als der Nutzen aus dem Erwartungswert. Für E(Y) liegt Punkt F oberhalb von Punkt E, aber auch für Y_S liegt Punkt D oberhalb von Punkt C. Der Akteur ist beim Nutzenniveau $u(Y_S) = \bar{u}_{0,7}$ gegenüber den Auszahlungen $Y_S = 60.000$ und $E(Y) = 82.000$ indifferent. Wird E(Y) als unsichere Auszahlung aufgefasst, die dem Nutzenniveau der Sicherheitsäquivalents Y_S entspricht, so heißt die Differenz **Risikoprämie** → Glossar, $R = E(Y) - Y_S$. Die Risikoprämie entspricht der Strecke DE. Die Zahlen aus dem Beispiel zugrunde gelegt, ergibt sich eine Risikoprämie von R = 22.000 (82.000-60.000). Der Akteur müsste somit eine Prämie von 22.000 Euro zahlen, um eine sichere Auszahlung von 60.000 Euro zu erhalten.

3. **Risikofreude** → Glossar. Würde der Akteur z. B. unsichere 52.000 Euro in seiner Nutzenbewertung den sicheren 60.000 Euros gleichstellen, etwa weil er eine Spielernatur ist und ihn die Aussicht auf die 100.000 Euro locken, auch wenn die Wahrscheinlichkeit (mit$p = 0,2$) noch so gering ist, so liegt risikofreudiges Verhalten vor. Bezogen auf gleiche Erwartungswerte beider Anlagen, würde dieser risikofreudige Akteur die unsicheren 60.000 Euro gegenüber den sicheren 60.000 Euro „mit Sicherheit" vorziehen. Da der Akteur zwischen den beiden Alternativen mit dem gleichen Erwartungswert diejenige Alternative mit dem höheren Risiko auswählt, wird von Risikofreude gesprochen. Risikofreude liegt vor, wenn ein Akteur das Risiko der Sicherheit gegenüber präferiert. Die Nutzenfunktion weist einen konvexen Verlauf auf, d. h. ihre Steigung nimmt mit steigenden Auszahlungen zu. Der erwartete Nutzen aus einer unsicheren Anlage ist größer als jener aus einer sicheren Anlage. $u(Y_S) = \bar{u} > u[E(Y)]$ für $Y_S > E(Y)$.

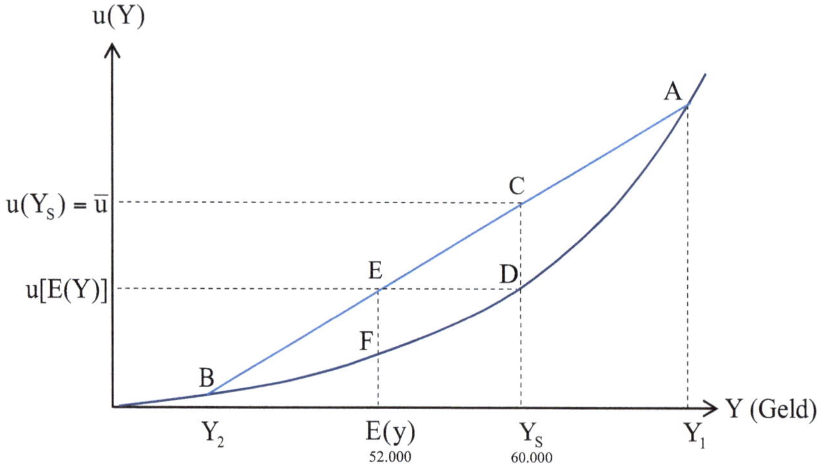

Abbildung 5.21: Risikofreude bei konvexer Nutzenfunktion

Der erwartete Nutzen aus der unsicheren Anlage ist kleiner als der Nutzen aus dem Erwartungswert. Für E(Y) liegt Punkt E oberhalb von Punkt F, aber auch für Y_S liegt Punkt C oberhalb von Punkt D.

In Abbildung 5.21 → vgl. S. 228. zeigt Punkt A den Nutzen der Auszahlung von 100.000 Euro, die mit einer Wahrscheinlichkeit von 1/3 erreicht wird, sowie Punkt B den Nutzen der Auszahlung von 40.000 Euro. Der erwartete Nutzen der unsicheren Auszahlung ist in Punkt C sichtbar. Während Punkt D den Nutzen der sicheren Auszahlung in Höhe von $u(Y_S)$ anzeigt. Punkt C liegt oberhalb von D, was nichts anderes bedeutet, als dass eine unsichere Auszahlung einer sicheren gegenüber vorgezogen wird. In monetären Einheiten ausgedrückt, ist das Sicherheitsäquivalent Y_S größer als der Erwartungswert der unsicheren Auszahlung E(Y). Auch beim Sicherheitsäquivalent liegt der Punkt E oberhalb von Punkt F, so dass auch hier die Risikofreude ablesbar ist. Immer wenn die konvexe Kombination oberhalb der Nutzenfunktion verläuft, wird die risikobehaftete Auszahlung der sicheren Auszahlung gegenüber präferiert. Die Strecke ED entspricht dem Verkauf der Risikoprämie: $R = E(Y) - Y_S < 0$.

Angesichts der Darstellung des Risikoverhaltens über eine Nutzenfunktion könnte vermutet werden, dass z. B. mit steigender Krümmung der Nutzenfunktion die Risikoaversion des Akteurs zunimmt. Dies ist allerdings nicht zutreffend, da lediglich das Vorzeichen (und nicht die Höhe) der zweiten Ableitung der Nutzenfunktion, $u''(Y)$, Auskunft darüber gibt, ob der Akteur sich neutral, avers oder freudig gegenüber dem Risiko verhält. Um diesem Problem zu begegnen, um also etwas über das Ausmaß des Risikoverhaltens aussagen zu können, wird auf das so genannte **Arrow-Pratt-Maß der absoluten Risikoaversion** zurückgegriffen:

$$R_a(Y) = -\frac{u''(Y)}{u'(Y)} \tag{5.27}$$

Die zweite Ableitung wird durch die erste Ableitung der v. Neumann-Morgenstern Nutzenfunktion dividiert. Bei Risikoaversion, also konkavem Verlauf der Nutzenfunktion, ist $u''(Y)$ negativ und das Arrow-Pratt-Maß positiv. Bei Risikofreudigkeit ist das Maß negativ und bei Risikoneutralität gleich Null. Je größer das Maß ist, desto stärker risikoavers verhält sich ein Akteur, genauer gesagt hat ein Akteur mit einem höheren $R_a(Y)$ ein kleines Sicherheitsäquivalent und eine geringe „Spielbereitschaft" als ein Akteur mit einem niedrigeren Arrow-Pratt Koeffizienten [zum Beweis siehe bspw. Jehle/Reny 2000, S. 108–109]. Allerdings ist das Arrow-Pratt-Maß unabhängig von der Form der Nutzenfunktion (es ist invariant gegenüber linearen Transformationen). Wird das Maß zur Bestimmung der Risikoprämie verwendet, die angibt, wie viel ein risikoaverser Akteur zu zahlen bereit wäre, um eine sichere Auszahlung zu erhalten, so ist sie von den Einheiten abhängig, in denen die Auszahlung gemessen wird. Daher wird auf das **Arrow-Pratt-Maß der relativen Risikoaversion** zurückgegriffen.

$$R_r(Y) = -Y \cdot \frac{u''(Y)}{u'(Y)} = \frac{\partial u'}{\partial Y} \cdot \frac{Y}{u'} = \eta_{u,Y} \tag{5.28}$$

Das Arrow-Pratt-Maß der relativen Risikoaversion ist somit gleich der Nutzenelastizität des Einkommens und sagt aus, wie stark die Risikobereitschaft eines Akteurs einer Einkommensänderung reagiert. Die wichtigsten Eigenschaften des Risikoverhaltens sind in der folgenden Übersicht noch einmal zusammengestellt:

Tabelle 5.7: Zusammenhang von Risikoverhalten und Nutzenverlauf

	Risikoaversion	Risikoneutralität	Risikofreude
Sicherheitsäquivalent	$Y_s < E(Y)$	$Y_s = E(Y)$	$Y_s > E(Y)$
Risikoprämie	$R > 0$	$R = 0$	$R < 0$
Nutzenfunktion	strikt konkav $U'' < 0$	linear $U'' = 0$	streng konvex $U'' > 0$

Quelle: Gravelle/Rees [2004], S. 460

5.5.3 Ein Modell zur adversen Selektion – „Der Markt für Zitronen"

Der „Markt für Zitronen" ist ein Spezialfall der adversen Selektion. George Akerlof (geb. 1940), Nobelpreisträger der Wirtschaftswissenschaft von 2001, hatte in einem richtungweisenden Aufsatz aus dem Jahre 1970 Kritik an der effizienten Wirkungsweise vollkommener Märkte formuliert. Er zeigte am Beispiel des Gebrauchtwagenmarktes, dass es zu Marktversagen kommen kann, wenn auf dem Markt Informationsasymmetrien herrschen und die Verkäufer den Käufern Informationen verschweigen.

Auf einem Gebrauchwagenmarkt herrsche Informationsasymmetrie. Es werden gute und schlechte Autos gehandelt, und lediglich der Gebrauchtwagenhändler weiß, welches Auto eine „Zitrone" und welches ein „Pfirsich" ist. Da die Käufer diesen Unterschied nicht im Vorhinein kennen, müssen sie die guten wie die schlechten Autos zum gleichen Preis kaufen. Akerlof behauptet nun, dass unter bestimmten Bedingungen der Handel mit Gebrauchtwagen vollständig zusammenbrechen kann. Angenommen ist eine Gebrauchtwagennachfrage, die vom Preis der Fahrzeuge und von deren durchschnittlicher Qualität $\Psi(p)$ abhängig ist. Die Durchschnittsqualität korreliere positiv mit dem Preis (je höher die Qualität eines Autos, desto höher ist auch sein Preis): $d\Psi(p) / dp > 0$. Für die Gebrauchtwagennachfrage gilt: $x^D = x^D[p, \Psi(p)]$, mit $dx^D/dp < 0$ und $d^2x^D/dp^2 > 0$. Das Gebrauchtwagenangebot hängt ausschließlich vom Preis ab: $x^S = x^S(p)$, mit $dx^S/dp > 0$. Im Gleichgewicht muss gelten (Angebot = Nachfrage): $x^S(p) = x^D[p, \Psi(p)]$. Sinken die Preise, so wird das Angebot an gebrauchten Autos eindeutig zurückgehen, aber was passiert auf der Nachfrageseite? Das Verhalten der Nachfragekurve (Steigung) kann unterschiedliche Verläufe annehmen.

Betrachten wir das Gesamtverhalten der Nachfrage, $x^D[p, \Psi(p)]$:

$$\frac{dx^D}{dp} = \frac{\partial x^D}{\partial p} + \frac{\partial x^D}{\partial \Psi} \cdot \frac{\partial \Psi}{\partial p}$$

$\frac{\partial x^D}{\partial p} < 0$ aufgrund des sinkenden Gebrauchtwagenpreises wird bei den Konsumenten auf jeden Fall der Wunsch gestärkt, mehr Gebrauchtwagen nachzufragen.

$\frac{\partial \Psi}{\partial p} > 0$ d. h. mit sinkendem Preis wird die Qualität der (zum Verkauf angebotenen bzw. der Nachfrage zur Verfügung stehenden) Autos zweifellos abnehmen.

$\frac{\partial x^D}{\partial \Psi} > 0$ die (wegen der Preissenkung) sinkende Qualität der Autos wird einen Nachfragerückgang bewirken.

Wenn $\left|\frac{\partial x^D}{\partial p}\right| > \frac{\partial x^D}{\partial \Psi} \cdot \frac{\partial \Psi}{\partial p}$, so wird bei einer Preissenkung die Nachfrage nach Gebrauchtwagen zunehmen, da der „normale“ Nachfrageeffekt den gegengerichteten „Qualitätseffekt“ dominiert. Wir haben es hier mit einem „normalen“ Nachfrageverlauf ($dx^D / dp < 0$) zu tun, der einem „normalen“ Angebotsverlauf ($dx^S / dp > 0$) gegenübersteht. Ein Gleichgewicht (Schnittpunkt von Angebots- und Nachfragekurve) wird hier erreicht werden.

Gilt jedoch $\left|\frac{\partial x^D}{\partial p}\right| < \frac{\partial x^D}{\partial \Psi} \cdot \frac{\partial \Psi}{\partial p}$, d. h. insgesamt wird bei sinkendem Preis eine rückläufige Nachfrage zu verzeichnen sein ($dx^D / dp > 0$), atypischer Nachfrageverlauf), so werden Nachfrage und Angebot nicht zum Ausgleich gebracht werden können. Zur Veranschaulichung sind in Abbildung 5.22 die Graphen folgender Angebots- und Nachfrageverläufe eingezeichnet [Richter/Furubotn 1999, S. 237–238].

$$
\begin{aligned}
x^S &= b \cdot p, \text{ mit } b > 0, \\
x^D &= a + \Psi(p) - d \cdot p^2, \text{ mit } a, d > 0, \\
\Psi(p) &= g \cdot p, \text{ mit } g > 0 \\
\Rightarrow x^D &= a + g \cdot p - d \cdot p^2
\end{aligned}
$$

Im Schaubild steigt die Nachfrage mit steigendem p; ab $p = \frac{g}{2 \cdot d}$ sinkt sie. Ein Schnittpunkt mit der Angebotskurve wird in keinem Punkt erreicht. Zu jedem Preis ist das Angebot größer als die Nachfrage. Der Preis muss fallen; der Markt bricht zusammen.

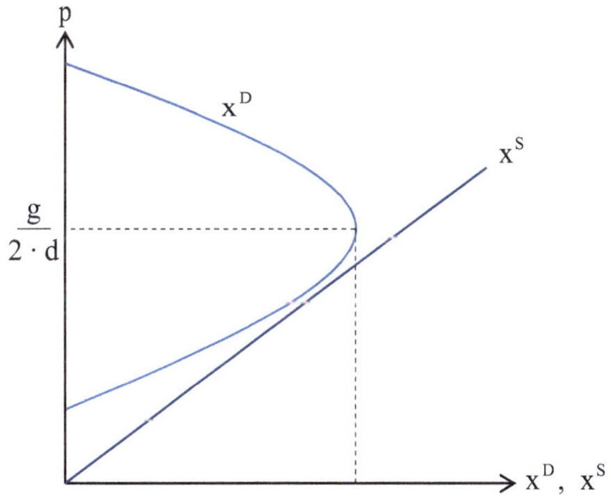

Abbildung 5.22: Zusammenbruch des Marktes

$$x^D = a + g \cdot p - d \cdot p^2 \Rightarrow \frac{dx^D}{dp} = g - 2 \cdot d \cdot p = 0$$

x^D steigt für $p < \frac{g}{2 \cdot d}$ und sinkt für $p > \frac{g}{2 \cdot d}$.

Am Beispiel des Marktes für die „Zitronen“, also für schlechte Güter, konnte Marktversagen für den Fall des Vorliegens von Informationsasymmetrie zwischen Verkäufern und potentiellen

Käufern gezeigt werden. Die „guten“ Waren werden von den „schlechten“ verdrängt, weil die potentiellen Käufer nicht in der Lage sind, die Zitronen von den guten Fahrzeugen zu unterschieden und aus diesem Grunde keine angemessenen Preise für die guten Fahrzeuge anbieten. Ohne einen angemessenen Preis aber sind die Besitzer der guten Waren nicht bereit, diese auf den Markt zu bringen. Unter diesen Umständen, so zeigte AKERLOF, kann ein Markt zusammenbrechen oder gar nicht erst zustande kommen. Dies kann erst wieder durch vertrauensbildende Maßnahmen wie Garantien, Markennamen usf. ermöglicht werden.

5.5.4 Ein Modell zum moralischen Risiko

[Die Ausführungen sind an dier Darstellungsweise von FURUBOTN/RICHTER 1999, S. 202–207 angelehnt].

Mit dem folgenden Extrembeispiel soll verdeutlicht werden, wie weit ein Eigentümer gehen kann, um einen Manager zu veranlassen, in beiderseitigem Interesse zum Wohle des Unternehmens zu handeln. Es handelt sich um ein Beispiel aus der so genannten Prinzipal-Agenten-Theorie. Im Beispiel ist der Prinzipal der Eigentümer, z. B. der Hauptaktionär oder Firmeninhaber, und der Manager der Agent und als solcher derjenige, der als Kompetenzperson das Unternehmen faktisch leitet(neben der Prinzipal-Agenten-Beziehung zwischen Eigentümer und Manager findet sich auch häufig die zwischen Manager und Arbeitnehmer, wobei der Manager die Rolle des Prinzipals und der Arbeitnehmer die des Agenten übernimmt).

Annahmen: Π ist der Gewinn des Unternehmens (Umsätze abzüglich der Kosten; abgezogen sind hierin jedoch noch nicht die Aufwendungen für den Manager)

1. e = Anstrengung des Agenten
2. Es gelte: $\Pi = f(e)$ bzw. $\Pi = \Pi(e)$, mit $\partial\Pi/\partial e > 0$.
3. Vereinfachend sei angenommen: $\Pi = e$. Der Eigentümer kann die Anstrengung (e) des Managers nicht unmittelbar beobachten, womit das Faktum der Informationsasymmetrie indiziert ist. Nur mittelbar, vom erwirtschafteten Gewinn, kann der Eigentümer auf die Anstrengung des Agenten rückschließen.
4. $C = 1/2 \cdot k \cdot e^2$ – Kosten der Anstrengung (e) des Managers
5. $k \cdot e$ – Grenzkosten
6. k – Wachstumsrate der Grenzkosten $\left(\frac{dC}{de} = k \cdot e, \quad \frac{d^2C}{de^2} = k\right)$
7. W – „Lohn“, den der Eigentümer an den Manager zahlt (genauer: W ist das Anreizschema, das der Eigentümer dem Manager setzt).
8. $W = r + \alpha \cdot \Pi(e)$ mit r = Fixum (Honorar) und $\alpha \cdot \Pi(e)$ – Anteil am Gewinn ($0 \leq \alpha \leq 1$).

Das Entscheidungsproblem des Managers:
Nutzenfunktion des Managers:

$$u = W - C$$

$$u = r + \alpha \cdot \Pi(e) - \frac{k}{2} \cdot e^2$$

$$u = r + \alpha \cdot e - \frac{k}{2} \cdot e^2$$

$$\max_e \quad u = r + \alpha \cdot e - \frac{k}{2} \cdot e^2 \quad \text{u.d.N.:} \quad \Pi(e) = e$$

$$\frac{du}{de} = \alpha - k \cdot e = 0$$
$$e = \frac{\alpha}{k}$$

$e = \alpha/k$ ist die Reaktionsfunktion des Managers auf die Anreizfunktion W, die der Eigentümer gesetzt hat. Aus Sicht des Eigentümers heißt die Gleichung auch Anreizverträglichkeitsbedingung im Hinblick auf die Entscheidung des Managers. Es ist unterstellt, dass der Eigentümer die Reaktionsfunktion seines Managers kennt.

Dem Manager steht es frei, die „Anreize" des Eigentümers W zu akzeptieren oder nicht. Nimmt der Manager das Angebot des Eigentümers an, wenn er mindestens ein Nutzenniveau von $\bar{u}$ erhält, so muss gelten:

$$u = r + \alpha \cdot e - \frac{k}{2} \cdot e^2 \geq \bar{u} \quad \text{Partizipationsbedingung.}$$

Das Entscheidungsproblem des Eigentümers:

$$\max_{r,d} \Pi^{\text{netto}} = \Pi - W$$

(wegen $W = r + \alpha \cdot \Pi(e)$ bzw. $W = r + \alpha \cdot e$ folgt)

$$\begin{aligned} \Pi^{\text{netto}} &= e - r - \alpha \cdot e \\ &= e \cdot (1 - \alpha) - r \quad \text{u.d.N.:} \quad e = \frac{\alpha}{k} \quad \text{(Anreizverträglichkeitsbedingung)} \end{aligned}$$

Der Nettogewinn des Eigentümers setzt sich zusammen aus dem Gewinn seines Unternehmens abzüglich der Zahlungen, die dem Manager für die Gewinnerwirtschaftung zu zahlen sind. Mittels der Anreizverträglichkeitsbedingung berücksichtigt der Eigentümer, dass der Manager seinen Nutzen maximieren wird. Mit der Partizipationsbedingung stellt der Eigentümer sicher, dass er über das Anreizschema bzw. den Lohn dem Manager ein Mindestnutzenniveau anbietet.) Natürlich wird der Prinzipal nur $\bar{u}$ und nicht mehr bezahlen wollen, d. h., nur das $\bar{u}$ ist bindend. Nehmen wird jedoch wiederum vereinfachend $\bar{u} = 0$ an, was bedeutet, dass der Prinzipal dem Agenten überhaupt kein bestimmtes Nutzenniveau garantiert, sondern nur das Anreizschema W zahlt, dann folgt aus den in die Zielfunktion eingesetzten Nebenbedingungen:

$$\begin{aligned} \Pi^{\text{netto}} &= \frac{\alpha}{k} \cdot (1 - \alpha) - \left(\frac{k}{2} \cdot e^2 - \alpha \cdot e\right) \qquad \left(r = \frac{k}{2} \cdot e^2 - \alpha \cdot e\right) \\ &= \frac{\alpha}{k} \cdot (1 - \alpha) - \frac{k}{2} \cdot \left(\frac{\alpha}{k}\right)^2 + \alpha \cdot \frac{\alpha}{k} \\ &= \frac{\alpha}{k} - \frac{\alpha^2}{k} - \frac{\alpha^2}{2 \cdot k} + \frac{\alpha^2}{k} \\ &= \frac{\alpha}{k} - \frac{\alpha^2}{2 \cdot k} \end{aligned}$$

Ableitung nach dem Gewinnanteil:

$$\frac{d\Pi^{\text{netto}}}{d\alpha} = \frac{1}{k} - \frac{2 \cdot \alpha}{2 \cdot k} = 0$$
$$\alpha = 1$$

Um seinen Gewinn zu maximieren, bietet der Prinzipal dem Agenten 100 Prozent des Gewinns vom Unternehmen an (er erhält das Residuum), so dass der Agent zum „alleinigen Anteilseigner" (am Gewinn) wird. Dieses zunächst überraschende Ergebnis relativiert sich, wenn wir folgende Beträge errechnen.

Ermitteln wir zunächst das Gewinnmaximum und anschließend die optimale Lohnsumme W (das Anreizschema für das Gewinnmaximum) (für $\alpha = 1$):

$$\Pi^* = e^* = \frac{\alpha}{k} = \frac{1}{k} \quad \text{Gewinn}$$

$$W^* = r^* + \alpha \cdot \Pi^* \quad \text{Ausgaben für Agent}$$

$$W^* = r^* + 1 \cdot \frac{1}{k}$$

$$\bar{u} = 0 \quad \text{und} \quad \alpha = 1:$$

$$r^* = \frac{k}{2} \cdot e^{*2} - \alpha \cdot e^*$$

Berechnung für r^*

$$r^* = \tfrac{k}{2} \cdot \frac{1}{k^2} - 1 \cdot \frac{1}{k} = \frac{1}{2} \cdot \frac{1}{k} - \frac{1}{k}$$

$$r^* = -\frac{1}{2 \cdot k}$$

$$W^* = -\frac{1}{2 \cdot k} + \frac{1}{k}$$

$$W^* = \frac{1}{2 \cdot k} \quad \text{Ausgaben für Agent}$$

Das Anreizschema bzw. der Lohn setzt sich zusammen aus dem Honorar $r^* = -\dfrac{1}{2 \cdot k}$ und dem Gewinnanteil des Agenten $\alpha \cdot \Pi^* = \dfrac{1}{k}$. Den Gewinnanteil führt der Prinzipal in der Tat zu 100 Prozent an den Agenten ab (bzw. behält der Agent ein). Allerdings ist das Honorar, das Fixum, das der Agent erhält, negativ.

Anders ausgedrückt: Der Agent zahlt an den Prinzipal einen Betrag in Höhe des Fixums, womit r^* nichts anderes ist als eine Franchisegebühr. Der zugrunde liegende Vertrag ist also ein Franchisevertrag. Der Prinzipal hat dem Agenten somit das Unternehmen „vermietet" und erhält dafür eine „Miete". Immerhin zahlt der Prinzipal (aus dem „Bruttogewinn") an den Agenten einen (Netto-) Lohnbetrag in Höhe von $W^* = \dfrac{1}{2} \cdot k$. (Betrachten wir allerdings die Nutzenfunktion des Agenten, also, $u = r + \alpha \cdot e - \dfrac{k}{2} \cdot e^2$, so stellen wir fest, dass $u = \dfrac{1}{2} \cdot k - \dfrac{k}{2} \cdot \left(\dfrac{1}{k}\right)^2 = 0$. Aufgrund der Kosten, c, seines Anstrengungsniveaus hat der Agent letztlich einen Nutzen von Null – dem Agenten ein positives Nutzenniveau $\bar{u}$ zu garantieren, war der Prinzipal ja auch nicht bereit).

Nun gilt es schließlich noch zu ermitteln, ob der Prinzipal einen Gewinn macht. Die Einnahmen betragen $\frac{1}{k}$. Diese werden vollständig an den Agenten abgeführt (bzw. er behält sie ein);

allerdings muss der Agent dem Prinzipal eine Franchisegebühr in Höhe von $\frac{1}{2 \cdot k}$ bezahlen.

$$\begin{aligned} \Pi_{max}^{netto} &= \Pi^* - W^* \\ &= \frac{1}{k} - \frac{1}{2 \cdot k} \\ &= \frac{1}{2 \cdot k} \end{aligned}$$

Der Prinzipal gibt zwar die Einnahmen in Höhe von $\frac{1}{k}$ vollständig an den Agenten ab, setzt diesem somit einen maximalen Anreiz, optimal zu wirtschaften (im wahrsten Sinne des Wortes das „Maximale" rauszuholen) und hat somit zunächst einen Gewinn von Null ($\frac{1}{k}$ eingenommen und $\frac{1}{k}$ ausgegeben). Durch die Franchisegebühr des Agenten erhält der Unternehmer jedoch $\frac{1}{2 \cdot k}$. Der erwirtschaftete Betrag in Höhe von $\frac{1}{k}$ wird somit zwischen Prinzipal und Agent aufgeteilt.

Beispiel

$\frac{1}{k}$ sei 50.000 Euro. Der Agent erwirtschaftet diese 50.000 Euro, die dem Eigentümer, dem Prinzipal, zustehen. Der Eigentümer zahlt dem Agenten diese 50.000 Euro aus, erhält dafür jedoch eine Franchisegebühr in Höhe von 25.000 Euro. Letztlich erhalten sowohl der Prinzipal als auch der Agent jeweils 25.000 Euro. Das Komplizierte daran ist, dass der Prinzipal dem Agenten die gesamten Einnahmen zusichert und darüber hinaus ein Fixum garantiert, welches aber mit −25.000 Euro negativ ausfällt, also die Franchisegebühr darstellt.

Zusammenfassung

In diesem Kapitel wurden die verschiedenen Arten von Marktversagen vorgestellt. Die Wirkung der Ausübung von Marktmacht wurde zunächst am Extrembeispiel des Monopols veranschaulicht. Für die Wohlfahrt entstand ein Verlust, der eine einfache Ursache hat: Zu hohe Preise für zu niedrige Mengen. In unterschiedlicher abgeschwächter Wirkung konnten ähnliche Ergebnisse für die verschiedenen Formen von Oligopolen aufgezeigt werden. Ähnliche, in ihrer Wirkung jedoch abgeschwächte Ergebnisse, zeigten sich bei den Oligopolen. Dass negative Externalitäten für eine leistungsfähige Volkswirtschaft unvermeidbar sind, es aber vielmehr darum geht, wie sie weitestgehend internalisiert und somit kontrollierbar gemacht werden können, ergab sich aus der Analyse dieser Art des Marktversagens. Von besonderem ökonomischen Interesse ist die Einsicht, dass zur Lösung von Fragen wie bspw. des Umweltschutzes nicht zwangsläufig auf Gerichte zurückgegriffen werden muss, sondern auch jenseits von Fragen nach Schuld und Haftung volkswirtschaftlich interessante Lösungsvorschläge existieren. Bei der Marktversagensart der öffentlichen Güter wurde grundsätzlichen Problemen ihrer Bereitstellung besondere Aufmerksamkeit geschenkt. So stellte sich als zentrales Ergebnis der spieltheoretischen Analyse heraus, dass Kooperation im Sinne eines gesellschaftlichen Miteinanders für die Bereitstellung öffentlicher Güter, und im weitesten Sinne auch für den Zusammenhalt und damit das Überleben von Gesellschaften, von großer Bedeutung ist. Trittbrettfahrerverhalten bietet dem Einzelnen zwar kurzfristig Vorteile, schadet jedoch langfristig allen (und damit auch dem Einzelnen selbst) – deshalb sollte es unterlassen werden. Die letzte behandelte Form des Marktversagens, die aus asymmetrischer Information entstehenden Probleme, wurde mit der Erklärung ökonomischer Begriffe eingeleitet, die lange Zeit nicht im Mittelpunkt der mikroökonomischen Theorie gestanden haben, aber in der ökonomischen Wirklichkeit ständig anzutreffen sind: Opportunistisches Verhalten, beschränkte Rationalität, falsche oder unvollständige Weitergabe von Informationen, Informationskosten etc. Diverse Zugänge im Umgang mit den aus Informationsasymmetrie entstehenden Problemen wurden vorgestellt. So konnten Einsichten grundsätzlicher Art in das unterschiedliche Risikoverhalten der Wirtschaftssubjekte genommen werden für den Fall, dass Informationen eben nicht mehr vollständig zur Verfügung stehen. Am Beispiel des „Marktes für Zitronen" wurde die schädliche Wirkung von vorenthaltenen und falschen Informationen aufzuzeigen versucht. Mit einem Spezialfall eines Modells des moralischen Risikos sollte ein Einblick vermittelt werden, wie Anreize gesetzt werden können, um Akteure zu einer optimalen Leistungsabgabe zu veranlassen, obwohl sie aufgrund bestimmter Informationsvorsprünge durchaus in der Lage wären, unbeschadet weniger zu erbringen.

Kontrollfragen und Aufgaben

1. Wann liegt Marktversagen vor und welche Arten des Marktversagen werden grundsätzlich unterschieden?
2. Was sind Ursachen für die Bildung eines Angebotmonopols?
3. Beschreiben Sie worin die Marktmacht des Monopolisten besteht
4. Welche Zusammenhänge werden mittels der Preis-Absatz-Kurve dargestellt?
5. Wie heißt der Punkt, in dem der gewinnmaximale Preis des Monopolisten verwirklicht wird?
6. Unterscheiden Sie Angebots-, natürliche und dauerhalfte Monopole.
7. Was versteht man unter einer Reaktionsfunktion?
8. Was wird unter einem externen Effekt (Externalität) verstanden?
9. Aus welchem Grund wird eine Pigou-Steuer erhoben?
10. Umreißen Sie den Lösungsvorschlag von **Ronald Coase** bezüglich der Externalitäten.
11. Definieren Sie öffentliche Güter.
12. Nennen Sie Beispiele für öffentliche Güter.
13. Welches Problem tritt bei der Bereitstellung öffentlicher Güter auf?
14. Was ist ein Nash-Gleichgewicht?
15. Wann wird von Informationsasymmetrie gesprochen?
16. Definieren Sie den Begriff „Transaktionskosten" und unterscheiden Sie die verschiedenen Ausprägungen.
17. Definieren Sie den Begriff „opportunistisches Verhalten".
18. Nennen und beschreiben Sie die Arten des ex post Opportunismus.
19. Was wird unter dem Konzept der beschränkten Rationalität verstanden?
20. Nennen und beschreiben Sie Formen des Risikoverhaltens.
21. Was besagt **Akerlof**'s Modell vom „Markt für Zitronen"?

22. Nennen Sie Beispiele zum Verhalten unter moralischem Risiko.
23. Veranschaulichen Sie die Einführung einer Pigou-Steuer in einem Schaubild → Abschnitt 5.3.3, S. 207.
24. Leiten Sie die optimale Menge des öffentlichen Gutes grafisch her! → Abschnitt 5.4.2, S. 213.
25. Verdeutlichen Sie die Aussage von dem Modell „Der Markt der Zitronen" grafisch. → vgl. Abschnitt 5.5.3, S. 230.
26.* Ein Monopolist sieht sich einer Preis-Absatz-Funktion von $p(x) = 50 - \frac{2}{3} \cdot x$ gegenüber. Seine Kostenfunktion lautet $K(x) = \frac{1}{3} \cdot x^2 + 2 \cdot x + 650$. Bestimmen Sie die Ausbringungsmenge und denjenigen Güterpreis, zu denen der Monopolist seinen Gewinn maximiert.
27.* Die Unternehmen eines Stackelberg-Duopols sehen sich der gemeinsamen Preis-Absatz-Funktion $p(x) = 130-3 \cdot x$ mit $x = x_1 + x_2$ gegenüber, wobei x_1 die vom Stackelberg-Führer und x_2 die vom Stackelberg-Folger angebotenen Mengen bezeichne. Beide Unternehmen verfügen über identische Kostenfunktionen $K(x_i) = 10 \cdot x_i$, $i = 1, 2$. Bestimmen Sie die gewinnmaximalen Preise und Mengen der beiden Unternehmen.
28.* Im Staatsforst „Fuchsheide" wird besonderer Wert auf die Aufzucht des Rothwildbestandes gelegt und gemäß der Kostenfunktion $K_1 = x_1^2$ produziert, wobei x_1 die Zahl des Rotwilds angibt. Leider besuchen die Rotwildrudel auch das Waldgebiet des Forstbauern Heinz Tanne und richten dort Verbiss- und Schälschäden an, die sich in der Kostenfunktion von Herrn Tanne niederschlagen, die $K_2 = \frac{1}{400} \cdot x_2^2 + 40 \cdot x_1$ beträgt. x_2 ist die Zahl der zum Verkauf anstehenden Raummeter Holz. Der Preis für ein Stück Rotwild liegt bei 200 Euro und der für einen Raummeter Holz bei 20 Euro.
   a) Bestimmen Sie die gewinnmaximale Ausbringungsmenge des einzelnen Unternehmens, wenn der externe Effekt nicht berücksichtigt wird.
   b) Wo liegt die gewinnmaximale Ausbringungsmenge, wenn beide Produkte von einem Betrieb hergestellt würden?
   c) Wie hoch müsste die Steuer auf die Menge des Gutes Rotwild sein, damit das von der Gesellschaft erwünschte Ergebnis eintritt? Dieses Ergebnis gilt als erreicht, wenn der negative externe Effekt berücksichtigt wird.
29.* In einer Volkswirtschaft äußern vier Haushalte folgende Zahlungsbereitschaften für die Bereitstellung der Menge z eines öffentlichen Gutes: $p^1 = 80 - 5 \cdot z$, $p^2 = 120 - 6 \cdot z$, $p^3 = 70 - 8 \cdot z$ und $p^4 = 60 - 4 \cdot z$. Die Zahlungsbereitschaften sind invertierte Nachfragefunktionen, die für einen jeden Haushalt den Preis angegeben, den er für die Menge z des öffentlichen Gutes maximal auszugeben bereit ist. Ermitteln Sie die optimale bereitzustellende Menge des öffentlichen Gutes, wenn die Grenzkosten seiner Bereitstellung konstant bei 20 Geldeinheiten liegen.
30.* Tanja Ehrlich sieht sich im Gebrauchtwagenzentrum „Südfrucht-Cars" nach einem PKW um. Von guten Freunden ist ihr bekannt, dass es sich bei exakt der einen Hälfte der Fahrzeuge um „Zitronen" und bei der anderen Hälfte um gute Autos handelt. Für ein gutes Fahrzeug ist Frau Ehrlich bereit 12.000 Euro auszugeben, für eines von minderer Qualität allerdings nur 4.000 Euro. Das Gebrauchtwagenzentrum verkauft Fahrzeuge guter Qualität nicht unter 10.000 Euro und solche von schlechter Qualität nicht unter 2.500 Euro.
   a) Welchen Betrag wird Tanja Ehrlich als risikoneutrale Akteurin für jedes der Fahrzeuge auszugeben bereit sein, wenn sie die Qualität der Fahrzeuge nicht einschätzen kann.
   b) Wird das Gebrauchtwagenzentrum zu dem von Tanja Ehrlich angebotenen Preis ein Fahrzeug guter Qualität anbieten?

c) Würde das Gebrauchtwagenzentrum Frau Ehrlich Fahrzeuge von guter Qualität anbieten, wenn ihr bekannt wäre, dass 75 Prozent der angeboten Fahrzeuge von guter und nur 25 Prozent von schlechter Qualität sind?

Literatur

Eine gute einführende Darstellung in die von der **vollständigen Konkurrenz abweichenden Marktformen** bieten bspw. v. Böventer/Illing et al. [1997], S. 295 – 326.

Eine sehr ansprechende Einführung in die Themen der **externen Effekte** und **öffentlichen Güter** gibt etwa Frank [2010], Chap. 16 – 17. Analytisch anspruchsvoller ist z. B. die Analyse von Sohmen [1976], S. 220 – 306. Eine lesenswerte und verständliche Einführung in die Spieltheorie geben Dixit/Nalebuff [1997].

Das Thema der **Informationsasymmetrie** ist Gegenstand der Vertragstheorie und findet sich sehr verständlich aufbereitet in Richter/Furubotn [2010], S. 220 – 310, aber auch Frank [2010], Chap. 6 – 8.

Übungsklausuren

Übungsklausur 1

Bitte lösen Sie neun der zehn Aufgaben in 90 Minuten.

Aufgabe 1

Erläutern Sie die Eigenschaften der „Vollständigkeit“, „Transitivität“ und „Nichtsättigung“ einer Präferenzordnung.

Aufgabe 2

Erläutern Sie die Begriffe der beschränkten und unbeschränkten Substituierbarkeit und unterstützen Sie Ihre Argumentation mittels geeigneter Grafiken. Erklären Sie anhand einer beschränkt substitutionalen Produktionsfunktion, was man unter der Grenzrate der technischen Substitution und des Gesetzes ihrer Abnahme versteht.

Aufgabe 3

Bestimmen Sie mittels des Lagrange-Ansatzes den optimalen Konsumplan zwischen zwei von Paul äußerst geschätzten Gütern. Seine Nutzenfunktion betrage $u(x_1, x_2) = 10 \cdot x_1^{0,6} \cdot x_2^{0,4}$ ($x_i \geq 0$, für $i = 1, 2$) und sein zur Verfügung stehendes Einkommen 3.000 Euro. Die Güterpreise liegen bei $p_1 = 5$ und $p_2 = 2$.

Aufgabe 4

Nach der Erhöhung der Mehrwertsteuer von 16 auf 19 Prozent senkt Paul seine Nachfrage nach Gut 1 von 300 auf 294 Stück. Berechnen Sie Pauls Preiselastizität der Nachfrage nach dem Gut 2 und charakterisieren Sie diese.

Aufgabe 5

Gegeben sei die Nutzenfunktion $u(x, F) = x^{0,3} \cdot F^{0,3}$, wobei x die Menge eines bestimmten Gutes und F die Freizeitstunden pro Tag bezeichnet. Insgesamt stehen dem Individuum 16 Stunden pro Tag entweder für die Arbeit (L) oder für Freizeitaktivitäten zur Verfügung. Des Weiteren beträgt der Lohnsatz (w) 8 Euro pro geleistete Arbeitsstunde. Der Preis für das konsumierte Gut beträgt 4 Euro.

a) Wie viele Stunden Arbeit pro Tag bietet das Individuum an und wie hoch ist seine Nachfrage nach Gut x, um seinen Nutzen zu maximieren? Verwenden Sie den Lagrange-Ansatz!
b) Ordnen Sie den Begriff der Opportunitätskosten in die Lohn-Freizeit Entscheidung ein.

Aufgabe 6

Was sagt das Spinnengewebe-Modell aus und unter welchen Bedingungen kann ein Gleichgewicht erreicht werden?

Aufgabe 7

Ein Unternehmen produziere gemäß der folgenden Cobb-Douglas-Produktionsfunktion die Gütermenge x mit den Faktormengen r_1, r_2:

$$x(r_1, r_2) = A \cdot r_1^{\alpha} \cdot r_2^{1-\alpha}, \quad \text{mit} \quad A > 0, \quad 0 < \alpha < 1, \quad r_1, r_2 \geq 0$$

a) Was versteht man unter einer partiellen Ertragsfunktion? Wie lautet die Gleichung für den partiellen Ertrag des Faktors 1 für die gegebene Funktion.
b) Was versteht man unter einer Isoquante? Was versteht man unter „Grenzrate der technischen Substitution“?
c) Gehen Sie nunmehr von einer gegebenen partiellen Ertragsfunktion $x = 2 \cdot r_i^{0,75}$ aus. Berechnen Sie den partiellen Grenzertrag (Grenzproduktivität), den partiellen Durchschnittsertrag und die Produktionselastizität.

Aufgabe 8

Erläutern Sie die Konzepte „Transformationskurve“ und „Grenzrate der Transformation“ (einschließlich grafischer Darstellung). Gehen Sie in diesem Zusammenhang auf den Begriff der Opportunitätskosten ein.

Aufgabe 9

Vergleichen Sie die Wohlfahrtseffekte, die bei einem Produkt im reinen Angebotsmonopol einerseits und bei vollständiger Konkurrenz andererseits entstehen. (unterstützen Sie Ihre Argumentation durch eine Grafik).

Aufgabe 10

Ein Monopolist produziert seine Menge x mit der Kostenfunktion $K(x) = 20 \cdot x + 130$ und ist mit der Preis-Absatz-Funktion $p(x) = 1.000 - 2 \cdot x$ konfrontiert.
a) Ermitteln Sie die Gleichgewichtsmenge und den Gleichgewichtspreis des Monopolisten (Cournot’scher Punkt).
b) Berechnen Sie die Konsumentenrente, die Produzentenrente und die Wohlfahrt.

Übungsklausur 2

Bitte lösen Sie neun der zehn Aufgaben in 90 Minuten.

Aufgabe 1

Erläutern Sie kurz die folgenden Begriffe:
a) Inferiores Gut
b) Substitutionseffekt
c) Giffen-Gut

Aufgabe 2

Wir wissen, dass der Haushalt seinen Nutzen durch den Konsum von Gütern zu maximieren versucht, ihm aber hierfür nur ein bestimmtes Budget zur Verfügung steht.
a) Ermitteln Sie grafisch die optimale Konsumentscheidung unter Berücksichtigung von Budgetbeschränkung und Verbraucherpräferenzen.
b) Wie ändert sich die Konsumentscheidung, wenn auf eines der Güter eine Steuer erhoben wird, der Preis des einen Gutes also steigt?

Aufgabe 3

Ein Haushalt konsumiert drei Güter in den Mengen x_1, x_2, x_3. Die Nutzenfunktion sei $U(x_1, x_2, x_3) = 4 \cdot x_1 \cdot x_2 \cdot x_3$. Die Preise der Güter betragen $p_1 = 3$, $p_2 = 4$, $p_3 = 2$, das Budget des Haushalts 600 Geldeinheiten. Bestimmen Sie mittels der Lagrange-Methode den optimalen Konsumplan des Haushalts.

Aufgabe 4

Erläutern Sie kurz die folgenden Begriffe:
a) Konstante Skalenerträge
b) Grenz- und Durchschnittkosten
c) Grenzrate der technischen Substitution

Aufgabe 5

Gegeben sei folgende linear-limitationale Produktionsfunktion $x = \min\left(\frac{r_1}{a_1}, \frac{r_2}{a_2}, \ldots, \frac{r_m}{a_m}\right)$ mit der Ausbringungsmenge x, den Ressourceneinsätzen r_i und Produktionskoeffizienten a_i der m verschiedenen Faktoren. Bestimmen Sie aus der Produktionsfunktion die Kostenfunktion K(x).

Aufgabe 6

Ein Monopolist hat die Kostenfunktion $K(x) = x^2$ und folgende (inverse) Nachfragefunktion $p(x) = 120 - x$.
a) Wie hoch ist sein gewinnmaximales Outputniveau? Welchen Preis wird er wählen?
b) Welchen Höchstpreis sollte man festlegen, um die Summe aus Konsumenten und Produzentenrente zu maximieren?
c) Wie viel Output wird er bei diesem Höchstpreis erzeugen?
d) Angenommen, der Monopolist wird mit einer Steuer von 20 Euro je Einheit belegt. Wie hoch ist nun sein gewinnmaximaler Output?

Aufgabe 7

Zeichnen Sie einen „typisch" konvexen Verlauf einer Indifferenzkurve in einem zu bezeichnenden Diagramm und erläutern Sie den Inhalt der Kurve. Nennen und erläutern Sie im Anschluss kurz die Annahmen, die notwendig sind, damit dieser Typische Indifferenzkurvenverlauf entsteht.

Aufgabe 8

Das nachstehende Schaubild zeigt eine 2-Personen-2-Güter-(Tausch) Ökonomie, in der $\bar{x}$ die Anfangsausstattung darstellt.

a) Bezeichnen Sie die im Schaubild enthaltenen Kurven und geben Sie kurz deren Inhalt an.
b) Erläutern Sie die Punkte A, B und C.

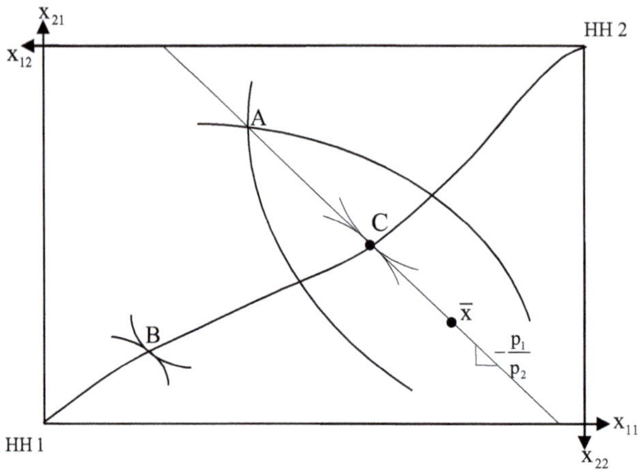

Aufgabe 9

Was versteht man unter einem externen Effekt? Geben Sie ein Beispiel für einen negativen externen Effekt. Was ist ein reines öffentliches Gut? Geben Sie ein Beispiel.

Aufgabe 10

In einem Markt, dessen Nachfrage durch die Preis-Absatz-Funktion $p(x) = 60 - 0,5 \cdot x$ charakterisiert ist, gibt es ein Unternehmen (Firma 1), dessen Kosten 300 Euro (Grenzkosten sind Null) betragen.

a) Zu welchem Preis und zu welcher Menge wird der Unternehmer anbieten und wie hoch ist sein Gewinn?
b) Angenommen, ein zweites Unternehmen (Firma 2) tritt in den Markt, mit Gesamtkosten in Höhe von 200 Euro. Wie verändert sich die gewinnmaximale Situation von Firma 1, wenn beide Unternehmen über ihre Ausbringungsmengen in Wettbewerb miteinander treten und keiner von beiden irgendeine Form der Führerschaft beansprucht?

Lösungen der mit einem Stern gekennzeichneten Aufgaben

Kapitel 2

Aufgabe 24:

a) GRS bestimmen: $\text{GRS} = \frac{dx_2}{dx_1} = -\frac{\frac{\partial u}{\partial x_1}}{\frac{\partial u}{\partial x_1}}$

$$\frac{\partial u}{\partial x_1} = 2 \cdot x_1; \quad \frac{\partial u}{\partial x_2} = 2 \cdot x_2$$

$$\Rightarrow \text{GRS} = -\frac{2 \cdot x_1}{2 \cdot x_2} = -\frac{x_1}{x_2}$$

für $(3, 4)$: $\text{GRS} = -\frac{3}{4}$

für $(6, 8)$: $\text{GRS} = -\frac{3}{4}$

b) Nachfragefunktion für Gut x: $x^D = (Y, p_1, p_2) = \begin{cases} 0 & \text{für } p_1 > p_2 \\ 0 \leq x^D \leq \frac{Y}{p_1} & \text{für } p_1 = p_2 \\ \frac{Y}{p_1} & \text{für } p_1 < p_2 \end{cases}$

Im Optimum sind die Steigungen der Indifferenzkurven und der Budgetgerade gleich. $\text{GRS} = \frac{p_1}{p_2}$. Steigung der Budgetgerade $x_2 = \frac{Y}{p_2} - \frac{p_1}{p_2} \cdot x_1$ beträgt $-\frac{p_1}{p_2}$.

Aufgabe 25

a) Budgetrestriktion: $p \cdot x = l \cdot L + Y$

$$\Leftrightarrow p \cdot x = l \cdot (T - F) + Y$$
$$\Leftrightarrow p \cdot x = l \cdot T - l \cdot F + Y$$
$$\Leftrightarrow p \cdot x + l \cdot F = l \cdot T + Y$$

b) Haushaltsoptimum: $\frac{l}{p} = \frac{\frac{\partial u}{\partial F}}{\frac{\partial u}{\partial x}} = \text{GRS}$

Der Reallohn entspricht dem Grenznutzenverhältnis bzw. der GRS. Für die angegeben Nutzenfunktion ergibt sich:

1. $$\frac{\partial u}{\partial F} = (1-\alpha)\cdot x^{\alpha}\cdot F^{1-\alpha-1} = (1-\alpha)\cdot x^{\alpha}\cdot F^{-\alpha}$$

2. $$\frac{\partial u}{\partial x} = \alpha\cdot x^{\alpha-1}\cdot F^{(1-\alpha)}$$

$$\frac{\frac{\partial u}{\partial F}}{\frac{\partial u}{\partial x}} = \frac{(1-\alpha)\cdot x^{\alpha}\cdot F^{-\alpha}}{\alpha\cdot x^{\alpha-1}\cdot F^{(1-\alpha)}} = \frac{(1-\alpha)\cdot x^{\alpha}\cdot x^{-\alpha+1}}{\alpha\cdot F^{(1-\alpha)}\cdot F^{\alpha}} = \frac{(1-\alpha)\cdot x}{\alpha\cdot F}$$

Aufgabe 26

a) Im Nutzenmaximum gilt, dass die Grenzrate der intertemporalen Substitution, also die Steigung der intertemporalen Indifferenzkurve, gleich der Steigung der Budgetgerade sein muss.

$$\frac{\frac{\partial u}{\partial c_1}}{\frac{\partial u}{\partial c_2}} = (1+r) \quad\Leftrightarrow\quad \frac{2c_1\cdot c_2}{c_1^2} = 1+r \quad\Rightarrow\quad c_2 = (1+r)\cdot\frac{c_1}{2}$$

eingesetzt in die Budgetgleichung, $Y_1 + \frac{Y_2}{(1+r)} = c_1 + \frac{c_2}{(1+r)}$, ergibt sich

$$Y_1 + \frac{Y_2}{(1+r)} = c_1 + \frac{(1+r)}{(1+r)}\cdot\frac{c_1}{2} \quad\Rightarrow$$

$$c_1^* = \frac{2}{3}\cdot\left(Y_1 + \frac{Y_2}{(1+r)}\right) = \frac{2}{3}\cdot\left(2.000 + \frac{2.500}{(1+0{,}05)}\right) = 2.920{,}63$$

$$c_1^* = 2.920{,}63$$

$$c_2^* = (1+r)\cdot\frac{c_1^*}{2} = 1{,}05\cdot\frac{2.920{,}63}{2} = 1.533{,}33$$

$$c_2^* = 1.533{,}33$$

Der Haushalt tätigt in Periode 1 Konsumausgaben in Höhe von 2.920,63 Euro und in Periode 2 von 1.533,33 Euro. Offensichtlich zieht er Einkommen aus Periode 2 in Periode 1 vor, da sein Gegenwartskonsum relativ hoch ist (in der Nutzenfunktion ist c_1 quadriert) und der Zinssatz von fünf Prozent als niedrig genug empfunden wird, um heute zu konsumieren und den Konsum nicht in die Zukunft zu verschieben.

$$s^* = \bar{Y}_1 - c_1^* = 2.000 - 2.920{,}63 = -920{,}63$$

$$s^* = -920{,}63$$

Im Beispiel nimmt der Haushalt einen Kredit in Höhe von 920,63 Euro auf, den er in Periode 2 von seinem Einkommen in Höhe von 2.500 Euro, und zwar mit einer Verzinsung von fünf Prozent, also insgesamt 966,66 Euro, zurückzahlen muss.

b) $$\frac{\frac{\partial u}{\partial c_1}}{\frac{\partial u}{\partial c_2}} = (1+r) \quad \Leftrightarrow \quad \frac{2 \cdot c_2}{c_1} = 1 + r \quad \Rightarrow \quad \hat{r} = \frac{2 \cdot c_2}{c_1} - 1$$

Im Punkt der Anfangsausstattung gilt: $\bar{Y}_1 = c_1 = 2.000$ und $\bar{Y}_2 = c_2 = 2.500$. Für den Zinssatz $\hat{r}$ folgt:

$$\hat{r} = \frac{2 \cdot 2.500}{2.000} - 1 = 1{,}5$$
$$\hat{r} = 1{,}5$$

(für die Werte der Allokation c^* würde sich natürlich die Zinsrate $r = 0{,}05$ ergeben)
Aufgrund der hohen Präferenz des Gegenwartkonsums wäre der Hauhalt erst ab einem Zinssatz von über 150 Prozent bereit, Geld in die nächste Periode zu verschieben (zu sparen). Bei geringeren Zinssätzen würde er Geld von Periode 2 nach Periode 1 verlagern.

c) $\frac{2 \cdot c_2}{c_1} = 1 + r \quad \Rightarrow \quad c_2 = (1+r) \cdot \frac{c_1}{2}$. Eingesetzt in die Budgetgleichung, wobei $Y_2 = 0$ ist, folgt:

$$Y_1 + \frac{Y_2}{(1+r)} = c_1 + \frac{(1+r)}{(1+r)} \cdot \frac{c_1}{2} \quad \Rightarrow \quad Y_1 = c_1 + \frac{c_1}{2} = \frac{3}{2} \cdot c_1$$
$$\Rightarrow c_1^* = \frac{2}{3} \cdot Y_1 = \frac{2}{3} \cdot 4.500 = 3.000$$
$$c_1^* = 3.000$$
$$\left(c_2^* = (1+r) \cdot \frac{c_1^*}{2} = 1{,}05 \cdot \frac{3.000}{2} = 1.575 \right)$$
$$s^* = Y_1 - c_1^* = 4.500 - 3.000 = 1.500$$
$$s^* = 1.500$$

Kapitel 3

Aufgabe 25

a) Die Bedingung der effizienten Produktion ist erfüllt, wenn die $GRS_{tech.}$ von Faktor 2 durch Faktor 1 dem Verhältnis der Faktorpreise der Güter 1 und 2 entspricht:

$$\frac{dr_2}{dr_1} = \frac{\frac{\partial x}{\partial r_1}}{\frac{\partial x}{\partial r_2}} = \frac{q_1}{q_2}$$

$$\frac{\partial x}{\partial r_1} = 3 \cdot \frac{r_2^{0,5}}{r_1^{0,5}}; \quad \frac{\partial x}{\partial r_2} = 3 \cdot \frac{r_1^{0,5}}{r_2^{0,5}}$$

$$\Rightarrow \quad \frac{3 \cdot \frac{r_2^{0,5}}{r_1^{0,5}}}{3 \cdot \frac{r_1^{0,5}}{r_2^{0,5}}} = \frac{r_2}{r_1} = \frac{q_1}{q_2}$$

$$\Leftrightarrow \quad \frac{16}{16} \neq \frac{6}{24} \quad \Leftrightarrow \quad 1 \neq \frac{1}{4}$$

Die Faktormengenkombination ist ineffizient.

b) $\frac{r_2}{r_1} = \frac{q_1}{q_2} \quad \Rightarrow \quad \frac{16}{16} = \frac{q_1}{q_2} \quad \Rightarrow \quad q_1 = q_2$

Die Inputpreise müssten gleich sein, also das Faktorpreisverhältnis 2 betragen, damit die Faktorkombination von $r_1 = r_2 = 16$ effizient eingesetzt wird.

c) Die MKK setzt immer technisch effiziente Produktion voraus, d. h. es muss gelten:

$$\frac{r_2}{r_1} = \frac{q_1}{q_2} = \frac{5}{20} \quad \Leftrightarrow \quad r_1 = 4 \cdot r_2.$$

Eingesetzt in die Produktionsfunktion für 360 Stück ergibt sich:

$$360 = 6 \cdot (4 \cdot r_2)^{0,5} \cdot r_2^{0,5}$$
$$60 = 2 \cdot r_2$$
$$\Rightarrow \quad r_2 = 30$$
$$\Rightarrow \quad r_1 = 120$$

Aufgabe 26

a) Im gegebenen Beispiel sind technisch fixe Faktorproportionen unterstellt; diese Produktionstechnologie wird durch eine linear-limitationale Produktionsfunktion beschrieben. Dabei sind nicht nur die Faktorproportionen konstant, sondern auch die Input-Output-Relationen. Seien a_1 und a_2 die Produktionskoeffizienten von Zement und Wasser, r_1 und r_2 die jeweiligen Mengen, so kann man schreiben:

$$a_1 \cdot x = r_1 \text{und } a_2 \cdot x = r_2$$

$$a_1 \cdot 1000 \text{ (kg)} = 800 \text{ (kg) und } a_2 \cdot 1000 \text{ (kg)} = 200 \text{ (l)}$$

$$a_1 = \frac{4}{5}\left(\frac{\text{kg}}{\text{kg}}\right) \text{ und } a_2 = \frac{1}{5}\left(\frac{\text{l}}{\text{kg}}\right)$$

Die Produktionsfunktion des gegebenen Beispiels lautet damit:

$$x = \min\left(\frac{1}{a_1} \cdot r_1; \frac{1}{a_2} \cdot r_2\right)$$
$$= \min\left(\frac{5}{4} \cdot r_1; \frac{5}{1} \cdot r_2\right)$$

Effizient wird produziert, wenn gilt:

$x = 1,25 \cdot r_1 = 5 \cdot r_2$

Bei 800 kg Zement und 200 l Wasser wird keiner der beiden Faktoren in Überschussmengen eingesetzt.

b) $x = \min\left(\frac{5}{4} \cdot r_1; \ \frac{5}{1} \cdot r_2\right)$. Für 4.400 kg Zement und 1.200 Liter Wasser folgt:

$$x = \min\left(\frac{5}{4} \cdot 4.400; \ \frac{5}{1} \cdot 1.200\right) = \min\ (5.500; \ 6.000)$$
$$= 5.500$$

Es können 5,5 Tonnen Beton hergestellt werden, wobei die 4.400 kg Zement den Engpassfaktor darstellen, denn mit 1.200 l Wasser wäre es möglich, sechs Tonnen Beton zu produzieren.

Aufgabe 27

a) Bei einer homogenen Funktion entspricht die Skalenelastizität dem Homogenitätsgrad der Funktion. Die Skalenelastizität kann bei homogenen Produktionsfunktionen als Summe der Produktionselastizitäten aufgefasst werden, die ihrerseits den Exponenten der jeweiligen Faktoren entsprechen: $\lambda = 0{,}5 + 0{,}5 = 1$. Mit einem Homogenitätsgrad von 1 handelt es sich um eine linear-homogene Produktionsfunktionen.

b) Gesucht ist die MKK mit $q_1 = 180$ und $q_2 = 20$. Das Ziel besteht in der Bestimmung derjenigen Faktoren, zu denen die Kosten minimal sind und dies natürlich unter der Bedingung technisch effizienter Produktion:

$$\min K = q_1 \cdot r_1 + q_2 \cdot r_2 \quad \text{u. d. N.:} \ x = r_1^{1/2} \cdot r_2^{1/2}$$

$$\frac{\partial x}{\partial r_1} = \frac{1}{2} \cdot \frac{r_2^{1/2}}{r_1^{1/2}}, \qquad \frac{\partial x}{\partial r_2} = \frac{1}{2} \cdot \frac{r_1^{1/2}}{r_2^{1/2}}$$

Für die MKK gilt:

$$\frac{q_1}{q_2} = \frac{\frac{\partial x}{\partial r_1}}{\frac{\partial x}{\partial r_2}}$$

$$\frac{180}{20} = \frac{\frac{1}{2} \cdot \frac{r_2^{1/2}}{r_1^{1/2}}}{\frac{1}{2} \cdot \frac{r_1^{1/2}}{r_2^{1/2}}} \quad \Leftrightarrow \quad 9 = \frac{r_2}{r_1} \quad \Rightarrow \quad r_2 = 9 \cdot r_1$$

Eingesetzt in die Nebenbedingung:

$$x = r_1^{1/2} \cdot (9 \cdot r_1)^{1/2} = r_1^{1/2} \cdot 3 \cdot r_1^{1/2} = 3 \cdot r_1$$

$$\Rightarrow \quad r_1^* = \frac{x}{3}$$

$$\Rightarrow \quad r_2^* = 9 \cdot \frac{x}{3} = 3 \cdot x$$

c) Gesucht ist die Kostenfunktion:

$$\begin{aligned} K &= q_1 \cdot r_1^* + q_2 \cdot r_2^* \\ &= 180 \cdot \frac{x}{3} + 20 \cdot 3 \cdot x \\ &= 60 \cdot x + 60 \cdot x \\ &= 120 \cdot x \end{aligned}$$

Grenzkosten: $\frac{\partial K(x)}{\partial x} = 120$

Durchschnittskosten: $\frac{K(x)}{x} = \frac{120 \cdot x}{x} = 120$

Kapitel 4

Aufgabe 25

Es handelt sich um ein Nutzenmaximierungsproblem des Haushalts 1 unter den Nebenbedingungen nur begrenzt vorhandener Gütermengen (gegebener Anfangsausstattungen) und der Nutzenzusicherung des Haushalts 2 von 20. Zunächst ein Überblick über die Anfangsausstattungen:

$$\bar{x}_1 = \bar{x}_{11} + \bar{x}_{12} = 10 \quad \Rightarrow \quad x_{12} = 10 - x_{11}$$
$$\bar{x}_2 = \bar{x}_{21} + \bar{x}_{22} = 18 \quad \Rightarrow \quad x_{22} = 18 - x_{21}$$

$$\max\ u(x_{11}, x_{21})^{0,5} \quad \text{u.d.N.}: \ \bar{u}_2 = x_{12} \cdot x_{22} = 20 \quad \Leftrightarrow \quad (10 - x_{11}) \cdot (18 - x_{21}) = 20$$

$$L(x_{11}, x_{21}, \lambda) = (x_{11}^{0,5}, x_{21}^{0,5}) - \lambda \cdot [20 - (10 - x_{11}) \cdot (18 - x_{21})]$$

$$\frac{\partial L}{\partial x_{11}} = 0,5 \cdot \frac{x_{21}^{0,5}}{x_{11}^{0,5}} - \lambda \cdot (18 - x_{21}) = 0 \quad \Rightarrow \quad \lambda = \frac{0,5 \cdot \frac{x_{21}^{0,5}}{x_{11}^{0,5}}}{(18 - x_{21})}$$

$$\frac{\partial L}{\partial x_{21}} = 0,5 \cdot \frac{x_{11}^{0,5}}{x_{21}^{0,5}} - \lambda \cdot (10 - x_{11}) = 0 \quad \Rightarrow \quad \lambda = \frac{0,5 \cdot \frac{x_{11}^{0,5}}{x_{21}^{0,5}}}{(10 - x_{11})}$$

Die λ's gegeneinander gesetzt:

$$0,5 \cdot \frac{x_{21}^{0,5}}{x_{11}^{0,5}} \cdot (10 - x_{11}) = 0,5 \cdot \frac{x_{11}^{0,5}}{x_{21}^{0,5}} \cdot (18 - x_{21})$$

$$\frac{x_{21}}{x_{11}} = \frac{9}{5} \quad \Rightarrow \quad x_{21} = \frac{9}{5} \cdot x_{11}$$

Rufen wir uns zusätzlich obenstehende Restriktionen in Erinnerung:

$$x_{12} = 10 - x_{11} \quad \Rightarrow \quad x_{11} = 10 - x_{12}$$
$$x_{22} = 18 - x_{21}$$
$$x_{12} \cdot x_{22} = 20$$

x_{21} in die 2. Gleichung eingesetzt: $x_{22} = 18 - \frac{9}{5} \cdot x_{11}$

nun x_{11} eingesetzt: $x_{22} = 18 - \frac{9}{5} \cdot (10 - x_{12}) = \frac{9}{5} \cdot x_{12}$

in die 3. Gleichung eingesetzt:

$$x_{12} \cdot \frac{9}{5} \cdot x_{12} = 20 \quad \Rightarrow \quad x_{12}^2 = \frac{100}{9}$$
$$x_{12} = \frac{10}{3}$$

$$\frac{10}{3} \cdot x_{22} = 20 \cdot x_{22} = 6$$
$$x_{11} = 10 - \frac{10}{3} = \frac{20}{6}$$
$$x_{21} = 12$$

Die optimale Allokation lautet: $x_{11} = \frac{20}{6}$; $x_{21} = 12$; $x_{12} = \frac{10}{3}$ und $x_{22} = 6$.

Aufgabe 26

a) Die notwendigen Bedingungen, unter denen das bzw. die Unternehmen ihre Gewinn maximieren, lauten: Die Grenzraten der technischen Substitution der zwei Faktoren müssen für beide Güter gleich sein:

$$GRS^1_{tech.} = GRS^2_{tech.} \quad \Leftrightarrow \quad \frac{\frac{\partial x_1}{\partial r_{21}}}{\frac{\partial x_1}{\partial r_{11}}} = \frac{\frac{\partial x_2}{\partial r_{22}}}{\frac{\partial x_2}{\partial r_{12}}}$$

$$\frac{\partial x_1}{\partial r_{11}} = 0,5 \cdot \frac{r_{21}^{0,5}}{r_{11}^{0,5}}; \quad \frac{\partial x_1}{\partial r_{21}} = 0,5 \cdot \frac{r_{11}^{0,5}}{r_{21}^{0,5}}$$

$$\frac{\partial x_2}{\partial r_{12}} = 0,5 \cdot \frac{r_{22}^{0,5}}{r_{12}^{0,5}}; \quad \frac{\partial x_2}{\partial r_{22}} = 0,5 \cdot \frac{r_{12}^{0,5}}{r_{22}^{0,5}}$$

$$\Rightarrow \quad GRS^1_{tech.} = \frac{0,5 \cdot \frac{r_{11}^{0,5}}{r_{21}^{0,5}}}{0,5 \cdot \frac{r_{21}^{0,5}}{r_{11}^{0,5}}} = \frac{r_{11}}{r_{21}}; \quad GRS^2_{tech.} = \frac{0,5 \cdot \frac{r_{12}^{0,5}}{r_{22}^{0,5}}}{0,5 \cdot \frac{r_{22}^{0,5}}{r_{12}^{0,5}}} = \frac{r_{12}}{r_{22}}$$

$$\frac{r_{11}}{r_{21}} = \frac{r_{12}}{r_{22}}$$

b) $\frac{r_{11}}{r_{21}} = \frac{r_{12}}{r_{22}}$

1. $\frac{200}{1.200} \neq \frac{800}{800}$

2. $\frac{500}{1.000} = \frac{500}{1.000}$

3. $\frac{200}{400} = \frac{800}{1.600}$

In den Fällen (ii) und (iii) liegt eine effiziente Aufteilung der Faktoren auf die Produktion der beiden Güter vor, da die Grenzraten der technischen Substitution zwischen den zwei Faktoren für beide Güter identisch sind.

Aufgabe 28

Offenbar werden die Güter zur Grenzkostenpreisen angeboten, d .h. als Lösung des Gewinnmaximierungskalküls gilt: $p_1 = K_1' = 4$ und $p_2 = K_2' = 2$. Als Bedingung für ein allgemeines Gleichgewicht, in dem die Konsum- und die Produktionssphäre in Übereinstimmung gebracht sind, gilt, dass die Grenzraten der Substitution zwischen den beiden Gütern identisch sind (ferner dem Preisverhältnis beider Güter entsprechen) und mit der Grenzrate der Transformation übereinstimmen müssen. Wir wissen aus Abschnitt 4.3.3.2, Formel 4.4 → vgl. S. 145:

$$\frac{\frac{\partial u_1}{\partial x_{11}}}{\frac{\partial u_1}{\partial x_{21}}} = \frac{\frac{\partial u_2}{\partial x_{12}}}{\frac{\partial u_2}{\partial x_{22}}} = \frac{dx_2}{dx_1} \quad \Leftrightarrow \quad GRS^1 = GRS^2 = GRT$$

und dass (gemäß Formel 4.3) die Grenzrate der Transformation dem Verhältnis der Grenzkosten der Güter 1 und 2 entspricht:

$$GRT = \frac{K_1'}{K_2'} = \frac{4}{2} = 2.$$

Die Grenznutzen der Haushalte lauten:

$$\frac{\partial u_1}{\partial x_{11}} = 4; \; \frac{\partial u_1}{\partial x_{21}} = 2; \; \frac{\partial u_2}{\partial x_{12}} = x_{22} \text{ und } \frac{\partial u_2}{\partial x_{22}} = x_{12}$$

Für die Grenzraten der Substitution folgt nun:

$$\frac{4}{2} = \frac{x_{12}}{x_{22}} = \frac{4}{2} \quad \Leftrightarrow \quad GRS^1 = GRS^2 = GRT$$

$$x_{12} = \frac{1}{2} \cdot x_{22}$$

(natürlich muss wegen der Gleichheit der Grenzraten der Substitution im Nutzenmaximum von Haushalte 1 auch das Gut 1 gegen das Gut 2 im Verhältnis 2:1 getauscht werden, so dass $x_{11} = \frac{1}{2} \cdot x_{21}$).

Die Budgetgleichungen der beiden Haushalte lauten:

Haushalt 1: $p_1 \cdot x_{11} + p_2 \cdot x_{21} = 2.000 \quad \Rightarrow \quad 4 \cdot x_{11} + 2 \cdot x_{21} = 2.000$
Haushalt 2: $p_1 \cdot x_{12} + p_2 \cdot x_{22} = 1.000 \quad \Rightarrow \quad 4 \cdot x_{12} + 2 \cdot x_{22} = 1.000$

x_{11} und x_{12} in die Budgetgleichungen eingesetzt, ergibt:

$$4 \cdot \frac{1}{2} \cdot x_{21} + 2 \cdot x_{21} = 2.000 \quad \Leftrightarrow \quad x_{21} = 500$$

$$\Rightarrow \quad x_{11} = \frac{1}{2} \cdot 500 = 250$$

$$4 \cdot \frac{1}{2} \cdot x_{22} + 2 \cdot x_{22} = 1.000 \quad \Leftrightarrow \quad x_{22} = 250$$

$$\Rightarrow \quad x_{12} = \frac{1}{2} \cdot 250 = 125$$

Die Aufteilung der beiden Güter auf die Haushalte (die Nachfragen) lautet demnach: Haushalt 1 erhält die Gütermengen $x_{11} = 250$, $x_{21} = 500$ und Haushalt 2 die Gütermengen $x_{12} = 125$, $x_{22} = 250$.

Kapitel 5

Aufgabe 26

$$\begin{aligned}
\Pi(x) &= E(x) - K(x) \\
&= p(x) \cdot x - K(x) \\
&= [50 - (2/3) \cdot x] \cdot x - [(1/3) \cdot x^2 + 2 \cdot x + 650] \\
&= 50 \cdot x - (2/3)] \cdot x^2 - (1/3)] \cdot x^2 - 2 \cdot x - 650 \\
&= 48 \cdot x - x^2 - 650
\end{aligned}$$

Durch das Nullsetzen der 1. Ableitung der Gewinnfunktion erhalten wir die gewinnmaximale Ausbringungsmenge:

$$\frac{\partial \Pi(x)}{\partial x} = 48 - 2 \cdot x = 0$$
$$x^* = 24$$

Die gewinnmaximale Ausbringungsmenge in die Preis-Absatz-Funktion eingesetzt, ergibt den gewinnmaximalen Preis:

$$p(24) = 50 - (2/3) \cdot 24$$
$$p* = 34$$

Im Gewinnmaximum des Monopolisten, dem Cournot'schen Punkt, gilt $p* = 34$ und $x^* = 24$.

Aufgabe 27

Zur Bestimmung der gewinnmaximalen Allokationen in einem Stackelberg-Oligopol wird in einem ersten Schritt der Stackelberg-Führer, hier Unternehmen 1, die Reaktionsfunktion von Unternehmen 2 ermitteln und diese, im zweiten Schritt, als Nebenbedingung bei seiner eigenen Gewinnmaximierung berücksichtigen. Die so bestimmte gewinnmaximale Ausbringungsmenge des Stackelberg-Führers, eingesetzt in die Reaktionsfunktion von Unternehmen 2, ergibt dessen gewinnmaximale Ausbringungsmenge. Beide Mengen addiert und in die Preis-Absatz-Funktion eingesetzt, führen zum gewinnmaximalen Preis, zu dem die beiden Unternehmen ihre Mengen veräußern.

Erster Schritt: Bestimmung der Reaktionsfunktion von Unternehmen 2, $x_2 = f(x_1)$:

$$\Pi_2 = p(x) \cdot x_2 - K(x_2)$$

$$\Pi_2 = [130 - 3 \cdot (x_1 + x_2)] \cdot x_2 - 10 \cdot x_2$$

$$\frac{\partial \Pi_2}{\partial x_2} = 130 - 3 \cdot x_1 - 6 \cdot x_2 - 10 = 0$$

$$\frac{\partial \Pi_2}{\partial x_2} = 120 - 3 \cdot x_1 = 6 \cdot x_2$$

$x_2 = 20 - 0,5 \cdot x_1$ Reaktionsfunktion von Unternehmen 2

Zweiter Schritt: Bestimmung der gewinnmaximalen Ausbringungsmenge von Unternehmen 1:

$$\Pi_1 = p(x) \cdot x_1 - K(x_1)$$

$$\Pi_1 = [130 - 3 \cdot (x_1 + x_2)] \cdot x_1 - 10 \cdot x_1$$

In diese Gleichung wird die Reaktionsfunktion des Stackelberg-Folgers eingesetzt:

$$\Pi_1 = [130 - 3 \cdot (x_1 + 20 - 0,5 \cdot x_1)] \cdot x_1 - 10 \cdot x_1$$

$$\Pi_1 = 130 \cdot x_1 - 3 \cdot x_1^2 - 60 \cdot x_1 + 1,5 \cdot x_1^2 - 10 \cdot x_1$$

$$\Pi_1 = 60 \cdot x_1 - 1,5 \cdot x_1^2$$

$$\frac{\partial \Pi_1}{\partial x_1} = 60 - 3 \cdot x_1 = 0$$

$$x_1^* = 20$$

Bestimmung der gewinnmaximalen Ausbringungsmenge von Unternehmen 2 und der Preis-Absatz-Funktion:

$$x_2^* = 20 - 0,5 \cdot x_1^*$$

$$x_2^* = 20 - 0,5 \cdot 20$$

$$x_2^* = 10$$

$$x^* = x_1^* + x_2^* = 20 + 10 = 30$$

$$p(x^*) = 130 - 3 \cdot 30 = 40$$

Die gewinnmaximale Ausbringungsmenge des Stackelberg-Führers (Unternehmen 1) beträgt 20 und die des Stackelberg-Folgers (Unternehmen 2) 10 Einheiten. Insgesamt werden 30 Mengeneinheiten zum Stückpreis von 40 Geldeinheiten verkauft.

Aufgabe 28

a)

$$\Pi_1 = p_1 \cdot x_1 - K_1 \qquad \Pi_2 = p_2 \cdot x_2 - K_2$$

$$\Pi_1 = 200 \cdot x_1 - x_1^2 \qquad \Pi_2 = 20 \cdot x_2 - (1/400) \cdot x_2^2 - 40 \cdot x_1$$

$$\frac{\partial \Pi_1}{\partial x_1} = 200 - 2 \cdot x_1 = 0 \qquad \frac{\partial \Pi_2}{\partial x_2} = 20 - (1/200) \cdot x_2 = 0$$

$$x_1^* = 100 \qquad x_2^* = 4.000$$

Bei gegebenen Preisen und Kostenfunktionen wird der Staatsforst 100 Stück Rotwild produzieren und Herr Tanne 4.000 Raummeter Holz absetzen wollen. Der vom Staatsforst „Fuchsheide" verursachte negative externe Effekt wird nicht berücksichtigt. Bei Heinz Tanne wirkt sich der externe Effekt zwar Kosten erhöhend aus, doch fällt er bei der Bestimmung der gewinnmaximalen Ausbringungsmenge nicht ins Gewicht.

b)

$$\begin{aligned}\Pi = \Pi_1 + \Pi_2 &= p_1 \cdot x_1 - K_1 + p_2 \cdot x_2 - K_2 \\ &= 200 \cdot x_1 - x_1^2 + 20 \cdot x_2 - (1/400) \cdot x_2^2 - 40 \cdot x_1 \\ &= 160 \cdot x_1 + 20 \cdot x_2 - x_1^2 - (1/400) \cdot x_2^2\end{aligned}$$

$$\frac{\partial \Pi}{\partial x_1} = 160 - 2 \cdot x_1 = 0 \qquad \frac{\partial \Pi}{\partial x_2} = 20 - (1/200) \cdot x_2 = 0$$

$$x_1^* = 80 \qquad x_2^* = 4.000$$

Während die Menge des produzierten Holzes unverändert bleibt, wird die Produktion des den Schaden verursachenden Gutes von 100 auf 80 Stück Rotwild reduziert. Diese, den Schaden berücksichtigende Menge des Gutes 1 in Höhe von $x_1^* = 80$ kann durch den reinen Marktmechanismus offenbar nicht bereitgestellt werden.

c) Pro Stück Rotwild müsste eine Steuer von 40 Euro erhoben werden, um die Produktion von 100 auf 80 Stück zu reduzieren. Dazu würden die Kosten der Produktion von Rotwild um den Betrag erhöht, der ansonsten von dem Forstwirt Tanne zu tragen wäre.

$$\begin{aligned}\Pi_1 &= p_1 \cdot x_1 - K_1 - t \cdot x_1 \\ &= (p_1 - t) \cdot x_1 - x_1^2\end{aligned}$$

$$\frac{\partial \Pi_1}{\partial x_1} = p_1 - t - 2 \cdot x_1 = 0$$

$$t = p_1 - 2 \cdot x_1$$

Um die gesellschaftlich gewünschte Menge von $x_1^* = 80$ bei einem Preis von $p_1 = 200$ herzustellen, muss dem Staatsforst ein Steuersatz von $t = 200 - 2 \cdot 80 = 40$ auferlegt werden. Offensichtlich entspricht $t = 40$ genau dem Betrag, den der Forstbetrieb bei individueller Gewinnmaximierung zu tragen hätte. Faktisch würden bei der Besteuerung des den externen Effekt produzierenden Gutes die privaten den sozialen Kosten angeglichen.

Aufgabe 29

Im Optimum der Bereitstellung öffentlicher Güter gilt, dass die Summe der Grenzraten der Substitution eines öffentlichen Gutes zu einem Privatgut der Grenzrate der Transformation beider Güter entspricht ($GRS_1 + \ldots + GRS_H = GRT$) bzw., wenn Geld als Referenzgut genommen wird, die Summe der Zahlungsbereitschaften den Grenzkosten der Produktion des öffentlichen Gutes entsprechen muss:

$$p^1 + p^2 + p^3 + p^4 = 54 \quad \Leftrightarrow \quad 80 - 5 \cdot z + 120 - 6 \cdot z + 70 - 8 \cdot z + 60 - 4 \cdot z = 54$$

$$330 - 23 \cdot z = 54 \quad \Leftrightarrow \quad 276 = 23 \cdot z$$

$$z^* = 12$$

Die für die Gesellschaft optimal bereitzustellende Menge des öffentlichen Gutes liegt bei zwölf Einheiten.

Aufgabe 30

a) $0{,}5 \cdot 12.000 + 0{,}5 \cdot 4.000 = 8.000$. Frau Ehrlich ist bereit, maximal 8.000 Euro für ein Fahrzeug auszugeben.
b) Für einen Preis von 8.000 Euro wird im Gebrauchtwagenzentrum „Südfrucht" kein qualitativ hochwertiges Produkt abgegeben, damit wäre erst ab 10.000 Euro zu rechnen.
c) Bei einer Verteilung guter und schlechter Fahrzeuge im Verhältnis von 75 zu 25 Prozent wird Tanja Ehrlich 10.000 Euro für ein Fahrzeug auszugeben bereit sein ($0{,}75 \cdot 12.000 + 0{,}25 \cdot 4.000 = 10.000$). Das ist genau der Betrag, zu dem ihr im Gebrauchtwagenzentrum auch ein Fahrzeug von guter Qualität angeboten wird. Somit erhält Tanja Ehrlich die Chance, sich auch ein gutes Fahrzeug aussuchen zu können.

Lösungen zu den Übungsklausuren

Übungsklausur 1

Aufgabe 1

- Vollständigkeit: Für zwei beliebige Güterbündel, x′ in der Konsummenge X gelte: Entweder $x \succ x'$ oder $x' \succ x$ oder $x \sim x'$
- Transitivität: Für beliebige Güterbündel x, x′, x″ in X gelte:
  1. $x \succ x' \wedge x' \succ x'' \Rightarrow x \succ x''$
  2. $x \sim x' \wedge x' \sim x'' \Rightarrow x \sim x''$
  3. $x \succ x' \wedge x' \sim x'' \Rightarrow x \succ x''$
  4. $x \sim x' \wedge x' \succ x'' \Rightarrow x \succ x''$
- Nichtsättigung (= mehr ist besser als weniger): Für alle x, x′ in X gilt: Wenn $x \geq x'$, dann $x \succ x'$ (bei Nutzenfunktionen, die stetig differenzierbar sind, gilt: $\frac{\partial u}{\partial x_i} > 0$ – Monotonieeigenschaft)

Aufgabe 2

Bei unbeschränkter Substituierbarkeit kann im Rahmen eines Produktionsvorgangs ein Faktor vollständig durch einen anderen ersetzt werden (die Isoquanten berühren die Achsen – linke Abbildung); bei beschränkter Substituierbarkeit ist dies nur eingeschränkt möglich (die Isoquanten berühren die Achsen nicht – rechte Abbildung).

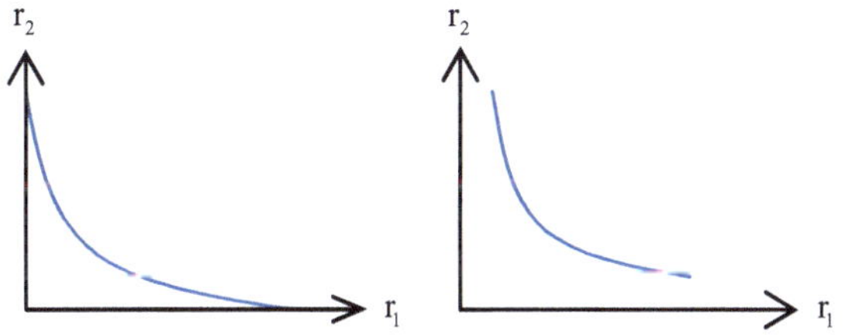

Die Grenzrate der technischen Substitution ist die Steigung die Isoquante der Produktionsfunktion (dr_2/dr_1). Sie sagt aus, wie viel von einem Faktor aufgegeben werden muss, um eine Einheit mehr vom anderen Faktor zu bekommen (um eine konstante Herstellungsmenge zu produzieren). Das Gesetz der abnehmenden Grenzrate der Substitution sagt aus, dass die Isoquante einen fallenden Verlauf aufweist (je mehr ich von einem Faktor besitze, desto weniger Einheiten des anderen Faktors werde ich aufzugeben bereit sein, um eine zusätzliche Einheit des einen Faktors zu erhalten).

Aufgabe 3

$$5 \cdot x_1 + 2 \cdot x_2 \leq 3.000; u(x_1, x_2) = 10 \cdot x_1^{0,6} \cdot x_2^{0,4}$$

$$L(x_1, x_2, \lambda) = 10 \cdot x_1^{0,6} \cdot x_2^{0,4} + \lambda \cdot (3.000 - 5 \cdot x_1 - 2 \cdot x_2)$$

$$1.\ \frac{\partial u}{\partial x_i} = \frac{6 \cdot x_2^{0,4}}{x_1^{0,4}} - 5 \cdot \lambda = 0 \quad \Leftrightarrow \quad \lambda = \frac{6}{5} \cdot \frac{x_2^{0,4}}{x_1^{0,4}}$$

$$2.\ \frac{\partial u}{\partial x_2} = \frac{4 \cdot x_1^{0,6}}{x_2^{0,6}} - 2 \cdot \lambda = 0 \quad \Leftrightarrow \quad \lambda = 2 \cdot \frac{x_1^{0,6}}{x_2^{0,6}}$$

$$3.\ \frac{\partial L}{\partial \lambda} = 3.000 - 5 \cdot x_1 - 2 \cdot x_2 = 0$$

$$\frac{6}{5} \cdot \frac{x_2^{0,4}}{x_1^{0,4}} = 2 \cdot \frac{x_1^{0,6}}{x_2^{0,6}}$$

$$\frac{3}{5} \cdot x_2 = x_1 \quad \Leftrightarrow \quad x_2 = x_1 \cdot \frac{5}{3}$$

$$3.000 - 3 \cdot x_2 - 2 \cdot x_2 = 0$$
$$x_2 = 600$$
$$x_1 = 360$$

Der optimale Konsumplan liegt bei $x = (360; 600)$.

Aufgabe 4

Preiselastizität der Nachfrage nach Gut 2: Erhöhung der Mehrwertsteuer (unabhängige Variable) in Höhe von 3 v. H. Senkung der Nachfrage um

$\left(\frac{6}{300} \cdot 100 \text{ v. H.}\right)$, also 2 v. H.

$$\frac{\text{prozentuale Veränderung der abhängigen Variable}}{\text{prozentuale Veränderung der unabhängigen Variable}} = \frac{2}{3} = -0{,}66 \text{ v. H.}$$

Die Elastizität ist kleiner Null, so dass es sich um eine unelastische Nachfrage handelt.

Da $\frac{dx}{dp} < 0$, haben wir es hier mit einem normalen Gut zu tun.

Aufgabe 5

$$L = x^{0,3} \cdot F^{0,3} - \lambda \cdot [8 \cdot (T - F) - 4 \cdot x]$$

$$(1) \quad \frac{\partial L}{\partial x} = 0{,}3 \cdot \frac{F^{0,3}}{x^{0,7}} + 4 \cdot \lambda = 0 \quad \Leftrightarrow \quad -\lambda = \frac{0{,}3}{4} \cdot \frac{F^{0,3}}{x^{0,7}}$$

(2) $\frac{\partial L}{\partial x_2} = 0{,}3 \cdot \frac{x^{0,3}}{F^{0,7}} + 8 \cdot \lambda = 0 \quad \Leftrightarrow \quad -\lambda = \frac{0{,}3}{8} \cdot \frac{x^{0,3}}{F^{0,7}}$

(3) $\frac{\partial L}{\partial \lambda} = 8 \cdot (T - F) - 4 \cdot x = 0$

$$\frac{0{,}3}{4} \cdot \frac{F^{0,3}}{x^{0,7}} = \frac{0{,}3}{8} \cdot \frac{x^{0,3}}{F^{0,7}} \quad \Leftrightarrow \quad \underline{2 \cdot F = x} \quad \Rightarrow \quad \underline{8 \cdot (16 - F) - 8 \cdot F = 0}$$

$$128 - 16 \cdot F = 0 \quad \Leftrightarrow \quad \underline{F = 8} \quad \Rightarrow \quad \underline{x = 16}$$

Opportunitätskosten sind der „Preis" der Freizeit, indem sie anzeigen, auf wieviel Einkommen in Form entgangenen Lohnes verzichtet wird, wenn, statt einer Stunde gearbeitet, diese als Freizeit nachgefragt wird.

Aufgabe 6

Ausgangspunkt ist der Beschluss einer hohen Produktionsmenge in Periode 1. Diese Überlegungen werden von vielen Anbietern getroffen, so dass in Periode 1 zum Preis p^1 eine relativ große Menge x^1 auf dem Markt angeboten wird. Die Nachfrager wollen die Menge x^1 aber nicht zu p^1abnehmen, so dass ein Angebotsüberschuss entsteht, der einen Preisrückgang auf p^2 bewirkt, denn nur zum Preis p^2 können die Anbieter die Menge x^1 absetzen. Aufgrund ihrer Enttäuschung in Form der Mindereinnahmen $(p^1 - p^2) \cdot x^1$ werden die Anbieter in der folgenden Periode 2 die Menge x^2 nur noch zum Preis p^2 anbieten. Der bestehende Nachfrageüberschuss beim Preis p^2 veranlasst aber einige Nachfrager, die bereit sind, mehr für das Gut zu zahlen, wenn sie es denn nur bekommen, höhere Preise zu bieten, und so wird die gesamte Menge x^2 zum Preis p^3 in Periode 3 verkauft. Von den Mehreinnahmen $(p^3 - p^2) \cdot x^2$ angelockt, wollen die Anbieter in der nächsten Periode 3 wieder mehr Profit erzielen und sie bieten zum Preis p^3 die Menge x^3 an. Dieser Prozess, der zweifellos Lernfähigkeit bei den Wirtschaftssubjekten ausschließt, wird solange fortgesetzt, bis das Gleichgewicht bei x^*, p^* erreicht ist. Solch ein konvergenter Prozess zum Gleichgewicht liegt nur vor, wenn die Angebotskurve einen steileren Verlauf als die Nachfragekurve aufweist.

Aufgabe 7

a) Die partielle Ertrags- oder Produktionsfunktion zeigt an, wie der Ertrag in Folge der Änderung eines bestimmten Produktionsfaktors reagiert, wobei alle anderen Größen konstant gesetzt sind. Wird Faktor 1 als die sich verändernde Variable gewählt, so kann bspw. $A \cdot \bar{r}_2^{(1-\alpha)} = B$ gesetzt werden, mit $B > 0$. Jetzt lautet die partielle Ertragsfunktion: $x = B \cdot r_1^{\alpha}$.

b) Eine Isoquante ist der geometrische Ort aller Kombinationen von den gleichen Output erzeugenden Produktionsfaktoren:

$$r_1^{\alpha} = \frac{x(r_1, r_2)}{r_2^{1-\alpha} \cdot A} \qquad r_1 = \left(\frac{x(r_1, r_2)}{r_2^{1-\alpha} \cdot A}\right)^{\frac{1}{2}}$$

Die $GRS_{tech.}$ ist die Steigung der Isoquante: $\frac{dr_2}{dr_1} = -\frac{\frac{\partial x}{\partial r_1}}{\frac{\partial x}{\partial r_2}}$

c) $x = 2 \cdot r_i^{0,75}$

Grenzertrag:

$$\frac{\partial x}{\partial r_i} = \frac{3}{2 \cdot r_i^{0,25}}$$

Partieller Durchschnittsertrag:

$$\frac{x}{r_i} = \frac{2}{r_i^{0,25}}$$

Produktionselastizität:

$$\varepsilon = \frac{GE}{DE} = \frac{\dfrac{3}{2 \cdot r_i^{0,25}}}{\dfrac{2}{r_i^{0,25}}} = \frac{3}{4} \cdot \frac{r_i^{0,25}}{r_i^{0,25}} = 0,75 \qquad (\varepsilon = \theta)$$

Aufgabe 8

Transformationskurve: Darstellung der Produktionsmöglichkeiten unter substitutionaler und effizienter Verwendung der zur Verfügung stehenden Ressourcen. Grafisch handelt es sich um die Übertragung der Punkte einer Kontraktkurve in ein reines Gütermengendiagramm. Oftmals erfolgt die Darstellung des Trade offs von Investitions- und Konsumgütern anhand der Produktionsmöglichkeitenkurve. Die Kurve muss aufgrund des konkurrierenden Charakters, den die Faktoren für die Herstellung verschiedener Güter aufweisen, immer fallen.

Grenzrate der Transformation (Steigung der Transformationskurve): Sie gibt an, wie viel von einem Gut weniger hergestellt werden kann, wenn vom anderen Gut eine zusätzliche Einheit produziert wird. Diese „Bezahlung" der zusätzlichen Gütereinheit in Form der Weniger-Produktion des anderen Gutes wird als Opportunitätskosten bezeichnet.

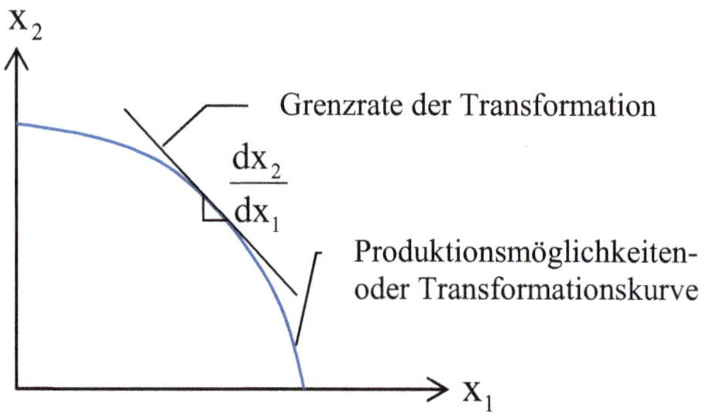

Aufgabe 9

1. Konsumentenrente im Monopolfall: $\tilde{p}\hat{p}A$
2. Konsumentenrente bei vollständiger Konkurrenz: $p^*\tilde{p}C$
3. Produzentenrente im Monopolfall: $0\hat{p}AD$

4. Produzentenrente bei vollständiger Konkurrenz: 0p*C
5. Wohlfahrt im Monopolfall: $0\tilde{p}AD$
6. Wohlfahrt bei vollständiger Konkurrenz: $0\tilde{p}C$
7. Wohlfahrtsverlust durch Monopol: DAC, davon BAC an Konsumentenrente und DBC an Produzentenrente

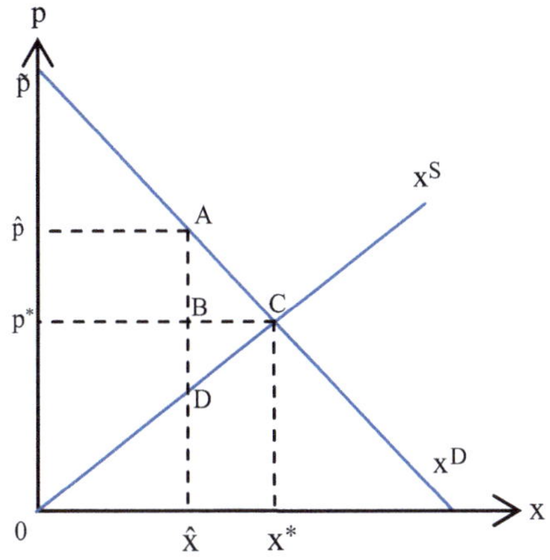

Aufgabe 10

a) $E(x) = 1.000 \cdot x - 2 \cdot x^2 - 20 \cdot x - 130$

$E'(x) = 1.000 - 4 \cdot x - 20 = 0 \quad \Rightarrow \quad \underline{x = 245}$

$p(245) = 1.000 - 2 \cdot 245 = \underline{510}$

Der Cournot'sche Punkt liegt bei der gewinnmaximalen Angebotsmenge des Monopolisten in Höhe von 245 und einem Stückpreis von 510 Geldeinheiten.

b) $KR = \frac{1}{2} \cdot (1.000 - 510) \cdot 245 = \underline{60.025}$

$PR = (510 - 20) \cdot 245 = \underline{120.050}$

$\text{Wohlfahrt} = 60.025 + 120.050 = \underline{180.075}$

Die Konsumentenrente beläuft sich auf 60.025 und die Produzentenrente auf 120.050. Zusammen ergeben Sie eine Wohlfahrt in Höhe von 180.075 Geldeinheiten.

Lösungen Übungsklausur 2

Aufgabe 1

c) Ein inferiores Gut zeichnet sich dadurch aus, dass sein Konsum bei steigendem Einkommen sinkt.

d) Substitutionseffekt: Er gibt an, wie sich die nachgefragte Gütermenge bei einer Variation des Preisverhältnisses der Güter verändert, wenn gleichzeitig das Einkommen des Haushalts fiktiv so angepasst wird, dass das ursprüngliche Nutzenniveau erhalten bleibt. Der Substitutionseffekt ist bei steigenden Preisen immer negativ im Vorzeichen.

e) Giffen Gut: Wenn der Preis sinkt, so sinkt auch die Nachfrage, bzw. steigende Nachfrage bei steigendem Preis (positiver Einkommenseffekt ist größer als negativer Substitutionseffekt).

Aufgabe 2

a)

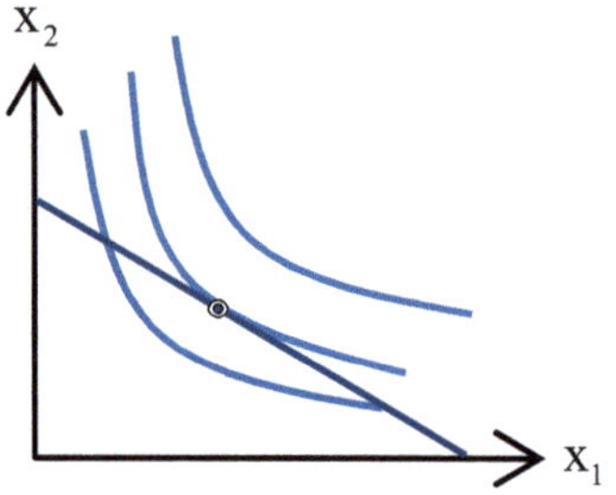

Der Konsument versucht den höchsten Nutzen, die höchste Indifferenzkurve zu erreichen. Im Tangentialpunkt gilt: Die Steigung der Budgetgeraden ist gleich der Steigung der Indifferenzkurve.

$$\frac{dx_2}{dx_1} = -\frac{p_1}{p_2} \quad \Leftrightarrow \quad -\frac{p_1}{p_2} = GRS = -\frac{\frac{\partial u}{\partial x_1}}{\frac{\partial u}{\partial x_1}}$$

Der optimale Konsumplan ist dadurch gekennzeichnet, dass für jedes Güterpaar das Grenznutzenverhältnis gleich dem Preisverhältnis ist.

b) Eine Steuer um den Betrag t verschiebt die Angebotskurve nach links, da jede Mengeneinheit nur noch zu einem höheren Preis angeboten wird. Das sich neu einstellende Gleichgewicht liegt beim neuen Preis $\hat{p}$ bei der Menge $\hat{x}$, da die Nachfrager zum höheren Preis nur noch eine niedrigere Menge abzunehmen bereit sind. Die Steuererhöhung hat somit zu einer Reduktion der Nachfrage geführt.

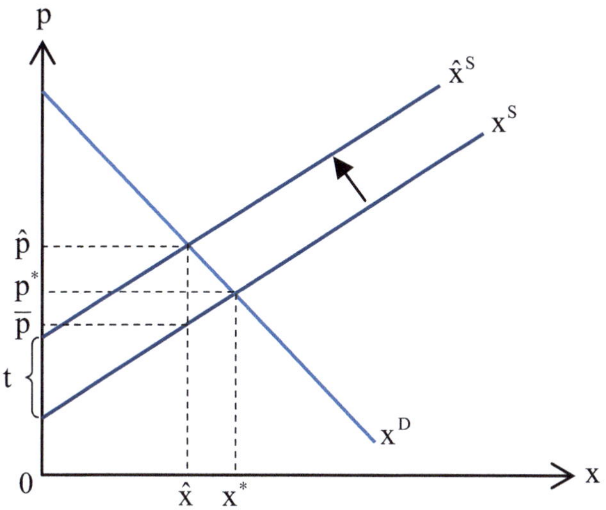

Aufgabe 3

$U(x_1, x_2, x_3) = 4 \cdot x_1 \cdot x_2 \cdot x_3$

$p_1 = \ 3;\ p_2 = 4;\ p_3 = 2;\ Y = 600 \quad \Rightarrow \quad 600 = 3 \cdot x_1 + 4 \cdot x_2 + 2 \cdot x_3$

$3 \cdot x_1 + 4 \cdot x_2 + 2 \cdot x_3 - 600 = 0$ implizite Schreibweise der Nebenbedingung

$L = 4 \cdot x_1 \cdot x_2 \cdot x_3 + \lambda \cdot (3 \cdot x_1 + 4 \cdot x_2 + 2 \cdot x_3 - 600)$

1. $\dfrac{\partial L}{\partial x_1} = 4 \cdot x_2 \cdot x_3 + \lambda \cdot 3 = 0 \qquad 4 \cdot x_2 \cdot x_3 = -3 \cdot \lambda \Leftrightarrow -\dfrac{4}{3} \cdot x_2 \cdot x_3 = \lambda$

2. $\dfrac{\partial L}{\partial x_2} = 4 \cdot x_1 \cdot x_3 + \lambda \cdot 4 = 0 \qquad 4 \cdot x_1 \cdot x_3 = -4 \cdot \lambda \Leftrightarrow -x_1 \cdot x_3 = \lambda$

3. $\dfrac{\partial L}{\partial x_3} = 4 \cdot x_1 \cdot x_2 + \lambda \cdot 2 = 0 \qquad 4 \cdot x_1 \cdot x_2 = -2 \cdot \lambda \Leftrightarrow -2 \cdot x_1 \cdot x_2 = \lambda$

4. $\dfrac{\partial L}{\partial \lambda} = 3 \cdot x_1 + 4 \cdot x_2 + 2 \cdot x_3 - 600 = 0$

$-2 \cdot x_1 \cdot x_2 = -x_1 \cdot x_3 \Rightarrow x_2 = \dfrac{x_3}{2}$

$-\dfrac{4}{3} \cdot x_2 \cdot x_3 = -x_1 \cdot x_3 \Rightarrow x_1 = \dfrac{4}{3} \cdot x_2$

Eingesetzt in die Nebenbedingung:

$3 \cdot \dfrac{4}{3} \cdot x_2 + 4 \cdot x_2 + 2 \cdot 2 \cdot x_2 - 600 = 0$

$4 \cdot x_2 + 4 \cdot x_2 + 4 \cdot x_2 - 600 = 0$

$12 \cdot x_2 - 600 = 0$

$x_2 = 50$

$x_1 = \frac{200}{3}$

$x_3 = 100$

Der optimale Konsumplan ist erfüllt, wenn $x_1 = \frac{200}{3}$, $x_2 = 50$, $x_3 = 100$.

Aufgabe 4

a) Im Falle konstanter Skalenerträge vergrößert oder verkleinert sich der Output proportional zum Input. Wenn sich der Input bspw. Verdoppelt, so verdoppelt sich auch der Output.
b) Die Grenzkosten entsprechen den Kosten einer zusätzlichen Einheit eines Gutes, während die Durchschnittskosten sog. Stückkosten sind, d.h. auf jede Produkteinheit werden die Gesamtkosten umgelegt.
c) Die $GRS_{tech.}$ bleibt der Output konstant, obwohl die Menge eines Inputfaktors erhöht und dafür die Menge eines anderen Inputfaktors reduziert wird. Das Produktionsniveau bleibt also gleich.

Aufgabe 5

Bedingung für technische Effizienz: $x = \frac{r_1}{a_1} = \ldots = \frac{r_m}{a_m} \quad \Rightarrow \quad r_i = a_i \cdot x$

Eingesetzt in die allgemeine Kostengleichung:

$$\begin{aligned} K &= q_1 \cdot r_1 + \ldots + q_m \cdot r_m \\ &= q_1 \cdot a_1 \cdot x + \ldots + q_m \cdot a_m \cdot x \end{aligned}$$

$$\Rightarrow \quad K(x) = (q_1 \cdot a_1 + \ldots + q_m \cdot a_m) \cdot x$$

Aufgabe 6

a) Wir wissen, dass im Gewinnmaximum gilt: GE = GK

$$GE = \frac{dE(x)}{dx} = 120 - 2 \cdot x$$

$$GK = \frac{dK(x)}{dx} = 2 \cdot x$$

$$120 - 2 \cdot x = 2 \cdot x$$

$$x_M^* = 30$$

$x_M^* = 30$ in die Preis-Absatzfunktion einsetzen, liefert:

$$p(30) = 120 - 30 = 90$$

$$p_M^* = 90$$

b) Anders ausgedrückt: Der Wohlfahrtsverlust soll minimiert werden. Grafisch liegt der Punkt, der den minimalen Wohlfahrtsverlust darstellt, dort, wo die GK-Kurve die PAF schneidet.

(Hier läge das Gewinnmaximum der vollständigen Konkurrenz, das den Idealfall maximaler Wohlfahrt bzw. den geringsten Wohlfahrtsverlust repräsentiert).

$p(x) = 120 - x \quad \Rightarrow \quad x = 120 - p$ Nachfragefunktion

Da im Gewinnmaximum beim vollkommenen Wettbewerb $p = GK$ gilt, sieht die Angebotsfunktion wie folgt aus:

$$p = 2 \cdot x \quad \Rightarrow \quad x = \frac{p}{2}$$

Nun wird das Marktgleichgewicht bestimmt:

$$120 - p = \frac{p}{2} \quad \Leftrightarrow \quad 120 = \frac{3}{2} \cdot p$$

$$p_w^* = 80$$

c) p_w^* einsetzen in die Nachfragefunktion:

$$x = 120 - 80$$

$$x_w^* = 40$$

d) Da eine Steuer in Höhe von 20 Euro pro Einheit erhoben wird, hat die veränderte Kostenfunktion folgendes Aussehen: $K(x) = x^2 + 20 \cdot x$
Im Gewinnmaximum des Monopols gilt:

Grenzerlöse = Grenzkosten:

$$120 - 2 \cdot x = 2 \cdot x + 20 \quad \Leftrightarrow \quad x = 25$$

$$p(25) = 120 - 25 = 95$$

Wenn eine Steuer in Höhe von 20 Euro je Einheit erhoben wird, beträgt der gewinnmaximale Output des Monopolisten 25 Mengeneinheiten.

Aufgabe 7

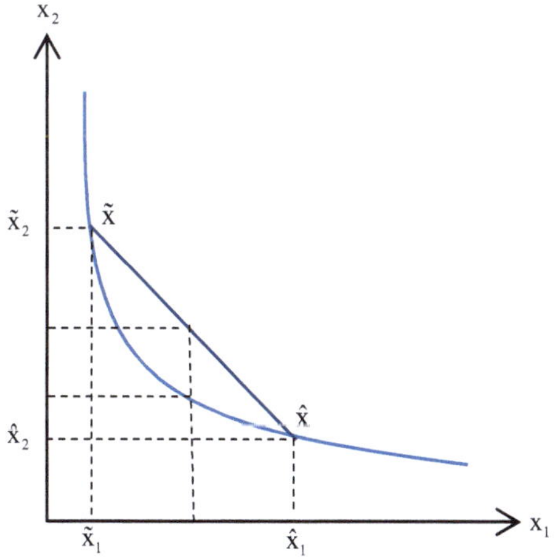

Eine „typische" Indifferenzkurve weist einen durchgängig konvexen Verlauf (d. h. weder linear noch sonst anders als konvex gekrümmt) auf. Eine Verbindungslinie schließt die Teilmenge der Konsummenge ein, d. h. die Menge, die gleichwertig oder besser ist. Die Annahmen, die notwendig sind, damit dieser Verlauf überhaupt entstehen kann, sind:

Vollständigkeit: $x^1 \succ x^2 \vee x^2 \succ x^1 \vee (x^1 \succ x^2 \wedge x^2 \succ x^1), \Leftrightarrow x^1 \succ x^2 \vee x^2 \succ x^1 \vee x^1 \sim x^2$.
Transitivität: Für drei beliebige Konsumbündel x^1, x^2, x^3, die alle Elemente der Konsummenge sind, gilt: $x^1 \succ x^2 \wedge x^2 \succ x^3 \Rightarrow x^1 \succ x^3$.
Rationale Wahl: Ein Konsumbündel, das gegenüber einem anderen Konsumbündel einen höheren Rang aufweist, wird immer präferiert.
Nichtsättigung: $x^1 \geq x^2 \Rightarrow x^1 \succeq x^2$.
Stetigkeit der Präferenzen: (für I_1 gilt: $x^1 \sim \tilde{x}$; für I_2: $x^1 \sim \hat{x}$).
Strenge Konvexität (für beliebige Konsumbündel $\tilde{x}, \hat{x}$,die als gleich gut bewertet werden ($\tilde{x} \sim \hat{x}$), gilt: jede konvexe Kombination (Gerade) zwischen $\tilde{x}$ und $\hat{x}$ wird als strikt besser betrachtet).
Beschränkte Substituierbarkeit (die Indifferenzkurven berühren die Achsen der Konsumebene nicht, d. h. der Haushalt verzichtet nie ganz auf ein Gut).
Differenzierbarkeit (keine Knicke, 1. Ableitung einer stetigen Funktion).

Aufgabe 8

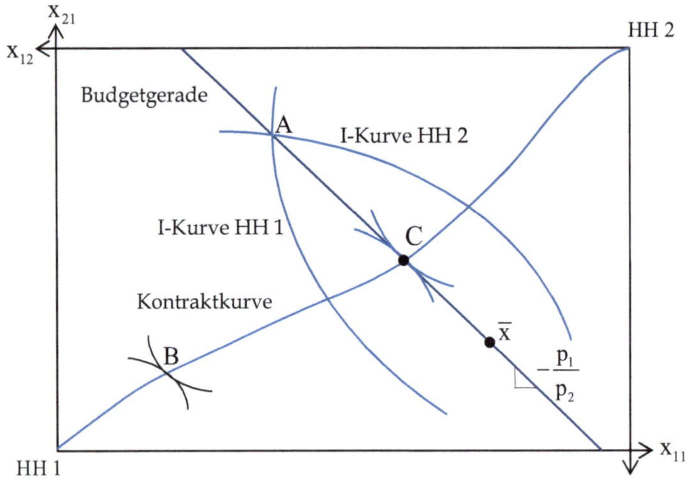

Erläuterungen:

Budgetgerade: Stellt das Maximum dar, was ein Haushalt bei gegebenen Preisen ausgeben kann.

Indifferenzkurven der beiden Haushalte: I-Kurve gibt bei konstantem Nutzenniveau an, inwieweit ein Haushalt zwei Güter gegeneinander substituieren kann.

Kontraktkurve: Geometrischer Ort aller Pareto-effizienten Allokationen.

Punkt A: Markträumung, Gleichgewichtspreise gegeben, Grenzraten der Substitution stimmen nicht überein (keine Effizienz).

Punkt B: Markträumung, Grenzraten der Substitution stimmen überein (Effizienz), aber Gleichgewicht ist zu gegebenen Preisen nicht machbar.

Punkt C: Markträumung, Grenzraten der Substitution stimmen überein, Gleichgewichtspreise gegeben → Marktgleichgewicht (Tauschgleichgewicht).

Aufgabe 9

Unter einem externen Effekt versteht man das Handeln eines Wirtschaftsubjektes, das andere Wirtschaftssubjekte beeinflusst. Ein negativer externer Effekt liegt bspw. dann vor, wenn ein Pharmaunternehmen die Luft dermaßen verpestet, dass das Gedeihen von Kaffeekirschen in der Umgebung unmöglich gemacht wird. Ein öffentliches Gut zeichnet sich durch nicht Rivalität und nicht Ausschließbarkeit im Konsum aus. Die Grenzkosten der Bereitstellung an einen zusätzlichen Konsumenten sind gleich Null. Beispiel: Luft zum Atmen.

Aufgabe 10

a) Es handelt sich um ein einzelnes Unternehmen, also einen Monopolisten, der folgendes Gewinnmaximierungskalkül anstrebt:

$$\Pi_1 = p(x) \cdot x = (60 - 0{,}5 \cdot x) \cdot x - 300$$

$$\Pi_1 = 60 \cdot x - 0{,}5 \cdot x^2 - 300$$

$$\frac{\partial \Pi_1}{\partial x} = 60 - x = 0$$

$$x^* = 60$$

$$p(x^*) = 60 - 0{,}5 \cdot 60$$

$$p(x^*) = 30$$

Als Monopolist wird Firma 1 eine Menge von 60 zu einem Preis von 30 Geldeinheiten anbieten. Der Gewinn beträgt $\Pi_1 = p(x^*) \cdot x^* = 30 \cdot 60 - 300 = 1.800$.

b) Da beide Unternehmen als Aktionsparameter die Menge wählen und niemand die Führerschaft beansprucht, handelt es sich um ein Cournot-Nash-Oligopol. Die beiden Unternehmen sind gezwungen, sich die Marktnachfrage aufzuteilen. So bezeichne x_1 die von (Firma 1 und x_2 die von Firma 2 angebotene Menge. Natürlich gilt $x = x_1 + x_2$. Das Gewinnmaximierungskalkül von Unternehmen 1 lautet:

$$\Pi_1 = p(x) \cdot x_1 = (60 - 0{,}5 \cdot x) \cdot x_1 - 300$$

$$\Pi_1 = [60 - 0{,}5 \cdot (x_1 + x_2)] \cdot x_1 - 300$$

$$\Pi_1 = 60 \cdot x_1 - 0{,}5 \cdot x_1^2 - 0{,}5 \cdot x_1 \cdot x_2 - 300$$

$$\frac{\partial \Pi_1}{\partial x} = 60 - x_1 - 0{,}5 \cdot x_2 = 0$$

$$x_1 = 60 - 0{,}5 \cdot x_2 \quad \text{(Reaktionsfunktion von Unternehmen 1)}$$

Da die Unternehmen identische Grenzkosten (in Höhe von Null) aufweisen, wird die Reaktionsfunktion von Unternehmen 2 $x_2 = 60 - 0{,}5 \cdot x_1$ lauten. Diese in die Reaktionsfunktion von Unternehmen 1 eingesetzt, führt zur gewinnmaximalen Menge von Unternehmen 1:

$x_1 = 60 - 0,5 \cdot (60 - 0,5 \cdot x_1)$

$x_1 = 60 - 30 + 0,25 \cdot x_1$

$0,75 \cdot x_1 = 30$

$x_1^* = 40$ (und x_2^* beträgt ebenfalls 40)

Diese 40 Mengeneinheiten werden von den Unternehmen zum Stückpreis in Höhe von $p = 60 - 0,5 \cdot (x_1^* + x_2^*) = 60 - 0,5 \cdot 80 = 20$ angeboten.

Im Vergleich zum Monopolfall, in dem Unternehmen 1 für die Menge von 60 einen Preis in Höhe von 30 erzielt – das entspricht einem Gewinn von 1.500 –, erwirtschaftet es als Oligopolist nur einen Gewinn von 500 Euro, der sich aus dem Erlös von $20 \cdot 40 = 800$ Euro, abzüglich der Kosten von 300 Euro zusammensetzt (Unternehmen 2, mit Kosten von 200 Euro, aber gleichem Erlös, wird einen Gewinn von 600 Euro realisieren können).

Glossar

Adverse Selektion: Form des auf asymmetrischer Information beruhenden Marktversagens, bei der aufgrund mangelnder Risikoeinschätzung die Gefahr besteht, nicht mit den optimalen Akteuren eine vertragliche Beziehung einzugehen.

Allgemeines Marktgleichgewicht: Gleichzeitige Ermittlung von Preisen und Mengen auf allen betrachteten (interdependenten) Märkten.

Allmende-Güter: Sie sind nicht ausschließbar, aber rivalisierend, d. h., jeder (jedes Mitglied der Allmende) darf sie nutzen. Das Problem: Je mehr sie genutzt werden, desto weniger bleibt für andere. Beispiele: Fischerei in internationalen Gewässern, öffentliches Weideland, Parkplätze im öffentlichen Raum.

Angebot: Güter- bzw. Faktormenge, die ein Anbieter angesichts eines gegebenen Güter- bzw. Faktorpreises als Lösung seines Optimierungskalküls verkaufen möchte.

Angebotskurve: Grafische Veranschaulichung des Zusammenhangs der Nachfrage nach einem Gut bzw. Faktor in Abhängigkeit zum Preis dieses Gutes bzw. Faktors.

Angebotsmonopol: s. Monopol

Arbeitsangebot: s. Nachfrage

Arbeitsnachfrage: s. Nachfrage

Arbitrage: Ausnutzen bestehender Preisdifferenzen bei einem Produkt, indem es günstig eingekauft und teurer verkauft wird. Arbitrage-Prozesse führen über den Abbau der Preisdifferenzen zum Einheitspreis.

Asymmetrische Information: s. Informationsasymmetrie

Bertrand-Paradoxon: Es scheint paradox, dass in einem Bertrand-Oligopol, das durch Preiswettbewerb gekennzeichnet ist, im Gleichgewicht Grenzkostenpreise erhoben werden, somit bei nur zwei am Markt befindlichen Unternehmen ein gleiches Ergebnis wie bei vollständiger Konkurrenz erzielt wird.

Bessermenge: Allokation innerhalb der Tauschlinse, in der die Wirtschaftsakteure ihren Nutzen erhöhen können, ohne das der Nutzen geschmälert wird (s. auch Pareto-Effizienz).

Budgetrestriktion: Einkommenshöhe, auf welche die Konsumausgaben beschränkt sind.

Ceteris paribus-Bedingung: „Unter sonst gleichen Umständen“, abgekürzt c. p.; die Vorgehensweise der Partialanalyse unterliegt der ceteris paribus-Bedingung.

Coase-Theorem: Ansatz, der zeigt, dass eine Internalisierung externer Effekte über die Marktkräfte, d. h. ohne staatliche Eingriffe, erfolgen kann.

Cobb-Douglas-Produktionsfunktion: Eine der in der Volkswirtschaftslehre am häufigsten eingesetzten homogenen Produktionsfunktionen.

Cobweb-Modell oder Spinnengewebe-Modell: Dynamisches Modell von Marktnachfrage und -angebot, bei dem adaptive Erwartungen zu fortwährenden Preisschwankungen führen.

Cournot'scher Punkt: Gewinnmaximale Preis-Mengen-Kombination eines Monopolisten. Zugehöriger Punkt auf der Preis-Absatz-Funktion, wo sich Grenzerlöse und Grenzkosten schneiden.

Dauerhaftes Monopol (sustainable monopoly): s. natürliches Monopol

Dominante Strategie: Strategie, die, unabhängig von den Handlungen der Konkurrenten, immer gewählt wird.

Durchschnittserlös: Erlös, geteilt durch die dem Erlös zugrunde liegende Ausbringungsmenge.

Durchschnittsertrag: Herstellungsmenge, geteilt durch die Faktoreinsatzmenge, mit der die Herstellungsmenge produziert wurde.

Durchschnittskosten oder Stückkosten: Gesamtkosten geteilt durch die Anzahl der mit diesen Kosten produzierten Stückzahl.

Eigentumsrecht: Recht, um etwa im Rahmen von Arbeitsverträgen über Personen oder im Rahmen von Kauf-, Miet-, Darlehensverträgen etc. über Sachen verfügen zu können.

Einkommenseffekt: De facto-Wirkung eines Preiseffektes auf das Einkommen. Durch z. B. eine Preiserhöhung eines Gutes wird ein Haushalt bei Konstanz aller anderen Größen faktisch ärmer. Siehe auch Substitutionseffekt.

Einkommenselastizität (der Nachfrage): Prozentuale Veränderung der nachgefragten Menge geteilt durch die prozentuale Veränderung des Einkommens. Dahinter steht die Frage, um wie viel Prozent die Nachfrage nach dem Gut in Folge einer einprozentigen Einkommensänderung reagiert hat.

Einkommens-Konsum-Kurve: Geometrischer Ort, der die nutzenmaximalen Allokationen zweier Güter bei Veränderung des Einkommens angibt.

Elastizität: Prozentuale Veränderung einer abhängigen Variablen in Relation zur prozentualen Veränderung einer unabhängigen Variablen.

Engel-Kurve: Kurve, die den Zusammenhang zwischen der Höhe des Einkommens und der Nachfrage nach einem Gut angibt.

Erlös (eines Gutes): Preis, multipliziert mit der Menge des Gutes.

Ertragsgebirge: Drei-dimensionale Darstellung einer Produktionsfunktion.

Erwartungsnutzen: Erwartungswert einer Nutzenverteilung.

Erwartungswert: Der mit Eintrittswahrscheinlichkeiten gewichtete Durchschnittswert einer Zufallsgröße.

Externer Effekt oder Externalität: Aufteilung in positive und negative externe Effekte. Von Akteuren unternommene Aktivität, die andere Akteure beeinflusst, ohne jedoch im Marktpreis berücksichtigt zu sein.

Faktorangebot: s. Angebot

Faktornachfrage: s. Nachfrage

Fixkosten: Kosten, die unabhängig von der Ausbringungsmenge anfallen, z. B. Mietkosten einer Lagerhalle, die nicht von der gelagerten Gütermenge abhängen.

Fixkostendegression: Mit steigender Ausbringungsmenge fallen die von der Ausbringungsmenge unabhängigen Stückkosten.

Gefangenendilemma: Beispiel aus der Spieltheorie, in der Entscheidungsverhalten in einer Zwangssituation simuliert wird.

Gesetz von Walras: Wenn sich in einer Welt mit n Märkten n – 1 Märkte im Gleichgewicht befinden, so ist auch der n-te Markt im Gleichgewicht.

Gleichgewicht: Zustand, in dem die Interessen der Anbieter und Nachfrager zum Ausgleich gebracht sind.

Gossen'sche Gesetze: 1. Gesetz vom abnehmenden Grenznutzen: Mit jeder zusätzlich konsumierten Einheit steigt zwar der Nutzen, aber der Nutzenzuwachs ist abnehmend (erste Ableitung des Nutzen [Grenznutzen] ist größer Null und die zweite Ableitung kleiner Null). 2. Gesetz vom Ausgleich der Grenznutzen: Entspricht der notwendigen Bedingung eines Nutzenmaximums, dass nämlich im Nutzenmaximum die Grenznutzen aller Güter ausgeglichen sein müssen.

Grenzerlös: Erlöszuwachs pro zusätzlicher Mengeneinheit.

Grenzertrag: Herstellungsmenge, die pro zusätzlich eingesetzter Faktoreinheit entsteht.

Grenzkosten: Kosten, die pro zusätzlich hergestellter Ausbringungseinheit anfallen.

Grenznutzen: Nutzenzuwachs, der sich pro zusätzlich konsumierter Gütereinheit ergibt.

Grenzprodukt: s. Grenzertrag

GRENZPRODUKTIVITÄT: s. Grenzertrag

GRENZRATE DER SUBSTITUTION: Steigung einer Indifferenzkurve. Die zusätzlich erforderliche Menge eines Gutes, um auf ein und demselben Nutzenniveau zu bleiben, wenn auf den Konsum einer Einheit eines anderen Gutes verzichtet werden soll.

GRENZRATE DER TECHNISCHEN SUBSTITUTION: Steigung einer Isoquante. Die zusätzlich erforderliche Menge eines Faktors, um ein und dieselbe Produktionsmenge herzustellen, wenn der Einsatz eines anderen Faktors um eine Einheit zurückgenommen werden soll.

GRENZRATE DER TRANSFORMATION: Steigung der Transformationskurve. Menge eines Gutes, auf welche in einer Volkswirtschaft bei effizienter Produktion verzichtet werden muss, um eine Mengeneinheit eines anderen Gutes mehr zu produzieren.

GRENZWERTPRODUKT: Grenzertrag (Herstellungsmenge pro zusätzlich eingesetzter Faktoreinheit) multipliziert mit dem Güterpreis, ergibt den (Preis-) Wert, dieser zusätzlichen Faktoreinheit.

GÜTERANGEBOT: s. Angebot

GÜTERNACHFRAGE: s. Nachfrage

HUMANKAPITAL: Stand des technologischen Wissens, der Ausbildung und der Leistungsbereitschaft der Wirtschaftsakteure einer Volkswirtschaft.

INDIFFERENZKURVE: Geometrischer Ort aller Allokationen zweier Güter, die einem Konsumenten ein und dasselbe Nutzenniveau garantieren. Höhenlinie eines Nutzengebirges.

INFORMATIONSASYMMETRIE: Abweichung von der Annahme der vollständigen Information; zwischen den Akteuren ungleich verteilte Informationen

INSTITUTIONEN: Regeln und Regelsysteme, auf die sich Gesellschaften geeinigt haben, um ihr Handeln zu erleichtern. Beispiele sind das Geldsystem, die Rechtsordnung, die Eigentumsordnung, das Marktsystem, die Ehe. Institutionen einschließlich der daran beteiligten Personen heißen Organisationen.

INTERNALISIERUNG (EXTERNER EFFEKTE): Maßnahmen, die darauf gerichtet sind, die Wirkungen externer Effektes in die Optimierungskalküle der Wirtschaftsakteure einzubeziehen bzw. Maßnahmen, die die Anpassung der privaten an die sozialen Kosten zum Ziel haben..

KARDINALER NUTZEN: Nutzenmessung in absoluten Größen.

KLUBGÜTER: Sie sind ausschließbar, aber nicht rivalisieren, da der Zugang z. B. durch eine Mitgliedschaft eingeschränkt werden kann. Die Nutzung durch mehrere Personen ist jedoch möglich. Beispiele: Mitgliedschaft im Fitnessstudio, Pay-TV, Streaming- Dienste

KOMPLEMENTÄRGÜTER: Güter, die im Zusammenhang genutzt werden, z. B. Computer und Drucker, PKW und Anhängerkupplungen.

KONSUMENTENRENTE: Preis, den ein Konsument für ein Gut zu zahlen bereit ist, abzüglich dem Preis, den er tatsächlich zahlen muss.

KONTRAKTKURVE: Geometrischer Ort aller effizienten Güterallokationen zweier Haushalte bzw. aller effizienten Faktorallokationen bei der Herstellung zweier Güter in einer Edgeworthbox.

KREUZPREISELASTIZITÄT (DER NACHFRAGE): Prozentuale Veränderung der nachgefragten Menge eines Gutes geteilt durch die prozentuale Veränderung des Preises eines anderen Gutes. Dahinter steht die Frage, um wie viel Prozent sich die Nachfrage nach dem Gut in Folge einer einprozentigen Veränderung des Preises des anderen Gutes verändert hat.

MAKROÖKONOMIK: Disziplin der Wirtschaftswissenschaft, die die Erklärung volkswirtschaftlicher Gesamtgrößen (Bruttoinlandsprodukt, Volkseinkommen, Wirtschaftswachstum etc.) zum Gegenstand hat. Von der Makroökonomik wird die Mikroökonomik abgegrenzt.

MARKT: Institution, die den Akteuren zum Transaktionskosten einsparenden Tausch von Gütern, Dienstleistungen und Faktoren dient.

MARKTRÄUMUNG: Gleichgewichtszustand, in dem ein Preis gefunden ist, der dazu führt, dass sämtliche zu diesem Preis angebotenen Mengen auch tatsächlich nachgefragt bzw. sämtliche zu diesem Preis nachgefragten Mengen auch tatsächlich verkauft werden. Alle zu diesem Preis vorhandenen Mengen wurden umgesetzt (getauscht), es befindet sich keine Mengeneinheit mehr am Markt, der Markt ist geräumt.

MARKTVERSAGEN: Alle Formen des Abweichens vom Referenzmodell des Marktes, dem Modell des vollständigen Marktes. In der Gleichgewichtstheorie der Zustand, in dem ein Markgleichgewicht von der Bedingung der Pareto-Effizienz abweicht. Allgemein Situationen, in denen freie Märkte nicht in der Lage sind, Angebote und Nachfragen auf den Faktor- und Gütermärkten in effizienter Weise zu allozieren.

MENGENANPASSER: Der einzelne Wirtschaftsakteur kann seine Nachfragen und Angebote lediglich über die Mengen anpassen (wenn bspw. der Preis steigt, wird etwa die nachgefragte Menge zurückgenommen), da er den Preis faktisch nicht beeinflussen kann. Der Akteur ist somit ein Preisnehmer.

MERITORISCHE GÜTER: Sie werden vom Staat bereitgestellt oder zumindest gefördert, da über die Marktkräfte nicht die gesellschaftlich als notwendig erachtete Menge zur Verfügung gestellt werden kann. Beispiele: Öffentliche Bildung, Gesundheitsversorgung.

MIKROÖKONOMIK: Disziplin der Wirtschaftswissenschaft, in der das typische Verhalten der einzelnen Wirtschaftssubjekten und die daraus entstehenden Ergebnisse, wie das Zustandekommen von Preisen und Gleichgewichten, erklärt wird. Von der Mikroökonomik wird die Makroökonomik abgegrenzt.

MINIMALKOSTENKOMBINATION: Allokation von Faktoreinsatzmengen, mit der eine gegebene Gütermenge mit minimalen Kosten produziert werden kann.

MODELL: Darstellung eines Gegenstandes durch vergrößerte Darstellung von Einzelbereichen bzw. Reduktion des Gegenstandes auf bestimmte Kriterien.

MONOPOL: Marktform, in der es nur einen Anbieter (Angebotsmonopol) oder nur einen Nachfrager (Nachfragemonopol) gibt.

MORALISCHES RISIKO ODER MORAL HAZARD: Aufgrund unvollkommener Information besteht die Gefahr, dass ein Vertragspartner die von ihm zugesicherten vertraglichen Leistungen nicht vollständig erfüllt.

MUTATIS MUTANDIS-BEDINGUNG: Mit den nötigen Abänderungen, abgekürzt m. m.

NACHFRAGE: Güter- bzw. Faktormenge, die ein Nachfrager angesichts eines gegebenen Güter- bzw. Faktorpreises als Lösung seines Optimierungskalküls einkaufen möchte.

NACHFRAGEKURVE: Grafische Veranschaulichung des Zusammenhangs der Nachfrage nach einem Gut in Abhängigkeit zum Preis dieses Gutes.

NASH-GLEICHGEWICHT: Menge von Strategien oder Maßnahmen, bei denen jeder Akteur unter Berücksichtigung des Handelns der anderen Akteure in bestmöglicher Weise agiert, d. h. jeder Akteur wählt die für ihn beste Strategie, unter der Voraussetzung, dass alle anderen Akteure ebenfalls ihre beste Strategie wählen.

NATÜRLICHES MONOPOL: Unternehmen, das den gesamten Markt allein zu niedrigeren Kosten versorgen kann, als dies mehrere Unternehmen könnten. Ein natürliches Monopol ist dauerhaft, wenn es sich ausschließlich im Bereich der fallenden Durchschnittskostenkurve befindet.

NEUE INSTITUTIONENÖKONOMIK: Wissenschaftliche Disziplin, die sich mit der Analyse von Institutionen beschäftigt und dabei von den grundlegenden Verhaltensannahmen der ökonomischen Theorie ausgeht. Zu diesen Annahmen zählen das rationale Entscheidungsverhalten der Wirtschaftssubjekte, ihre Orientierung an der Nutzenmaximierung und das Festhalten am methodologischen Individualismus (Individuum wird in den Mittelpunkt des Entscheidens gerückt).

NICHT-AUSSCHLIESSBARKEIT: Möglichkeit, nicht zahlende potentielle Nutzer eines Gutes vom Konsum des Gutes auszuschließen.

NICHT-KOOPERATIVES SPIEL: Spiel, bei dem die Akteure über keinerlei Möglichkeit verfügen zu verhandeln oder ihr Verhalten gegenseitig abzustimmen.

NICHT-RIVALITÄT IM KONSUM: Der Konsum eines Gutes durch zusätzliche Konsumenten führt zu keinen zusätzlichen Kosten. Nicht-Rivalität im Konsum ist konstitutives Merkmal eines öffentlichen Gutes, da es von mehreren Personen gleichzeitig genutzt werden kann, was bei privaten Gütern nicht der Fall ist.

NULLHOMOGENITÄT (DER NACHFRAGE): Wenn die Nachfragen der Haushalte nur von den Preisrelationen abhängen, so hat dies keinen Einfluss auf die Nachfrage.

NUTZENFUNKTION: Funktionaler Zusammenhang zwischen Nutzen und Gütermengen eines Konsumenten.

NUTZENMAXIMIERUNG: Annahme, dass die Wirtschaftsakteure stets um die Wahrung ihrer Interessen bzw. ihrer Bedürfnisbefriedigung in bestmöglicher Weise orientiert sind.

NUTZENMÖGLICHKEITENKURVE: Menge der unterschiedlichen Nutzen, welche die Akteure angesichts der verschiedenen vorhandenen Güterverteilungen maximal erreichen können.

ÖFFENTLICHES GUT: Gut, das einen Preis von Null aufweist, da nicht zahlende Konsumenten nicht ausgeschlossen werden können.

ÖKONOMISCHE GÜTER: Knappe Güter, die aufgrund der Knappheit einen Preis von größer als Null aufweisen. Freie Güter sind in beliebiger Menge vorhanden, ihr Preis beträgt Null.

ÖKONOMISCHES PRINZIP: Teilt sich in das Maximum- und das Minimumprinzip. Beim Maximumprinzip soll mit gegebenen Mitteln ein Maximum an Bedürfnisbefriedigung, Gewinn oder Wohlfahrt erzielt werden. Beim Minimumprinzip wird versucht, ein vorgegebenes Ziel mit minimalem Aufwand zu erreichen.

OLIGOPOL: Marktform, bei der mehrere Anbieter einer Vielzahl von Nachfragern gegenüberstehen. Bei vielen Anbietern wird von einem weiten Oligopol, bei wenigern von einem engen Oligopol und bei nur zwei Anbietern von einem Duopol oder Dyopol gesprochen.

OPPORTUNISTISCHES VERHALTEN: Egoistisches Verhalten, dass sämtliche Vorteile, die einem Akteur zum Vorteil gereichen können, strategisch ausnutzt.

OPPORTUNITÄTSKOSTEN ODER ALTERNATIVKOSTEN: Kosten bzw. entgangene Erträge der nächstbesten Alternative.

ORDINALER NUTZEN: Nutzenmessung anhand von Konsumbündeln, die in eine Rangfolge (Präferenzordnung) gesetzt werden. Die zugeordneten Nutzenwerte sind nur im Hinblick auf „größer“ und „kleiner“ relevant.

PARETO-EFFIZIENZ: Zustände, in denen es nicht mehr möglich ist, einen Zustand zu verbessern, ohne dafür einen anderen Zustand verschlechtern zu müssen.

PARTIALANALYSE: Unter allen in einem Modell vorhandenen Variablen wird lediglich die Wirkung von einer Größe auf eine andere untersucht, während alle anderen Variablen als konstant angenommen sind. Häufig wird auch von der Annahme der ceteris paribus-Bedingung gesprochen.

PIGOU-STEUER: Steuer, die einem Produzenten auferlegt wird, damit er die sozialen Kosten der Produktion des von ihm hergestellten Gutes berücksichtigt.

POLYPOL: Marktform, in der vollständige Konkurrenz herrscht, weil viele Anbieter ein Gut herstellen.

Präferenzordnung: Rangfolge, in die ein Konsument verschiedene Güter bzw. Güterbündel bezüglich seiner Präferenzen setzt.

Preis-Absatz-Funktion: Mathematische Funktion, die jeder am Markt nachgefragten Menge einen Preis zuordnet, zu dem die Nachfrager bereit sind, diese Menge zu kaufen.

Preisanpassungshypothese: Bei einer Überschussnachfrage wird von steigenden Preisen und bei einem Überschussangebot von sinkenden Preisen ausgegangen.

Preiselastizität (der Nachfrage): Prozentuale Veränderung der nachgefragten Menge geteilt durch die prozentuale Veränderung des Preises. Dahinter steht die Aussage, um wie viel Prozent die Nachfrage auf eine Preisänderung um ein Prozent reagiert hat.

Preisdifferenzierung: In einem Markt wird ein gleichartiges Gut zu unterschiedlichen Preisen verkauft.

Preisdiskriminierung: s. Preisdifferenzierung

Preis-Konsum-Kurve: Geometrischer Ort der nutzenmaximalen Güterallokationen für verschiedene Preise.

Preisnehmer: s. Mengenanpasser

Produktionsfunktion: Rand der Technologiemenge. Mathematische Funktion, die den Zusammenhang zwischen einer Outputmenge und den dafür (optimal) einzusetzenden Faktormengen angibt.

Produktivität: Ausbringungsmenge, geteilt durch die sie erzeugende Faktoreinsatzmenge.

Produzentenrente: Differenz zwischen dem Marktpreis, den ein Anbieter für ein Gut erzielt und dem Preis, zu dem er das Gut abzugeben bereit gewesen wäre (Grenzkosten).

Reaktionsfunktion: Sie spezifiziert die optimale Entscheidung einer Firma bezüglich einer Variablen (z. B. dem Output) angesichts einer gegebenen Entscheidung eines Konkurrenten.

Risiko: Jene Form der Unsicherheit, bei der die Wahrscheinlichkeitsverteilung über die möglichen zukünftigen Ereignisse bekannt ist.

Risikoaversion oder Risikoscheu: Ein sicheres Einkommen wird einem gleich groß erwarteten Einkommen, das jedoch mit einem Risiko behaftet ist, gegenüber vorgezogen. M. a. W.: Der Nutzen aus dem Erwartungswert des unsicheren Einkommens ist größer als der erwartete Nutzen des unsicheren Einkommens.

Risikofreude: Ein mit einem Risiko behafteten erwarteten Einkommen wird einem gleich großen sicheren Einkommen gegenüber vorgezogen, weil der Akteur das Risiko schätzt. Der Nutzen aus dem Erwartungswert des unsicheren Einkommens ist kleiner als der erwartete Nutzen des unsicheren Einkommens.

RISIKONEUTRALITÄT: Der Akteur ist indifferent zwischen einem mit Risiko behafteten erwarteten Einkommen und einem gleich großen sicheren Einkommen. M. a. W.: Der Nutzen aus dem Erwartungswert des unsicheren Einkommens ist gleich dem erwarteten Nutzen des unsicheren Einkommens.

RISIKOPRÄMIE: Differenz zwischen Erwartungswert einer Auszahlung und dem zugehörigen Sicherheitsäquivalent.

SICHERHEITSÄQUIVALENT: Ein Einkommen, das ein Akteur mit Sicherheit bekommen müsste, um eine unsichere Auszahlung einzugehen.

SKALENERTRÄGE: Änderung des Ertrages, die entsteht, wenn alle Faktoreinsatzmengen um ein und denselben Faktor verändert werden. Abnehmende Skalenerträge liegen vor, wenn z. B. bei einer Verdopplung der Faktoreinsatzmengen weniger als eine Verdopplung des Ertrages erfolgt. Bei konstanten Skalenerträgen würde sich genau eine Verdopplung des Ertrages und bei zunehmenden Skalenerträgen mehr als eine Verdopplung des Ertrages einstellen.

SLUTZKY-GLEICHUNG: Formel für die Aufteilung der Gesamtwirkung einer Preisänderung in einen Substitutions- und einen Einkommenseffekt.

STÜCKKOSTEN: s. Durchschnittskosten

SUBSTITUTIONSEFFEKT: Durch eine Preiserhöhung bzw. -senkung eines Gutes oder Faktors wird, bei Konstanz aller übrigen Preise und Einkommen, ein anderes Gut dadurch relativ billiger bzw. teuerer, so dass eine entsprechende Verschiebung bei der nachgefragten oder angebotenen Menge eintritt. Gut 1 wird teurer und vom Substitutionsgut 2 wird mehr nachgefragt, weil sein Preis relativ zum gestiegenen Preis von Gut 1 niedriger geworden ist.

SUBSTITUTIONSGÜTER: Güter, die ausgetauscht werden können, um den gleichen Zweck zu erfüllen, z. B. Butter und Margarine, verschiedene PKW der Mittelklasse.

TÂTONNEMENT-PROZESS: Auktionsverfahren imaginärer Art, bei dem Verträge nur zu Gleichgewichtspreisen geschlossen werden.

TECHNOLOGIE: Sämtlicher Kapitalbestand einschließlich des Humankapitals, der zur Produktion eingesetzt werden kann.

TECHNOLOGIEMENGE: Sämtliche Output-Inputmengen-Allokationen, die überhaupt realisierbar sind.

TOTALANALYSE UND –MODELL: Alle im Modell berücksichtigten Variablen werden in ihrer Wirkung gleichzeitig betrachtet. Gegensatz zur Partialanalyse.

TRANSAKTIONSKOSTEN: Kosten, die anfallen, um eine Transaktion überhaupt erst zu ermöglichen. Hierzu zählen typischerweise die Kosten der Informationsbeschaffung, Informationsverarbeitung, des Aushandelns, der Durchführung und Kontrolle von Verträgen.

TRANSFORMATIONSKURVE: Menge aller effizienten Outputkombinationen, die mit ein und demselben Bestand an Faktoren produziert werden können.

TRITTBRETTFAHRERVERHALTEN ODER SCHWARZFAHRERVERHALTEN ODER FREE-RIDER-VERHALTEN: Kostenlose Nutzung eines öffentliches Gutes oder auch eines positiven externen Effektes mit der Konsequenz, dass die Bereitstellung des öffentlichen Gutes nicht in der optimalen Menge erfolgen kann.

ÜBERSCHUSSNACHFRAGE: Die Nachfrage ist bei einem gegebenen Preis größer als das Angebot.

UNSICHERHEIT: Entscheidungssituation, in der nicht alle für die Entscheidung relevanten Informationen gegeben sind, da entweder Risiko oder Ungewissheit vorliegt.

VARIABLE KOSTEN: Kosten, die sich mit der Ausbringungsmenge verändern, z. B. die Mehlmenge beim Brotbacken.

WERT: Subjektive Zumessung des Nutzens, den ein Konsument aus dem Konsum einer bestimmten Gütermenge zieht, nach dem sich der Preis bemisst, den der Konsument für diese Menge zu zahlen bereit ist. Beim Produzenten orientiert sich der Wert eines Gutes an den Grenzkosten, die er für die Herstellung aufbringen muss. Gewöhnlich ist vom Tauschwert die Rede, der dem Güterpreise entspricht. Hingegen gibt der Gebrauchswert die Nützlichkeit an, die einem Konsumenten durch den Gebrauch des Gutes entsteht.

WIRTSCHAFTSSUBJEKTE: In der Mikroökonomik werden Konsumenten bzw. Haushalte, Unternehmen und der Staat unterschieden.

WOHLFAHRT: Die Nutzen bzw. das Wohlbefinden aller Gesellschaftsmitglieder. Meist wird die Wohlfahrt als Aggregation der Nutzen der Gesellschaftsmitglieder betrachtet.

Abbildungen und Tabellen

Abbildung 1.1:	Ökonomisches Prinzip 15
Tabelle 2.1:	Verschiedene Konsumpläne 27
Abbildung 2.1:	Budgetmenge und Budgetgerade 28
Abbildung 2.2:	Parallelverschiebung der Budgetgerade 28
Abbildung 2.3:	Drehung der Budgetgrade 29
Tabelle 2.2:	Rang und Konsumplan 30
Abbildung 2.4:	Vergleich indifferenter Konsumbündel 33
Abbildung 2.5:	Entstehung einer Indifferenzkurve 33
Abbildung 2.6:	Indifferenzkurven dürfen sich nicht schneiden 35
Abbildung 2.7:	Konvexer Verlauf einer Indifferenzkurve 36
Abbildung 2.8:	Konkaver Verlauf zwischen den beiden Punkten 36
Abbildung 2.9:	Konvexer Verlauf 36
Abbildung 2.10:	Streng konvexer Verlauf 36
Abbildung 2.11:	Konvexe Mengen 37
Abbildung 2.12:	Beschränkte Substituierbarkeit 37
Abbildung 2.13:	Unbeschränkte Substituierbarkeit 37
Abbildung 2.14:	Keine Differenzierbarkeit 38
Abbildung 2.15:	Bestimmung der Grenzrate der Substitution 39
Abbildung 2.16:	Grenzrate der Substitution 39
Abbildung 2.17:	Gesetz der fallenden Grenzrate der Substitution 40
Tabelle 2.3:	Nutzenwerte 41
Abbildung 2.18:	Konvexität 43
Abbildung 2.19:	Optimaler Konsumplan 44
Abbildung 2.20:	Nachfragereaktion bei Einkommensänderung 50
Abbildung 2.21:	Einkommens-Konsum- und Engelkurve 51
Abbildung 2.22:	Preis-Konsum- und Nachfragekurve 51
Abbildung 2.23:	Einkommenseffekt und Substitutionseffekt 53
Abbildung 2.24:	Extrema der Preiselastizität 57
Abbildung 2.25:	Preiselastizität der Nachfrage 58
Abbildung 2.26:	Wahl zwischen Freizeit und Gütern 60
Abbildung 2.27:	Budgetgerade 61
Abbildung 2.28:	Optimale Freizeit-Gütermengen-Allokation 62
Abbildung 2.29:	Optimale Freizeit-Gütermengen-Allokationen bei verändertem Lohnsatz 63
Abbildung 2.30:	Lohn-Freizeit- und Arbeitsangebotskurve 64
Abbildung 2.31:	Atypische Arbeitsangebotsverläufe 64

Abbildung 2.32: Intertemporale Budgetgleichung 66
Abbildung 2.33: Intertemporales Haushaltsoptimum 67

Abbildung 3.1: Die Produktionsfunktion 76
Abbildung 3.2: Cobb-Douglas-Funktion 78
Abbildung 3.3: Partielle Ertragsfunktion 79
Abbildung 3.4: Grenzproduktivität 79
Abbildung 3.5: Durchschnitts- und Grenzproduktivität 80
Abbildung 3.6: Isoquante 81
Abbildung 3.7: Grenzrate der technischen Substitution 82
Abbildung 3.8: Totale Faktorvariation 83
Abbildung 3.9: Skalenertragsfunktion 83
Abbildung 3.10: Skalenerträge 84
Abbildung 3.11: Skalenertragsfunktion bei ab- und zunehmenden Skalenerträgen 85
Abbildung 3.12: Ertragsgesetz 88
Abbildung 3.13: Isoquanten bei unbeschränkt substitutionaler Produktionsfunktion 89
Abbildung 3.14: Isoquanten bei beschränkt substitutionaler Produktionsfunktion 89
Abbildung 3.15: Isoquanten bei Mischformen 89
Abbildung 3.16: Quasi-Isoquanten 91
Abbildung 3.17: Partielle Ertragsfunktion bei limitationaler Technologie 92
Abbildung 3.18: Transformationskurve 93
Abbildung 3.19: Isoquanten der Produktion von Gut 1 und 2 94
Abbildung 3.20: Kontrakt- und Transformationskurve 95
Abbildung 3.21: Linearer Kostenverlauf 97
Abbildung 3.22: Kostenfunktion und Skalenelastizitäten 99
Abbildung 3.23: Grenz- und Durchschnittskosten für $\delta < 1$ 100
Abbildung 3.24: Grenz- und Durchschnittskosten für $\delta > 1$ 100
Abbildung 3.25: Grenz- und Durchschnittskosten für $\delta = 1$ 100
Abbildung 3.26: Fixkostendegression 101
Abbildung 3.27: Variable, fixe und Gesamtkosten 102
Abbildung 3.28: Grenz- und Stückbetrachtung der Kosten 102
Abbildung 3.29: Kostenminimum 103
Abbildung 3.30: Ermittlung der Minimalkostenkombination 103
Abbildung 3.31: Verbindung mehrerer Minimalkostenkombinationen 104
Abbildung 3.32: Umhüllende 104
Abbildung 3.33: Kostenfunktion bei linear-limitationaler Produktionsfunktion 105
Abbildung 3.34: Grenz- und Durchschnittskosten 106
Abbildung 3.35: Konkave Technologie ($\delta < 1$) 107

Abbildung 3.36: Gewinnmaximum bei konkaver Technologie ($\delta < 1$) 107
Abbildung 3.37: Gewinne und linear-homogene Technologie ($\delta = 1$) 108
Abbildung 3.38: Verlustmaximum bei konkaver Kostenfunktion ($\delta > 1$) 109
Abbildung 3.39: Anstieg der Erlösgeraden 110
Abbildung 3.40: Herleitung der Güterangebotskurve 111
Abbildung 3.41: Gewinnmaximum nach der Grenzwertproduktregel 114
Abbildung 3.42: Herleitung der Faktornachfragefunktion 116

Abbildung 4.1: Entstehung der Gesamtnachfrage 122
Abbildung 4.2: Entstehung des Gesamtangebots 123
Abbildung 4.3: Schnittpunkt von Angebots- und Nachfragekurve 124
Abbildung 4.4: Überschussnachfrage nach einem beliebigen Gut 125
Abbildung 4.5: Eindeutige und multiple Gleichgewichte 126
Abbildung 4.6: Resultat aus einer anormalen Angebotsfunktion 127
Abbildung 4.7: Cobweb- oder Spinnengewebe-Modell 128
Abbildung 4.8: Divergenter Prozess führt weg vom Gleichgewicht 129
Abbildung 4.9: Kein Gleichgewicht bei gleichen Steigungen 129
Abbildung 4.10: Mengendiagramm von Haushalt 1 und 2 136
Abbildung 4.11: Tausch anhand der Edgeworthbox (Schachteldiagramm) 137
Abbildung 4.12: Schnittpunkte der Tauschkurven 137
Abbildung 4.13: Preisanpassungsprozess 138
Abbildung 4.14: Allgemeines Marktgleichgewicht auf dem Tauschmarkt 139
Abbildung 4.15: Tauschlinse aller Tauschmöglichkeiten 140
Abbildung 4.16: Pareto-effiziente Allokation im Punkt A 140
Abbildung 4.17: Pareto-effiziente Allokation im Punkt B 141
Abbildung 4.18: Pareto-effiziente Allokation im Punkt C 141
Abbildung 4.19: Kontraktkurve 142
Abbildung 4.20: Allgemeines Marktgleichgewicht mit Produktion 145
Abbildung 4.21: Produktionsmöglichkeitenkurve und Grenzrate der Transformation 146
Abbildung 4.22: Wahl der optimalen Produktionsmengen 147
Abbildung 4.23: Gleichgewicht von Konsum- und Produktionsinteressen 148
Abbildung 4.24: Auswahl der Marktgleichgewichte 150
Abbildung 4.25: Nutzenmöglichkeitenkurve 150
Abbildung 4.26: Wohlfahrtsmaximum 152
Abbildung 4.27: Herleitung der Konsumentenrente 155
Abbildung 4.28: Konsumentenrente I 156
Abbildung 4.29: Konsumentenrente II 156
Abbildung 4.30: Hicks'sche und Marschall'sche Nachfragekurve 157
Abbildung 4.31: Äquivalente und kompensierte Einkommensvariation 158
Abbildung 4.32: Produzentenrente 160

Abbildung 4.33: Allgemeine Wohlfahrt 161
Abbildung 4.34: Wohlfahrtsverlust durch Einführung einer Mengensteuer 162

Tabelle 5.1: Marktformen 171
Tabelle 5.2: Gewinnmaximum und Preiselastizitäten der Nachfrage eines Monopolisten 175
Abbildung 5.1: Gewinnmaximum des Monopols 175
Abbildung 5.2: Wohlfahrtsverlust (*deadweight loss*) 176
Abbildung 5.3: Gewinnmaximum des Monopols bei nicht-linearen Kosten 177
Abbildung 5.4: Idee der Preisdiskriminierung 178
Abbildung 5.5: Preisdiskriminierung dritten Grades 179
Abbildung 5.6: Gesamtkosten an einer und zwei Produktionsstätten 184
Abbildung 5.7: Grenz- und Durchschnittskosten 185
Abbildung 5.8: Natürliches Monopol im Bereich steigender Durchschnittskosten 186
Abbildung 5.9: Beispiel dauerhaftes Monopol 187
Abbildung 5.10: Reaktionsfunktion von Firma 1 190
Abbildung 5.11: Reaktionsfunktion von Firma 2 191
Abbildung 5.12: Cournot-Nash-Gleichgewicht 191
Abbildung 5.13: Gleichgewichtsprozess 193
Abbildung 5.14: Oligopole im Vergleich 200
Abbildung 5.15: Geknickte Nachfragekurve 201
Abbildung 5.16: Pigou-Steuer 208
Abbildung 5.17: Bereitstellung privates Gut 215
Abbildung 5.18: Bereitstellung öffentliches Gut 215
Tabelle 5.3: Gefangenendilemma 217
Tabelle 5.4: Gefangenendilemma und Trittbrettfahrerverhalten 219
Tabelle 5.5: Gefangenendilemma und Trittbrettfahrerverhalten anhand eines Zahlenbeispiels (Zwischenrechnung) 220
Tabelle 5.6: Gefangenendilemma und Trittbrettfahrerverhalten anhand eines Zahlenbeispiels 220
Abbildung 5.19: Risikoneutralität bei linearer Nutzenfunktion 227
Abbildung 5.20: Risikoaversion bei konkaver Nutzenfunktion 227
Abbildung 5.21: Risikofreude bei konvexer Nutzenfunktion 228
Tabelle 5.7: Marktformen 230
Abbildung 5.22: Zusammenbruch des Marktes 231

Abkürzungen

bspw.	beispielsweise
bzw.	beziehungsweise
CES	constant elasticity of substitution
c. p.	ceteris paribus
d. h.	das heißt
EE	Einkommenseffekt
etc.	et cetera
et v. v.	et vice versa
GE	Gesamtnachfrageeffekt
GRS	Grenzrate der Substitution
$GRS_{tech.}$	Grenzrate der technischen Substitution
GRT	Grenzrate der Transformation
GWP	Grenzwertprodukt
m. a. W.	mit anderen Worten
m. m.	mutatis mutandis
MKK	Minimalkostenkombination
SE	Substitutionseffekt
u. a.	unter anderem
u. d. N.	unter der Nebenbedingung
usf.	und so fort
usw.	und so weiter
v. H.	vom Hundert
z. B.	zum Beispiel

Symbole

a_i	Produktionskoeffizient des Produktionsfaktors i
c	Konsum
E	Erlös, Erwartungswert
e	Überschussnachfrage
I	Indifferenzkurve
K	Kosten
K_f	fixe Kosten
K_v	variable Kosten
p	Güterpreis, Wahrscheinlichkeit
p_i	Güterpreis für das Gut i
q_i	Preis für eine Einheit des Faktors i
r	Faktoreinsatzmengen, Zins
r_j	Faktoreinsatzmenge oder Inputmenge eines Faktors j
t	Steuersatz, Periode
T	Zeit
F	Freizeit
L	Arbeitseinsatzstunden
R	Risikoprämie
S	Ersparnis, homogene Funktion
U	Nutzen
x	Ausbringungsmenge oder Outputmenge oder Gütermenge
x_i	Ausbringungsmenge oder Outputmenge oder Gütermenge eines Gutes i
x_{cap}	Kapazitätsgrenze
x^{hi}	Hicks'sche oder kompensierte Nachfrage
Y_s	Sicherheitsäquivalent
Y	Einkommen, Budget
∞	unendlich
W	Lohnsumme
$\succ$	ist mir lieber als
$\prec$	ist mir weniger lieb
$\sim$	ist mir genau so lieb wie

Das griechische Alphabet

Groß-buchstaben	Klein-buchstaben	Name	häufige Anwendung
A	α	Alpha	
B	β	Beta	
Γ	γ	Gamma	
Δ	δ	Delta	Skalenelastizität
E	ϵ	Epsilon	Produktionselastizität
Z	z	Zeta	
H	η	Eta	Preis- und Einkommenselastizität
Θ	θ	Theta	
I	ι	Jota	
K	κ	Kappa	
Λ	λ	Lambda	Langrange-Multiplikator, Homogenitätsfaktor
M	μ	My	
N	ν	Ny	
Ξ	ξ	Xi	
O	o	Omikron	
Π	π	Pi	Gewinn
P	ρ	Rho	
Σ	σ	Sigma	
T	τ	Tau	
Υ	υ	Ypsilon	
Φ	ϕ	Phi	
X	χ	Chi	
Ψ	ψ	Psi	
Ω	ω	Omega	

Literatur

Akerlof, G. [1970]: The Market for „Lemons“: Quality Uncertainty and the Market Mechanism, Quarterly Journal of Economics (QJE), S. 488–500

Böventer, E. / Illing, G. et al. [1997]: Einführung in die Mikroökonomie, 9. bearb. Aufl., München, Wien

Coase, R. [1960]: The Problem of Social Cost, Journal of Law and Economics (JLE), S. 1–44

Dixit, A. K. / Nalebuff, B. J. [2018]: Spieltheorie für Einsteiger. Strategisches Know-how für Gewinner, Stuttgart

Endres, A. / Martiensen, J. [2007]: Mikroökonomik. Eine integrierte Darstellung traditioneller und moderner Konzepte in Theorie und Praxis, Stuttgart

Frank, R. H. [2010]: Microeconomics and Behavior, 8. Aufl., New York

Gravelle, H. / Rees, R. [2004]: Microeconomics, 3. Aufl., Harlow (England), London, New York

Henderson, J. M. / Quandt, R. E. [1983]: Mikroökonomische Theorie. Eine mathematische Darstellung, 5. Aufl., München

Jehle, J. H. / Reny, P. J. [2011]: Advanced Microeconomic Theory, 3. Aufl., Harlow (England), London, New York

Lancaster, K. [1987]: Moderne Mikroökonomie, 3. Aufl., Frankfurt (Main)

Menger, C. [1968]: Grundsätze der Volkswirtschaftslehre, 1. Aufl. 1871, Gesammelte Werke Bd.1, Tübingen

Pindyck, R. S. / Rubinfeld, D. L. [2015]: Mikroökonomie, 8. Aufl., München, Boston, San Francisco

Richter, R. / Furubotn, E. [2010]: Neue Institutionenökonomik. Eine Einführung und kritische Würdigung, 4. Aufl., Tübingen

Robbins, L. [1952]: An Essay on the Nature and Significance of Economic Science, 7. Reprint der 2. Aufl. von 1935, 1. Aufl. 1932, London

Schneider, E. [1970]: Einführung in die Wirtschaftstheorie, II. Teil: Wirtschaftspläne und wirtschaftliches Gleichgewicht in der Verkehrswirtschaft, 13. Aufl., Tübingen

Schotter, A. [2001]: Microeconomics. A Modern Approach, 3. Aufl., Boston, San Francisco, New York

Schumann, J. [1984]: Grundzüge der mikroökonomischen Theorie, 4. Aufl., Berlin, Heidelberg, New York, Tokyo

Sohmen, E. [1976]: Allokationstheorie und Wirtschaftspolitik, Tübingen

Tirole, J. [1999]: Industrieökonomik, Übers. d. 5. amerik. Aufl. 1992, 1. Aufl. 1988, München

VARIAN, H. [1994]: Mikroökonomie, 3. Aufl., München

VARIAN, H. [2016]: Grundzüge der Mikroökonomik, 9. Aufl., München

WILLIAMSON, O. E. [1975]: Die ökonomischen Institutionen des Kapitalismus. Unternehmen, Märkte, Kooperationen, Tübingen

Index

Aggregation, 123
Aktionsparameter, 196
Allmende-Güter, 18, 267
Allokation
– Freizeit-Gütermengen, 60
– gleichgewichtige, 131
– nutzenmaximale, 61
– optimale, 45
Alternativkosten, 94
Amoroso, Luigi, 173
Amoroso-Robinson-Relation, 173, 174, 180
Analyse, 19
– Partial-, 19
– Total-, 19
Anbieter, 128
Anfangsausstattung, 132
Angebot, 25
– -funktion, 110, 115, 122, 159
– Gesamt-, 123
– -kurve, 110, 123, 128
– Menge, 126
– Überschuss-, 124, 126, 138
Angebotsfunktion
– des Unternehmens, 109
Angebotsmonopol, 172
Anreizverträglichkeitsbedingung, 233
Arbeit, 25
Arbeitsangebot, 63
Arbeitsangebotskurve, 64
– atypischer Verlauf, 64
Arbeitseinkommen, 25
Arbeitszeit-Lohnsatz-Diagramm, 64
Arbitrage, 179
Arrow, Kenneth J., 121
Arrow-Paradoxon, 32
Arrow-Pratt-Maß, 229
Ausbringungsmenge, 75, 98
– gewinnmaximale, 106
Ausgabenfunktion, 55
Ausgabenminimierungsproblem, 48
Ausschließungsprinzip, 212

barriers to entry, 172
Becker, Gary S., 16
Bedingung, 19
– ceteris paribus, 20
– mutatis mutandis, 19
Bedürfnisbefriedigung, 16
Bertrand-Lösung, 199
Bertrand-Oligopol, 196, 200
Bertrand-Paradoxon, 196
Beschränkungsfaktoren, 90
Beziehung
– elastische, 57
– starre, 57
– unelastische, 57
– vollkommen elastische, 57
– vollkommen unelastische, 57
Boden, 26
bounded rationality, 223
Budget, 26
– -gerade, 28, 44, 48, 61, 66, 136, 158
– -gerade, Drehung der, 29, 149
– -gerade, Steigung der, 137, 141
– -gerade, Verschiebung der, 29
– -gleichung, 27, 61
– -gleichung, intertemporale, 65
– -menge, 28
– -restriktion, 65
– -ungleichung, 27

Coase, Ronald, 208
Cobb-Douglas-Funktion, 78
Cobweb-Modell, 127
Cournot, Augustin, 174
Cournot-Nash-Gleichgewicht, 192
Cournot-Nash-Oligopol, 189, 194, 200, 204
Cournot'scher Punkt, 174, 178, 180

deadweight loss, 160, 162
Debreu, Gerard, 121
Defektion, 220
Differential
– -partielles, 47

– -quotient, 38
– -totales, 47
Differenzengleichung, 129
Duopol, 188
– kollusives, 198
Durchschnittserlöse, 173
Durchschnittsertrag, 88
Durchschnittsertragsfunktion, 92
Durchschnittskosten, 97, 101, 105, 183
– kurzfristige, 104
Durchschnittskostenkurve, 187
Durchschnittsproduktivität, 79
Dyopol, 188

Edgeworth, Francis Y., 40
Edgeworthbox, 94, 136, 142, 144, 149
Edgeworth-Modell, 203
Effekt
– Einkommens-, 25
– externer, 169, 170, 204
– Substitutions-, 25
Effizienz, 139
– -kurve, 145, 146
– Pareto-, 139
– technische, 76
– -wirkungen, 121
Einheitselastizität, 57
Einkommen, 26
– Arbeits-, 25, 59
– Faktor-, 148
Einkommenseffekt, 53, 54
Einkommenselastizität der Nachfrage, 58
Einkommens-Konsum-Kurve, 50
Einkommensvariation
– äquivalente, 158
– kompensatorische, 158
Elastizität, 25, 55, 80, 161, 181
– Bogen-, 56
– Einheits-, 57
– Einkommens-, 56
– isoelastische, 57
– Kreuzpreis-, 56, 59
– Preis-, 56
– Punkt-, 56
– Skalen-, 84
Engel, Ernst, 50
Engelkurve, 49, 50
Engpassfaktoren, 90
Entscheidungen
– intertemporale, 65
– optimale, 26
Entscheidungsproblem
– des Eigentümers, 233
– des Managers, 232
Erlösfunktion, 173
– proportional verlaufend, 106
Erlösgerade, 107
Ersparnis, 26
Ertragsfunktion
– partielle, 79, 92
Ertragsgebirge, 78, 81
Ertragsgesetz, 78, 87
Erwartungsnutzenfunktion, 224, 225
Erwartungsnutzenhypothese, 224
Euler'sches Theorem, 86
excessive demand, 124
Externalität, 204
Externalitätenproblem, 208
Extrema
– Bestimmung der, 46

Faktor
– -angebot, 19
Faktorallokation
– effiziente, 145
Faktorangebot, 59
– Bestimmung des optimalen, 59
Faktorangebotsfunktion, 123
Faktorbündel
– kostenminimale, 98
Faktoreinsatzallokation, 112
Faktoreinsatzmenge, 75, 91
– gewinnmaximale, 112
Faktormengendiagramm, 102
Faktormengen-Faktorpreis-Diagramm, 115
Faktornachfrage, 112
Faktornachfragefunktion, 115
Faktornachfragekurve, 112
Faktorpreise, 63, 75, 144
Faktorvariation
– partielle, 91
Fixkosten, 182
Fixkostendegression, 101
Free-Rider-Verhalten, 213

Freizeit-Gütermengen-Diagramm, 60
Funktion
– homogene, 85
– homothetische, 86

Gefangenendilemma, 169, 216
geknickte Nachfragekurve, 201
Gerechtigkeit, 153
Gesamtangebotsfunktion, 123
Gesamtkosten, 97
Gesamtnachfrage, 172
Gesamtnachfrageeffekt, 53, 54
Gesamtnachfragefunktion, 122
Gesamtnachfragekurve, 122
Gesetz von Walras, 134
Gewinn
– -funktion, 114
– -maximierung, 106
– -maximierungskalkül, 122
– -maximierungsproblem, 143
– -maximum, 113
– -niveau, 114
Gewinnfunktion, 173
Gewinnmaximierung, 206
Giffen, Robert, 52
Giffen-Gut, 55
Gleichgewicht, 125
– allgemeines, 121
– Analyse, 121
– Menge, 124
– Preis, 121, 124, 126
– Punkt, 124
– Stabilität, 125
– Theorie, 121
Gossen, Hermann Heinrich, 42
Grenzerlöse, 107, 173
Grenzerlöskurve, 177
Grenzertragsfunktion, 92
Grenzkosten, 97, 101, 107, 108, 173
Grenzkostenkurve, 110, 159, 177, 207
Grenzkostenpreis, 172
Grenznutzen, 158
Grenzproduktivität, 79, 115
Grenzproduktivitätsfunktion, 115
Grenzrate der intertemporalen Substitution, 66, 68
Grenzrate der Substitution, 38, 44, 47, 48, 63, 141, 142, 144, 154, 214
Grenzrate der technischen Substitution, 81, 86, 144
Grenzrate der Transformation, 93, 146, 214
Grenzschaden, 211
Grenzwertprodukt, 112
Grenzwertproduktregel, 113, 115
Grenzzahlungsbereitschaft, 38, 154
Grundrente, 26
Güter
– -allokation, 26, 139
– -angebot, 75, 106, 109
– -angebotsfunktion, 123
– -angebotskurve, 109
– -bündel, 26, 31
– freie, 16
– Giffen-, 52
– Homogenität der, 20
– inferiore, 50
– inhomogene, 171
– -kombination, 28
– Komplementär-, 56
– -mengendiagramm, 28
– -nachfrage, 19, 25, 45, 49
– -nachfragekurve, 49, 51
– öffentliche, 170, 212
– öffentliche, Bereitstellung, 213
– ökonomische, 16
– private, 18, 213
– reine öffentliche, 212
– Substitutions-, 57
– superiore, 50, 157
Gütermengen-Güterpreis-Diagramm, 110

Handeln
– opportunistisches, 222
– verstecktes, 223
Haushalt
– Nachfrage, 48
Haushaltsoptimum, 44
– intertemporales, 68
Haushaltstheorie, 25
Herstellungskosten, 99
Hicks, John Richard, 55, 152
hidden action, 223

hidden information, 223
hold up, 223

Indifferenz, 30
Indifferenzkurve, 34, 44, 61, 140, 149, 158
– Differenzierbarkeit, 37, 43
– intertemporale, 66
– Steigung der, 43
Inferiorität, 50
Information, 20
– asymmetrische, 169, 170, 221
– verstecke, 223
– vollkommene, 20, 75
Informationsasymmetrie, 221
Informationskosten, 221
Inputfaktoren, 96
Inputmengen, 76
Input-Output-Koeffizient, 80
Institutionen, 18
Institutionenökonomik, 18
Isogewinnlinie, 114
Isoquante, 81, 86, 87, 91, 103, 144

Jevons, William St., 40

Kaldor, Nicholas, 152
Kaldor-Hicks-Kriterium, 152
Kapazitätsbeschränkungen, 202
Kapital, 26
Klubgüter, 18, 270
Knappheitsproblematik, 16
Kollektivgüter, 212
Kollusionslösung, 198
kollusive Duopol, 198
kollusives Oligopol, 198
Kombination
– Input, 76
– Output, 76
Konkurrenz
– imperfekte, 169
– monopolistische, 171
– vollständige, 106, 171, 172, 176
Konstanz, 20
– räumliche, 20
– zeitliche, 20
Konsum
– -ausgaben, 25
– -bündel, 31
– -mengenmatrix, 27
– -plan, 26, 41, 63
– -plan, möglicher, 26
– -plan, optimaler, 30, 49
Konsumentenrente, 154, 176–178, 200
Konsumgütermarkt, 149
Kontraktkurve, 95, 140, 145, 149
Konvexität, 35, 42
Kooperationslösung, 198
Kosten, 20
– Durchschnitts-, 183
– fixe, 96, 101
– Gerade, 103
– Kommunikations-, 20
– Kurve, 106
– kurzfristige, 96
– langfristige, 96
– Theorie, 95
– Transaktions-, 20
– Transport-, 20
– variable, 96, 101, 182
– -verlauf, nicht-linearer, 177
Kostenfunktion, 96, 97, 107, 108, 183, 210
– kurzfristige, 104
– langfristige, 98
Kreps-Scheinkman-Modell, 203
Kreuzpreiselastizität, 59

Lagrange
– -Ansatz, 45
– -Funktion, 45, 49
– -Multiplikator, 45
– -verfahren, 45
Launhardt-Hotelling-Modell, 197
Lindahl, Erik, 216
Löhne, 26
Lohn-Freizeit-Kurve, 64

Markt, 20, 121
– -angebotsfunktion, 123
– -gleichgewicht, 121, 139, 142, 149
– -gleichgewicht, allgemeines, 131
– -gleichgewicht, mit Produktion, 143
– Gleichgewicht, reiner Tauschfall, 131
– -gleichgewicht,mit Produktion, 131
– -macht, 169, 170

– -nachfragefunktion, 122
– -räumung, 142
– -system, 121
– -versagen, 21, 169, 170
– vollkommener, 20
– -zugangsbeschränkung, 172
Marktformen, 171
Marktzugangsbeschränkungen, 172
Marshall, Alfred, 40
Massenproduktionsvorteile, 172, 182
Maximierungsproblem, 98
Maximumprinzip, 16, 75
Maxmin-Gerechtigkeit, 153
Mehrgüterproduktion, 93
Mengenänderung, 128
Mengenanpasser, 20, 75
Mengendiagramm, 136
Mengeneffekt, 53
Mengenkombination, 33
Menger, Carl, 16, 40
meritorische Güter, 17, 271
Meritorisierung, 17
Minimalkostenkombination, 96, 98
Minimierungsproblem, 98
Minimumprinzip, 16, 75
Modell
– Cobweb, 127
– des vollkommenen Marktes, 20
– ökonomisches, 19
– partialanalytisches, 19
– Spinnengewebe, 127
– statisches, 20
– totalanalytisches, 19
Monopol, 171
– dauerhaftes, 182, 186
– -gewinn, 177
– natürliches, 172, 182, 183, 185
Monopson, 182
Monotonie, 42
moral hazard, 223
Morgenstern, Oskar, 224
Multiplikatorenmethode, 45

Nachfrage
– -funktion, 55, 122, 134, 158
– -funktion, allgemeine, 49
– -funktion, Hicks'sche, 55
– -funktion, indirekte, 55
– -funktion, kompensierte, 55
– -funktion, Marshall'sche, 55
– Gesamt-, 122
– -kurve, 52, 122, 128
– -kurve, Marshall'sche, 52
– -menge, 122, 126
– Überschuss-, 124, 126, 138
– -veränderung, 135
– -verlauf, anormaler, 52
– -verlauf, atypischer, 52, 123
– -verlauf, normaler, 52
– -verlauf, typischer, 52, 123
Nachfragekurve
– geknickte, 201
Nachfrager, 128
Nash-Gleichgewicht, 169, 218, 220
Neumann, John v., 224
Nicht-Rivalität, 212
Nichtsättigung, 32, 42
Niveauproduktionsfunktion, 83, 84
Niveauvariation, 83
notwendige Bedingung, 112
Nozick, Robert, 153
Nullhomogenität, 135
Nullhomogenität der Nachfrage, 134
Numéraire-Gut, 135
Nutzen, 25, 40
– -funktion, 40, 45, 60, 61, 132, 213, 224
– -funktion, gesamtwirtschaftliche, 151
– -funktion, intertemporale, 66
– -funktion, mehrperiodige, 66
– -funktion, ordinale, 41
– Grenz-, 42
– -konzept, ordinales, 40
– -maximierung, 42, 151
– -maximierungsannahme, 75
– -maximierungskalkül, 25, 122
– -maximum, 63
– -möglichkeitenkurve, 149, 150, 153
– -niveau, 44, 48, 151
– -optimum, 158
– ordinaler, 43
– -theorie, 40
Nutzungsrechte, 18

ökonomisches Prinzip, 15
Oligopol, 171, 188
– Bertrand-, 196, 200
– Cournot-Nash-, 189, 194, 200, 204
– kollusives, 198
– Stackelberg-, 194, 200
Opportunitätskosten, 63, 94, 146
Optimalitätsbedingung, 214
Optimierungsverfahren, 27
Outputpreis, 110, 115

Pareto, Vilfredo, 40, 139
Pareto-Effizienz, 152, 214
Partielle Faktorvariation, 79
partielle Grenzproduktivitäten, 82
Pigou, Arthur, 207
Polypol, 171, 172
Präferenz, 25, 26, 29
– -ordnung, 29, 30
Preis, 126
– -anpassungen, 130
– -anpassungshypothese, 126, 138, 149
– -anpassungsprozess, 127, 136
– -elastizität, 174
– -elastizität der Nachfrage, 57, 58
– -elastizität des Angebots, 110
– -mechanismus, 136
– -nehmer, 75
– -verhältnis, 135
Preis-Absatz-Funktion, 172
Preisdifferenzierung, 178
– dritten Grades, 179
– ersten Grades, 179
– zweiten Grades, 179
Preisdiskriminierung, 178
Preiselastizität, 181
Preis-Konsumkurve, 52
Preisnehmer, 20, 172
Prinzipal-Agenten-Theorie, 232
prisoner's dilemma, 216
Produktion
– kostenminimale, 106
– technisch-effizient, 105
– verbundene, 93
Produktionselastizität, 80, 92
Produktionsfaktoren, 75, 104
– Arbeit, 25, 75
– Boden, 75
– Kapital, 75
– substitutionale, 77
Produktionsfunktion, 75, 76, 91, 115
– beschränkt substitutionale, 77
– CES-, 87
– Cobb-Douglas, 78, 86, 87
– homogene, 78, 84
– limitationale, 77
– linear-homogene, 103
– linear-limitationale, 89, 93, 105
– neoklassische, 88
– partielle, 92
– substitutionale, 77
– unbeschränkt substitutionale, 77, 88, 89
– vollkommen substitutionale, 89
– vollkommene, 88
Produktionskoeffizient, 80
Produktionsmengenkombination, 149
Produktionsmöglichkeitenkurve, 93, 146, 149
– Steigung der, 146, 149
Produktionsplan, 76, 104
Produktivität, 90
Produzentenrente, 154, 159, 176, 177, 200
Prozess
– konvergenter, 127
– Tâtonnement-, 126

Quasi-Monopol, 182

Rang, 30
Rationale Wahl, 32, 42
Rationalität
– beschränkte, 223
Rationierungsregel, 202
Raubüberfall, 223
Rawls, John, 153
Reaktionsfunktion, 188, 190, 195
Reallokation, 148
rechtliche Vorschriften, 172
Rentenkonzept, 153
Ressourceneinsatz
– effizienter, 96
Risiko, 223
– -aversion, 226
– -freude, 228

– moralisches, 223, 232
– -neutralität, 226
– -prämie, 228
– -verhalten, 169
Risikoauslese, negative, 222
Robbins, Linonel, 16
Robinson, Joan, 173

Schachteldiagramm, 136
Scitovsky, Tibor, 152
Selektion
– adverse, 222, 223
Shephard's Lemma, 54
Sicherheitsäquivalent, 226
Simon, Herbert, 223
Skalenelastizität, 84, 99
– Grad der, 99
Skalenertrag
– durchschnittlicher, 84
– Funktion, 83
– marginaler, 84
– steigender, 109
Slutzky, Eugene, 53
Slutzky-Gleichung, 53, 54
Smith, Adam, 121
Spiel
– faires, 226
Spieltheorie, 216
Spinnengewebe-Modell, 127
Stackelberg-Führer, 194
Stackelberg-Oligopol, 194, 200
Stetigkeit, 33, 42
Steuer, 161, 208
– Pigou, 169, 207
Strategie
– dominante, 217
Stückkosten, 97
– fixe, 101
Subadditivität, 183
Substituierbarkeit
– beschränkte, 37, 43
– unbeschränkte, 37
Substitutionseffekt, 53, 54
Superiorität, 50

Tausch, 136
– -fall, 131
– -kurve, 139, 142
– -linse, 140
– -möglichkeiten, 140
Technologie, 18, 76, 97
– konkave, 106, 110
– linear-homogene, 108
– -menge, 76
Theorie der Unternehmung, 75
Theorie des Haushalts, 25
Tâtonnement-Prozess, 126
Totalanalyse, 131
Totale Faktorvariation, 83
Trade off, 60
Transaktionskosten, 209
– ex ante, 221
– ex post, 221
Transformation, 122
– monotone, 43
Transformationsfunktion, 213
Transformationskurve, 93, 95, 146
– Steigung der, 93
Transitivität, 31, 41
Transitivitätsannahme, 32
Trittbrettfahrerproblem, 169, 216
Trittbrettfahrerverhalten, 213

Überschussangebot, 124
Überschussnachfrage, 124
Unsicherheit, 223
unsichtbare Hand, 121

Variable
– exogene, 110
variablen Kosten, 182
Verhandlungslösung
– Coase'sche, 169
Vollständigkeit, 31, 41

Wald, Abraham, 121
Walras, Léon, 40, 121, 126
Wettbewerb
– strategischer, 188
Williamson, Oliver, 221
Wohlfahrt, 18, 160, 176, 200
– Maximierungsproblem, 213
Wohlfahrtseffekte, 197
Wohlfahrtsfunktion, 149, 151
– Bergson-Samuelson, 151

Wohlfahrtsökonomik
– erster Hauptsatz der, 143
– zweiter Hauptsatz der, 143
Wohlfahrtsverlust, 160, 177
Wohlfahrtswirkungen, 121
Zahlungsbereitschaft, 214
– maximale, 154
Zeitpräferenzfaktor, 67
Zeitpräferenzrate, 67
Zinsen, 25